隧道工艺力学

邵珠山　著

科学出版社

北京

内 容 简 介

工艺力学是把科学和生产工艺联系起来的一门科学,是指用力学指导生产工艺。本书针对隧道建设的主要工艺过程,从力学与建设工艺相结合的角度,建立相应的数学模型,通过对隧道建设过程中力学规律的认识,给出解决某些工艺问题的科学途径。全书分五章,除了对隧道工程的发展做了简单的综述外,重点介绍了软岩隧道的变形控制、坡积土隧道进出洞技术、隧道岩爆的预测与防治、隧道施工中的爆破振动控制等问题的力学建模与模拟技术。

本书可作为土木工程专业和交通工程专业隧道工程方向的教学用书,也可为铁道工程、公路工程、水利工程、城市地下工程、岩土工程、矿建工程等领域的设计、施工、科研人员提供技术借鉴和理论参考。

图书在版编目(CIP)数据

隧道工艺力学/邵珠山著. —北京:科学出版社,2015.11
ISBN 978-7-03-046465-1

Ⅰ.①隧… Ⅱ.①邵… Ⅲ.①隧道施工-施工力学 Ⅳ.①U455

中国版本图书馆 CIP 数据核字(2015)第 282635 号

责任编辑:杨向萍 亢列梅 乔丽维 / 责任校对:彭珍珍
责任印制:赵 博 / 封面设计:红叶图文

科 学 出 版 社 出版
北京东黄城根北街 16 号
邮政编码:100717
http://www.sciencep.com

北京通州皇家印刷厂 印刷
科学出版社发行 各地新华书店经销
*
2016 年 1 月第 一 版 开本:720×1000 1/16
2016 年 1 月第一次印刷 印张:19 1/4 插页:3
字数:388 000
定价:120.00 元
(如有印装质量问题,我社负责调换)

前　言

工艺力学是钱学森先生率先提出的概念,属于技术科学的范畴。这一提法反映了科技转化为生产力的客观过程,即从理论发展技术、从技术发展工艺。首先,它不同于自然科学,自然科学是以理解和认识客观世界的规律为核心,而技术科学是以为工程技术服务为宗旨;其次,它不同于工程技术,它研究工程技术中带有共性的东西,意在使工程设计摆脱传统上依靠经验为主的局限性。从这个层面上讲,工艺力学是把科学和生产工艺联系起来的一门科学,是用力学的基本理论和最新成果指导生产工艺。

20 世纪 90 年代初期,我大学毕业后在陕西飞机制造公司从事飞机强度设计工作,零部件加工、热处理、装配等生产工艺中产生的问题给了我很深的印象,作为一名力学专业的大学生,我当时对工艺力学产生了初步的概念。在随后的航天工程、海洋工程等领域的科研中,我对于生产工艺对生产效率和产品质量的影响,有了更加深刻的认识,也萌生了利用力学基本理论和研究成果去服务生产的冲动。

我首次接触地下工程领域大概是在 2007 年 8 月,那时候,我在新加坡南洋理工大学国家防护工程中心工作,与石根华先生、马国伟教授和周迎新教授一起去马来西亚的巴贡水电站考察,地下厂房、大坝、边坡等工程的宏伟场面深深地打动了我,从那时起,我就下定决心从事地下工程领域的科研与工程技术服务工作,用所学的力学知识为地下工程建设做些力所能及的事情。在随后几年的隧道工程技术服务中,我尝试着把力学与隧道建设工艺联系起来,并对隧道工艺力学有了初步的认知。

在隧道开挖过程中,影响隧道建设的因素很多,包括地质条件、开挖工艺、支护参数、大气环境、工程机械以及工程人员等。对于如此之多的影响因素,依靠力学建模,从力学与工艺相结合的角度来寻找隧道建设中的共性东西,给出解决这些问题的力学途径是非常困难的。纪卓尚教授的《船舶制造工艺力学》一书,给了我一些启发。我开始关注隧道开挖过程中的变形控制、爆破振动控制等具体的工程技术问题,将其中的力学问题抽取出来,具体分析,给出解决这些问题的力学途径。

隧道建设过程中的工艺力学问题很多,结合我所经历的具体工程技术问题,本书仅仅讨论软岩隧道的大变形控制、钻爆开挖中的爆破振动控制、岩爆的预测与控制以及隧道进出洞技术中的工艺力学问题,内容涵盖了我的几个研究生的科研成果,包括王新宇、乔汝佳、李晓照、杨洪武、熊阳阳、达晓伟、范艳国。王新宇、李晓照和乔汝佳继续在我的指导下攻读博士学位,其余的学生都奔赴了各自的工作岗位。

　　隧道工艺力学是一门把力学与隧道建造工艺联系起来的学科，其内容远不止本书所涉及的有限的几个问题。尽管涉猎有限，作者希望能借此抛砖引玉，引起工程与科研领域对隧道工艺力学的关注，并希望能有更多卓越之士来推动这一领域的发展。

　　由于作者水平有限，书中不足之处在所难免，敬请读者批评指正。

2015 年 7 月 21 日

于西安建筑科技大学

目　　录

彩图

第1章 绪 论

1.1 我国隧道建设的发展

人类修建和利用隧道的历史十分久远,早在古代就有不少国家和地区为了农业灌溉和生活用水而开挖隧道,但这些隧道的规模通常都比较小。直到 1826 年英国开始修建长 770m 的泰勒山隧道,供大型车辆通行的现代交通隧道才首次出现。20 世纪 80 年代,国际隧道协会提出"大力发展地下空间,开始人类新的穴居时代"的倡议。地下空间开发利用成为解决人口、资源、环境三大难题的重大举措之一,而交通隧道作为地下空间的主要利用形式,在穿越障碍、解决城市交通压力、节约城市用地等方面发挥了重要的作用,因而在世界各国得到迅速发展。

我国山地、丘陵区面积约占国土总面积的 69%。过去受资金和技术的限制,隧道建设规模小,技术落后,运营效益差。以公路隧道为例,公路多以盘山公路为主。20 世纪 50 年代,我国仅有 30 多座隧道,总长约 2.5km。即使到 1979 年,我国公路隧道里程也仅为 52km,数量为 374 座。改革开放后,随着经济的发展和技术的进步,特别是国家对交通基础建设的高度重视,我国各类隧道的建设均有了长足的进步。2002 年 11 月,在中华人民共和国交通运输部(简称交通部)和世界道路协会(PIARC)于北京联合召开的国际隧道研讨会上,时任交通部副部长胡希捷向 770 多名中外专家宣布,中国已成为世界上隧道最多、最复杂、发展最快的国家。

在铁路建设方面,在数量不断增加的同时,原有的单洞隧道长度也不断被打破。20 世纪 80 年代末在京广线上建成的大瑶山隧道,长度达 14.295km,突破长大隧道设计与施工中的许多技术难题,为后续特长隧道的建设积累了丰富的经验。2001 年建成通车的西康铁路秦岭隧道长达 18.2km。之后兰新线上的乌鞘岭隧道长度达 20.5km,取代秦岭隧道而成为我国第一条长隧道。随着青藏铁路西格二线上的新关角隧道的修建(全长 32.605km),铁路隧道的长度又一次被刷新。继大瑶山隧道之后,大断面的复线隧道也开始在铁路隧道建设中大量应用。在秦岭特长隧道施工中,铁路系统还首次在我国应用 TBM 技术进行隧道开挖并取得了可喜的成绩,使我国施工技术水平上了一个新台阶。

在公路隧道建设中,20 世纪 80 年代建设的深圳梧桐山隧道使我国公路隧道单洞长度超过了 2km。90 年代初建成的重庆中梁山隧道长度超过 3km,2000 年建成的四川二郎山隧道长度超过 4km,2003 年建成的山西雁门关隧道长度超过 5km,2008 年建成通车的秦岭终南山隧道长度突破 18km,成为亚洲第一长公路隧道。在长度被不断刷新的同时,单洞隧洞的跨度也不断增加。单洞 3 车道隧道已在多条交通量较大线路上出现。其中沈阳至大连高速公路改扩建中的韩家岭隧道,长 460m,为单向 4 车道隧道,净宽 19.24m,高 10.39m,其开挖宽度达 21.24m,开挖高度达 15.52m,成为我国当时断面最大的隧道,为我国大断面隧道的设计和施工积累了宝贵的经验。

我国是一个多山的国家,地质条件异常复杂。随着我国隧道建设的不断发展,隧道在修建过程中必将遇到危及施工安全的特殊地质地段,如断层破碎带、软弱围岩、高地应力、岩爆、高地温、岩溶、黄土、松散地层、膨胀性围岩、泥石流、瓦斯地层、含放射性物质底层、高水压底层、富水地层、冻土层等近 20 种不良地质条件,给隧道的施工建设带来很大的威胁。与此同时,受地质条件和线路设计的限制,隧道的结构形式也在不断变化,不仅有单洞隧道,还有连拱隧道、小净距隧道、标准间距分离式隧道、分岔隧道和螺旋状隧道。同时隧道的位置不仅在山岭地区,越江隧道、海底隧道等修建于水中或水下的隧道也都相继完成了施工,并为以后的隧道建设提供了宝贵的经验。

中国城市公交协会的研究表明,地铁的运输能力要比地面公共汽车大 7~8 倍,单向每小时可运送 3 万~7 万人次,且地铁的行驶最高速度可达 10km/h,修建地铁可以大大减轻城市的交通压力。在铁路隧道建设方面,1969 年 10 月我国第一条地铁——北京地铁一期工程建成通车,全长 23.6km。在北京继续扩建通车线路的同时,上海第一条地铁线路于 1994 年全线开通,并在施工中引进了软土隧道盾构施工技术,解决了我国在软土中建造地铁隧道的技术难题。20 世纪 90 年代末,广州也开始了地铁建设,并在 1999 年成为我国第三个拥有地铁运营线路的大城市。在此之后,我国多座城市也开始了地铁或轨道交通的建设,据悉到 2020 年,全国地铁总里程可达 3000km。

总的来讲,我国隧道建设从 20 世纪 80 年代开始突飞猛进,在勘测设计、施工、运营、科研等方面都有许多重大成就和创新。可以说,我国已经成为世界上隧道数量最多、技术发展最快、地质条件和隧道结构最为复杂的国家,也是引领隧道修建技术的世界强国。随着我国经济建设的快速发展,地下工程发展有了更为广阔的前景。随着城市人口密度的加大和工程化进程的加快,为缓解或从根本上解决由此带来的城市交通压力,修建公路、铁路、地下铁道等交通工程已成为世界各国解决上述问题的主要途径。可以预见,在不断完善交通基础建设的同时,将会修建越来越多的隧道,其地质条件将会越来越复杂,施工过程中遇到的问题也将越来越难解决。

1.2 隧道施工中的几个问题

近年来,尽管我国在隧道建设方面取得了可喜的成绩,在隧道设计理念和施工技术等方面有了长足的进步,但仍有一些隧道工程在建设过程中存在不容忽视的安全问题、质量问题等。山岭隧道在我国的隧道总量中占的比例最大,在路网形成中地位十分重要。然而在山岭隧道的建设过程中,遇到的问题较多且较复杂。尤其是,近几年隧道工程向长、大、深埋方向发展,其地质条件越来越复杂,遇到的问题也越来越难以解决。

1.2.1 软岩隧道的变形控制

由于软岩具有强度低、变形大和遇水软化等特点,给隧道的设计、施工乃至衬砌结构的长期稳定都带来了一定的困难。在隧道勘察设计阶段,由于不易把握软岩的物理力学性质以及地应力水平,隧道支护、衬砌结构形式和设计参数经常不能与实际的工程条件相适应;在施工阶段,若施工方法或施工时机不当,则可能造成围岩变形失控或酿成塌方事故;软岩通常具有流变性,围岩中的应力及围岩与隧道结构间的相互作用会随时间发生变化,随时间不断增加的围岩压力将会对隧道结构的稳定产生不利作用。鉴于软岩隧道工程的复杂性及软岩变形压力失控的严重性,软弱围岩隧道的稳定性及变形控制一直是界内关注的焦点之一。

在软弱地层中,隧道变形达到一定量值,则会引发洞室失稳、支护结构破坏,甚至隧道坍塌等现象,变形大是软岩隧道工程的特点之一。世界上首例报道发生大变形的隧道是 1906 年竣工的辛普伦Ⅰ线隧道,历时 18 个月才完成了 42m 洞段的施工;1970~1975 年修建于奥地利的陶恩(Tauem)隧道,全长 6400m,埋深 600~1000m。该隧道施工中发生了大变形,变形量达到 500~1200mm,最大变形速度达 200mm/d,是世界上知名的大变形隧道之一。紧接着陶恩隧道之后开工的阿尔贝格隧道(1974~1979 年),全长 13980m,设计时吸收了陶恩隧道的经验教训,施工较为顺利。但在局部地质较坏的地段,仍产生了 200~350mm 的支护位移,变形初速度达到 40~60mm/d,最大达 115mm/d。在增加了 9~12m 的长锚杆后,使变形初速度降为 50mm/d。位于日本中央公路两宫线上的惠那山隧道,为了满足交通需求,先后修建了Ⅰ号和Ⅱ号两座隧道,这两座隧道平行,通过的地层相同,其中 400m 的长平泽断层带非常软弱。值得一提的是,为通过这一条断层,Ⅰ号隧道采用刚性支护,而Ⅱ号隧道采用新奥法的柔性支护,其施工控制效果大为不同。Ⅰ号隧道主洞开挖时先设置了间距为 0.8m 的重型钢架(H250),并辅以衬板,先后浇筑了两层模筑混凝土。施工过程中,由于变形很快并且量值较大,钢架被大量破坏,因此,在浇筑第二层混凝土时又补充了间距为 0.8m 的 H200 钢架。尽管模筑混凝土衬砌的总厚达 1.2m,且设置了大量的重型钢架,衬砌仍然发生了大规模的开裂,最后不得不采用钢纤维加筋混凝土进行反复修补。Ⅱ号隧道采用了柔性初期支护,其具体参数为:长 6m 的系统锚杆(施工中加长到 9~13.5m);预留变形量(上半部为 500mm,下半部为 300mm),厚 250mm 的钢纤维喷混凝土及可缩式钢架;素混凝土二次衬砌,厚 450mm。最终发生的初期支护位移为 200~250mm,最大 560mm,说明长锚杆发挥了作用。

　　在我国,隧道围岩发生大变形的问题也越来越严重,如南昆铁路线上的家竹箐隧道,以高瓦斯、高地应力、大涌水而著称。由于煤系地层区段围岩软弱(1.7MPa),且地应力相对较高(16.09MPa),在 390m 长的地段内产生了大变形,水平收敛 600~800mm(最大达 1600mm),拱顶沉降接近 1000mm,延误铺轨达 4个半月之久。乌鞘岭特长隧道是兰新铁路兰州至武威段增建二线工程的关键枢纽,乌鞘岭隧道在通过宽达 820m 的 F7 断层带时,围岩在 20MPa 的高地应力作用下发生大变形,水平收敛达 1m 以上,支护严重侵限,给施工安全带来极大的困难。中国台湾北部第二高速公路木栅隧道,全长 1875m。当隧道通过 75m 宽的潭湾大断层时,发生了大变形,大变形地段长 205m,拱顶下沉 1500mm 以上,边墙收敛 1400mm。发生大变形的隧道还有青藏线上的关角隧道、宝中线上的堡子梁隧道、国道 317 线鹧鸪山公路隧道以及张集铁路旧堡隧道、大丽铁路禾洛山隧道、襄渝二线新蜀河隧道、太中银铁路兴旺岽隧道、北同蒲四线雁门关隧道、兰渝铁路桃树坪隧道、兰新第二双线铁路小平羌隧道及铁山隧道等,这些工程均出现了不同形式和不同程度的围岩大变形问题,给工程建设造成了极大的困难。

　　图 1.1~图 1.3 是西商高速小黄川隧道初期支护大变形、钢管扭曲及二衬开裂的病害图片。隧道围岩主要由云母、石英、泥炭质灰岩、长石组成的片岩和千枚岩构成,在出口进洞的 160m 处发育有 F5 断层,影响长度为 60~80m。隧道围岩风化严重,岩体破碎,强度低,施工中,拱顶下沉侵限达 514mm。

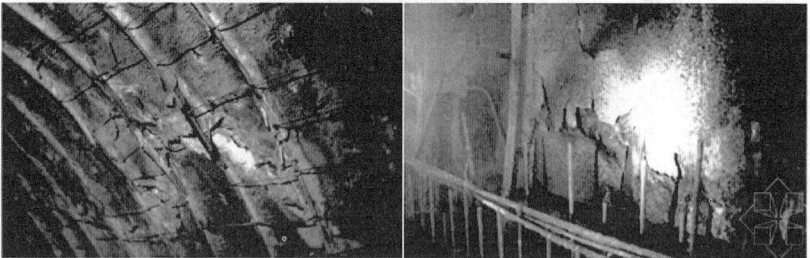

图 1.1　小黄川隧道初期支护大变形

图 1.2　隧道大变形造成钢管弯曲

随着长大深埋隧道的逐步增多,软弱围岩区段隧道大变形灾害问题日益突出,主要表现为变形侵限、喷层脱落掉块、支护开裂、钢架扭曲、拱脚失稳、底板隆起,甚至局部地段发生塌方或二衬开裂现象,不仅严重影响了施工安全和施工质量,同时也对建设工期和投资造成不利影响。与日益增多的隧道建设需求相比,关于软弱围岩隧道大变形问题的研究却相对滞后。目前,关于深埋软弱围岩隧道的变形特征、变形机理、隧道稳定性判别技术以及变形

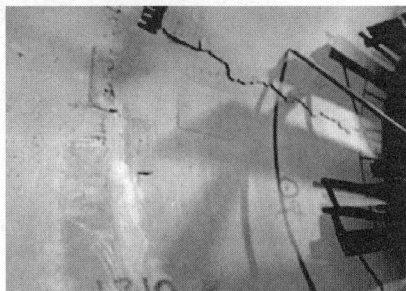

图 1.3　隧道变形致使衬砌开裂

控制技术等方面的研究尚处于探索阶段,为了解决软岩隧道支护与衬砌结构的设计和施工问题,首先需要了解围岩的物理力学性质,认识软岩隧道围岩的变形规律,建立科学的支护理论,并在此基础上制定相应的工程对策。

1.2.2　隧道洞口边仰坡的稳定控制

隧道洞口的安全稳定是隧道能否顺利进洞并进行安全施工的关键,在隧道修建过程中,隧道洞口历来就是施工的难点。常有"进洞难"的说法,这主要是因为:①山岭隧道设计一般要穿越山体表层,而大部分山体表层岩石强度很低,整体稳定性较差。传统的进洞施工会对洞口处边、仰坡进行大挖大刷,将山体原来的平衡状态打破,频频出现滑坡病害。②大部分洞口段埋深较浅,浅埋段的围岩由于风化较为严重,处于破碎、松散状态,在开挖过程中围岩成拱难,稍有不慎就会导致围岩塌方。③现场施工环境危险,工作人员及机械的安全风险大,且隧道进洞施工作业受地形、地质条件的影响较大。④隧道洞口处围岩的稳定性受地表水下渗的影响。⑤当隧道中心轴线与山体走向斜交并存在较大角度时,洞口处会产生偏压影响。

传统的隧道进洞方法过多地从经济上考虑,认为压缩隧道的整体长度就可以减少工程投资,以至于洞口设计在山体内很深的位置,边、仰坡很高,明堑土石方量

很大,并且在施工时容易发生塌方事故。在隧道后期的运营中可能有滚石掉落,又不得不通过修砌明洞确保安全。因此没有实现节约成本的目的,于是,有人提出了"早进洞晚出洞"的进洞理念。然而由于施工方法落后、施工管理不当等原因,并没有产生实质性的效果。2007年,为响应国家全面建设"和谐社会"的号召,实现隧道工程与自然和谐发展的目标,首次提出了环保的隧道进洞技术——"零开挖"。"零开挖"的设计理念是为了使山体保持稳定、保护洞口处的原生植被和自然生态平衡,在洞口施工阶段,采取一定的辅助工程措施或改变施工方法等手段,尽一切可能少开挖山体,确保隧道整体施工完毕后的安全运营,达到工程经济与保护生态环境双赢的目的。图1.4和图1.5是两个"零开挖"隧道。

图1.4　零开挖进洞　　　　　　　　　图1.5　重庆高速开窗隧道

　　虽然进洞技术不断发展,但由于工程地质条件、水文地质条件及人为等因素的影响,在隧道施工过程中仍然容易出现各种各样的地质灾害,隧道洞口边仰坡产生破坏的形式有:①滑坡,斜坡上岩(土)体在重力作用下,沿一定软弱面缓慢整体向下移动,称为滑坡,图1.6是某公路隧道洞口山体滑坡的现场;斜坡沿岩(土)体内较陡的结构面整体下错位移,称为错落;而组成斜坡的岩(土)体常不发展为连续滑动面,而顺斜坡方向发生塑性变形,称为倾倒。②崩塌,整体岩(土)块体脱离母体,突然从较陡的斜坡上崩落下来,并顺坡猛烈翻转、跳跃,最后堆落在坡脚,称为崩塌,又叫塌方,图1.7是高阳寨隧道岩体崩塌的现场图片。③剥落,边仰坡表层岩(土)遭受风化,在冲刷或重力作用下,岩(土)块、屑不断沿斜坡滑落,堆在坡脚,称为剥落。根据洞口段发生破坏的特点,设计施工时需要引起注意和处理的地层有:软弱围岩浅埋段、偏压地层、滑坡和顺层滑坍岩层、岩堆、泥石流沟谷、堆积层、厚层碎石土、地表可能储水或雨后积水的沟槽地貌。

　　目前,隧道洞口段边坡稳定性的研究方法主要还是沿用工程地质中边坡稳定的研究方法。长期以来,在隧道设计和施工中多采用极限平衡理论和有限元数值模拟计算分析洞门边坡的稳定性。隧道洞口段边坡的稳定性与隧道洞口段施工方法、洞门的结构形式、位置、埋深、地层岩性等众多因素有关,而且由于岩土体的复

图 1.6 高速公路隧道洞口处山体滑坡

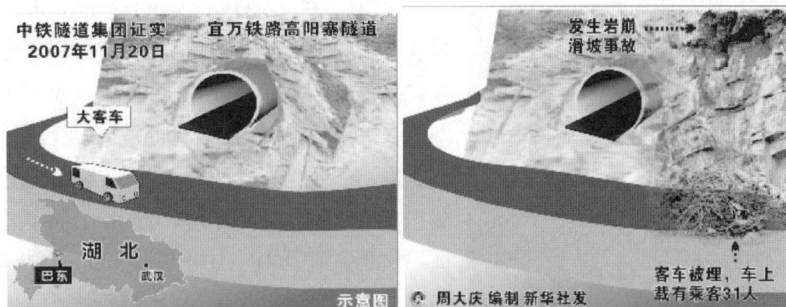

图 1.7 湖北宜万铁路高阳寨隧道发生岩崩滑坡事故

杂性,岩土力学尚具有半经验半理论的特点,在特殊地质条件下岩土体的变形机理仍不清楚,隧道边仰坡的破坏模式和破坏发展阶段等仍不十分明了。如今,在隧道边仰坡研究领域,随着数值方法的成熟,数值计算的结果可信度提高,应用有限元法计算边坡内部的应力,然后假定滑动面,考虑了土的应力-应变关系,开辟了边坡稳定分析的新途径。

1.2.3 岩爆问题

岩爆是高地应力条件下地下工程开挖过程中,硬脆性围岩因开挖卸载导致洞壁应力分异,储于岩体中的弹性应变能突然释放而产生爆破松脱、剥落、弹射甚至抛掷现象的一种动力破坏地质灾害。

自 1738 年英国锡矿岩爆现象首次报道至今,世界范围内约有 20 多个国家和地区存在不同程度的岩爆问题。例如,加拿大的 Sudbury 镍矿、印度 Kamataka 洲的 Kolar 金矿(目前开采深度已超过 3200m)、美国爱达荷北部的科达尔地区的铅锌矿等都是世界上较著名的硬岩开采有岩爆危害的矿山;作为世界上开采深度最大的南非金矿(南非约翰内斯堡地区的 Witwatersrand 矿区的深井金矿开采深度已超过 3500m),平均开采深度在 2000m 以上,自 1987 年以来每年的采矿事故中,因岩爆引起的伤亡事故占 1/4 以上。中国最早的岩爆(冲击地压)记录是 1933 年发生于抚顺胜利煤田。我国的煤炭资源丰富,煤矿众多,随着开采深度的增加,岩爆频数剧增。从 1949 年以来,有 40 多个矿井存在不同程度的岩爆问题,抚顺老虎台矿的煤爆极其严重,2002 年该矿发生各类冲击地压 6127 次,其中大于 3 级的有 21 次,平均每天发生冲击地压 17 次,严重威胁煤矿安全生产和城市的公共安全。在我国金属矿山、地下水电的开采过程中岩爆灾害也时有发生,其中红透山铜矿、冬瓜山铜矿、二道沟金矿、玲珑金矿等深部矿山开采工程相继发生岩爆灾害。天生桥水电站引水隧洞、太平驿电站引水隧洞、锦屏二级水电站施工排水洞和引水隧洞、下坂地水利枢纽工程引水发电洞等水工隧洞相继发生严重岩爆,造成了巨大的经济损失。随着社会经济的极大进步,为了满足人们生产生活出行的需求,越来越多公路、铁路隧道在西部山岭地区修建。其面临的大埋深、高地应力等复杂地质条件给岩爆的发生提供了条件。在我国,秦岭铁路特长隧道、川藏公路二郎山隧道、秦岭终南山特长公路隧道、苍岭隧道、泥巴山隧道出口段及九华山公路隧道等诸多长大深埋隧道工程均发生中等至强岩爆灾害,严重威胁机械和人员安全。图 1.8 是雅西路隧道的岩爆图。

图 1.8　雅西路隧道出口局部岩爆

综合大量的资料,可以发现岩爆的发生与隧道的埋深、所处地质区域围岩力学性质以及初始地应力等有密切关系。从大量岩爆隧道内观察到的现象,可以总结出岩爆发生的一些规律。

(1)岩爆发生在高原岩应力条件下的脆性岩石中。当岩石的原始应力较高时,构造和开挖次生应力叠加后容易超过脆性岩体强度而发生岩爆。含水率高的岩石较少发生岩爆。

(2)岩爆岩石一般为岩浆岩或变质岩,沉积岩较少发生岩爆。含有硅质(特别是石英)或其他坚硬矿物的岩石发生岩爆较多。

(3)高强岩爆一般发生在背斜轴部以及断层和弹性模量有突然变化的地层夹层(坚硬岩层或软弱岩层)附近。这是因为背斜轴部一般是高地应力区。在断层和岩体弹性模量突发变化的岩层附近施工时,开挖次生应力将导致断层或刚度突变面剪切应力加大,发生剪切或断层滑移型岩爆。

(4)岩爆发生前,掌子面推进时常会出现岩粉颗粒变大和岩粉量增多、岩石表面有玻璃光泽、钻孔时发生非塌孔原因的卡钻等现象。岩爆前出现的岩粉变粗、岩粉量增多、卡钻和玻璃光泽等现象促使开挖次生应力增大和岩体发生微型破坏的结果,是开挖次生高应力的表现。

(5) 隧道岩爆最常发生时间为爆破后 2～4h;爆破振动产生的瞬间,动应力与岩爆处岩石本来承受的较高应力叠加,超过了岩体强度导致岩石破坏,因此开挖爆破是岩爆的直接诱因。

(6) 在同一岩爆隧道,岩爆发生的频率和强度均与隧洞的埋深有关。与地震类似,强岩爆发生后短时期内还会发生几次强度较小的岩爆。

岩爆对隧道工程的最大威胁源于岩爆的突发性。岩爆灾害不仅严重威胁施工安全、影响施工进度,还会造成超挖、初期支护失效,严重时还会诱发地震,已经成为硬岩隧道勘测设计及施工组织中必须考虑的重要问题之一,并受到世界各国相关学者的广泛关注。

岩爆问题如此严重,国内外的学者试图从各个角度观察和认识岩爆,探讨岩爆发生机理:从岩爆发生现场的碎屑特征、岩体性质、岩层结构、岩体地应力状态、岩体走向、人为开挖扰动等方面考虑岩爆的成因;从岩爆产生规模的大小、岩爆发生部位和主要应力来源对岩爆进行分类;从能量、强度、灾变与失稳及分形理论等方面研究岩爆机理;从岩爆室内实验来模拟现场岩爆的过程并根据实验数据分析岩爆成因、观察岩爆发生规模大小、分析岩爆机理,为岩爆机理研究提供基础数据;利用声发射等无损检测技术预测岩爆;从强化围岩和弱化围岩两种角度进行现场的岩爆支护并日趋完善。综上所述,各位学者从各方面都做了很多工作,为我们以后的研究奠定了坚实的基础。但总的来说,岩爆的形成机理还在研究之中,对岩爆的认识还有待进一步的深入。

1.2.4　隧道爆破的振动控制

隧道具有改善线型、提高行车舒适性、降低工程造价、保护生态环境等诸多优点,在交通建设中得到了广泛的应用。隧道的形式有很多种,在一些特殊的地段,分离式隧道布线比较困难,在这种情况下,采用小净距或者连拱隧道就成了可行的方案。

目前,钻爆法仍然是山区隧道施工过程中经常采用的方法。由于连拱隧道(图1.9)本身结构的特殊性,具有左右洞间隔近、围岩自稳能力差、中隔墙受力集中且紧邻爆源等特点。在连拱隧道爆破开挖过程中,爆破振动必然会对中隔墙及二衬产生较大的影响,当爆破振动达到一定程度时可对其造成破坏。由于中隔墙和二衬是隧道的重要构件,并且中隔墙起着承受隧道上部围岩自重的作用,中隔墙和二衬的损伤直接影响隧道的质量安全。因此,研究如何降低爆破振动对连拱隧道结构的冲击响应有着重要的现实意义。

而对于小净距隧道(图1.10),由于地形地质的限制,新建隧道与既有隧道之间的设计距离往往较小。其中增建的宝成复线与既有隧道间的中墙厚度为 1.902～

2.323m;襄渝二线新大成隧道与既有线最小净距仅为 3.73m。招宝山隧道是一座新建双线公路隧道,两隧道之间的设计净距仅为 2.98~4.20m。厦门市仙岳山隧道为小间距城市双洞 4 车道隧道,其岩柱净宽为 19m。内昆线青山隧道两隧道净距仅为 2.76~12.8m。刚刚贯通的西康二线翠华山隧道,与既有小峪隧道最小垂直净间距仅为 8m。广州地铁二期工程(以越秀公园车站为例)主隧道与斜通道间的净距均不足 3m。株六铁路关寨 1# 复线隧道平行于既有隧道,两隧道内边墙的最小距离为 7m。新杨柳湾隧道与既有电气化贵昆线杨柳湾隧道中间隔墙的最小宽度仅为 4m。小净距条件下,新建隧道的爆破施工所产生的爆破振动效应很大程度上影响了既有线的正常运营,并威胁既有隧道的结构安全。

图 1.9　连拱隧道　　　　　　　　图 1.10　小净距隧道

　　实际工程爆破时,爆破参数往往采用经验公式计算来确定。但是,由于连拱隧道、小净距隧道结构的特殊性和复杂性,由经验公式得到的爆破参数往往具有一定的局限性,已经不能满足实际工程的需要。同时,数值模拟具有适用性强、周期短、成本低等优点,在爆破振动控制研究方面具有较大的优势。因此,采用数值模拟方法,优化爆破参数,就成了切实可行的措施。

　　隧道建设是百年大计,确保隧道的设计、施工安全可靠,采用高科技设备、选择切实可行的监测手段,确保既有隧道结构的正常使用和拟建隧道的顺利开挖,对我国交通建设工程和地下空间的利用开发具有重要的现实意义,其在实际工程中将会创造巨大的社会及经济效益。因此,近距离钻爆施工过程中,必须采取合理有效的爆破方案,以控制爆破振动效应的危害,同时,加强对已开挖隧道的实时监控量测、分析及采取合理的加固措施,以确保隧道的结构及运营安全。

第2章 软岩隧道的变形控制

2.1 工程背景

随着我国经济快速发展,交通基础设施建设发展不断加快,隧道的建设是其中重要的一部分。由于我国地域广阔,地貌形式种类较复杂,我国西部地区的丘陵地貌偏多(图2.1),所以山岭隧道的建设对解决交通问题起着关键的作用。并且,随着我国城市化进程的不断加快,城市人口随之增长,城市的迅猛发展会带来诸多"城市综合症",如道路拥堵、交通拥挤;西方发达国家把地下空间的开发利用作为解决上述问题的主要措施,发展高效的地下轨道交通,形成四通八达的地下交通网,事实证明这是解决交通拥堵的最有效的途径。伴随我国城市地铁的迅速发展,以西安市为例,截至2014年年底,西安市地铁运营里程达到52.2km,预计到2017年,西安地铁运营总里程将达到126km,日均乘客流量将超过150万人次。图2.2为2012~2018年西安市地铁总体规划,为了适应城市和轨道交通发展的需要,新一轮的城市地铁规划建设工作已经在西安市启动,城市地铁正在加速建设当中。无论山岭隧道还是城市地铁隧道,软弱岩体都是其施工过程中隧道围岩的主要组成部分。

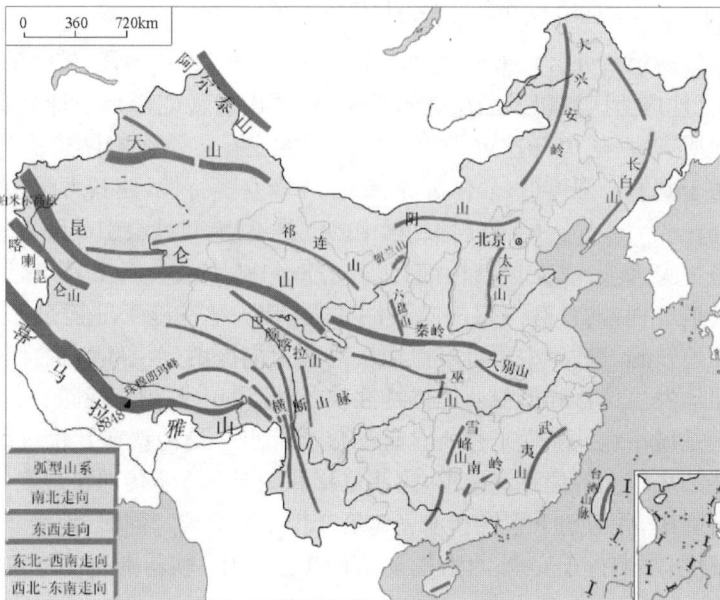

图2.1 我国主要山脉分布图

图 2.2　西安市地铁线路规划图

　　软弱围岩隧道所处区域地质条件复杂,如穿越浅埋偏压地段、较强的残余构造应力地段、高地应力区域以及断层破碎带时,隧道围岩大变形是一种分布广泛、危害极大的地质灾害,隧道开挖过程中地质因素的变化严重影响隧道围岩稳定性。软弱围岩由于其岩石强度低、岩体破碎、赋存环境差等特性,使其力学特征又与一般的围岩存在较大差异。隧道开挖过程中的支护不当,可能会引起隧道塌方、掌子面滑塌等各种灾害,造成支护结构破坏,进而威胁施工人员安全、影响施工进度。对于地铁隧道工程,其具有一定的隐蔽性和复杂性,地铁施工环境是在岩土体内部,因此,在地铁施工过程中不可避免地会对隧道周围的岩土体产生扰动,导致隧道周边岩土体发生位移和形变。土体特性软弱、埋深较浅、地表建筑物及地下管线分布密集等是城市地铁隧道工程所具有的显著特点。受地铁在开挖过程的影响,岩土体可能产生较大的位移和变形,这些位移和变形会逐步传递至地表,在地表形成明显的沉降槽,并对地下管线和地表建筑产生不利影响。同时,地表变形会影响道路的平整度,影响行车安全。因此,隧道施工过程中,软弱围岩的稳定性需要有待深入研究。

京珠高速公路大宝山公路隧道宽 14m,高 9m,地质条件为砂、页岩、泥岩,节理比较发育。京珠高速公路乌龙岭公路连拱隧道最大开挖跨度达 32.5m,处于岩层为断层破碎带,强风化泥质砂岩夹页岩地质。南京沪宁高速中山门隧道自地表往下依次为杂填土、褐黄色亚黏土及混砾亚黏土、棕红色中-强风化泥质粉砂岩,净宽12.5m。京张高速公路石佛寺一号公路隧道宽 13.1m,高 7.3m,地质条件是粗粒花岗岩为主,呈弱风化和微风化状态。由于软岩隧道所处地质条件差的特点,在施工过程中经常出现拱顶崩塌、掌子面失稳等工程灾害,导致隧道结构破坏、工期延误、施工机械损坏及人员伤亡,给施工带来了极大的不便。湖北省十漫高速公路二道垭隧道左线冲沟位置发生塌方,塌方段位于沟底处,洞体埋深 40~50m。包西铁路工程阎家村隧道位于破碎岩层冲沟带发生了塌方冒顶事故。成渝高速公路梁山隧道与缙云山隧道在开挖不到一年发生 8 次较大坍塌,严重延误了项目的建设工期。云南元江磨黑高速公路大风娅口隧道,塌方 20 余次,其中塌方较严重时导致初期支护结构被严重破坏,延误工期 3 个月。甘芳隧道出口开挖至 K38+235 时,围岩由Ⅳ级微风化花岗岩突然变化为强风化花岗岩,准备实施支护时,拱部右侧突然出现大块岩体坍塌,同时地下水开始从坍塌部位涌出,给施工带来极大的不便。京珠高速公路靠椅山隧道发生的塌方,塌方量约 20000 多立方米,在隧道内形成长达 188m 的塌体,其中有 60 余米全被塌体阻塞,并有 22 人被堵在洞内,隧道被迫停工。

西安地铁三号线胡家庙至通化门区间隧道开挖至 8m 进深时,掌子面 9 名作业人员正在施工,隧道顶部突然发生塌方,造成 5 人被埋压;西安地铁四号线凤城九路站在围护桩施工时,导致天然气管线破裂,8000 多户居民用气受到影响;西安地铁四号线李家村至和平门区间盾构施工中,洞口处出现涌水涌沙险情,经排查发现雁塔路与建东街路面下沉,雁塔路与建东街十字路口附近地下有空洞。

本章将以象山隧道、旗下营隧道、西安市地铁黄土地铁软岩隧道工程为研究背景,分别探讨十天高速象山隧道挤压破碎带围岩大变形发生的机理及施工控制措施,冲沟影响下的京新高速公路集宁至呼和浩特段旗下营隧道围岩稳定性,以及西安市地铁四号线飞天路至航天大道站区间黄土地铁工程开挖对隧道及周边环境的影响规律。

2.2　基　本　理　论

2.2.1　变形理论

围岩变形是指隧道周边岩体变形,其机理如图 2.3 所示。由于岩体都是极其复杂的地质体,其复杂性主要表现在以下几个方面。

(1) 物质组分的复杂性。组成岩体和土体的物质成分,即矿物成分非常复杂,有非常坚硬的金刚石、石英等,也有非常软弱的滑石、石膏、方解石等。

（2）结构的不连续性。岩体中常出现断层、节理、层理、不整合面等地质构造,使围岩结构不连续。

（3）物质分布的不均匀性。隧道所处岩体的密度分布是不均匀的,常出现软岩互层、土石混合的情况。

（4）物质的不稳定性。围岩常受周边环境的影响而出现不稳定性,如千枚岩、页岩遇水后常出现软化,冻土受气候影响而变动,膨胀性围岩遇水后体积膨胀等。

（5）赋存环境的复杂性。围岩都处于一定的地质环境中,如地下水、地应力、地温等,这些地质环境都对围岩变形有或大或小的影响。

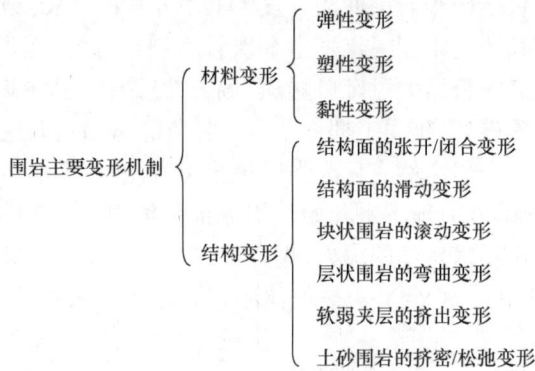

$$
围岩主要变形机制
\begin{cases}
材料变形
\begin{cases}
弹性变形 \\
塑性变形 \\
黏性变形
\end{cases} \\
\\
结构变形
\begin{cases}
结构面的张开/闭合变形 \\
结构面的滑动变形 \\
块状围岩的滚动变形 \\
层状围岩的弯曲变形 \\
软弱夹层的挤出变形 \\
土砂围岩的挤密/松弛变形
\end{cases}
\end{cases}
$$

图 2.3　隧道围岩的变形机制分类

1. 隧道围岩材料变形及其本构关系

围岩材料变形主要包括弹性变形、塑性变形和黏性变形三大类。

1）弹性变形

弹性变形是指材料受外力作用产生变形,在外力去除后能够立即恢复的那一部分变形。弹性变形是坚硬完整围岩的主要变形形式。从显微机制来看,围岩的弹性变形是由组成它们的内部质点,如分子、原子或离子受外力的作用而发生分离、靠拢或转动,从而导致围岩形态和体积的改变。质点位移打破平衡,吸收位能,短期内外力去掉,位能作用使位移了的质点又回到它原来的位置或部分恢复到它原来的位置,这就是弹性变形回复或弹性后效现象。

弹性变形的应力与应变关系可以用胡克定律来描述,即

$$\sigma_{ij} = c_{ijkl}\varepsilon_{kl} \tag{2-1}$$

式中,σ_{ij} 和 ε_{kl} 分别为岩体的应力张量和应变张量;c_{ijkl} 称为广义弹性常数,为一个四阶张量,共 81 个分量,由于形变张量是对称的,所以其中只有 21 个独立的分量,对于各向同性介质,其独立的弹性常数进一步减少至 2 个,即

$$\varepsilon_{ij}=\frac{1+\mu}{E}\sigma_{ij}-\frac{3\mu}{E}\sigma_0\delta_{ij} \tag{2-2}$$

式中, E 称为弹性模量; μ 称为泊松比或横向变形系数; σ_0 为三个主应力分量的平均值, $\sigma_0=(\sigma_{11}+\sigma_{22}+\sigma_{33})/3=I_1/3$; δ_{ij} 为 Kroneker 符号。

2) 塑性变形

塑性变形是指材料受外力作用产生变形, 在外力去除后不能完全恢复的那一部分变形。塑性变形是软质岩或者破碎围岩的主要变形形式, 坚硬完整围岩中当围岩的应力超过其岩石的弹性极限时也将出现塑性变形。

塑性变形的规律可用塑性本构关系来表达, 如式(2-3)所示, 其包括弹性阶段和塑性阶段两个阶段, 当材料进入塑性阶段后, 其变形不仅受应力状态的影响, 还受到塑性变形历史的影响。塑性变形历史由一组内变量来刻画, 内变量可以是张量形式 σ_{ij}^{p}, 也可以是标量 χ。

$$\begin{cases} \mathrm{d}\varepsilon_{ij}=c_{ijkl}\,\mathrm{d}\sigma_{kl}, & f(\sigma_{ij},\sigma_{ij}^{p},\chi)<0 \\ \mathrm{d}\varepsilon_{ij}=c_{ijkl}\,\mathrm{d}\sigma_{kl}+\dfrac{1}{A}\dfrac{\partial g}{\partial \sigma_{ij}}\left(\dfrac{\partial f}{\partial \sigma_{kl}}\mathrm{d}\sigma_{kl}\right), & f(\sigma_{ij},\sigma_{ij}^{p},\chi)=0 \end{cases} \tag{2-3}$$

式中, $f(\sigma_{ij},\sigma_{ij}^{p},\chi)=0$ 为屈服条件; $g(\sigma_{ij},\sigma_{ij}^{p},\chi)$ 为塑性势函数; $\sigma_{ij}^{p}=D_{ijkl}\varepsilon_{kl}^{p}$ 为二阶张量的内变量; χ 为标量的内变量, 它可以代表塑性功 $\omega^{p}=\displaystyle\int\sigma_{ij}\,\mathrm{d}\varepsilon_{kl}^{p}$、塑性应变 $\theta^{p}=\displaystyle\int\delta_{ij}\,\mathrm{d}\varepsilon_{ij}^{p}$ 或等塑性应变 $\bar{\varepsilon}^{p}=\displaystyle\int(\mathrm{d}\varepsilon_{ij}^{p}\,\mathrm{d}\varepsilon_{ij})$; $A=-\dfrac{\partial f}{\partial \sigma_{ij}^{p}}c_{ijkl}^{-1}\dfrac{\partial g}{\partial \sigma_{kl}}-\dfrac{\partial f}{\partial \chi}h$, 式中 h 为

$$h=\begin{cases} \sigma_{ij}\dfrac{\partial g}{\partial \sigma_{ij}}, & \chi=\omega^{p} \\[2mm] \delta_{ij}\dfrac{\partial g}{\partial \sigma_{ij}}, & \chi=\theta^{p} \\[2mm] \left(\dfrac{\partial g}{\partial g_{ij}}\dfrac{\partial g}{\partial \sigma_{ij}}\right)^{\frac{1}{2}}, & \chi=\varepsilon^{p} \end{cases} \tag{2-4}$$

3) 黏性变形

黏性变形是指材料受力后变形不能在瞬时完成, 而随着时间的增加而增大的变形。黏性变形的应变速率随应力增加而增加。在隧道工程中, 围岩的应力状态、变形和失稳都具有时间效应, 尤其是软弱围岩, 其时间效应非常明显。围岩时间效应产生的原因是围岩具有流变性。在外部条件不变的情况下, 岩石的变形或者应力随时间而变化的现象叫流变, 主要包括蠕变和松弛。大量隧道工程测试表明, 软弱围岩、含有泥质充填物和夹层破碎带的围岩, 其流变性都十分显著。节理裂隙较为发育的中硬以上围岩, 在剪切应力状态下也会产生明显的剪切蠕变。例如, 隧道

开挖后,除瞬时弹性变形外,支护完成后还会产生一段时期的收敛变形,对于深井、软岩巷道,如果支护能力有限,巷道的收敛变形会一直持续发展下去。再如,煤层地下开采完成后,地表下沉还要持续几个月,甚至 1～2 年,这都是典型的岩石流变的结果。黏性变形的规律可用黏性本构关系来表达,即

$$\sigma = \eta \frac{d\varepsilon}{dt} \tag{2-5}$$

式中,η 为黏滞系数;t 为变形时间。

2. 隧道围岩结构变形及其本构关系

1) 结构面的张开/闭合变形

结构面的张开或闭合变形是指围岩中的节理、层面、溶蚀裂隙等各种结构面在加载或者卸载的作用下发生张开或者闭合,从而引起的围岩变形。围岩中的各类结构面在隧道开挖前,处于不同的张开程度,有的闭合,有的微张开,有的张开较大。隧道开挖后,围岩应力发生重新调整,切线方向的应力增大,处于加载状态,结构面的张开度将减小,而法线方向的应力减小,处于卸载状体,结构面的张开度将增大,如图 2.4 所示,不同产状的结构面在隧道不同部位将出现不同的变形状态,水平向结构面在隧道拱顶和拱底在切向应力作用下以张开变形为主,表现为拱顶下沉和拱底鼓出,而在隧道两侧的水平向裂隙在切向应力作用下则主要以闭合变形为主。

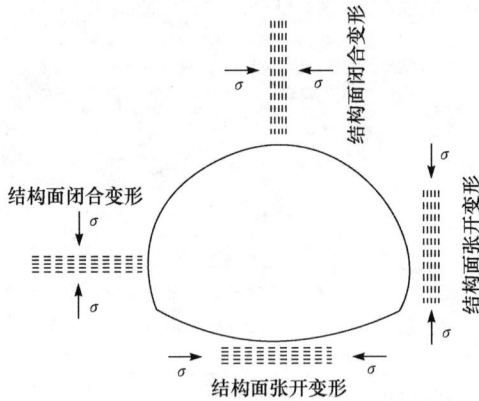

图 2.4　结构面的张开/闭合变形

结构面张开或者闭合变形的力学模型如图 2.5 所示,其变形规律可用本构方程表示为

$$\frac{d\varepsilon_j}{d\sigma} = \frac{\varepsilon_{j0} - \varepsilon_j}{E_j \varepsilon_{j0}} \tag{2-6}$$

式中，ε_j 为结构面应变；ε_{j0} 为结构面完全闭合后的应变，即结构面的最大应变；E_j 为结构面的闭合模量。

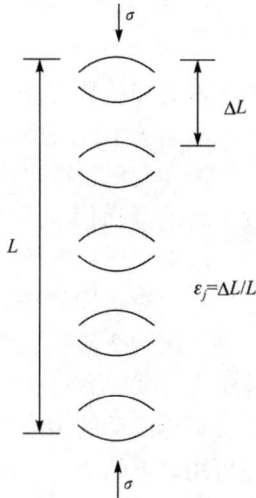

图 2.5 结构面张开或闭合变形的力学模型

2）结构面的滑动变形

结构面的滑动变形是指岩块沿着各种不连续界面，如裂隙、层理等结构面发生滑动，从而引起围岩向着临空面方向的变形，如图 2.6 所示。

滑动变形是块状围岩的主要变形形式。在块状围岩中，隧道周边大大小小的岩块在隧道开挖后都会向着临空面发生或多或少的移动。块体的滑动需要有滑动空间，其常受到周边岩体的限制，因此，滑动变形的大小受块体大小、块体的组合方式、临空面的大小等因素制约。

结构面滑动的力学模型如图 2.7 所示，其变形规律可用以下的本构方程表示：

$$u_s = \frac{1}{\eta_k}(\sigma_S - \sigma_T)t \tag{2-7}$$

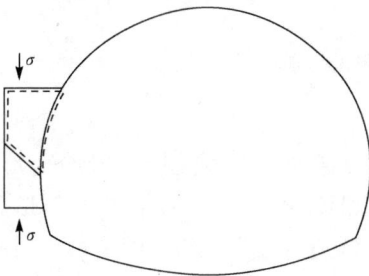

图 2.6 结构面的滑动变形

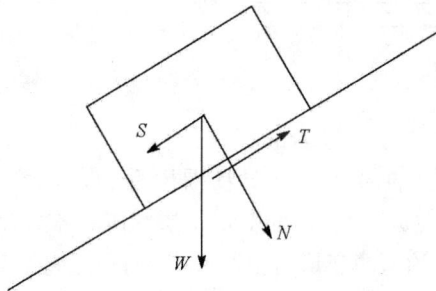

图 2.7 结构面滑动的力学模型

式中，η_k 为黏滞刚度系数；u_s 为滑动变形量；t 为变形时间；σ_S 和 σ_T 分别为接触面的下滑应力和抗滑应力，可由式(2-8)求得：

$$\begin{cases} \sigma_S = S/A \\ \sigma_T = T/A \end{cases} \tag{2-8}$$

式中，S 和 T 分别为接触面上的下滑力和抗滑力；A 为接触面积，如图 2.7 所示。

3）块状围岩的滚动变形

滚动变形是指块体绕着某个支点向临空面方向发生转动，从而引起围岩的变形，如图 2.8 所示。

滚动变形和滑动变形是块状围岩的两种主要变形形式。块状围岩中，往往同时发生块体的移动和转动。滚动变形和滑动变形一样，也受块体大小、块体组合方式、临空面的大小等因素制约。

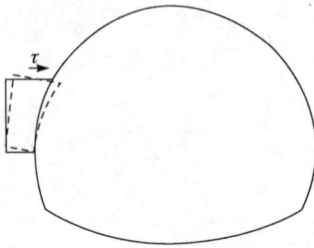

图 2.8　块状围岩的滚动变形

块体滚动的力学模型如图 2.9 所示，其变形规律可用以下的变形方程表示：

$$\varepsilon_x = \frac{d_x}{a} = \frac{1}{\cos\gamma} - 1 \tag{2-9}$$

$$\varepsilon_y = \frac{d_y}{b} = \sqrt{1 + 2\tan\theta\tan\gamma - \tan\gamma} - 1 \tag{2-10}$$

式中，各符号的含义如图 2.9 所示，其中 a、b 分别为岩块的宽度和高度；γ 为岩块的转动角；$\tan\theta$ 为岩块的宽高比。

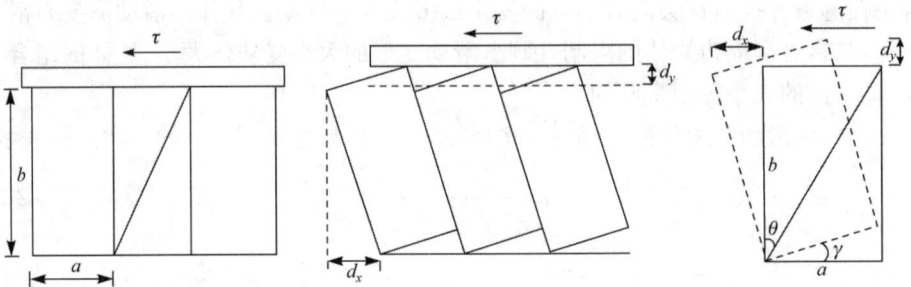

图 2.9　块状岩体滚动变形的力学模型

4）层状围岩的弯曲变形

弯曲变形是指层状围岩受力向临空面发生弯曲，从而引起围岩的变形，如图 2.10 所示。弯曲变形是层状围岩常发生的变形形式。在水平岩层中，隧道底部岩层的弯曲变形常引起底鼓，而在竖直围岩中，隧道边墙岩层的弯曲变形常引起边墙的鼓出。

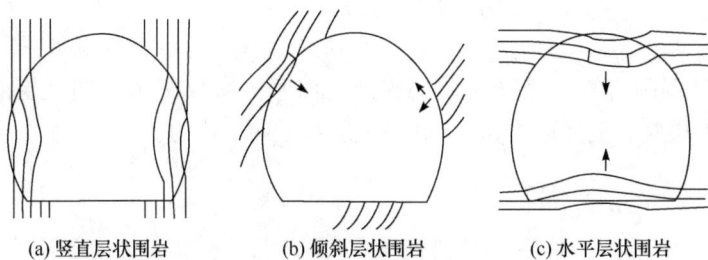

(a) 竖直层状围岩　　　　(b) 倾斜层状围岩　　　　(c) 水平层状围岩

图 2.10　层状围岩的弯曲变形

层状围岩弯曲变形的力学模型如图 2.11 所示，其变形规律可用以下方程表示：

$$\frac{\mathrm{d}^2}{\mathrm{d}x^2}\left(EI\frac{\mathrm{d}^2y}{\mathrm{d}x^2}\right)+(P\pm q_2x)\frac{\mathrm{d}^2y}{\mathrm{d}x^2}\pm q_1\frac{\mathrm{d}y}{\mathrm{d}x}=0 \tag{2-11}$$

式中，EI 为岩层横截面的抗弯刚度；P 为岩层两端的压力；q_1、q_2 分别为岩层面上的压应力和剪应力。

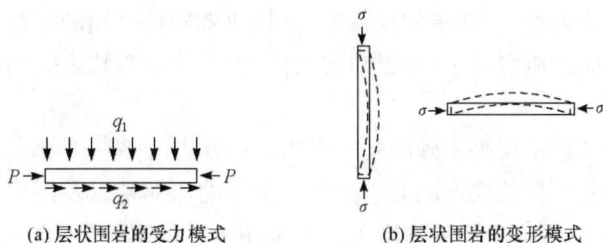

(a) 层状围岩的受力模式　　　　　　　(b) 层状围岩的变形模式

图 2.11　层状围岩弯曲变形的力学模型

5）软弱夹层的挤出变形

软弱夹层的挤出变形是指软弱夹层在隧道开挖后，在切向应力的作用下，向临空面方向的挤出变形，如图 2.12 所示。

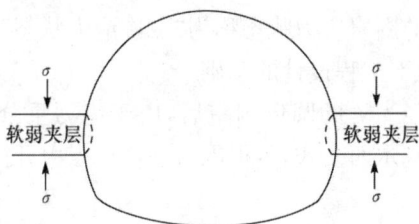

图 2.12　软弱夹层的挤出变形

软弱夹层挤出变形的力学模型如图 2.13 所示，其变形机制可用以下的本构方程表示：

$$\frac{\partial \sigma_x}{\partial x} = \frac{2(f\sigma_z + c)}{h} \tag{2-12}$$

式中，h 为软弱围岩的厚度；f 为软弱夹层的内摩擦系数；c 为软弱夹层的黏聚力；σ_z 为软弱夹层竖直向压应力；σ_x 为软弱夹层水平向压应力。

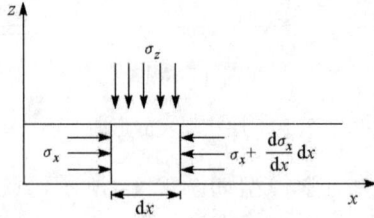

图 2.13　软弱夹层挤出变形的力学模型

6）土砂围岩的挤密/松弛变形

土砂围岩的挤密/松弛变形是指隧道周边的土粒或者砂粒在加荷或卸荷作用下发生挤密或者疏散，从而引起的围岩变形。隧道开挖后，围岩应力发生重新调整，切线方向的应力增大，处于加载状态，土粒或者砂粒之间的空隙将减小而发生挤密；而法线方向的应力减小，处于卸载状体，土粒或者砂粒之间的空隙将增大而发生疏散。

挤密/松弛变形不仅是土砂围岩的主要变形方式，也是一些散体结构围岩的主要变形方式。挤密/松弛变形的大小主要由土砂的压缩性以及围岩应力状态的调整程度确定。土砂围岩变形的本构关系可采用土体的本构模型。目前，土体的本构模型主要有弹性模型、弹塑性模型（包括剑桥模型）、流变模型和损伤模型。

3. 洞室开挖后力学状态分析

洞室开挖前后围岩分别处在两种不同的应力状态之中，开挖前由于自重和构造运动形成的应力状态称为初始应力状态，洞室开挖后造成了围岩中应力状态的重分布，人们把重分布的围岩应力状态称为"二次应力状态"，了解和掌握围岩中的二次应力状态是进行地下工程设计的基础。

图 2.14 为开挖半径为 r 的圆形洞室后，由于应力重分布将引起围岩发生变形，利用弹性力学中的基尔西公式，可得围岩中任一点由开挖引起的径向位移 u 与切向位移 v 分别为

$$u = \frac{1+\mu}{E} \frac{\sigma_z}{2} r\alpha \{(1+\lambda) + (1-\lambda)[4(1-\mu) - \alpha^2]\cos 2\theta\} \tag{2-13}$$

$$v = -\frac{1+\mu}{E} \frac{\sigma_z}{2} r\alpha(1-\lambda)[2(1-2\mu) + \alpha^2]\sin 2\theta \tag{2-14}$$

式中，E 为弹性模量，径向位移以向洞内方向为正，切向位移以顺时针为正。

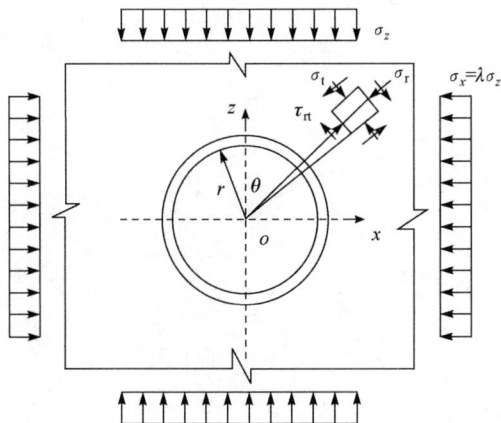

图 2.14　围岩开挖受力图

下面根据式(2-13)和式(2-14)分析两种特殊情况下的位移。

1) 静水压力状态下洞室周边($r=r_0$)位移

在静水压力状态下，将 $\lambda=1$ 代入式(2-13)和式(2-14)得

$$u=\frac{1+\mu}{E}r_0\sigma_z \tag{2-15}$$

$$v=0 \tag{2-16}$$

可见，洞室开挖后，围岩呈对称状态均匀地向洞室内移动。

2) 非静水压力状态下洞室周边位移

非静水压力状态下，将 $r=r_0$ 代入式(2-13)和式(2-14)得

$$u=\frac{1+\mu}{E}\frac{\sigma_z}{2}r_0[1+\lambda+(3-4\mu)(1-\lambda)\cos2\theta] \tag{2-17}$$

$$v=-\frac{1+\mu}{E}\frac{\sigma_z}{2}r_0(3-4\mu)(1-\lambda)\sin2\theta \tag{2-18}$$

图 2.15 为在不同 λ 值条件下，由式(2-13)和式(2-14)得出的开挖后的断面收敛状态图。由图可见，洞室开挖后，围岩基本上是向洞室内移动的，只是在一定的 λ 值条件下($\lambda\leqslant0.25$)，在水平直径处围岩有两侧围岩内挤压外扩的趋势。此外，在多数情况下，拱顶下沉位移均大于侧壁(水平直径处)位移，而使洞室断面变成扁平状。

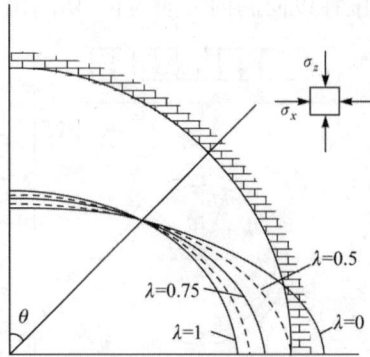

图 2.15 开挖断面收敛图

2.2.2 控制理论

1. 软岩隧道围岩变形控制基本理念

软弱围岩变形控制的理念主要可归纳为两个截然相反的思路：一个是为了减轻作用在支护上的荷载，容许一定位移；另一个是为了控制围岩松弛而尽可能早地控制位移，即所谓的"柔性支护"和"刚性支护"控制变形的理念。

1) 刚性支护控制理念

刚性支护控制变形通常指采取加强支护和衬砌刚度以及提高围岩的自支护能力两种措施。

加强支护和衬砌的刚度：这种措施是在浅埋层、地层自重或围岩压力小、地层松软的条件下，为控制地表沉降变形或隧道变形，采用系统长锚杆、重型钢架和大厚度喷射混凝土支护等加大模筑混凝土结构刚度，并实现尽早闭合的方法。该方法适用于地表有结构物、对沉降控制有一定要求、不具备在地面采取工程措施的条件下，只有在洞内采取加强的工程措施。

提高围岩的自支护能力：在浅埋地层、地层自重或围岩压力小、地层松软条件下，为减小地面变形或隧道变形，着力改善并加固地层，采用深孔大范围超前注浆或刚性较大的水平旋喷或大管棚超前支护、掌子面超前长大锚管加固、提高围岩强度和刚度。该方法适用于洞口段或浅埋隧道段、附近有结构物、对隧道沉降和变形有较高要求、地表作业场地开阔、工期比较紧的情况，可大面积同时进行地层的加固改良，这种方法工艺简单、质量可靠、施工速度快，但投资较高。

2) 柔性支护控制理念

柔性支护控制理念是允许围岩变形，但控制围岩产生有害的变形，如采用多重支护、可缩式支护和分阶段控制变形等方法，它们的基本理念相同，都是容许围岩变形，释放地应力，减小支护压力，同时又能约束围岩松弛和过度变形，保持隧道稳定。

多重支护:预留足够允许变形量和二次支护空间,在超前支护或初期支护下,开挖后先设置第一层支护,约束围岩的初期变形;而后在距掌子面后方一定距离处设置第二层支护,使隧道稳定,从而控制围岩大变形。该方法的概念是允许一次支护发生屈服,设置二次支护后,地压和支护反应力得到平衡。此法二次支护需要预留的支护空间较大,需要二次支护作业平台等。

可缩式支护:预留足够的允许变形量和二次支护空间,在超前支护或初期支护下,隧道开挖后及时架设可缩式钢架等支护体系,允许产生较大变形,释放围岩压力,但要保持支护变形与围岩压力的平衡,防止围岩过度松弛,导致隧道围岩压力增大。可缩式支护结构工艺复杂,技术要求高,施工工期较长。

分阶段控制变形:分阶段控制变形的方法是根据位移的发生,用增打锚杆、增喷混凝土、缩小钢架间距或者采用早强喷混凝土、高承载力锚杆和钢架等,分阶段地通过支护刚性控制位移的方法,这是通常采用的工法。例如,开挖后先设置中短系统锚杆、钢架、喷射混凝土支护,约束围岩的初期变形;而后在距掌子面后方$3.0D$左右的位置,设置系统长锚杆补强加固围岩,必要时采用网喷混凝土或钢架喷混凝土支护补强。该方法先期支护因刚性不足,仅能约束围岩的初期变形,难以控制变形;利用长锚杆补强方式分阶段地提高支护刚性来控制位移,使隧道趋于稳定。该方法需要预留的支护补强空间较小,在工作后方施作补强锚杆有利于长锚杆施工,有利于锚杆数量与质量检查,也有利于施工平行作用。

2. 软岩隧道围岩变形基本控制原则

软岩隧道变形速度快的特点而显得很难控制,给工程带来若干困扰。要想控制住大变形,让其产生的影响最少,应该从两个方面来着手。一是选择合理的施工方法。软岩隧道围岩质量较差,根据其地应力分布的特点,尽量减少对围岩的扰动,维持其原有的地应力结构,这是能减小围岩变形的最基本方法。二是选择合理的支护方法。"预支护、快挖、快支、快闭合"应该是软弱围岩隧道施工的基本原则。

预支护:在开挖前,针对开挖后预计的变形实态,事前采取的控制变形对策——掌子面前方现行位移和挤出位移的控制。

快挖:采取全断面或台阶法进行快速掘进的对策——进尺及分部距离的控制。

快支:采取初期支护控制变形的对策——初期位移速度及最终位移值的控制。

快闭合:使变形早期收敛的对策——收敛距离的控制或位移收敛时间的控制。

总结近十年矿山法的实绩和经验,可以看出,在复杂地形、地质条件下,山岭隧道施工最基本的经验就是"断面的初期支护早期闭合",这已为众多事例所证实。

全断面早期闭合工法的优点可归纳为:施工简便;能够采用大型机械施工,开挖速度快;断面形状良好,周边围岩应力状态也好;支护效率高;能够把隧道开挖影响控制在最小限度。

因此,在围岩状态差、需要极力控制隧道变形影响的隧道,采用使最终断面早期闭合的全断面法和带辅助台阶的全断面法是最佳选择。

3. 支护原理

由于软岩和硬岩的本构关系不同,导致了软岩隧道和硬岩隧道的支护原理截然不同,硬岩隧道支护原理不允许硬岩进入塑性,因为进入塑性状态的硬岩将丧失承载能力。而软岩隧道的独特之处是,其巨大的塑性能(如塑性变形能等)必须以某种形式释放出来。假设隧道开挖后使围岩向临空区运动的各种力(包括重力、水作用力、膨胀力、构造应力和工程偏应力等)的合力为 P_T,则软岩隧道支护原理可以表示为[1]

$$P_T = P_D + P_R + P_S \tag{2-19}$$

式中,P_T 为隧道开挖后围岩向临空区运动的合力,包括重力、水作用力、膨胀力、构造应力和工程偏应力等;P_D 为以变形的形式转化的工程力,包括弹塑性转化(与时间无关)、黏弹塑性转化(与时间有关)、膨胀力转化(与时间有关);P_R 为围岩自承力;P_S 为工程支护力。

式(2-19)所表示的意义如下。

(1) 隧道开挖后引起的围岩向临空区运动的合力 P_T 并不是由工程支护力 P_S 全部承担的,而是由三部分共同分担。P_T 首先由软岩的弹塑性能以变形的方式释放一部分,即 P_T 的一部分转化为岩体变形。其次,P_T 的另一部分由岩体本身的自承力承担。如果岩体强度很高,$P_R > P_T - P_D$,则隧道围岩自稳。对于软岩,易发生大变形的隧道,P_R 较小,一般 $P_R < P_T - P_D$,故隧道围岩要稳定,必须进行工程支护,即加上 P_S。为求工程稳定,通常 $(P_S + P_R)$ 的值要大于 $(P_T - P_D)$ 的值。

(2) 一个优化的隧道支护设计应该同时满足 $P_D \to \max$、$P_R \to \max$、$P_S \to \min$ 这三个条件。实际上,要使 $P_D \to \max$,P_R 就不能达到最大;要使 $P_R \to \max$,P_D 就不能达到最大。要同时满足 $P_D \to \max$ 和 $P_R \to \max$,关键是选取变形能释放的时间和支护的时间,也就是最佳支护时间的确定。最佳支护时间是指可以使 $(P_D + P_R)$ 同时达到最大的支护时间,其意义如图2.16所示。最佳支护时间就是 $(P_D + P_R)$-T 曲线峰值点所对应的时间 T_S。实践证明,该点与 P_D-T 曲线和 P_R-T 曲线的交点所对应的时间基本相同。此时,支护结构发挥到理论上的最大效应,同时又保护围岩强度,使其强度损失达到理论上的最小值,即其本身自承力 P_R 达到充分大。最佳支护时间点的确定,在工程实践中是难以办到的,所以提出了最佳支护时段概念,如图2.17所示。图中所示的时段 $[T_{S1}, T_{S2}]$ 即为最佳支护时段。在工程实施时,只要是在 T_S 附近时段 $[T_{S1}, T_{S2}]$ 进行永久支护,基本上可以使 P_D、P_R 同时达到优化意义上的最大。

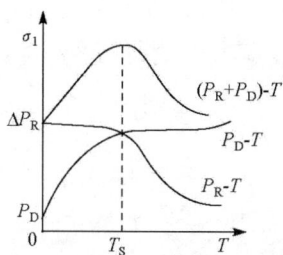

图 2.16 最佳支护时间 T_S 的含义

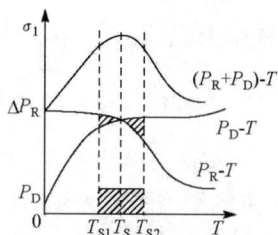

图 2.17 最佳支护时段的含义

4. 围岩支护抗力计算

围岩支护总抗力可以按照式(2-20)计算:

$$P^w = P^A + P^b + P^{st} + P^R \tag{2-20}$$

式中,P^w 为总抗力;P^A 为围岩引起的剪切破坏,向洞内滑移时锚杆的抗力;P^b 为喷射混凝土的支护抗力;P^{st} 为喷射混凝土内钢筋网的抗力;P^R 为围岩承载环或拱提供的抗力。

1) 围岩剪切破坏时锚杆的抗力计算公式

$$P^A = \frac{\alpha f^{st} \delta_p^{et} \cos\beta}{et} \tag{2-21}$$

式中,P^A 为锚杆的抗力;α 为岩体的剪切角;f^{st} 为锚杆的截面积;β 为锚杆方向与水平角的夹角;e、t 为锚杆的间距和排距。

2) 喷射混凝土的抗力计算公式

$$P^b = \frac{\delta \tau^s}{\dfrac{b}{2} \sin\alpha} \tag{2-22}$$

式中,P^b 为喷射混凝土的抗力;δ 为喷层厚度;τ^s 为喷射混凝土的抗剪强度;b 为剪切区高度;α 为混凝土剪切角。

3) 喷射混凝土内钢筋网的抗力计算公式

$$P^{st} = \frac{F^{st} \tau^{st}}{\dfrac{b}{2} \sin\alpha} \tag{2-23}$$

式中,P^{st} 为钢筋网的抗力;F^{st} 为每延米加固钢筋的截面积;τ^{st} 为钢筋的抗剪强度;b 为剪切区高度;α 为混凝土剪切角。

4) 承载拱抗力计算公式

$$P^R = \frac{S\tau^R \cos\varphi}{\dfrac{b}{2}} - \frac{S\sigma_n^R \sin\varphi}{\dfrac{b}{2}} \tag{2-24}$$

式中，P^R 为承载拱的抗力；S 为半个剪切楔体在承载拱上的长度；φ 为岩体内摩擦角；τ^R 为岩体抗剪强度；σ_n^R 为作用在剪切面上的正应力；b 为剪切区高度。

5. 隧洞开挖支护力学状态分析

1) 隧道洞室周边产生塑性区的基本条件

圆形洞室侧压力系数为 1 时的洞室弹性阶段理论解[2]为

$$\sigma_y = \sigma_v - (R_0/r)^2 \sigma_v \tag{2-25}$$

$$\sigma_\theta = \sigma_v + (R_0/r)^2 \sigma_v \tag{2-26}$$

式中，σ_y、σ_θ 分别为洞室周边围岩的径向和切向应力；σ_v 为初始地应力（P_0）；R_0 为洞室半径；r 为围岩中计算点的半径。

在 $r = R_0$ 处，$\sigma_\theta = 2\sigma_v$，$\sigma_y = 0$。所以当应力比 $\sigma_b/\sigma_v < 2$ 时，洞室的周边将出现塑性变形。

2) 塑性区分析

为分析和阐明围岩大变形的发生机理，引用鲁宾涅特公式，其具体表达如下：

$$R_p = R_{p0} + R_{p0} f(\theta)$$

$$= R_0 \left\{ \frac{[P_0(1+\lambda) + 2c\cot\varphi](1-\sin\varphi)}{2P + 2c\cot\varphi} \right\}^{\frac{1-\sin\varphi}{2\sin\varphi}} \times \left\{ 1 + \frac{P_0(1-\lambda)(1-\sin\varphi)\cos2\theta}{[P_0(1-\lambda) + 2c\cot\varphi]\sin\varphi} \right\} \tag{2-27}$$

式中，R_p 为一般圆形隧道围岩塑性区半径；R_{p0} 为轴对称塑性区半径；θ 为围岩内任一点极径与水平轴的夹角；$R_{p0} f(\theta)$ 为与 θ 有关的塑性区半径；P_0 为竖向初始地应力，按自重应力考虑；λ 为水平初始地应力，按自重应力考虑；c 为围岩黏聚力；φ 为围岩内摩擦角；P 为支护抗力；R_0 为隧道半径。

式(2-27)的基本解析思路可概括为图 2.18 所示，即将一般圆形隧道的情况分离为情况 1 和情况 2 的叠加。

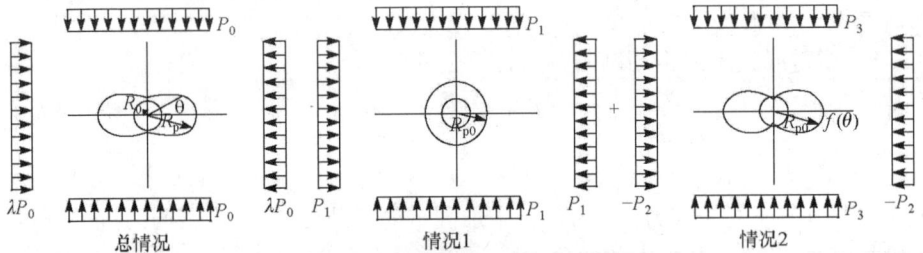

图 2.18　一般圆形隧道的弹塑性分析

相应地，一般圆形隧道弹塑性位移可由式(2-28)表示：

$$u = \frac{1}{4GR} \left[R_{p0}^2 + (1-\lambda)R_{p0}f(\theta) \right]$$

$$\times \left\{ \sin\varphi \left[(1+\lambda)P_0 + 2c\cot\varphi \right] \left[1 + \frac{(1-\lambda)\sin\varphi}{R_{p0}(1-\sin\varphi)} f(\theta) \right] - P_0(1-\lambda)\cos2\theta \right\} \quad (2-28)$$

式中，u 为洞周位移；G 为围岩剪切模量，$G = \dfrac{E}{2(1+\mu)}$，E 和 μ 分别为弹性模量和泊松比；R_{p0} 和 $f(\theta)$ 可分别表达为

$$R_{p0} = R_0 \left\{ \frac{\left[P_0(1+\lambda) + 2c\cot\varphi \right](1-\sin\varphi)}{2P + 2c\cot\varphi} \right\}^{\frac{1-\sin\varphi}{2\sin\varphi}} \quad (2-29)$$

$$f(\theta) = \frac{P_0(1-\lambda)(1-\sin\varphi)\cos2\theta}{\left[P_0(1-\lambda) + 2c\cot\varphi \right]\sin\varphi} \quad (2-30)$$

当地应力 P_0 增大时，塑性半径 R_p 也增大；当围岩抗压强度 $R_b = \dfrac{2c\cos\varphi}{1-\sin\varphi}$ 减小时，塑性区半径也将增大。

由式(2-29)和式(2-30)可以看出，影响隧道施工变形的主要因素主要有初始地应力条件(包括垂直地应力大小和水平侧压力系数)、围岩性质、隧道尺寸以及支护抗力等，其中，水平侧压力系数主要决定了塑性区的分部形态，进而对隧道变形形态产生相应的影响。取 $\lambda=1$，此时式(2-29)和式(2-28)分别转化为

$$R_{p0} = R_0 \left[\frac{(P_0 + c\cot\varphi)(1-\sin\varphi)}{P + c\cot\varphi} \right]^{\frac{1-\sin\varphi}{2\sin\varphi}} \quad (2-31)$$

$$u = \frac{R_p^2}{2GR}(P_0 + c\cot\varphi)\sin\varphi \quad (2-32)$$

由式(2-32)可以看出，隧道洞周围岩变形量基本与塑性区半径的平方成正比。可见，隧道施工过程中大变形的发生将可能伴随在大范围的塑性区的存在，而是否出现大范围的塑性区取决于围岩强度指标的高低、地应力的大小和支护结构的抗力。综合上述分析结果，软弱围岩隧道施工过程中的大变形发生的原因可归纳为内因和外因两大类。内因主要是相对较高的地应力及围岩的强度指标和变形指标较低；外因主要是相对较大的断面尺寸、施工工艺的选择和支护措施不当等。

2.3　工程案例分析

2.3.1　象山隧道——挤压破碎带大变形控制

在公路隧道的修建过程中，挤压破碎带隧道的开挖及支护体系的设计和施工是隧道建设的一大难题，由于该区域隧道围岩力学特性及工程地质环境的复杂性，稍有不慎将会出现大变形、坍塌、初期支护破坏等现象，穿越挤压破碎带的隧道围岩稳定有待进一步研究。

1. 现场工况

中铁十七局二公司承建的十天高速公路略阳连接线象山隧道位于汉中市略阳县城关镇,全长2380m,为单洞双向公路隧道。隧道穿越区是构造剥蚀山区,隧道通过一山体,地面标高653.05~931.60m,相对高差约278.55m,隧道进口段地势险要,地形陡峭,进口段坡脚约49°,出口段坡脚约43°。

隧址区位于无褶皱产出,地层岩性及产状分布较稳定,岩层产状由挤压构造。

在勘察范围内,据工程地质调绘及物探、钻探,本区发育有一区域性条断层(F5),可见层脚砾和断层泥,该断薄层灰岩重,断层产状倾向15°,倾角15°。断层宽度较大,断层带及附近影响带岩体破碎,对隧道围岩级别影响较大。

隧址区内岩体近地表风化裂隙较发育,主要发育有三组构造节理,产状分别为730°∠500°,频率为4条/m;1200°∠830°,频率为3条/m,1530°∠700°,频率为3条/m,均为剪节理,延伸较长,节理有少量的方解石脉填充,风化裂隙在近地表岩体中较为发育。

进口段的地表水主要是八渡河,地表水在出口段为嘉陵江水系支流,八渡河和嘉陵江水系支流均属典型的山区河流,水流较急,主要受到大气降水、涌泉水、基岩隙水以及松散堆积层孔隙水来补给,遇雨季大气降雨较大时,河水暴涨,水流湍而急,冲刷严重。野外地质调绘未见泉水出露,对隧道施工较为有利。通过附近的工点所取地下水样的测试结果表明,地下水的化学类型为HCO_3-Ca-Mg-Na型,对混凝土不具有腐蚀性。计算结果:隧道预测涌水量为1887.7m^3/d。

洞室围岩主要有Ⅴ级和Ⅳ级围岩,如图2.19所示,Ⅴ级围岩主要为中、微风化片岩,受区域性挤压影响,裂隙发育,岩体呈碎石状松散结构,处理不当会出现大的坍塌,侧壁经常出现小坍塌,开挖过程中有点状、线状水流。Ⅳ级围岩主要为中~微风化片岩,受区域性挤压影响,裂隙发育,岩体呈碎石压碎状结构,开挖后拱部无支护可产生较大的坍塌,侧壁有时失稳,开挖过程中有滴水现象。

挤压破碎带围岩为压碎岩,裂隙杂乱,岩体呈碎石状松散结构,围岩易坍塌,如图2.20所示。

图2.19　现场围岩

图2.20　破碎带现场围岩

2. 现场监测

1）位移监测结果分析

K10＋775、K10＋790 与 K10＋810 三个断面的拱顶沉降及水平收敛的监测结果见表 2.1。

表 2.1　典型断面洞周围岩位移统计表

典型断面	累积天数/d	拱顶沉降/mm			水平收敛/mm	
		G1	G2	G3	拱腰收敛	边墙收敛
K10＋775	65	415.3	347.2	364.3	506.5	455.9
K10＋790	58	400.4	337.1	353.1	488.6	423.4
K10＋810	63	424.5	353.6	368.2	526.3	456.9

（1）隧道上台阶开挖完成后，三个测试断面当天的拱顶沉降为 50～70mm，初期支护施作完成以后为 20～40mm，在中台阶开挖之前，累积沉降达到稳定后沉降的 60％左右；中台阶开挖当天，累积沉降在 50mm 左右，初期支护施作以后为 10～30mm，在下台阶开挖之前，其累积沉降达到稳定后数值的 80％左右；下台阶开挖后，当天的累积沉降约为 25mm，初期支护施作以后约为 5mm。

（2）上台阶开挖后，隧道三个特征点的拱顶沉降都快速增加，在 5d 左右增长速率变慢，这时开始进行中台阶开挖；中台阶开挖当天，拱顶沉降变化较大，但是当初期支护施作以后，沉降的变化速率变小，但是仍有着 15mm/d 左右的增长速率；下台阶开挖当天，拱顶沉降同样有着一个突变过程，但是初期支护施作后，初期支护成环，拱顶沉降的增长速率大概为 4mm/d，持续 7d 左右；最后在开挖后 30d 左右，隧道开始趋于稳定。三个断面拱顶沉降的演化如图 2.21～图 2.23 所示。

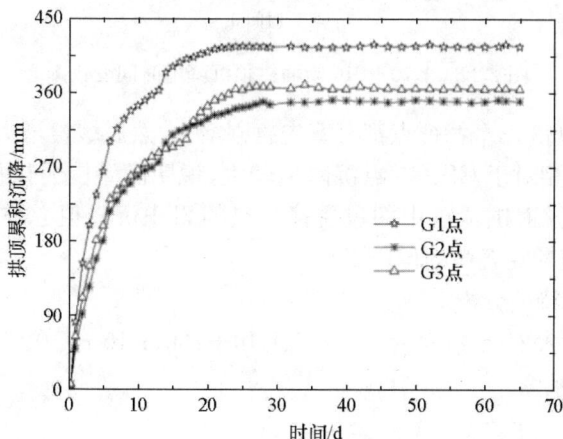

图 2.21　K10＋775 断面拱顶沉降随时间变化图

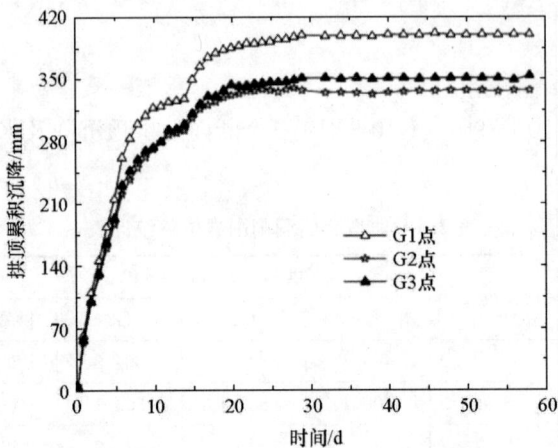

图 2.22　K10＋790 断面拱顶沉降随时间变化图

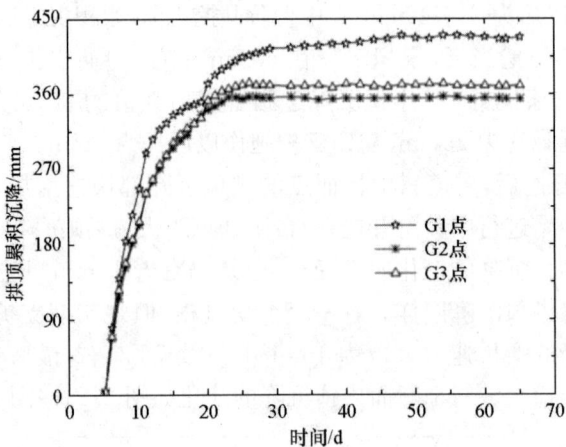

图 2.23　K10＋810 断面拱顶沉降随时间变化图

（3）G1、G2、G3 三个特征点都有着先急剧增大，然后缓慢增大，最后趋于稳定的趋势，且 G1 点相对于 G2、G3 点沉降值较大，说明随着围岩拱顶沉降发生最大变形的部位是在隧道拱顶正中的位置；G2 点的累积沉降值总体来说要小于 G3 点，这是由于隧道存在轻微的偏压影响。

2）水平收敛特征分析

图 2.24～图 2.26 是断面 K10＋775、K10＋790、K10＋810 三个断面水平收敛随时间的变化关系图。

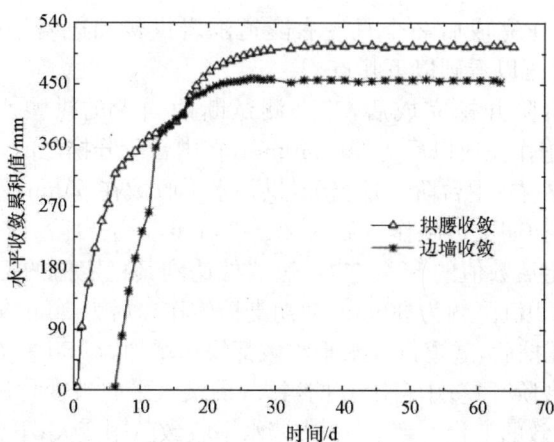

图 2.24　K10＋775 断面水平收敛随时间变化图

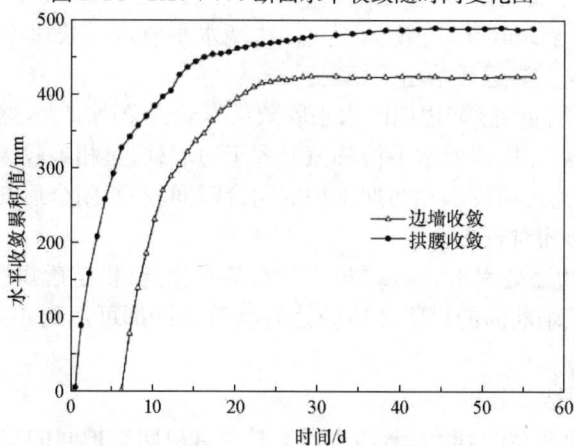

图 2.25　K10＋790 断面水平收敛随时间变化图

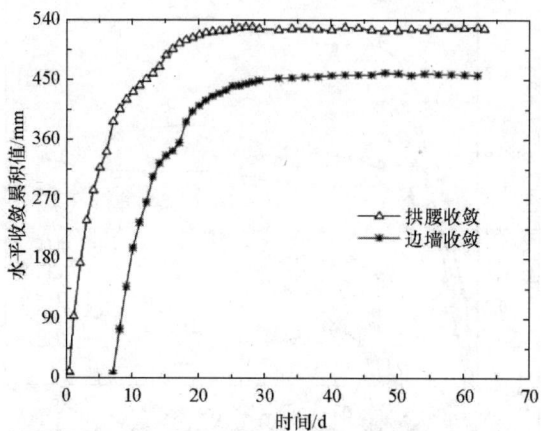

图 2.26　K10＋810 断面水平收敛随时间变化图

水平收敛的测量主要包括拱腰、边墙、墙脚收敛,但是由于现场施工条件的限制,仅量取初衬施作完成后 2 个月左右隧道围岩拱腰和边墙处的水平收敛。从图 2.24~图 2.26 可以看到以下几点。

(1) 隧道上台阶开挖完成后,三个测试断面当天的拱腰水平收敛为 70~90mm,初期支护施作完成以后为 30~40mm,在中台阶开挖之前,累积收敛达到稳定后沉降的 70%左右;中台阶开挖当天,拱腰水平收敛在 55mm 左右,边墙水平收敛开始急剧增大,初期支护施作以后为 20~35mm,在下台阶开挖之前,其拱腰处水平收敛达到稳定后数值的 85%左右,边墙处达到其稳定值的 70%左右;下台阶开挖后,当天的累积沉降约为 30mm,初期支护施作以后为 5mm/d 左右。

(2) 上台阶开挖后,隧道拱腰水平收敛都快速增加,在 5d 左右增长速率变慢,这时开始进行中台阶开挖;中台阶开挖当天,拱腰水平收敛变化较大,但是当初期支护施作以后,收敛的变化速率变小,边墙水平收敛急剧变大;下台阶开挖当天,水平收敛都有着一个突变过程,但是初期支护施作后,初期支护成环,拱腰水平收敛的增长速率大概为 2mm/d,持续 7d 左右,边墙水平收敛增长速率相对较大;最后在开挖后 30d 左右,隧道开始趋于稳定。

(3) 三个断面的拱腰和边墙的水平收敛都有着先急剧增大,然后缓慢增大,最后趋于稳定的趋势。拱腰处水平位移值要大于边墙处,且相差较大,这是因为边墙处由于台阶的开挖扰动较小和初期支护的闭合时间较短,闭合后初期支护成环,刚度增加,因而变形相对较小。

(4) 拱腰和边墙处水平收敛在 30d 左右基本稳定,稳定后拱腰收敛的最终值要大于边墙处,三个断面的拱腰和边墙处的收敛最终都可达到 400mm 以上,围岩发生大变形。

3) 应力监测结果分析

图 2.27 和图 2.28 为断面 K10+775 围岩与初期支护间的接触应力、初衬与

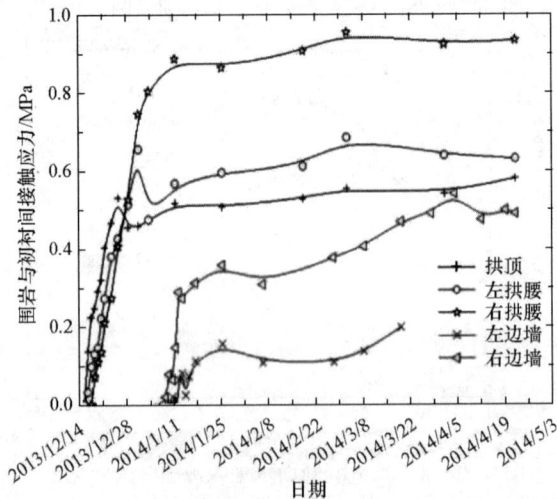

图 2.27 K10+775 断面围岩与初衬接触压力随时间变化图

二衬之间的接触应力随时间的关系变化图。

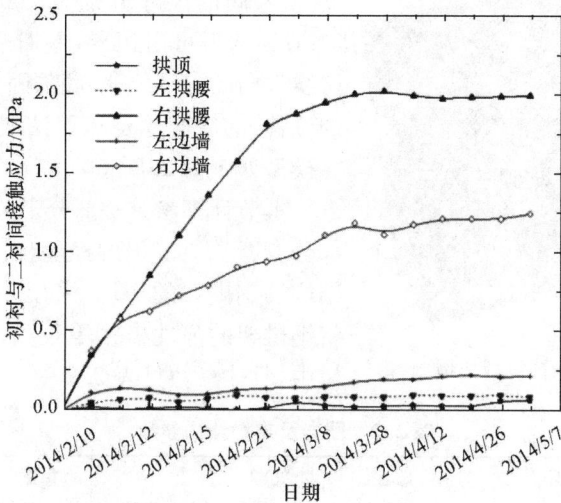

图2.28　K10＋775断面初衬与二衬间接触压力随时间变化图

　　从图2.27可以看出,在隧道的各个位置压力盒埋设前7d左右的时间,围岩与初衬之间的接触应力值波动较大,然后呈现缓慢波动增长趋势,持续20～30d,最后逐渐趋于稳定。其中拱顶位置的压力在急速增加阶段过后为0.4MPa,达到其稳定后数值的80％左右;在K10＋775断面围岩压力有着右拱腰＞左拱腰＞拱顶＞右边墙＞左边墙的特点,右拱腰应力在稳定后可达到0.94MPa。

　　从图2.28可以看到,在隧道的各个位置压力盒埋设前3d左右的时间,初衬与二衬之间的接触应力急剧增大,然后呈现上下波动趋势,这可能是由施工扰动及仪器的误差引起的,最后逐渐趋于稳定。在K10＋775断面初衬与二衬间接触压力有着右拱腰＞右边墙＞左边墙＞左拱腰＞拱顶的特点,其中拱顶位置压力稳定后值为0.07MPa,右拱腰位置压力可达到2.3MPa,由此可见,二衬承担了一部分压力,且存在一定的偏压情况。

3. 数值模拟

1）模型建立

　　利用FLAC3D数值软件建立三维施工模型,该段隧道平均埋深为250m,围岩采用Mohr-Coulomb弹塑性本构模型,初始地应力按照自重应力考虑,喷射混凝土、锚杆等支护结构按照线弹性材料计算,cable单元模拟锚杆,shell单元模拟初期支护;整个模型的计算范围为:左右边界距离隧道中心线4倍洞径,上下

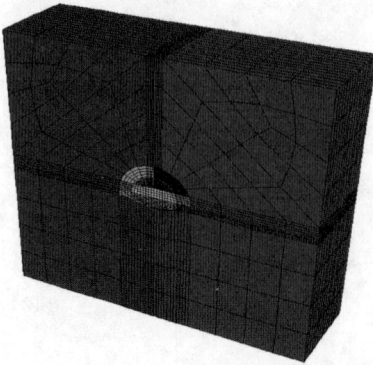

图 2.29　三维计算数值模型

边界距离隧道中心 4 倍隧道高度;计算模型在 X、Z 方向的尺寸分别为 100m、80m,Y 向取 30m;顶部为自由边界,左右边界为固定该面法线方向的水平位移,底部固定该面竖向方向的位移,前后面固定该面法线方向的位移,计算模型如图 2.29所示。

本节计算参数一部分来源于现场试验,一部分参考类似工程的经验值。对于初期支护结构的钢拱架的作用,采用等效的方法考虑,将钢拱架的弹性模量等效到混凝土的弹性模量中,具体参数见表 2.2。

表 2.2　围岩及支护结构参数

材料	密度 ρ /(kg/m³)	剪切模量 G /GPa	体积模量 K /GPa	泊松比 μ	黏聚力 c /($\times 10^5$Pa)	内摩擦角 φ/(°)
IV级围岩	2500	1.154	2.5	0.3	5	39
V_a级围岩	2200	0.36	1.39	0.38	3	30
V_b级围岩	2000	0.3	0.5	0.4	2	25
初期支护	2500	9.2	15.33	0.25	—	—
锚杆	7800	80.77	175	0.3	—	—

2) 结果对比分析

象山隧道挤压破碎带 K10＋790 断面数值模拟结果和现场实测结果对比见表2.3。

表 2.3　实测数据与模拟数据最大位移值对比表

类型	拱顶沉降			拱腰最大水平收敛值	边墙最大水平收敛值
	G1	G2	G3		
现场实测值/mm	400.4	337.1	353.1	488.6	423.4
数值模拟值/mm	381.3	341.8	347.1	409.85	379.2

从表 2.3 和图 2.30 中可以看出,实测数据中隧道的拱顶最大下沉量为 400.4mm,而数据模拟的拱顶最大下沉量为 381.3mm,将数值模拟结果与实际监测数据相比,变化趋势以及最终位移值都比较接近,拱顶沉降的变化规律是基本吻合的,数值模拟结果是可靠的,参数是合理的,这就可以利用该模型及参数对大变形影响因素和施工工艺进行优化。

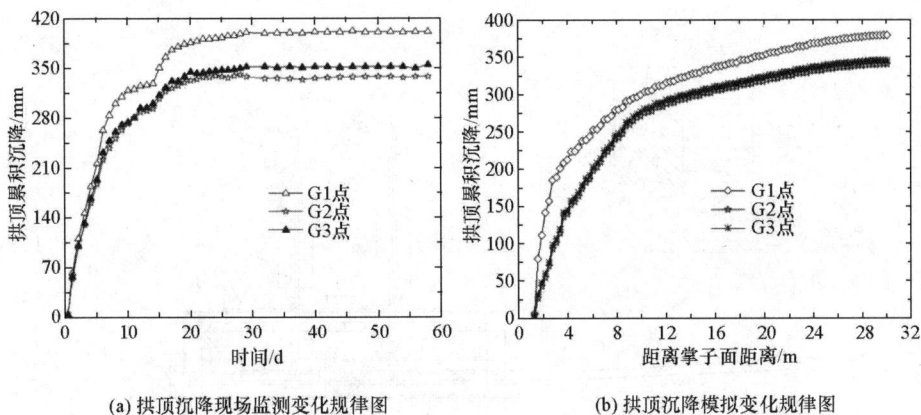

(a) 拱顶沉降现场监测变化规律图　　　　　　　(b) 拱顶沉降模拟变化规律图

图 2.30　拱顶沉降变化规律图

4. 变形控制措施

在挤压破碎带软弱围岩隧道施工过程中,围岩大变形可以由施工工法、支护措施的选择及围岩超前加固的方法进行一定的控制。由于挤压破碎带中围岩的性质较差及存在较大地应力,工法的选择宜以减少施工对围岩的扰动并维持其原有的地应力结构为主,而二衬的施作时机对洞室围岩稳定性也有着重要的影响。

如前面内容所述,隧道施工工法较多,但是台阶法因其工法简单、地质适应性及工法转化性强等特点备受青睐,但是长期以来,对于不同地质条件下的台阶法施工,其开挖工艺(包括台阶长度、循环进尺等)的科学性及合理性等问题还未有系统的成果。为此,对三台阶法在挤压破碎带中的施工工艺进行优化就显得尤为重要。

1) 超前注浆参数确定

由于隧道注浆工程的隐蔽性以及隧道支护结构的复杂性,这就给现场注浆参数设计和注浆效果的检测带来极大的困难,通常实验室模拟注浆试验是确定现场注浆工程中的注浆参数、研究各种因素对注浆效果的影响规律有效的方法和途径之一,但是目前的室内注浆试验并不能满足实际的需要,根据前人的研究结果,结合象山隧道实际的工程情况,确定了一种现场注浆模拟实验方法[3-6]。

(1) 试验装置。

试验装置结构示意图如图 2.31 所示。

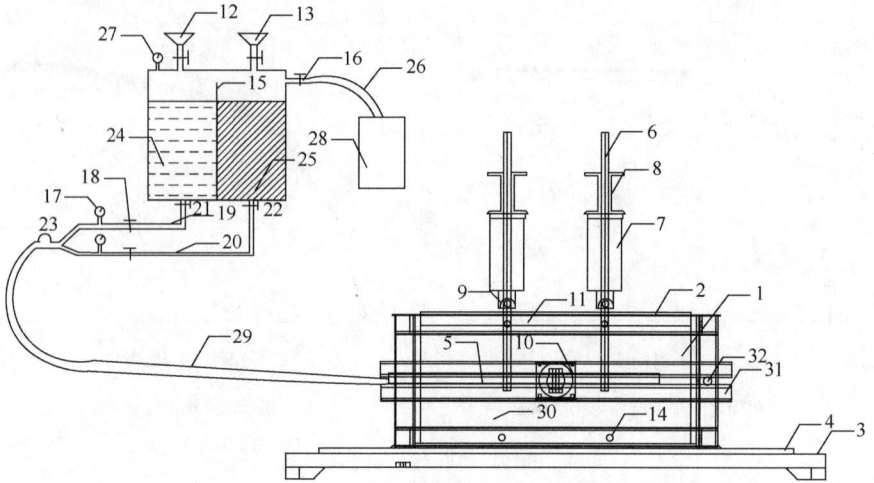

图 2.31　试验装置结构示意图

1. 外围模型箱；2. 上部盖板；3. 底板；4. 可移动钢板；5. 钢化玻璃箱；6. 高强螺杆；7. 竖直千斤顶；8. 反力架；9. 铰接；10. 水平千斤顶；11. 肋板；12. A 储浆桶进浆口；13. B 储浆桶进浆口；14. 高强螺栓孔；15. 隔板；16. 调压阀；17. 压力表；18. 调速阀门；19. A 注浆管；20. 注浆管；21. A 储浆桶开关阀门；22. B 储浆桶开关阀门；23. 混合阀门；24. A 储浆桶；25. B 储浆桶；26. 通气管路；27. 压力表；28. 空气压缩机；29. 混合注浆管；30. 侧部钢板；31. 水平反力架；32. 水平高强螺杆

（2）方案设计。

单浆（水泥浆液）水灰比采用工程常用的水灰比，即 0.6∶1、0.8∶1、1∶1。注浆压力：0.5MPa、1MPa、1.5MPa、2MPa，根据试注浆确定。模拟环境压力：2.5MPa，根据现场埋深确定。在 2.5MPa 压力环境下，调整配合比与注浆压力共进行 15 组试验，现对试件进行编号，见表 2.4。

表 2.4　水泥浆单浆液注浆参数

水灰比	注浆压力/MPa			
	0.5	1.0	1.5	2.0
0.6∶1	15	14	13	12
0.8∶1	8(9)(10)(11)	7	6	5
1∶1	4	3	2	1

双液注浆环境同上，双液注浆的试样编号见表 2.5。

表 2.5　双桨(水泥-水玻璃)浆液注浆参数

试验组号	因素		
	水灰比	水泥浆和水玻璃体积比	注浆压力/MPa
16	0.8∶1	1∶0.8	0.5
17	0.8∶1	1∶1	0.5
18	1∶1	1∶0.8	0.5
19	0.8∶1	1∶1	1
20	1∶1	1∶0.8	1
21	0.8∶1	1∶0.8	1
22	1∶1	1∶1	1
23	0.8∶1	1∶0.8	1.5
24	0.8∶1	1∶1	1.5
25	1∶1	1∶1	1.5

(3) 结果分析。

① 单液情况下注浆压力对注浆量及扩散半径的影响。

注浆量和扩散半径与注浆压力关系用图 2.32 表示。

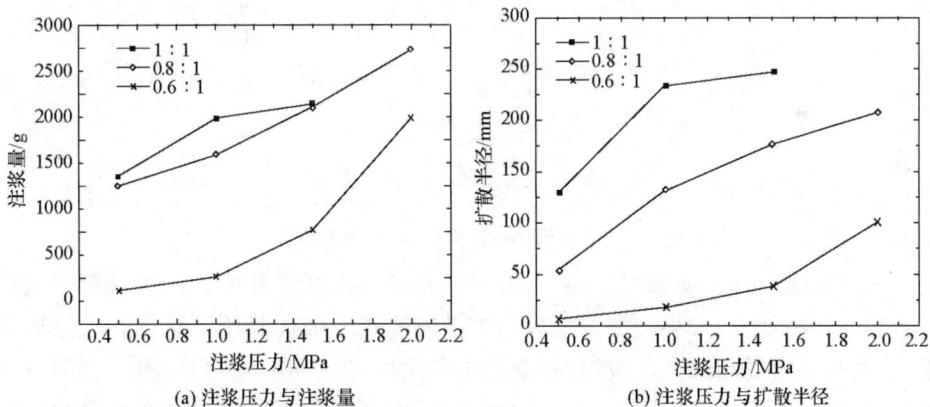

(a) 注浆压力与注浆量　　　　　(b) 注浆压力与扩散半径

图 2.32　注浆压力与注浆量和扩散半径的关系曲线图

由图 2.32 可知,注浆压力为 0.5MPa 时,对水灰比为 0.8∶1、0.6∶1 的浆液来说,也是不太容易被注入岩体,而注浆压力达到 1.5MPa 时,浆液容易直接扩散并突破岩体,因此对于小导管注浆模型试验,合适的注浆压力及配比方案应该存在于:水灰比范围在 0.8∶1 左右,注浆压力范围在 1.5MPa 以上。方案选择的主要依据为注浆量、注浆后的结实体及浆脉形成情况。

总体来看,随着注浆压力的增大,浆液扩散半径总体趋势是逐渐增大的。在水灰比为 1∶1 情况下,当注浆压力大于 1.5MPa 时,浆液扩散半径都会大于模型箱的尺寸,出现冒浆情况。

②　单液情况下注浆量随时间的变化趋势。

由于配比大于等于 0.8∶1 的浆液较为浓稠,试样内部都有浆泡和二次劈裂的情形出现,注浆结束后形成的结实体也较大,而其缺点是当压力大于 2MPa 时,注浆过一段时间,浆液也有贯穿岩体溢出模型箱的情况出现,说明压力过大,通过试验得出的合理配比应该在 0.8∶1 左右,合理的注浆压力应该在 1.5MPa 以上,不超过 3MPa。注浆量随时间的变化趋势如图 2.33 所示。

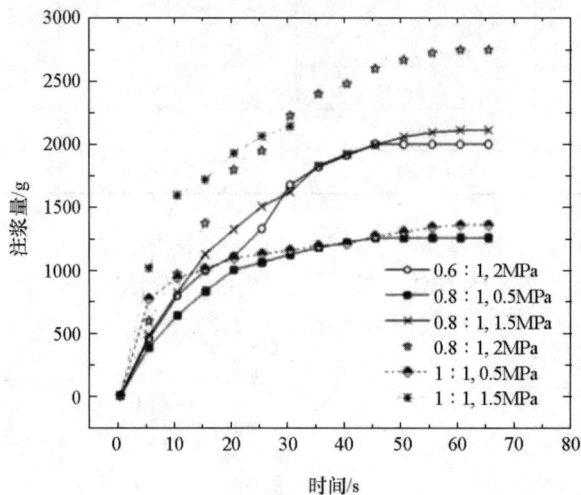

图 2.33　注浆量随时间的变化关系

③　双液情况下注浆压力对注浆量及扩散半径的影响。

双液情况下现场注浆时,注浆压力对注浆量和注浆后浆液扩散半径有着重要的影响,注浆压力的大小决定着浆液的扩散方式。一般注浆压力较低时为渗透注浆;当注浆压力提高到一定数值时,变为压密注浆;当注浆压力继续增大,超过待注体的自劈压力后,转化为劈裂注浆。在这些转化过程中,注浆量和浆液扩散半径都会有着很大的变化。通过对数据进行筛选,选取几组数据来分析注浆压力对注浆量和扩散半径的影响,如图 2.34 所示。

由上述图表可以看出,两种工况下注浆量整体随着注浆压力的增大而增大,在注浆压力很小的情况下,浆液很难被压入待注体,扩散后不能形成稳定的浆脉,岩体的强度没有明显的增加。当注浆压力达到 1MPa 以后,形成劈裂注浆,浆液在岩体中快速扩散,待双浆液凝固后,形成浆脉,起到加固岩体的效果。

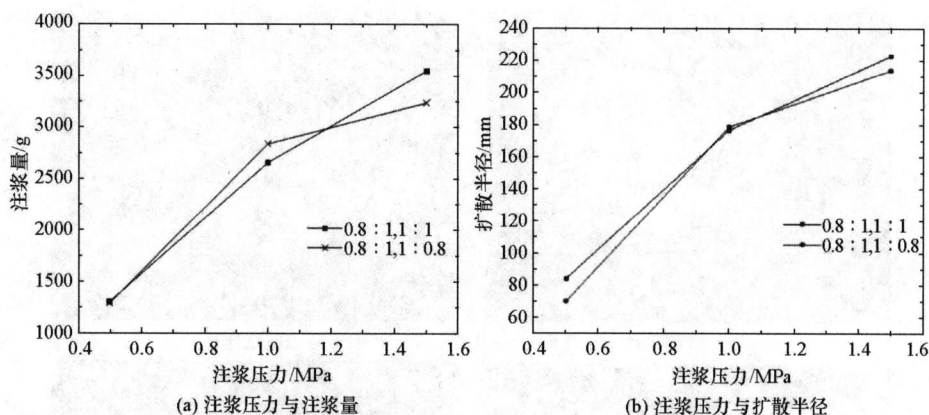

(a) 注浆压力与注浆量　　　　　　　(b) 注浆压力与扩散半径

图 2.34　一定水灰比、体积比下注浆压力与注浆量和扩散半径关系

④ 双液情况下注浆量随时间的变化趋势。

选取注浆压力为 1MPa 时，不同配合比及体积比情况下，注浆量随着时间的变化关系如图 2.35 所示。

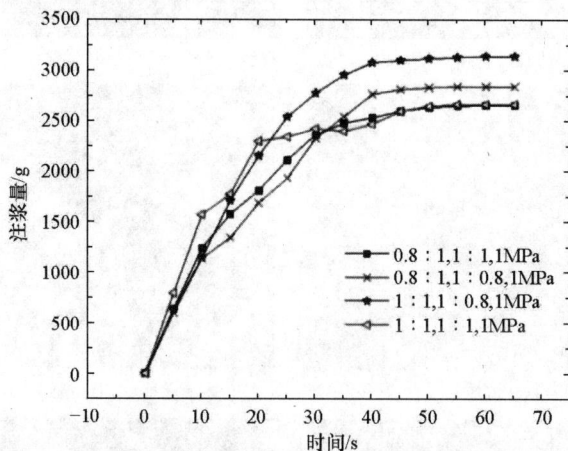

图 2.35　注浆量随着时间的变化关系

从图 2.35 可以看出，在注浆初始阶段，注浆量急剧增大，这是由于在小导管附近，浆液扩散速率较快，远离小导管，在注浆压力恒定的情况下，不易造成土体劈裂，浆液扩散速率较慢。当注浆时间超过 1min 后，浆液不再扩散，注浆量不再明显增加。

（4）现场开挖。

各试样现场开挖图如图 2.36 所示。

(a) 试样2

(b) 试样3

(c) 试样4

(d) 试样5

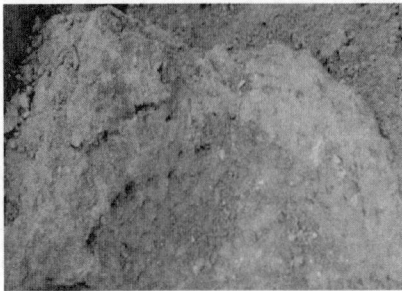

(e) 试样6

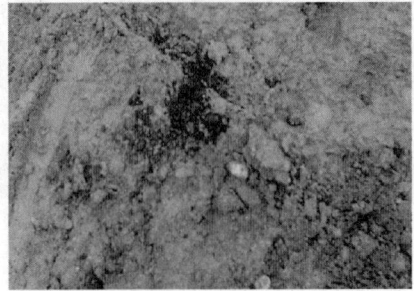

(f) 试样8

(g) 试样12

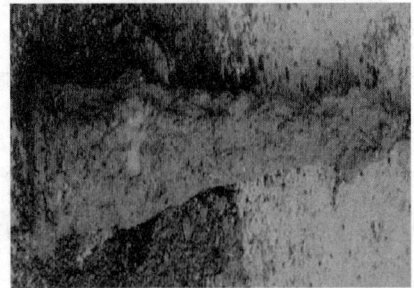

(h) 试样13

(i) 试样14

(j) 试样16

(k) 试样17

(l) 试样20

(m) 试样21

(n) 试样24

图 2.36　现场开挖图

综上所述,本试验得出现场单液注浆时较为合理的水灰比为 0.8：1,注浆压力为 1.5MPa;现场双液注浆时水灰比为 0.8：1,水泥浆：水玻璃为 1：1,注浆压力为 1.5MPa,并从注浆数据及现场试验结果可以看出双液注浆优于单液注浆。

2) 施工工艺优化

(1) 工况设定。

研究中以 250m 埋深、V_b 级围岩为例,在自重应力场条件下的不同台阶长度及循环进尺的施工效应,计算模型及参数同前,具体见表 2.6。

表 2.6　施工工艺优化工况表

| 工况 | 围岩级别 | 埋深/m | 台阶长度/m | | | 循环进尺/m |
			上台阶长度	中台阶长度	下台阶长度	
工况 1	V_b	250	2	4	6	1
工况 2	V_b	250	2	6	6	1
工况 3	V_b	250	4	4	6	1
工况 4	V_b	250	4	6	6	1
工况 5	V_b	250	2	4	6	2
工况 6	V_b	250	2	6	6	2
工况 7	V_b	250	4	4	6	2
工况 8	V_b	250	4	6	6	2

（2）最优工况的选择。

图 2.37 为不同循环进尺、不同台阶长度的条件下，围岩拱顶沉降的累积沉降值沿隧道开挖方向的展布规律。表 2.7 为 $Y=3$ 剖面洞周围岩累积变形量的模拟结果。表 2.8 为各工况开挖后围岩塑性区范围。

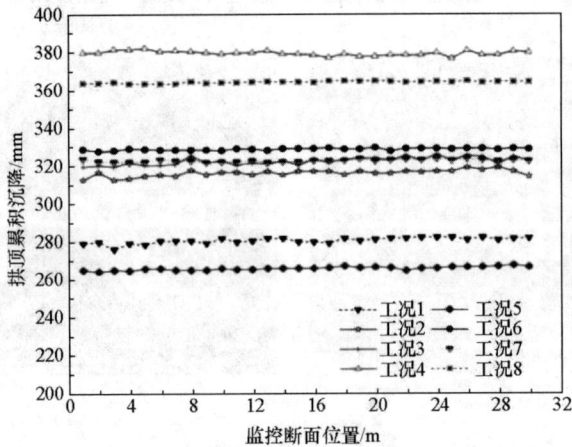

图 2.37　隧道各断面拱顶累积沉降沿开挖方向的展布曲线

表 2.7　不同工况下的洞周位移

| 工况 | 拱顶沉降/mm | 水平收敛/mm | | 仰拱隆起/mm |
		拱腰收敛	边墙收敛	
工况 1	276.0	426.4	361.7	283.3
工况 2	312.4	484.8	386.5	329.9
工况 3	319.6	478.3	404.3	334.2
工况 4	381.3	536.6	447.9	394.7

工况	拱顶沉降/mm	水平收敛/mm		仰拱隆起/mm
		拱腰收敛	边墙收敛	
工况 5	264.4	453.5	380.4	290.3
工况 6	327.6	463.6	406.6	334.4
工况 7	321.4	455.5	412.7	353.7
工况 8	363.4	557.6	483.2	371.4

表 2.8　不同工况下的塑性区范围

工况	围岩级别	塑性区范围	
		掌子面前方深度/m	周边范围/m
工况 1	V$_b$	6.8	9.6
工况 2	V$_b$	7.4	10.5
工况 3	V$_b$	7.2	10.4
工况 4	V$_b$	7.8	10.7
工况 5	V$_b$	7.0	9.7
工况 6	V$_b$	7.6	10.4
工况 7	V$_b$	7.8	9.7
工况 8	V$_b$	8.2	10.8

从表 2.7 中可以看出,$Y=3$ 监控断面围岩拱顶沉降及水平收敛在各种工况下都较大,隧道发生了大变形;不同台阶长度时洞周围岩拱腰处水平位移都要比边墙处大,随着上台阶开挖距离的增大,围岩的拱顶沉降也随之增大,且相对于中台阶的影响效应来说,上台阶的影响效应更为明显;围岩的拱顶沉降和水平收敛在工况 1 和工况 5 时相对较小;在 1m 循环进尺条件下,当中台阶为 4m 时,上台阶由 2m 延长为 4m 后,围岩的拱顶沉降增长了 43.6mm,拱腰水平收敛增长了 51.9mm,仰拱隆起增长了 42.6mm;在 2m 循环进尺条件下,当中台阶为 4m 时,上台阶由 2m 延长为 4m 后,围岩的拱顶沉降增长了 57mm,拱腰水平收敛增长了 2mm,仰拱隆起增长了 32.3mm,可见随着上台阶长度的增加,洞周位移都随之增大。

拱腰处围岩水平位移大于边墙处水平位移,而拱腰水平位移发生较大值主要分布在右拱腰位置,拱顶处及仰拱的水平位移较小,8 种工况下的拱腰及边墙处的水平位移值都有着较大的差异。

不同工况下的围岩拱腰水平位移和边墙水平位移随着掌子面距离的变化规律基本一致,但是最终累积值差异较大;待隧道开挖完成后,前 4 种工况的拱腰水平收敛分别为 426.4mm、484.8mm、478.3mm 和 536.6mm,而围岩变化规律在开挖前 5d 达到最终稳定值的 60% 左右,在掌子面距离典型断面 15m 后围岩水平收敛变化不大,隧道逐渐稳定。

从表 2.8 围岩的塑性区可以看出,隧道开挖后,8 种工况隧道洞周各个位置都出现塑性区,且围岩塑性区无论是在掌子面前方的塑性区深度还是周边塑性区范围,工况 1 和工况 5 都最小,工况 1 和工况 5 控制围岩大变形的效果要好于其他工况。

综上所述,工况 1(上台阶长 2m、中台阶长 4m、下台阶长 6m,循环进尺为 1m)为相对最优工况。

(3) 工况优化前后变形特征对比分析。

将工况 1(上台阶长 2m、中台阶长 4m、下台阶长 6m,循环进尺为 1m)与现场施工工艺(上台阶长 4m、中台阶长 6m、下台阶长 6m,循环进尺为 1m)进行对比分析,结果如下。

优化前后的典型断面($Y=3$)开挖后各特征点的竖向位移值见表 2.9。

表 2.9 优化前后各特征点的竖直方向位移 （单位:mm)

工况	1	2	3	4	5	6	7
	P2	P3	P4	B	C	D	E
优化后	258.1	276	266.4	171.6	177.6	56.5	57.8
优化前	341.8	381.3	347.1	198	213.3	71.1	73.5

优化前后的竖直方向位移云图如图 2.38 所示,优化前后的 P2、P3、P4 点拱顶沉降随开挖步的变化曲线如图 2.39 所示。

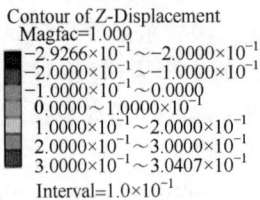

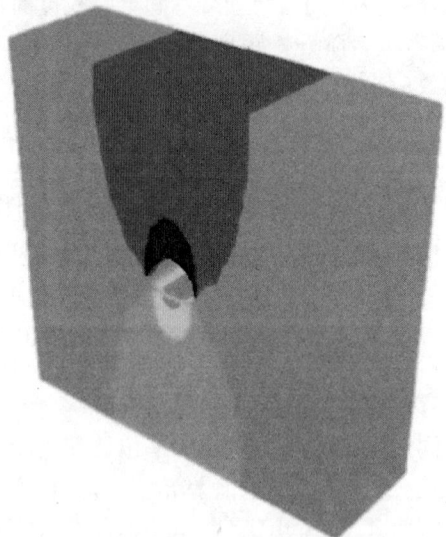

Contour of Z-Displacement
Magfac=1.000
$-2.9266 \times 10^{-1} \sim -2.0000 \times 10^{-1}$
$-2.0000 \times 10^{-1} \sim -1.0000 \times 10^{-1}$
$-1.0000 \times 10^{-1} \sim 0.0000$
$0.0000 \sim 1.0000 \times 10^{-1}$
$1.0000 \times 10^{-1} \sim 2.0000 \times 10^{-1}$
$2.0000 \times 10^{-1} \sim 3.0000 \times 10^{-1}$
$3.0000 \times 10^{-1} \sim 3.0407 \times 10^{-1}$
Interval=1.0×10^{-1}

(a) 优化前

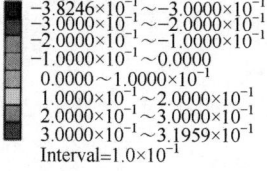
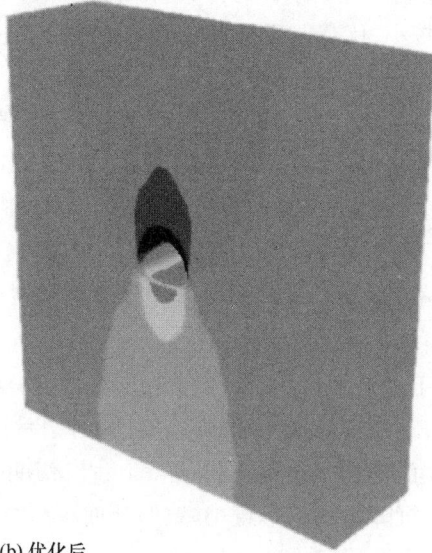

(b) 优化后

图 2.38　优化前后围岩竖直位移云图

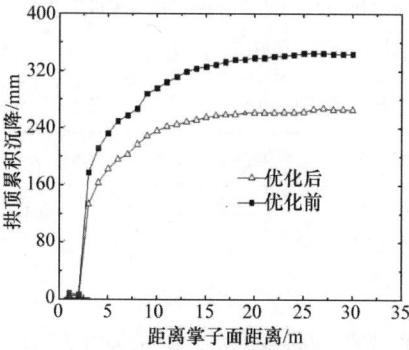

(a) 不同工况下 P2 点拱顶沉降

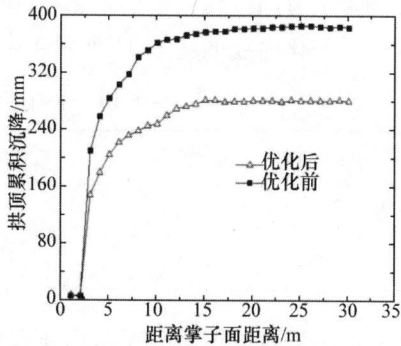

(b) 不同工况下 P3 点拱顶沉降

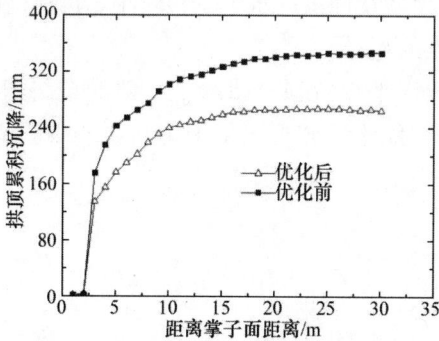

(c) 不同工况下 P4 点拱顶沉降

图 2.39　不同工况下拱顶沉降随掌子面距离变化关系曲线

由以上图表可知,围岩拱顶沉降较大值主要集中在拱顶及拱腰位置,边墙位置处沉降较小;优化前后随着隧道的开挖,围岩沉降的最终值有较大差异,且有着拱顶>拱腰>边墙的趋势。

方案优化后的 7 个特征点的最终沉降值相对于方案优化前变小,P2、P3 、P4三点拱顶沉降优化后分别减小了 83.7mm、105.3mm、80.7mm,可见合理的开挖方案对围岩的拱顶沉降有着较大的影响,而拱腰位置 B、C 两点优化后的拱顶沉降分别减少了 26.4mm、35.7mm,边墙位置的 D、E 两点优化后的拱顶沉降分别减少了14.6mm、15.7mm,由此可见,优化前后拱顶处围岩在竖直方向上位移的变化要大于拱腰和边墙处的沉降变化。

施工工艺优化前后,P2、P3、P4 三点拱顶沉降随着掌子面掘进的变化规律基本一致;上台阶开挖后,沉降急剧增大,中台阶开挖之前的累积拱顶沉降值可达最终稳定沉降值的 50%～60%,待下台阶初期支护施作以后,初衬成环,隧道围岩逐渐稳定,沉降增长速率较小,典型断面距离掌子面 15m 后,开挖不对该断面产生影响,隧道逐渐稳定。

工况 1 和工况 4 的典型断面(Y＝3)开挖后各特征点的水平位移值见表 2.10。工况 1 的水平方向位移云图如图 2.40 所示,两种工况下的拱腰及边墙水平收敛距离掌子面的变化曲线如图 2.41 所示。由图表分析可知以下几点。

表 2.10　不同工况下水平方向位移　　　　　　　　（单位:mm）

工况	埋深	围岩级别	拱腰水平收敛	边墙水平收敛
工况 1	V_b	250	426.4	361.7
工况 4	V_b	250	536.6	447.9

拱腰处围岩水平位移大于边墙处水平位移,而拱腰水平位移发生较大值主要分布在右拱腰位置,拱顶处及仰拱的水平位移较小,方案优化前后拱腰及边墙处的水平位移值都有着较大的差异。

方案优化后的拱腰水平收敛和边墙水平收敛的最终值相对于方案优化前变小,拱腰和边墙水平收敛优化后分别减小了 110.2mm、86.2mm,可见合理的开挖方案对围岩的拱顶沉降有着较大的影响。

Contour of X-Displacement
Magfac=1.000
$-2.0013×10^{-1}$～$-2.0000×10^{-1}$
$-2.0000×10^{-1}$～$-1.5000×10^{-1}$
$-1.5000×10^{-1}$～$-1.0000×10^{-1}$
$-1.0000×10^{-1}$～$-5.0000×10^{-2}$
$-5.0000×10^{-2}$～0.0000
0.0000～$5.0000×10^{-2}$
$5.0000×10^{-2}$～$1.0000×10^{-1}$
$1.0000×10^{-1}$～$1.5000×10^{-1}$
$1.5000×10^{-1}$～$2.0000×10^{-1}$
$2.0000×10^{-1}$～$2.5000×10^{-1}$
$2.5000×10^{-1}$～$2.8481×10^{-1}$
Interval=$5.01×10^{-2}$

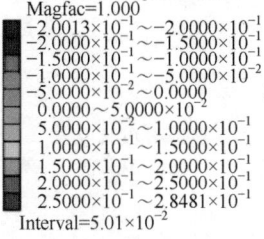

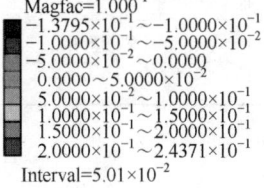

(a) 优化前

Contour of X-Displacement
Magfac=1.000
$-1.3795×10^{-1}$～$-1.0000×10^{-1}$
$-1.0000×10^{-1}$～$-5.0000×10^{-2}$
$-5.0000×10^{-2}$～0.0000
0.0000～$5.0000×10^{-2}$
$5.0000×10^{-2}$～$1.0000×10^{-1}$
$1.0000×10^{-1}$～$1.5000×10^{-1}$
$1.5000×10^{-1}$～$2.0000×10^{-1}$
$2.0000×10^{-1}$～$2.4371×10^{-1}$
Interval=$5.01×10^{-2}$

(b) 优化后

图 2.40　优化前后围岩水平位移云图

(a) 拱腰水平收敛

(b) 边墙水平收敛

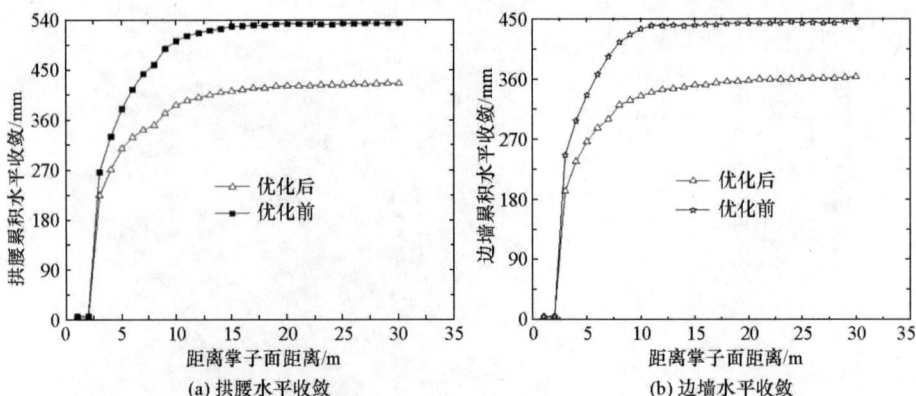

图 2.41　方案优化前后边墙水平收敛随掌子面距离变化关系曲线

（4）工况优化前后支护内力对比分析。

　　从初期支护结构受力角度来分析方案优化前后对隧道围岩稳定性的影响，开挖完成后主应力统计表见表 2.11，最大、最小主应力分布图如图 2.42 和图 2.43 所示。由于初期支护是按线弹性体计算的，数值模拟的主应力都比较大。

表 2.11　优化前后主应力统计表　　　　　（单位：MPa）

工况	最大主压应力	最大主拉应力
优化前	59.82	46.66
优化后	69.65	31.68

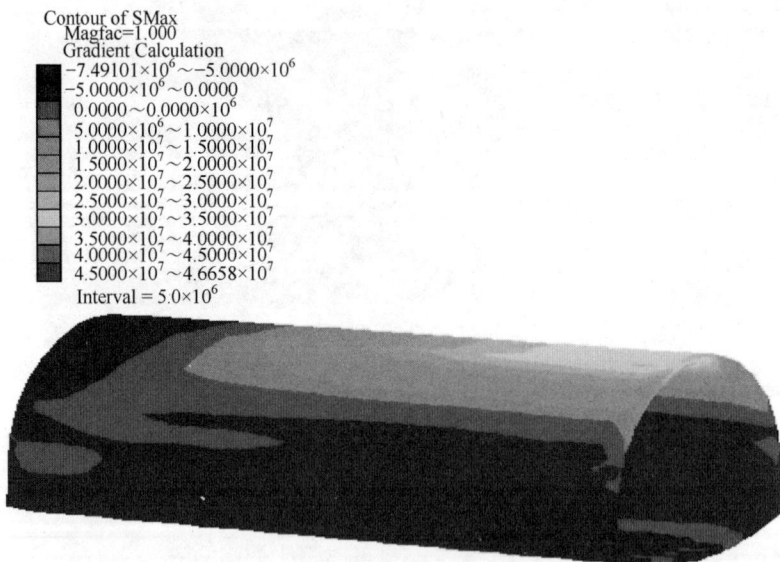

Contour of SMax
Magfac=1.000
Gradient Calculation
$-7.49101 \times 10^6 \sim -5.0000 \times 10^6$
$-5.0000 \times 10^6 \sim 0.0000$
$0.0000 \sim 0.0000 \times 10^6$
$5.0000 \times 10^6 \sim 1.0000 \times 10^7$
$1.0000 \times 10^7 \sim 1.5000 \times 10^7$
$1.5000 \times 10^7 \sim 2.0000 \times 10^7$
$2.0000 \times 10^7 \sim 2.5000 \times 10^7$
$2.5000 \times 10^7 \sim 3.0000 \times 10^7$
$3.0000 \times 10^7 \sim 3.5000 \times 10^7$
$3.5000 \times 10^7 \sim 4.0000 \times 10^7$
$4.0000 \times 10^7 \sim 4.5000 \times 10^7$
$4.5000 \times 10^7 \sim 4.6658 \times 10^7$
Interval = 5.0×10^6

(a) 优化前

(b) 优化后

图 2.42　优化前后最大主应力分布云图

　　方案优化后最大主压应力要大于方案优化前的最大主压应力,优化后的最大主压应力区域小于优化前的区域;方案优化后的最大主拉应力要小于优化前主拉应力。

　　方案优化前后最大主压应力出现在拱顶和边墙位置;优化前最大主拉应力出现在拱顶位置。

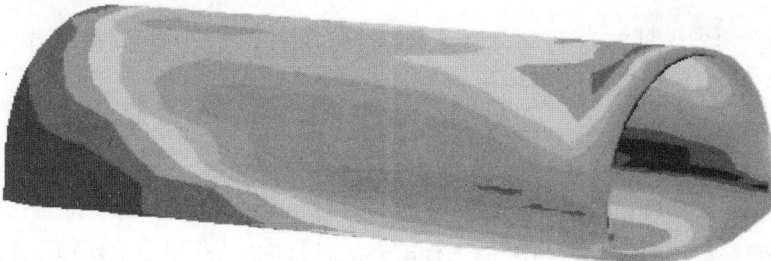

(a) 优化前

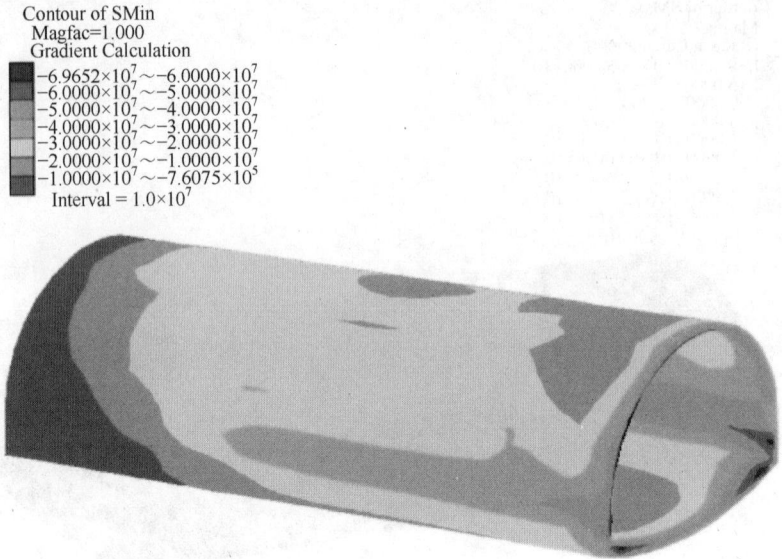

(b) 优化后

图 2.43　优化前后最小主应力分布云图

优化前后围岩的最大主压应力出现在拱顶位置，因此需要增强隧道拱顶的支护强度，如采取超前导管注浆、超前管棚等措施，而优化前最大主拉应力出现在拱腰及边墙位置，这就要求现场施工必须考虑提高该位置的支护参数。

（5）工况优化前后塑性区对比分析。

从围岩塑性区角度来分析方案优化前后对隧道围岩稳定性的影响，开挖完成和塑性区统计表见表 2.12，塑性区范围图如图 2.44 所示。

表 2.12　优化前后塑性区范围

工况	围岩级别	塑性区范围	
		掌子面前方深度/m	周边范围/m
优化前	V$_b$	10.8	13.7
优化后	V$_b$	9.8	12.6

由表 2.12 及图 2.44 可知，优化后，塑性区在掌子面前方及洞室周边范围相对于方案优化前均有所减小，但减小的范围并不大。

3）时机确定

（1）计算模型和参数的确定。

采用 FLAC3D 和伯格蠕变黏塑性模型对隧道开挖后围岩的变形情况进行模拟，岩体的参数通过对比分析类似工程的方法进行确定，并将数值模拟结果与实际监测结果进行比较，最终确定参数见表 2.13。

(a) 优化前　　　　　　　　　　　　　　(b) 优化后

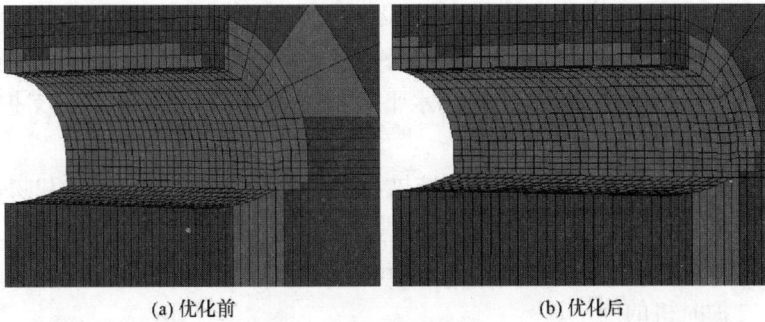

图 2.44　优化前后塑性区范围

表 2.13　弹塑性流变参数

E^M/MPa	η^M/MPa·d	E^K/MPa	η^K/MPa·d
854	903	173	266

（2）极限位移分析。

图 2.45 分别是拱顶沉降位移以及拱腰、边墙、墙角的收敛位移曲线。从图中可以看出,隧道开挖后前 10d 左右,洞周位移迅速变大。10d 后,由于隧道仰拱施

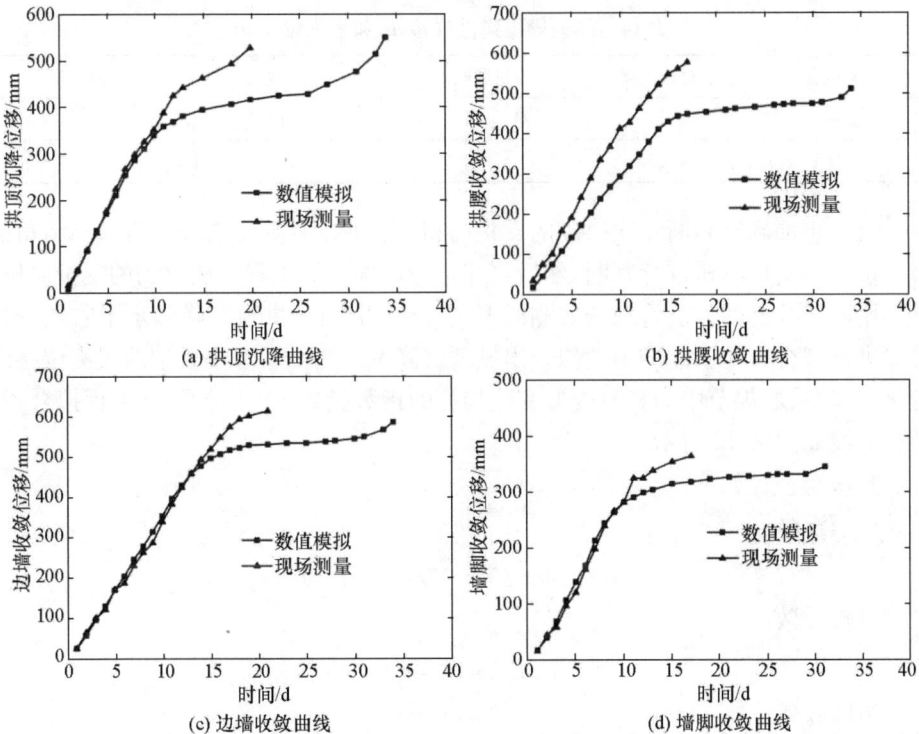

(a) 拱顶沉降曲线

(b) 拱腰收敛曲线

(c) 边墙收敛曲线

(d) 墙脚收敛曲线

图 2.45　实测曲线与模拟曲线对比图

作完成,初期支护封闭成环,隧道拱顶沉降和水平收敛增长速率变缓,而由于围岩流变特性以及围岩后续的应力重新调整的影响,水平收敛以 5～8mm/d 的速度在持续增加。至 27d 左右,拱顶沉降和水平收敛增长速率又开始变大,支护结构破坏,隧道大变形灾害随即产生。

从图中还可以看出,数值模拟的结果与实际测量结果是比较接近和吻合的,这也说明了计算结果的可信性,最终确定拱顶沉降的极限位移为 574mm、拱腰、边墙、墙脚的水平收敛极限位移分别为 660mm、685mm、392mm。

(3) 支护时机的确定。

由前面的分析已知,数值模拟的结果图形中存在着由直线变化为曲线的趋势,一般认为直线段是开挖卸载引起的弹性位移,根据数值模拟的结果可以得到隧道开挖后的弹性位移 $u_{弹}$。

隧道周围丢失位移 $u_{失}$ 是通过假定在隧道开挖后至围岩量测之前的时间段内,隧道周围围岩的位移变化是同开始监测后的相同时间段内围岩的位移沉降一致的方法确定的。依据象山隧道现场施工实际进度,隧道开挖、出渣、立架及喷混所需要的时间约为 14 小时,则根据数值模拟的结果,可以得到隧道周围丢失位移 $u_{失}$。将弹性位移和丢失位移列于表 2.14。

表 2.14　隧道周围弹性位移 $u_{弹}$ 和丢失位移 $u_{失}$　　　　　（单位:mm）

洞周位移	拱顶沉降	拱腰收敛	边墙收敛	墙脚收敛
弹性位移	14	19	26	18
丢失位移	12	14	25	12

为了更准确地判断二次衬砌的支护时机,分别对拱顶、拱腰、边墙以及墙角的极限位移和支护时机进行判断,然后再综合考虑确定该工程二次衬砌的支护时机。

用回归分析的方法将现场实测的 K10+810 断面的拱顶沉降和水平收敛变化规律进行拟合。为了能准确地拟合出拱顶沉降及洞周围岩水平收敛的实测位移的变化规律,采取规范中的具有类似变化趋势的指数函数 $u=A-Be^{-\alpha}$ 进行拟合,其拟合曲线如图 2.46 所示。

其拟合公式如下:

拱顶沉降:

$$u=574-664e^{-\frac{t}{7.84}}, \qquad t\geqslant 1$$

拱腰收敛:

$$u=660-736e^{-\frac{t}{9.74}}, \qquad t\geqslant 1$$

边墙收敛:

$$u=684-824e^{-\frac{t}{7.14}}, \qquad t\geqslant 1$$

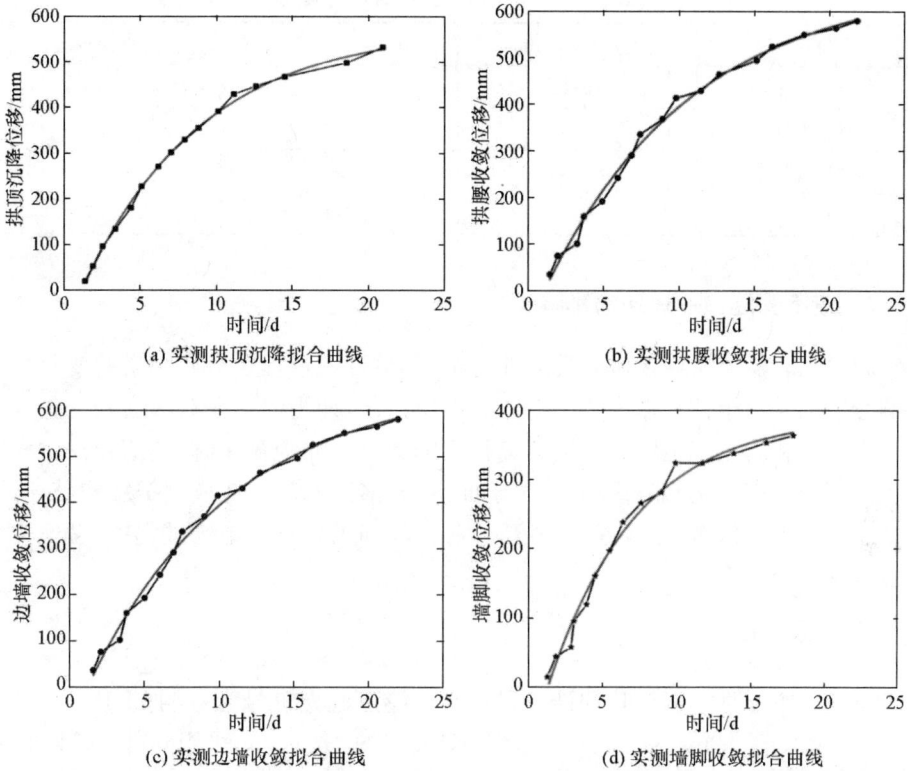

(a) 实测拱顶沉降拟合曲线

(b) 实测拱腰收敛拟合曲线

(c) 实测边墙收敛拟合曲线

(d) 实测墙脚收敛拟合曲线

图 2.46　现场实测数据的拟合曲线

墙脚收敛：

$$u = 392 - 486\mathrm{e}^{-\frac{t}{5.92}}, \qquad t \geqslant 1$$

根据相关规范规定及类似工程经验认为,当现场实际量测位移达到预测极限位移的 80% 左右时施作二次衬砌较为合理。由此,可以确定出围岩量测位移公式在施作二次衬砌时为：$u_测 = u_极 \times 80\% - u_弹 - u_失$。

将上述分析的结果列于表 2.15,可得到各个位置施作二次衬砌的合理时机。表 2.15 确定的拱顶、拱腰、边墙以及墙脚的二衬施作时间为上台阶开挖后的第 14d、17d、12d 和 11d,各位置的二衬施作时间都比较接近。由于挤压破碎带中高地应力存在的影响,岩体的流变特性表现得尤为明显,提前施作二衬能够有效地防止围岩及初衬的破坏,综合考虑施工以及结构的安全性,隧道应在上台阶开挖后 11d 时施作二衬,以合理利用围岩的自稳能力,防止初期支护结构破坏,保证结构的长期稳定。

表 2.15　二次衬砌施作时机的确定

位置	极限位移/mm	施作二衬时位移/mm	时间/d
拱顶沉降	574	433	13.1
拱腰收敛	660	495	16.2
边墙收敛	685	497	11.3
墙脚收敛	392	274	10.5

2.3.2　旗下营隧道——冲沟影响

软弱围岩隧道所处区域地质条件复杂,隧道开挖过程中地质因素的变化严重影响隧道围岩稳定性。作为一种特殊的地质条件,冲沟的存在对隧道开挖过程中的围岩稳定和施工安全均会产生一定程度的影响。冲沟存在时,隧道开挖过程中的支护不当可能会引起隧道塌方、掌子面滑塌等各种灾害,造成支护结构破坏,进而威胁施工人员安全、影响施工进度。因此,软弱围岩隧道施工过程中,考虑冲沟时围岩的稳定性有待深入研究。

1. 现场工况

京新高速公路集宁至呼和浩特段旗下营隧道起讫桩号为左洞 ZK196＋220～ZK197＋080,长 860m,右洞 K196＋160～K197＋060,长 900m,采用分离式双洞布置。

1) 地形地貌

该隧道区属剥蚀丘陵山地地貌,地形起伏较大。隧道范围内中线高程 1279.4～1350.5m,最大高差约 71.1m。山体自然坡度为 10°～40°,植被不发育。进、出口均处于山前斜坡地带,山坡处于基本稳定状态。隧道洞身多处穿越冲沟地段,如图 2.47 所示。

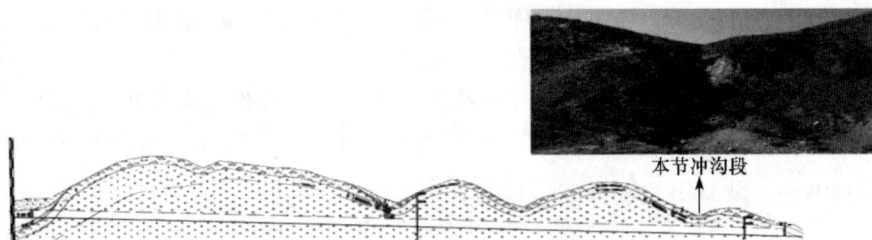

本节冲沟段

图 2.47　左线隧道工程地质纵剖面图

2) 工程地质

根据勘察结果,结合地面地质调查,隧址区上覆为第四系更新统坡积成因的粉土、砾砂、粉土及砾砂,下伏基岩为上太古界集宁群花岗岩。粉土主要分布在隧道呼和浩特端洞口段缓坡地段。砾砂矿物成分主要为石英、长石,含少量泥质,颗粒级配较好。碎石母岩成分主要为花岗岩,含量约 60%,粒径为 50～150mm,多呈棱角状,泥砂质充填,颗粒级配一般,该层主要分布于隧址区呼和浩特端洞身段斜坡地段。强风化花岗岩,原岩组织结构大部分已被破坏,矿物成分发生显著变化,节理裂隙发育,岩芯多呈碎块状及块状,少量短柱状,岩质软,岩体破碎。中风化花岗岩,中细粒花岗结构,块状结构,节理裂隙较发育,岩芯多呈块状及柱状,岩质软,岩体较完整。

3) 水文地质

隧址区地表水不发育,未见明显地表水体。隧道山体冲沟发育,雨季雨水汇集可产生暂时性水流。隧址区地下水主要为岩基中的风化裂隙水。花岗岩裂隙发育,深部节理多呈闭合状,多充填泥质,连通性较差,赋水条件一般;浅部强风化岩风化裂隙发育,岩体破碎,含少量裂隙水,主要靠大气降水补给,冲沟等低洼部位以地下径流形式排泄;斜坡部位以沿裂隙渗流形式或受地形切割排出地表。

2. 现场监测

通过对旗下营左线偏压隧道(洞身为 V 级围岩)处于浅埋冲沟段下 K196＋980(开挖到冲沟之前)与 K196＋970(冲沟下方、预加固)断面的拱顶沉降,K196＋960断面(冲沟附近)围岩压力、钢支撑应力的监测结果进行分析,来判断冲沟段隧道围岩稳定性变化情况。

1) 拱顶沉降监测结果分析

图 2.48 给出了隧道断面 K196＋980 的拱顶沉降变化图,靠近冲沟断面,拱顶最终沉降值左侧点、中间点、右侧点分别为 31mm、33mm、32mm。图 2.49 给出了冲沟下方隧道断面 K196＋970 加固后拱顶沉降变化图,拱顶的最终沉降值左侧点、中间点、右侧点分别为 18mm、19mm、17mm。该断面上方有一条斜穿隧道的冲沟,如图 2.50(a)所示,冲沟底部距隧道拱顶有 5m 左右。

通过对比两个断面可以看出,冲沟加固后很好地控制了隧道围岩的稳定性。因此在隧道穿越冲沟地带时,一定要注意隧道围岩的支护情况,在隧道浅埋区要对隧道上方地表进行适当加固处理,如图 2.50(b)所示。

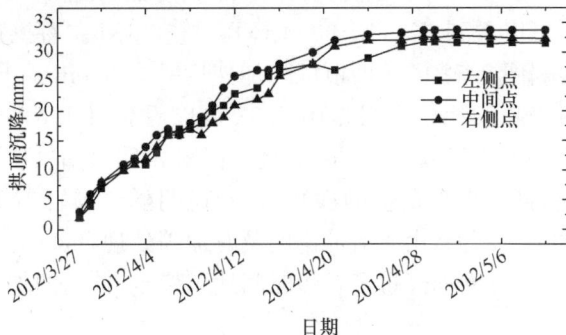

图 2.48　K196＋980 断面拱顶沉降随时间变化曲线

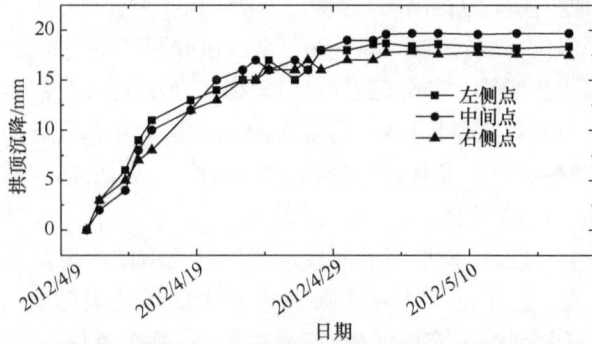

图 2.49　K196＋970 断面拱顶沉降随时间变化曲线

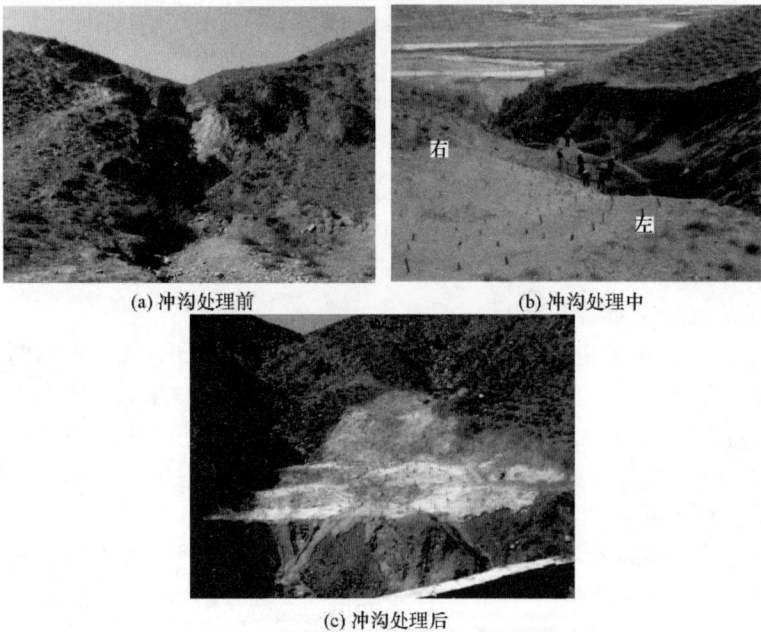

(a) 冲沟处理前　　　　　　(b) 冲沟处理中

(c) 冲沟处理后

图 2.50　隧道浅埋区地表冲沟现场加固处理

　　根据图 2.51 可以看到，K196＋980 断面大概在 32d 左右拱顶沉降速率小于 0.2mm/d，而且根据图 2.52 可知拱顶沉降加速度基本在 0mm/d² 左右，甚至趋于负值，说明隧道围岩趋于稳定。根据图 2.53 可以看到，K196＋970 断面大概在 25d 左右拱顶沉降速率小于 0.2mm/d，而且根据图 2.54 可知拱顶沉降加速度也基本在 0mm/d² 左右，甚至出现负值的次数增加，说明隧道围岩趋于稳定。K196＋970 断面处于冲沟下方断面，由于对冲沟的及时加固处理，可以看到冲沟下方隧道围岩相对于 K196＋980 断面经过了较短时间达到稳定，冲沟的加固起到了很好的作用。

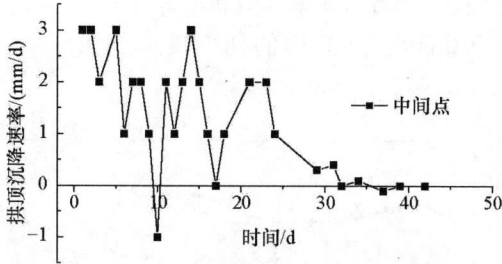

图 2.51　K196＋980 断面拱顶沉降速率曲线

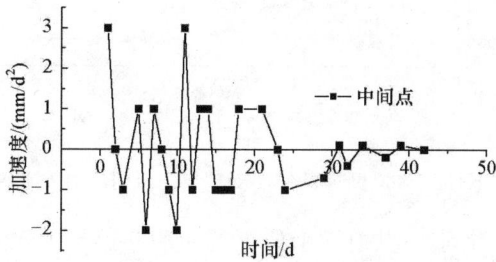

图 2.52　K196＋980 断面拱顶沉降加速度曲线

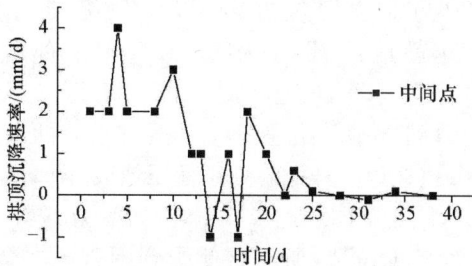

图 2.53　K196＋970 断面拱顶沉降速率曲线

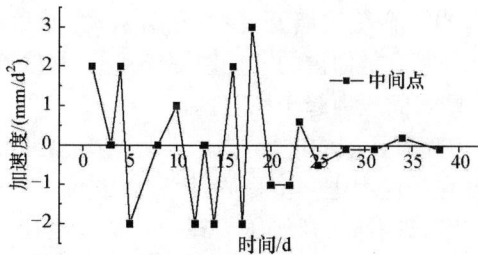

图 2.54　K196＋970 拱顶沉降加速度曲线

2) 初期支护与围岩间压力量测结果分析

图 2.55 给出了 K196＋960 断面的初期支护与围岩间压力随时间变化的曲线。

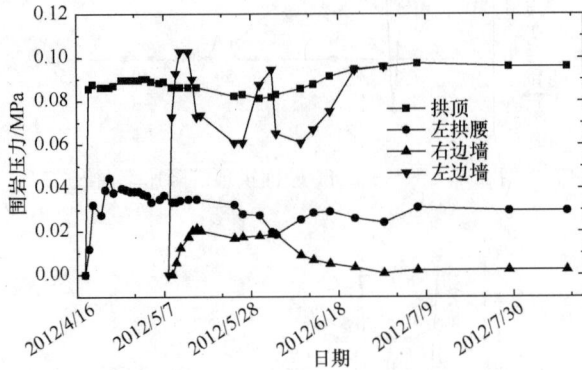

图 2.55 K196＋960 断面的初期支护与围岩间压力-时间变化曲线

从图 2.55 可以看到，一共有四个位置的初期支护与围岩间压力曲线，由于右拱腰位置的压力盒埋设后出现问题，所以该位置的曲线缺失。

通过初期支护与围岩间压力随时间变化曲线可以看到，四个位置的围岩与初期支护的压力在拱顶与左边墙位置较大，其最终压力分别为 0.096MPa、0.0959MPa，左拱腰位置最终压力为 0.0297MPa，右边墙位置最终压力为 0.0023MPa。

通过图 2.55 还可看到，左边墙位置围岩压力在前一两天迅速增大，然后出现较大波动，原因为：①隧道在该段开挖时处于偏压地段[图 2.50(b)]；②距 K196＋970 冲沟位置较近；③可能是不同开挖步骤下，围岩受力不均变化导致。由于偏压可以看到左侧处于埋深较大位置，所以该侧受到围岩压力会较大。在监测了近 60d 左右，传感器无法采集到数据，而且此时其他三个监测点基本都趋于稳定，所以数据的中断可能由于传感器进水导致破坏，无法正常使用。

从左拱腰的围岩压力变化可以看到，围岩压力在隧道开挖后迅速增大，然后随着隧道开挖稍有降低，当下台阶边墙开挖时，稍有波动，然后继续有减小趋势，在 5 月 30 日左右，又开始增大，是仰拱的开挖回填导致的，最终在 7 月 8 日经历了近 80d 左右，初期支护与围岩间压力趋于稳定。

右边墙的围岩压力随着开挖的进行，先增大后减小，说明随着上台阶开挖及之后边墙的开挖，边墙部位的应力进一步释放，然后经历 60d 左右慢慢趋于稳定。

通过拱顶曲线变化可以看到，开始压力在前一两天迅速增大，然后有所降低，最后慢慢趋于稳定，然而在 2012 年 5 月 8、9 日左、右侧边墙开挖时，拱顶位置压力出现减小的趋势，原因是左、右边墙的开挖导致拱脚位置支撑力减小，从而导致拱顶位置围岩与初期支护的压力减小。基本在 80d 左右拱顶围岩与初期支护间压力趋于稳定。

3）钢拱架应力量测结果分析

图 2.56 给出了隧道开挖断面 K196＋960 的钢支撑应力随时间的变化曲线。

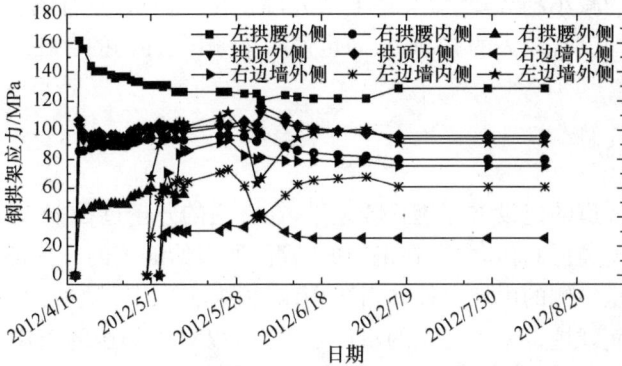

图 2.56　隧道开挖断面 K196＋960 钢支撑应力-时间变化曲线

内侧为靠近临空面一侧，外侧为靠近围岩一侧

通过钢支撑随时间变化应力曲线可以看到，一共在五个位置埋设了钢支撑应变计，其中埋设方法前面已经介绍。从整体可以看到，左拱腰外侧位置的应力值最大，其最终趋于稳定时应力值为 128.526MPa；拱顶位置外侧最终趋于稳定时应力值为 94.045MPa，内侧为 96.187MPa；右拱腰位置外侧可能由于施工原因中途坏掉，其最后测得值为 55.697MPa，内侧最终趋于稳定应力值为 79.686MPa；左边墙位置外侧最终应力值为 91.222MPa，内侧为 60.755MPa；右边墙位置外侧最终应力值为 75.239；内侧为 25.498MPa。其中只有左拱腰外侧位置受到的应力为拉应力，其余均为压应力。可以看到左侧拱腰外侧钢支撑应力值最大，原因是隧道处于偏压位置，导致左侧拱腰位置的钢支撑拉应力较大。而且可以看到左侧边墙内外侧对应位置钢支撑应力都大于右侧相应内外侧位置的钢支撑应力，这也说明了隧道偏压的结果。

还可以看到，在拱顶、拱腰位置内侧的钢支撑应力值要大于外侧钢支撑应力值，说明该处钢支撑的内侧应变要大于外侧应变。在边墙位置外侧钢支撑应力值要大于内侧钢支撑应力值，说明该处外侧应变要大于内侧应变。

通过图 2.56 可以看到，左拱腰外侧钢支撑应力变化曲线在前两天应力迅速增大，然后慢慢趋于稳定，而且应力曲线呈减小趋势，原因是隧道刚开挖，导致初始应力逐渐释放，还有拱脚位置的下沉也导致了拱腰处钢支撑应力降低。然后在 2012 年 5 月 8、9 日左、右边墙开挖时，曲线出现略微的波动。最终在 7 月 8 日左右，经历了近 80d 左右趋于稳定。右侧拱腰位置变化趋势与左侧相同。

从拱顶钢支撑应力曲线可以看到,在前两天钢支撑应力迅速增大,然后增大速率减小,慢慢趋于稳定,再往后变化趋势与左侧拱腰大致相同。

从左侧边墙位置钢支撑应力曲线看到,在左边墙开挖后一两天钢支撑应力迅速增大,然后慢慢趋于稳定,然而在 2012 年 5 月 30 日,由于仰拱开挖回填,钢支撑应力出现较大的减小趋势,然后又逐渐增大,最后经历 60d 左右慢慢趋于稳定。而右侧边墙位置却没有较大的波动,从而也说明了偏压、冲沟的存在对左侧边墙的影响较大。

3. 数值模拟

由于公路隧道的建设常穿越丘陵地带,在隧道的开挖过程中,隧道上方地表的地形地貌常出现高低起伏,并存在偏压的情况,所以给隧道的开挖带来了一定的难度。而且在偏压一侧的山坡上往往由于雨水冲刷等原因导致冲沟的出现,给穿越冲沟的隧道断面开挖带来了一定的不确定性,所以对于偏压隧道中冲沟存在对隧道的围岩稳定性有何影响及如何做好冲沟存在时偏压隧道开挖过程中的应对措施,需要进一步研究。本章以旗下营隧道现场偏压与冲沟同时存在的隧道段为研究对象,通过数值模拟来研究偏压隧道情况下,冲沟对隧道围岩稳定性的影响及冲沟加固后对隧道围岩稳定性的影响,并对现场监测数据与数值模拟数据进行对比分析,来验证模型的合理性。

通过模拟隧道洞身段冲沟偏压同时存在与只有偏压存在的情况,然后通过对比冲沟下方断面围岩与初期支护的变化情况,分析冲构存在对隧道围岩稳定性的影响。

通过对隧道洞身段在没有冲沟加固情况与隧道进行加固情况分别进行数值模拟分析,对比冲沟加固与无加固情况下的隧道断面围岩与初期支护的变化情况,来分析加固后对隧道围岩稳定性的影响效应。

然后通过对冲沟加固后的隧道数值分析结果与现场的拱顶沉降与围岩压力数据进行对比,来验证模型的合理性。

1) 模型的建立、参数的选择

根据现场冲沟情况,基于 ABAQUS 软件建立三维模型,冲沟走向与隧道走向斜交,计算模型水平方向左右边界取距隧道左右边墙 50m,垂直方向边界为距拱顶位置埋深大的一侧为 40m,埋深小的一侧为 0m 的一个斜坡,下边界取距隧道底面60m,隧道纵向为 40m;左右边界为水平约束,下边界为垂直约束,前后边界为沿隧道纵向约束。模型单元类型同 2.3.1 节的三维模型。开挖过程中的应力释放通过强度折减法实现[7],开挖到初期支护完成过程中,隧道围岩应力释放以 80% 计算。锚杆加固区通过适当提高围岩的力学参数[8-10],来对加固结果等效处理。初期支护喷射混凝土和钢拱架的力学参数通过等效处理后,来模拟衬砌的支护效果。岩体的弹塑性屈服准则采用 Mohr-Coulomb 屈服准则,为描述岩土工程材料最常用的准则。

冲沟走向与隧道走向斜交,其中冲沟与隧道之间的垂直距离最小处为 5m,也就是在冲沟加固区位置,如图 2.57(a)所示。其中冲沟加固区距离拱顶位置为 3m,也就是拱顶正上方地表预加固深度为 2m,冲沟最大宽度为 10m。冲沟地表预加固提高岩体的整体强度和刚度,文献[10]~[15]对锚杆加固注浆后的围岩强度、刚度机理进行分析,并提出了量化分析结果。本节以此为依据,对冲沟段隧道地表加固后的围岩参数进行选取,来分析冲沟段隧道地表预加固对隧道围岩稳定性的影响情况。其中现场加固采用 $\Phi 50 \times 5$ 小导管 $1m \times 1m$ 梅花形布置,采用 30cm 厚 C20 混凝土铺面,小导管打入地表不小于 50cm。

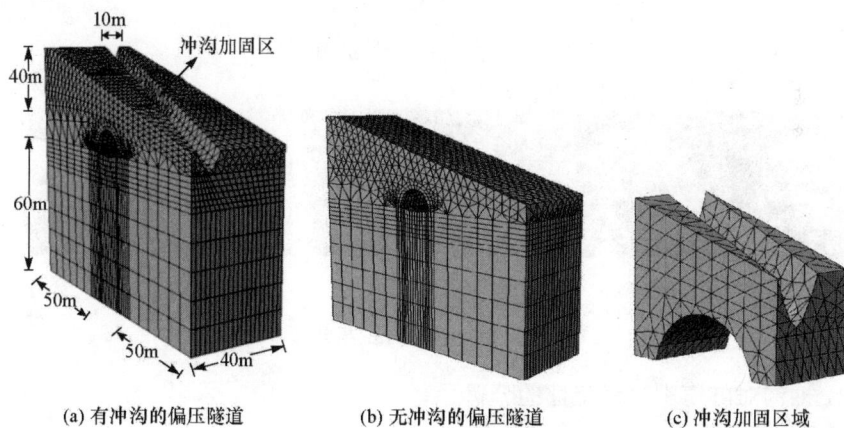

(a) 有冲沟的偏压隧道   (b) 无冲沟的偏压隧道   (c) 冲沟加固区域

图 2.57　隧道模型网格划分图

模型参数见表 2.16。

表 2.16　围岩及初期支护物理力学参数

介质	弹性模量 E/GPa	泊松比 μ	黏聚力 c/MPa	内摩擦角 φ/(°)	重度 γ/(kN/m³)
围岩	0.3	0.29	0.1	32	21.0
锚杆加固区	0.5	0.29	0.13	35	21.0
衬砌	25	0.2	—	—	25.0
冲沟加固区	0.6	0.29	0.15	37	21.0

隧道开挖支护顺序如图 2.58 所示,纵向循环长度如下:①1、2、3 以每 2m 为一开挖步,开挖至 20m;②4、5 以每 2m 为一开挖步,开挖至 10m;③6、7 以每 2m 为一开挖步,开挖至 10m;④8、9 以每 10m 为一开挖步,开挖至 10m;⑤10、11 以每

10m 为一开挖步，开挖至 10m。然后以①～⑤顺序，10m 一个大循环，再开挖两个循环终止，如图 2.59 所示。

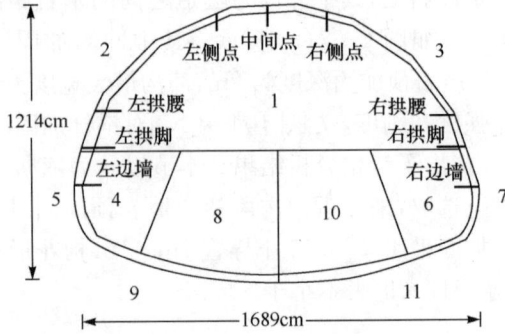

图 2.58　断面尺寸及开挖支护顺序

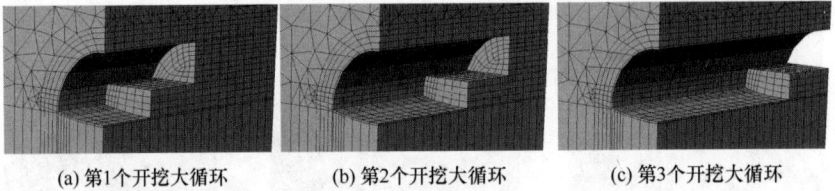

(a) 第1个开挖大循环　　(b) 第2个开挖大循环　　(c) 第3个开挖大循环

图 2.59　隧道开挖步骤

2) 冲沟对隧道围岩稳定性的分析

（1）位移分析。

图 2.60 给出了只有偏压与偏压冲沟同时存在时拱顶沿着隧道模型开挖距离上的最终位移变化值。通过图 2.60 可以看到，冲沟存在的偏压隧道相对于没有冲沟的偏压隧道，围岩的拱顶位移降低了 3mm 左右。拱顶沉降随着隧道开挖距离逐渐减小的原因是距离掌子面越来越近。

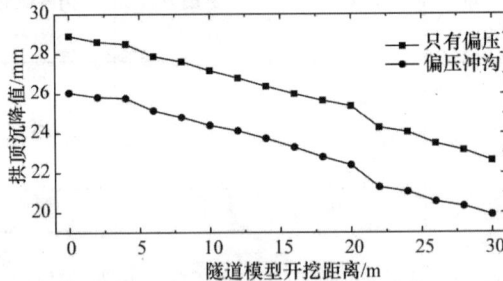

图 2.60　拱顶竖向位移-隧道模型开挖距离变化曲线

　　图 2.61 给出了只有偏压与偏压冲沟同时存在时左、右拱脚沿着隧道模型开挖距离上的最终位移变化值。从图 2.61 可以看到，冲沟存在的偏压隧道相对于没有冲沟的偏压隧道，围岩的拱脚位移降低了 2.5mm 左右。拱脚沉降随着隧道开挖距离逐渐减小的原因是距离掌子面越来越近。

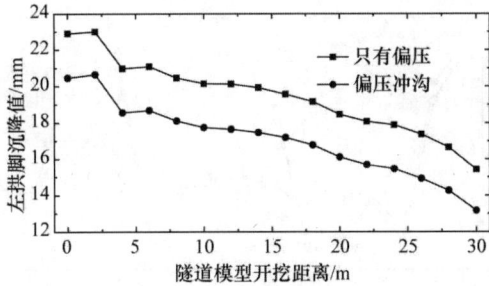

(a) 左拱脚

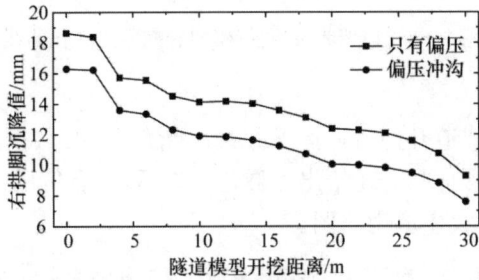

(b) 右拱脚

图 2.61　拱脚竖向位移-隧道模型开挖距离变化曲线

　　图 2.62 给出了只有偏压与偏压冲沟同时存在时拱腰收敛沿着隧道模型开挖距离上的最终位移变化值。从图 2.62 可以看到，冲沟存在的偏压隧道相对于没有冲沟的偏压隧道，围岩的拱腰收敛在沿隧道开挖距离 4m 处降低了 0.5mm。其中沿隧道距离 0～4m 处，拱腰收敛值较大的原因是该断面处于隧道开挖进口处，围岩扰动较大。

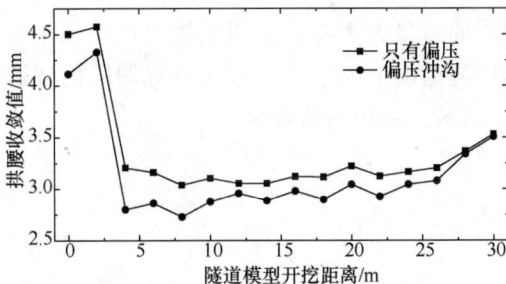

图 2.62　拱腰收敛-隧道模型开挖距离变化曲线

图 2.63 给出了只有偏压与偏压冲沟同时存在时边墙收敛沿着隧道模型开挖距离上的最终位移变化值。通过图 2.63 可以看到,冲沟存在的偏压隧道与没有冲沟的偏压隧,在边墙位置的收敛值相差不大,因此冲沟对隧道边墙处围岩的稳定性影响不大。隧道曲线波动较大的原因是隧道上下台阶的距离与不同步开挖导致。

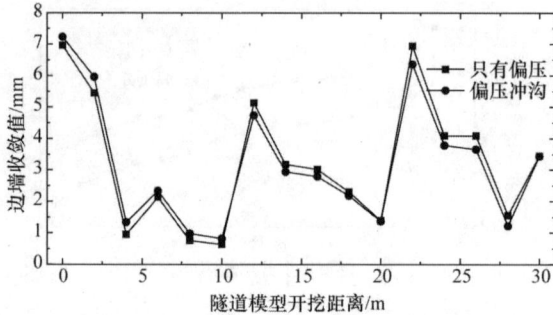

图 2.63　边墙收敛-隧道模型开挖距离变化曲线

（2）应力分析。

表 2.17 给出了隧道开挖后冲沟下方某一断面的拱顶、拱腰、边墙位置的初期支护的最大主应力值。图 2.64 给出了隧道开挖后,只有偏压存在与偏压冲沟同时存在时初期支护的最大主应力云图。

表 2.17　有无冲沟时偏压隧道初期支护最大主应力值 　（单位:MPa）

冲沟类型	初期支护最大主应力				
	拱顶	左拱腰	右拱腰	左边墙	右边墙
只有偏压	3.1005	2.9042	2.7961	0.8664	0.6262
偏压冲沟	3.5300	3.2272	2.7836	0.8004	0.5702

通过对只有偏压与冲沟偏压同时存在时初期支护最大主应力局部点分析比较,可以看到在拱顶与拱腰位置,有冲沟存在的偏压隧道的最大主应力值比只有偏压的隧道要大,这一点通过最大主应力云图比较也可以很明显的看出。在边墙位置,有冲沟存在的偏压隧道的最大主应力值比只有偏压的隧道要小。还可以看到在拱顶位置初期支护的最大主应力值较大。

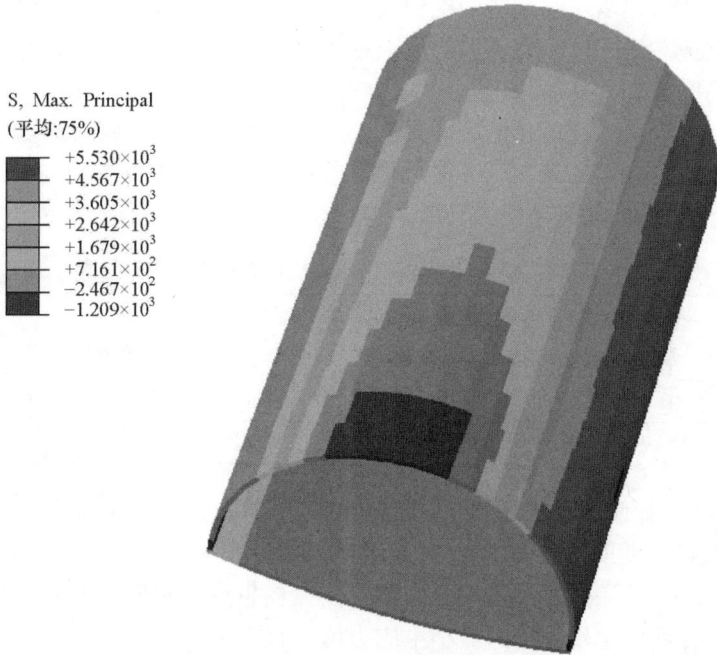

S, Max. Principal
(平均:75%)
　+5.530×10³
　+4.567×10³
　+3.605×10³
　+2.642×10³
　+1.679×10³
　+7.161×10²
　−2.467×10²
　−1.209×10³

(a) 只有偏压

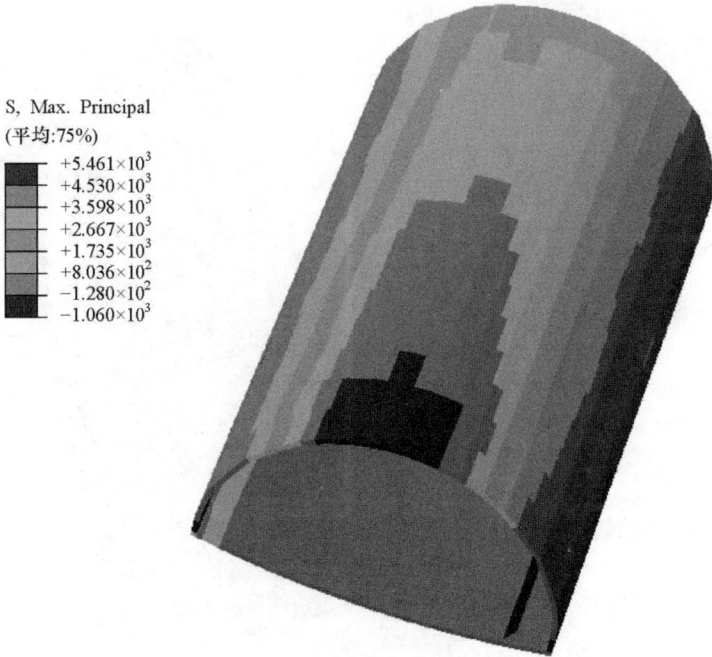

S, Max. Principal
(平均:75%)
　+5.461×10³
　+4.530×10³
　+3.598×10³
　+2.667×10³
　+1.735×10³
　+8.036×10²
　−1.280×10²
　−1.060×10³

(b) 偏压冲沟

图 2.64　初期支护最大主应力云图

通过拱腰、边墙左右侧初期支护最大主应力值比较,可以看出,由于偏压的存在,初期支护左侧的最大主应力要大于右侧的最大主应力,也就是埋深较深一侧初期支护受到的最大主应力要大。

表 2.18 给出了隧道开挖后冲沟下方某一断面的拱顶、拱腰、边墙位置的初期支护的最小主应力值。图 2.65 给出了隧道开挖后,只有偏压存在与偏压冲沟同时存在时初期支护的最小主应力云图。

表 2.18　有无冲沟时偏压隧道初期支护最小主应力值 （单位：MPa）

冲沟类型	初期支护最小主应力				
	拱顶	左拱腰	右拱腰	左边墙	右边墙
只有偏压	-0.4587	-0.6425	-2.4676	-3.5710	-3.2649
偏压冲沟	-0.7515	-0.8590	-2.6029	-3.2299	-2.9368

通过对只有偏压与冲沟偏压同时存在时初期支护最小主应力局部点分析比较,可以看到在拱顶与拱腰位置,有冲沟存在的偏压隧道的最小主应力值比只有偏压的隧道要大,这一点通过最大主应力云图比较也可以很明显的看出。在边墙位置,有冲沟存在的偏压隧道的最小主应力值比只有偏压的隧道要小。还可以看到在边墙位置初期支护的最小主应力值相对拱顶、拱腰位置较大。

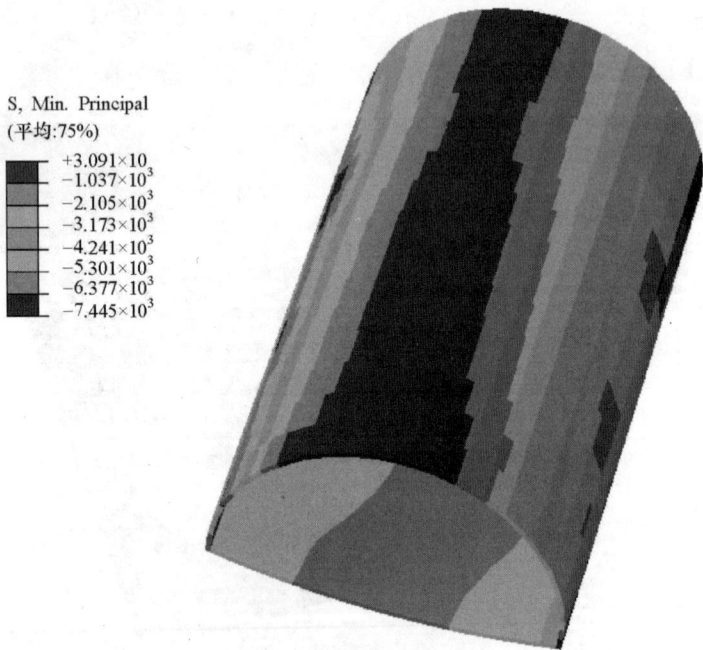

(a) 只有偏压

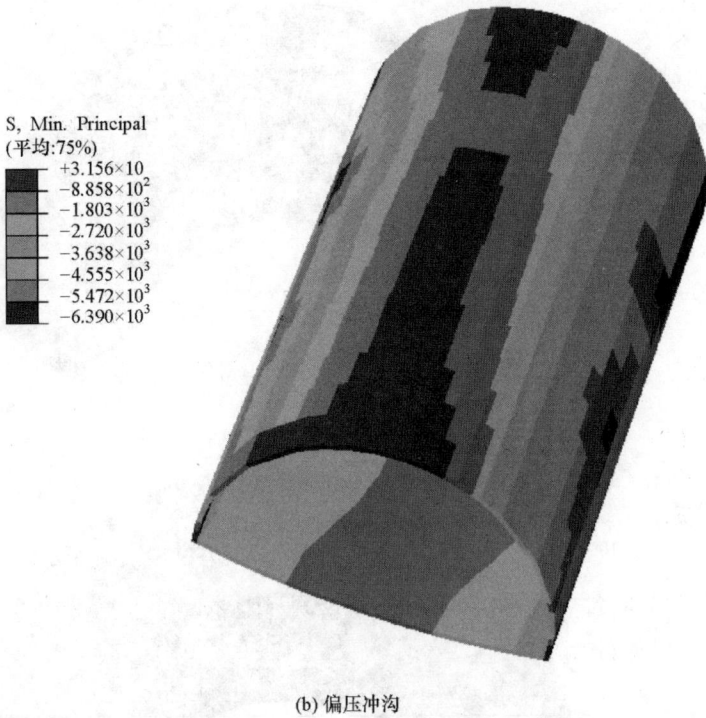

S, Min. Principal
(平均:75%)
　+3.156×10
　−8.858×10^2
　−1.803×10^3
　−2.720×10^3
　−3.638×10^3
　−4.555×10^3
　−5.472×10^3
　−6.390×10^3

(b) 偏压冲沟

图 2.65　初期支护最小主应力云图

通过拱腰、边墙左右侧初期支护最小主应力值比较，可以看出，由于偏压的存在，在拱腰位置初期支护左侧的最小主应力要小于右侧的最小主应力；在边墙位置初期支护左侧的最小主应力要大于右侧的最小主应力，也就是埋深较深一侧初期支护受到的最小主应力在拱腰位置较小，在边墙位置较大。

（3）塑性区分析。

表 2.19 给出了隧道开挖后冲沟下方某一断面的边墙位置洞周加固围岩的等效塑性应变值。图 2.66 给出了偏压隧道有无冲沟时，隧道围岩塑性区云图。

表 2.19　有无冲沟时偏压隧道塑性区等效塑性应变值

冲沟类型	塑性区等效应变值	
	左边墙	右边墙
只有偏压	0.0161	0.0130
偏压冲沟	0.0148	0.0113

PEEQ
(平均:75%)
+2.148×10⁻²
+1.841×10⁻²
+1.534×10⁻²
+1.227×10⁻³
+9.204×10⁻³
+6.136×10⁻³
+3.068×10⁻³
+2.220×10⁻¹⁶

(a) 只有偏压

PEEQ
(平均:75%)
+1.965×10⁻²
+1.684×10⁻²
+1.403×10⁻²
+1.123×10⁻³
+8.419×10⁻³
+5.613×10⁻³
+2.806×10⁻³
+2.220×10⁻¹⁶

(b) 偏压冲沟

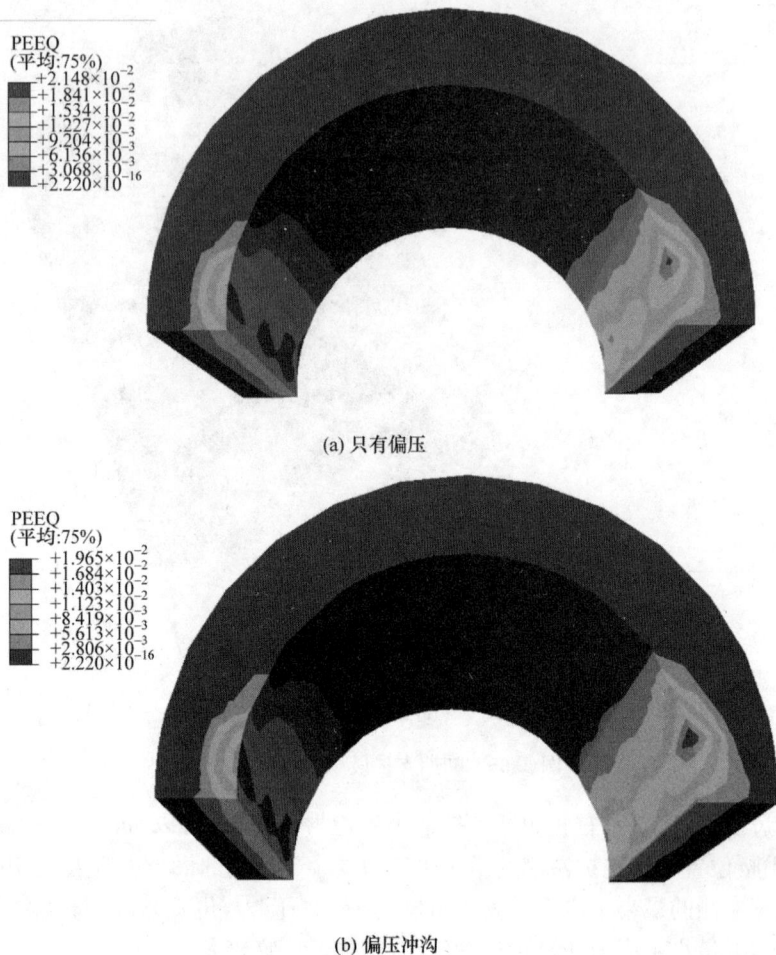

图 2.66　围岩塑性区云图

　　通过对只有偏压与冲沟偏压同时存在时洞周塑性区局部点分析比较,可以看到,塑性区基本发生在边墙位置,而且有冲沟存在的偏压隧道的等效塑性应变值要比只有偏压的隧道小。

　　通过左右边墙位置的等效塑性应变值分析比较,可以看到,由于偏压的存在,左边墙的塑性变化要大于右边墙的塑性变化,也就是埋深较深一侧的塑性区等效塑性应变要大。

　　(4) 冲沟对隧道围岩稳定性评价。

　　通过对偏压隧道有无冲沟数值模拟分析得到,在本节工况下冲沟存在时,相对于无冲沟时的洞周位移变化、塑性区变化都相对减小,然而,洞周加固区围岩最小主应力与初期支护的最大、最小主应力在拱顶、拱腰位置都相对增大,所以,总体上看,可以得到冲沟存在对隧道的围岩稳定性有一定的影响,应该提前做好一定的应对措施,防止隧道出现安全事故。上述结论与本节没有偏压时的冲沟隧道模拟结果具有一定的相似性,因为本章偏压冲沟存在时的隧道与冲沟在同一断面,冲沟宽度要大于隧道跨度,所以对于偏压冲沟时隧道的洞周加固区边墙位置最小主应力小于无冲沟情况,这些局部位置的围岩稳定性影响与第 4 章没有偏压隧道时的结论是一样的,但是此时在拱顶、拱腰位置的最小主应力却是冲沟存在时相对于无冲沟时增大,这与本节没有偏压时冲沟下隧道的模拟结果相反,所以又进一步证明了,偏压存在时即使冲沟宽度大于隧道跨度,其对下方隧道拱腰位置的围岩稳定性也产生较大影响,说明偏压存在相对于没有偏压时,其对冲沟下方的断面影响范围由拱顶位置增大到拱顶、拱腰位置,对隧道围岩的稳定性影响加剧。

而且还可以看到,由于偏压的存在,导致埋深较深一侧的边墙位置的围岩加固区与初期支护最小主应力要大于埋深较浅一侧,埋深较浅一侧的拱腰位置受到的围岩加固区与初期支护最小主应力值较大,所以要适当做好埋深较深一侧的边墙与埋深较浅一侧的拱腰位置的加固措施。

4. 变形控制措施

1) 冲沟加固对围岩稳定性的分析

(1) 位移分析。

图 2.67 给出了冲沟加固与冲沟无加固时拱顶沿着隧道模型开挖距离上的最终位移变化值。通过图 2.67 可以看到,冲沟加固后的隧道相对于冲沟无加固的隧道,围岩在沿隧道模型 13m 距离处(冲沟加固段)的拱顶位移降低了 5mm 左右,拱顶沉降得到了很好的控制。

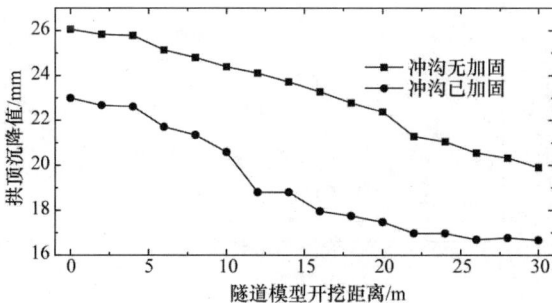

图 2.67 拱顶竖向位移-隧道模型开挖距离变化曲线

图 2.68 给出了冲沟加固与冲沟无加固时拱脚沿着隧道模型开挖距离上的最终位移变化值。通过图 2.68 可以看到,冲沟加固后的隧道相对于冲沟无加固的隧道,围岩在沿隧道模型 13m 距离处(冲沟加固段)的拱脚位移降低了 3mm 左右,拱脚沉降得到了很好的控制。

(a) 左拱脚

(b) 右拱脚

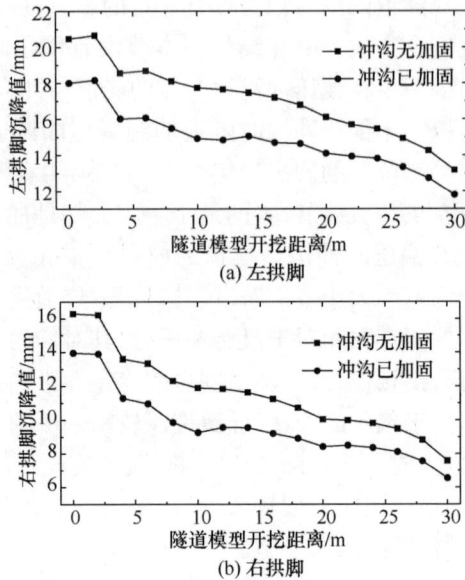

图 2.68　拱脚竖向位移-隧道模型开挖距离变化曲线

　　图 2.69 给出了冲沟加固与冲沟无加固时拱腰收敛沿着隧道模型开挖距离上的最终位移变化值。通过图 2.69 可以看到，冲沟加固后的隧道相对于冲沟无加固的隧道，围岩在沿着隧道模型 8m 处的拱腰收敛位移降低了 0.3mm 左右，其他位置的拱腰收敛值变化不大。冲沟加固对拱腰的收敛有一定的影响，但是影响范围不大。

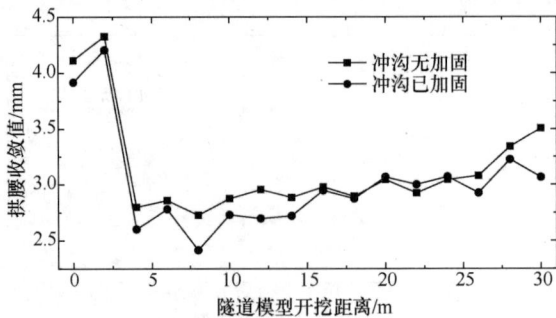

图 2.69　拱腰收敛-隧道模型开挖距离变化曲线

　　图 2.70 给出了冲沟加固与冲沟无加固时边墙收敛沿着隧道模型开挖距离上的最终位移变化值。通过图 2.70 可以看到，冲沟加固后的隧道与冲沟无加固的隧道，在沿着隧道距离上的边墙收敛值几乎没有变化。因此，冲沟加固对隧道边墙收敛的影响不大。

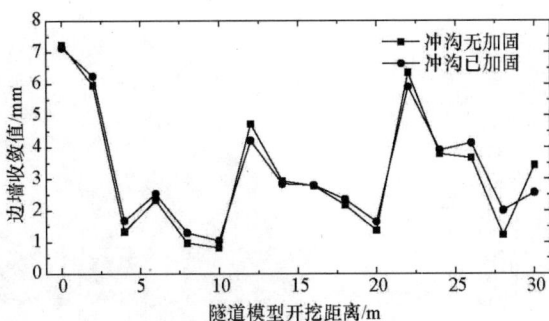

图 2.70 边墙收敛-隧道模型挖距离变化曲线

（2）应力分析。

表 2.20 给出了隧道开挖后冲沟下方某一断面的拱顶、拱腰、边墙位置的初期支护最大主应力值。图 2.71 给出了隧道开挖后，偏压冲沟隧道有无加固的初期支护最大主应力云图。

表 2.20 有无冲沟加固时偏压隧道初期支护最大主应力值（单位：MPa）

冲沟类型	初期支护最大主应力				
	拱顶	左拱腰	右拱腰	左边墙	右边墙
冲沟已加固	3.2448	2.9813	2.6154	0.7869	0.5389
冲沟无加固	3.5300	3.2272	2.7836	0.8004	0.5702

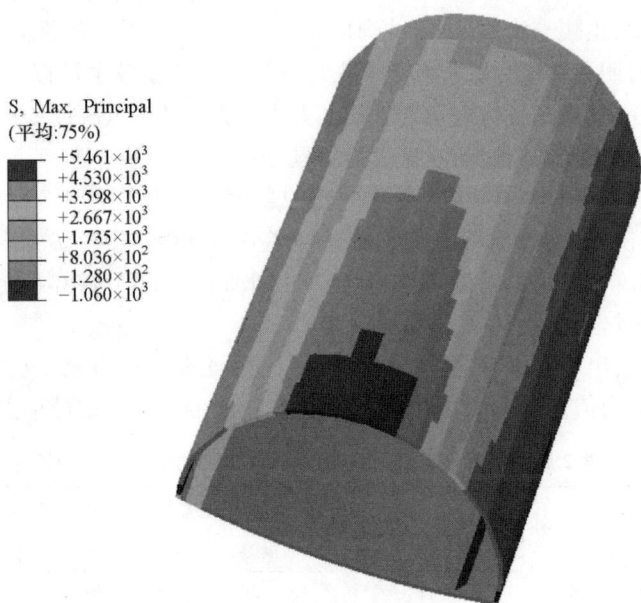

S, Max. Principal
（平均:75%）
+5.461×10³
+4.530×10³
+3.598×10³
+2.667×10³
+1.735×10³
+8.036×10²
−1.280×10²
−1.060×10³

(a) 冲沟无加固

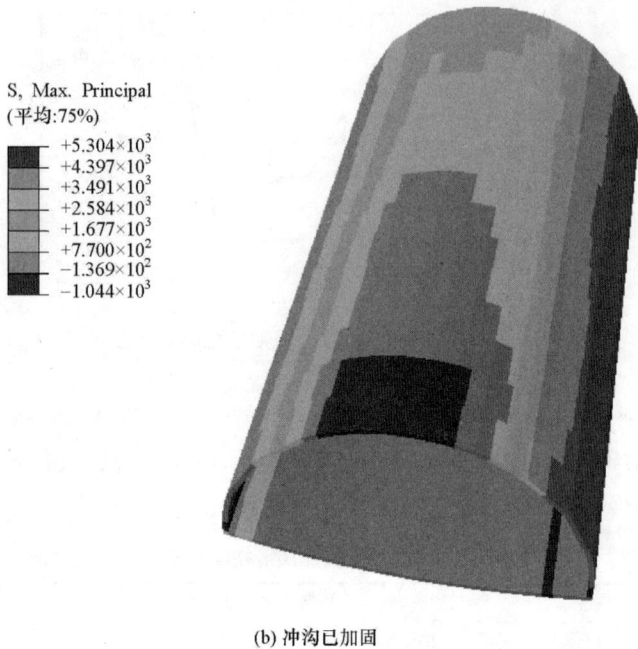

(b) 冲沟已加固

图 2.71　初期支护最大主应力云图

　　通过对冲沟无加固与冲沟已加固的初期支护最大主应力局部点分析比较,可以看到在拱顶、拱腰与边墙位置,冲沟加固后的初期支护受到的最大主应力值要比冲沟无加固时明显降低,这一点通过最大主应力云图比较也可以很明显的看出。还可以看到在拱顶、拱腰位置初期支护最大主应力值的降低幅度要比边墙位置大,所以对拱顶、拱腰处加固后的效果较为明显。

　　冲沟已加固后左、右拱腰位置初期支护最大主应力差为 0.3659MPa,冲沟无加固时左、右拱腰位置初期支护最大主应力差为 0.4436MPa。从初期支护受到的最大主应力分析,对比可以得到,隧道上方冲沟加固后不但对冲沟产生的影响得到一定控制,而且也降低了偏压造成的影响。

　　表 2.21 给出了隧道开挖后冲沟下方某一断面的拱顶、拱腰、边墙位置初期支护的最小主应力值。图 2.72 给出冲沟有无加固时的初期支护最小主应力云图。

表 2.21　有无冲沟加固时偏压隧道初期支护最小主应力值（单位:MPa）

冲沟类型	初期支护最小主应力				
	拱顶	左拱腰	右拱腰	左边墙	右边墙
冲沟已加固	0.0266	0.0413	−1.1467	−2.8711	−2.4287
冲沟无加固	−0.7515	−0.8590	−2.6029	−3.2299	−2.9368

S, Min. Principal
(平均:75%)

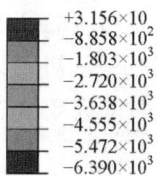

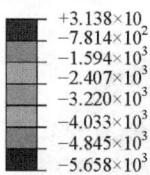

+3.156×10
-8.858×10²
-1.803×10³
-2.720×10³
-3.638×10³
-4.555×10³
-5.472×10³
-6.390×10³

(a) 冲沟无加固

S, Min. Principal
(平均:75%)

+3.138×10
-7.814×10²
-1.594×10³
-2.407×10³
-3.220×10³
-4.033×10³
-4.845×10³
-5.658×10³

(b) 冲沟已加固

图 2.72　初期支护最小主应力云图

通过对冲沟无加固与冲沟已加固的初期支护最小主应力局部点分析比较,可以看到在拱顶、拱腰与边墙位置,冲沟加固后的初期支护受到的最小主应力值要比冲沟无加固时明显降低,尤其在拱顶、拱腰位置加固后最小主应力降低幅度相对边墙位置较为明显,所以对拱顶、拱腰位置的加固起到了较明显的作用。

冲沟已加固后左、右拱腰位置初期支护最小主应力差为 1.1880MPa,冲沟无加固时左、右拱腰位置初期支护最小主应力差为 1.7439MPa。从初期支护受到的最小主应力分析对比可以得到,隧道上方冲沟加固后不但对冲沟产生的影响得到一定控制,而且也降低了偏压造成的影响。

（3）塑性区分析。

表 2.22 给出了隧道开挖后冲沟下方某一断面的边墙位置洞周加固围岩的等效塑性应变值。图 2.73 给出了有无冲沟隧道加固区围岩的塑性区云图。

表 2.22　有无冲沟加固时偏压隧道塑性区等效塑性应变值

冲沟类型	塑性区等效应变值	
	左边墙	右边墙
冲沟已加固	0.0133	0.0105
冲沟无加固	0.0148	0.0113

通过对冲沟无加固与冲沟已加固的洞周加固区围岩等效塑性应变局部点分析比较,可以看到,在边墙位置,冲沟加固后的等效塑性应变值相对冲沟加固有一定的降低。

PEEQ
(平均:75%)
+1.965×10⁻²
+1.684×10⁻²
+1.403×10⁻²
+1.123×10⁻²
+8.419×10⁻³
+5.613×10⁻³
+2.806×10⁻³
+2.220×10⁻¹⁶

(a) 冲沟无加固

PEEQ
(平均:75%)
+1.747×10⁻²
+1.497×10⁻²
+1.248×10⁻²
+9.982×10⁻³
+7.486×10⁻³
+4.991×10⁻³
+2.495×10⁻³
+2.220×10⁻¹⁶

(b) 冲沟已加固

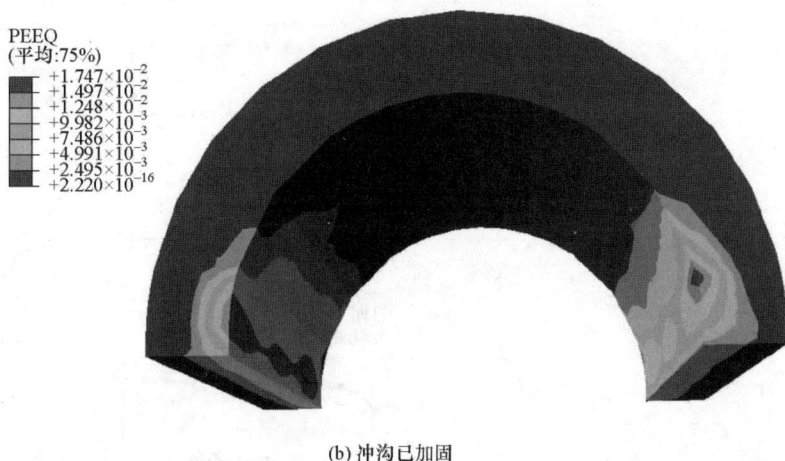

图 2.73 围岩塑性区云图

（4）冲沟加固对围岩稳定性评价。

通过隧道有无冲沟加固在隧道开挖后的围岩周边位移、塑性区等效应变、洞周最小主应力变化与初期支护的最大、最小主应力分析得到，冲沟加固后，隧道围岩周边位移、塑性区等效应变、洞周最小主应力变化与初期支护的最大、最小主应力都相对减小，对保证隧道围岩的稳定性起到了很大帮助，因此冲沟存在时，要对冲沟做好适当的加固应对措施。

而且通过左、右拱腰位置的初期支护最大、最小主应力分析得到，隧道上方冲沟加固后左右拱腰位置初期支护的最大、最小主应力差相对降低，对偏压产生的影响得到一定的控制。

2）现场监测结果与数值模拟结果对比分析

（1）位移变化对比分析。

图 2.74 给出了隧道拱顶位移的模拟结果与监测结果对比分析曲线。

通过 K196+980 断面的模拟结果与监测结果对比分析可以得到，模拟结果最终位移值为 21.7mm，监测结果为 33mm 左右。

通过 K196+970 断面的模拟结果与监测结果对比分析可以得到，模拟结果最终位移值为 17.48mm，监测结果为 19mm 左右。

通过模拟结果与监测结果的对比分析得到，监测结果要大于模拟结果，原因是现场围岩的节理发育，围岩的整体性较差，而且受到了现场爆破的影响，以及现场施工状况的复杂性，这些模拟时均没有考虑，所以导致了模拟结果与监测结果在数值上产生了较大的差异，然而 K197+980 断面的模拟结果、监测结果均分别大于 K196+970 断面，都说明了冲沟无加固时的拱顶沉降较大，冲沟加固后拱顶沉降得到了一定的控制，而且模拟与监测结果的变化趋势也大致相同，从而验证了模拟结果具有一定的合理性。

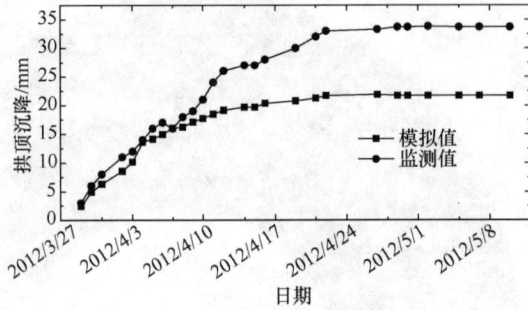
(a) K196+980断面

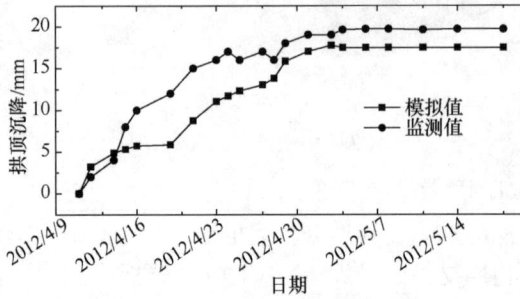
(b) K196+970断面

图 2.74　隧道拱顶位移的模拟结果与监测结果对比分析曲线

（2）围岩压力变化对比分析。

图 2.75 给出了模拟结果下，冲沟下方与监测断面相对应的模拟结果断面的围岩压力随着隧道开挖步骤的变化曲线。

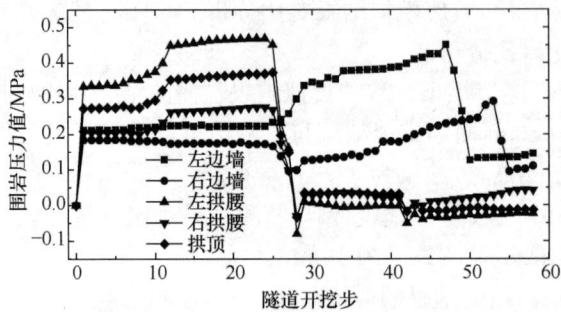

图 2.75　K196＋960 断面围岩压力-隧道开挖步骤的模拟结果变化曲线
围岩压力通过提取隧道围岩与初期支护间的围岩径向压力实现

首先说明：开挖分析步总共为 58 个，其中包括 1 个地应力分析步，1 个冲沟预加固分析步，56 个开挖支护分析步。分析断面距模型隧道最初开挖端 26m 处，冲沟正下方断面距模型隧道最初开挖端 16m。拱顶预加固是在第 9 个开挖步（距模型隧道最初开挖端 14m)进行加固的。所选取分析断面的拱顶、左右拱腰位置是在 27 开挖步时进行开挖,左边墙是在 32 开挖步时进行开挖,右边墙是在 37 开挖步时进行开挖。

通过图可以看出,第 1 个分析步为给整个模拟岩体施加重力来模拟隧道的初始应力,可以看到,第 1 个分析步后,五个点处都赋予一个初始应力,随着隧道的开挖,可以看到当进行到分析步 9 时,上台阶开挖到 14m,此时还未开挖到分析断面,距分析断面还有 12m,然而拱顶、拱腰位置的围岩压力开挖有所增加,然后又慢慢趋于稳定,边墙位置变化不大,说明上台阶开挖区对距离未开挖 12m 范围内产生了一定的扰动。当进行到分析步 12 时,拱顶、拱腰位置的围岩压力开始趋于稳定,因为从分析步 12 开始下台阶开挖,对拱顶、拱腰位置的围岩压力影响很小。

随着分析步进行,当进行到分析步 27 时,开挖到分析断面 26m 处,此时可以看到拱顶、拱腰围岩压力迅速降低,然后在分析步 28 下一个大循环的左边墙开挖后,左边墙虽然此时还未开挖到分析断面,但是围岩压力有所增加,然后趋于稳定。当在分析步 32 开挖至左边墙时,反而此时对左边墙的扰动不大,然后慢慢趋于稳定;在右边墙位置,此时围岩压力有所降低,然后又慢慢增加。在分析步 37 开挖右边墙时,围岩压力又有一个小幅度的增加。以上说明上台阶开挖到分析断面时,该断面的围岩压力迅速释放,即使在未开挖的下台阶左右边墙位置也受到了较大的扰动,而且当该断面下台阶开挖时,左右边墙围岩压力变化相对不大,进一步说明了上台阶开挖对该断面的影响较大,下台阶相对影响较小。

当在分析步 41 下一次上台阶开挖时,分析断面围岩压力有一个小幅度的降低,而边墙围岩压力仍然慢慢增加。当进行到分析步 46,第三个大循环的左边墙开挖时,可以看到左边墙的围岩压力又有一个大的降低,在分析步 51,第三个大循环的右边墙开挖时,可以看到右边墙围岩压力又出现一个较大的降低,以上说明当隧道分析断面封闭成环后,下一次大循环的上台阶开挖对隧道的拱顶、拱腰位置的围岩压力影响不大,而对边墙位置的围岩压力影响较大。

从总体上可以看到,在分析断面开挖后,从开挖到最终模拟结束,左边墙一直受到较大的围岩压力,右边墙较小。在拱腰位置开始开挖到分析断面时,左拱腰围岩压力较大,右拱腰围岩压力较小;在模拟结束后,最终左拱腰围岩压力较小,右拱腰围岩压力较大,进一步说明了偏压导致的结果。

图 2.76 给出了 K196＋960 断面拱顶、拱腰、边墙位置的围岩压力随时间变化的现场监测结果变化曲线。

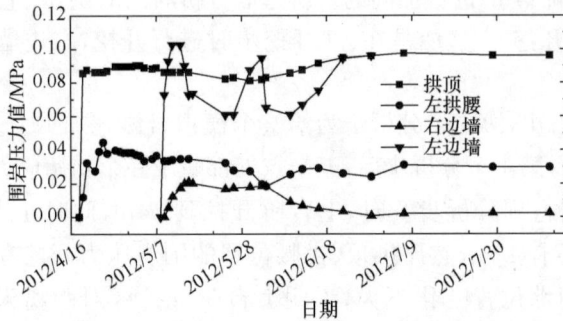

图 2.76　K196＋960 断面围岩压力-时间的现场监测结果变化曲线

通过分析步 27 之后围岩压力变化规律的模拟结果与现场监测结果对比分析，可以得到，监测结果与模拟结果在边墙处都是左边墙围岩压力要大于右边墙，左、右边墙都经历了围岩压力先增大后减小的趋势，从总体的变化趋势来看有一定的可比性，而且数值大小的量级相差不大，因此，模拟结果对隧道施工有一定的指导意义。

（3）监测结果与模拟结果对比分析评价。

通过对隧道 K196＋980、K196＋970 断面的监测结果与模拟结果的对比分析，可以得到，由于现场围岩的节理发育，围岩的整体性较差，而且受到了现场爆破的影响，以及监测断面上方冲沟的存在，现场施工状况的复杂性，这些模拟时均没有考虑，所以导致了模拟结果与监测结果在数值上产生了一定的差异，然而在最终位移的变化趋势上有一定的可比性。

通过 K196＋960 断面模拟结果与监测结果的分析，其围岩压力随时间的变化趋势相似，而且由于偏压的存在，最终围岩压力的大小差异相同，进一步验证了模拟结果的合理性。所以说明模拟结果具有一定的合理性，对现场施工有一定的指导意义。

2.3.3　西安地铁隧道

随着西安地铁建设的快速发展，地铁施工会引起地层移动而导致不同程度的位移和沉降。隧道在开挖之前，土体处于一种稳定状态。地铁隧道在开挖过程中，由于卸除了一部分荷载，导致土体中的应力发生变化，应力的改变导致土层和支护结构产生变形。土层变形会导致地表产生不均匀沉降，使道路路面不平整从而影响车辆的行驶。当变形达到一定程度时，就会造成地面沉陷、地下管线损坏甚至隧道破坏等事故的发生。因此本节将针对西安黄土地区地铁隧道施工中的围岩稳定性进行一定的研究。

1. 现场工况

本节以西安市地铁四号线飞天路—航天大道站区间工程为依托(图 2.77 和图 2.78),结合施工方法对现场监控量测进行设计,通过隧道施工现场监测,对地表下沉、拱顶沉降、水平收敛和围岩压力进行分析,得到了地铁开挖对隧道及周边环境的影响规律。

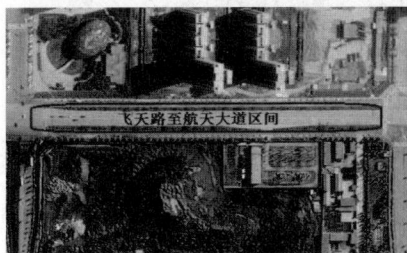

图 2.77　西安市地铁四号
线飞天路站周边建筑

图 2.78　西安市地铁四号线飞
天路站周边建筑

西安市地铁四号线飞天路—航天大道站区间,自飞天路站起,沿神舟四路地下设置,到达航天大道站,左右线起讫里程 Y(Z)DK4+530.800~Y(Z)DK5+127.430,长 596.63m。平面曲线半径为 2500m,线间距为 13.5~15.5m。区间从飞天路站开始以 23.77‰下行至最低点,以后以 2‰上行至设计终点,穿越 f_{e2} 地裂缝,竖曲线半径分别为 3000m 和 5000m。区间隧道拱顶埋深 9~28m,区间采用暗挖法施工。

区间场地东侧为富力城二期住宅小区,其中有 3 栋在建的,2 栋已经入住;西南侧为少陵变电所;西侧为增源地产在建土堆。区间施工时对周边建筑物有一定影响,尤其是富力城的住宅楼,需在施工中加强监测。区间场地所在神舟四路为双向 4 车道、两侧各设机非混行车道、人行道及绿化带,道路下敷设管线主要为光纤管沟、DN200 天然气管道、DN600 给水管、DN800 雨水管、DN600 污水管、DN800 热力管、1600×1400 电信电缆管沟及路灯线路。

西安市地铁四号线飞天路—航天大道站区间地形呈中段高、两端低形态,地形起伏较大,地面高程在 507.4~520.8m,根据《西安地裂缝场地地质地貌图(2011 版)》,属黄土台塬地貌单元。

根据岩石的时代成因、地层岩性及工程特性,对岩土进行了工程地质分层(图 2.79),各层土的岩性特征及埋深条件见表 2.23 和表 2.24。

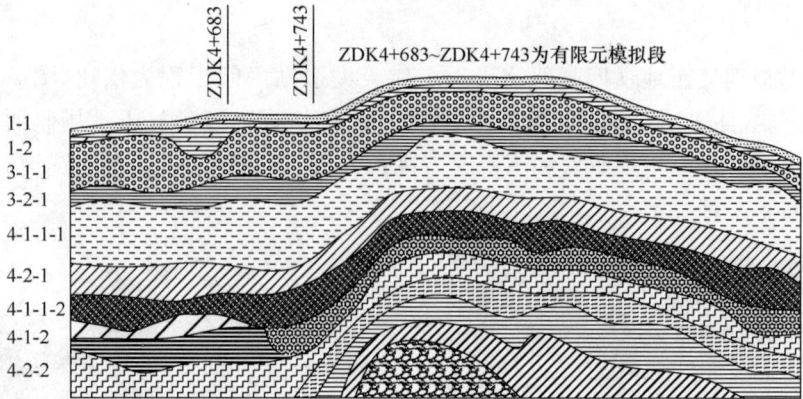

图 2.79　飞天路—航天大道站区间地层剖面图

表 2.23　第四系全新统各层土的野外特征及埋藏条件

地层编号	时代成因	土性描述	厚度/m	地层厚度/m	层底高程/m
1-1	Q_4^{ml}	杂填土:颜色杂乱,以黏性土为主,含较多建筑垃圾,成分杂乱,疏密不均	0.80~2.00	0.80~2.00	510.02~519.64
1-2	Q_4^{ml}	素填土:以黄褐色、可塑为主,主要由黏性土组成,含少量砖瓦片,土质不均,结构松散,地表 0~0.5m 处多为沥青路面、夯土垫层	0.70~6.40	0.70~6.40	490.27~505.16
3-1-1	Q_2^{eol}	新黄土:褐黄色、大孔、虫孔发育,见少量白色钙质条纹及蜗牛壳碎片,液性指数 I_L=0.12,硬塑状态为主、局部可塑。$\sigma_{1\text{-}2}$=0.27MPa^{-1},属中压缩性土,$\delta_{s2.0}$=0.001~0.120,具有湿陷性	2.00~8.80	3.50~10.60	498.63~514.60
3-2-1	Q_2^{el}	古土壤:红褐色、针状孔隙、团粒结构,白色钙质条纹含量多,局部结核较富集,液性指数 I_L=0.08,硬塑状态为主硬。$\sigma_{1\text{-}2}$=0.21MPa^{-1},属中压缩性土,$\delta_{s2.0}$=0.001~0.120,具湿陷性	2.00~4.90	5.80~14.70	495.03~511.29

表 2.24　第四系中更新统各层土的野外特征及埋藏条件

地层编号	时代成因	土性描述	厚度/m	地层厚度/m	层底高程/m
4-1-1-1	Q_2^{eol}	老黄土:褐黄~黄褐色,具大孔、针孔,见少量的钙质菌丝,局部地段钙质结核富集,结核最大直径约 400mm。液性指数 I_L=0.18,硬塑状态为主,局部可塑。σ_{1-2}=0.23MPa^{-1},属中压缩性土,$\delta_{s2.0}$=0.001~0.103,具湿陷性	5.90~12.70	15.70~27.50	484.13~502.75
4-2-1	Q_2^{el}	古土壤:红褐色,具针状孔隙,团粒结构,见少量的钙质条纹,局部钙质结核较富集,结核直径 30~60mm,最大直径约 160mm,液性指数 I_L=0.17,硬塑状态为主,局部可塑。σ_{1-2}=0.23MPa^{-1},属中压缩性土,局部零星湿陷	1.70~10.90	18.60~46.90	464.93~499.10
4-1-1-2	Q_2^{eol}	老黄土:褐色~黄褐色,局部地段钙质结核富集,液性指数 I_L=0.41,可塑状态。σ_{1-2}=0.24MPa^{-1},属中压缩性土,不具有湿陷性	1.90~14.00	27.80~55.00	462.33~489.50
4-1-2	Q_2^{eol}	老黄土:褐色~黄褐色,零星白色条纹,钙质结核富集,液性指数 I_L=0.48,可塑状态。σ_{1-2}=0.32MPa^{-1},属中压缩性土	1.00~11.00	—	—
4-2-2	Q_2^{el}	古土壤:褐红色,团粒结构,白色钙质条纹含量多,局部结核富集。液性指数 I_L=0.36,可塑状态。σ_{1-2}=0.26MPa^{-1},属中压缩性土	0.70~7.70	—	—

　　地下水位高程介于 461.73~481.46m,属赋存于第四系松散层中的孔隙潜水类型,主要含水层为 4-1-2 老黄土及 4-2-2 古土壤。以上含水层组中无明显隔水层,也无明显具承压性的含水层,据《西安城市工程地质图集》,本地区第四系孔隙含水层厚度为 20~80m,地下水位年变化幅度为 1.0~2.0m。

　　地下水补给主要有大气降水、侧向径流及局部水管渗流等,排泄方式主要为径流排泄、人工开采、潜水越流排泄及蒸发消耗等。

　　2. 现场监测

　　1）地表沉降分析

　　选取西安地铁四号线飞天路—航天大道站区间隧道上行线 YDK4+683 断面各测点进行地面横向沉降规律分析,该断面的地表沉降曲线如图 2.80 所示。隧道实际施工时采用正台阶预留核心土法,先开挖右侧洞室,上下台阶间隔 6m,当右侧洞上台阶开挖至 16m,下台阶开挖至 10m 时,开始左侧洞室的开挖。左侧洞室也是正台阶预留核心土法,左、右洞纵向开挖间距为 16m。

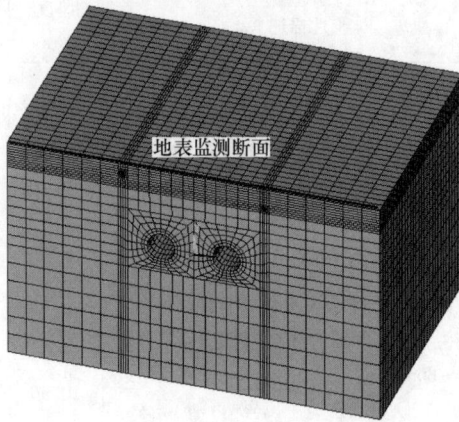

图 2.80　地表沉降监测断面 ZDK4＋683

由图 2.81 可以归纳出,地表沉降曲线在隧道累计开挖 40d 的特征如下。

(1) 地表沉降最大值为 5.4mm,沉降点以最大值为中心轴,随距离中心轴的增长,沉降值逐渐减小,沉降曲线沿中心轴呈不对称分布。随时间的推移,地表沉降曲线之间的距离先增大后减小,表明隧道开挖初始阶段地表沉降较大,随时间的推移,曲线距离变密,说明随着隧道断面封闭成环,地表沉降速率在减小。

(2) 隧道开挖初期,地表沉降曲线较稀疏,到 16d 以后沉降曲线开始变得紧密。地表沉降曲线的疏密在一定程度上反映了地表沉降速率,地表沉降绝大部分是由地层损失引起的。

(3) 由图 2.81 还可以得到沉降槽宽度为 45～50m。

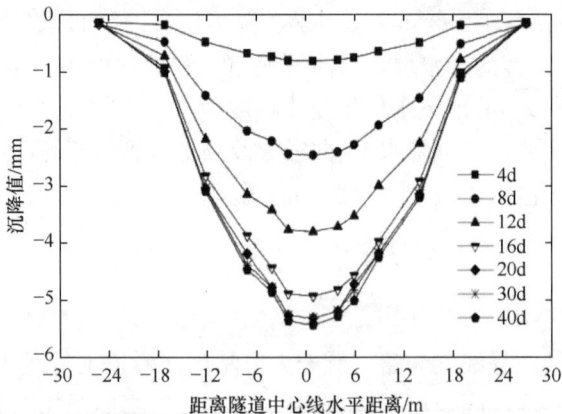

图 2.81　YDK4＋683 断面地表沉降曲线

2) 拱顶沉降分析

在地铁隧道施工段右洞,选取 YDK4+683 断面拱顶点进行沉降分析,拱顶沉降时态曲线如图 2.82 所示。

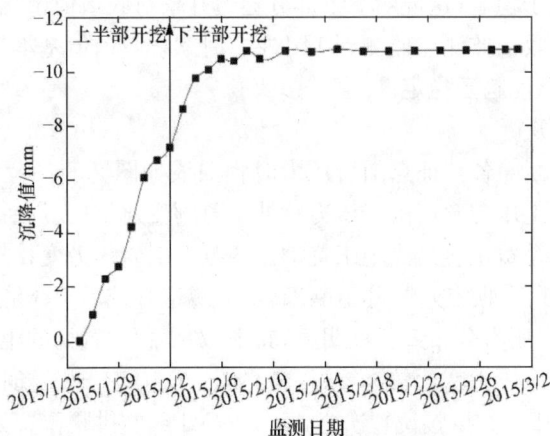

图 2.82 YDK4+683 断面拱顶沉降时态曲线

由图 2.82 可知,拱顶沉降值在隧道开挖初期变化范围较大,随着隧道下半部分的开挖,整个隧道封闭成环后拱顶沉降趋于平缓,拱顶的最终沉降量为 10.8mm,上半部分开挖引起的沉降值为 7.2mm,占总沉降量的 67%;下半部分开挖引起的沉降值为 2.4mm,占总沉降量的 33%。由图还可以看出,隧道上半部分开挖引起的沉降值较大,施工中应加强监控测量,以确保安全。

3) 水平收敛分析

结合西安地铁四号线飞天路—航天大道站区间隧道实际监测数据,以 YDK4+683 断面收敛点为例进行隧道收敛分析,收敛时态曲线如图 2.83 所示。

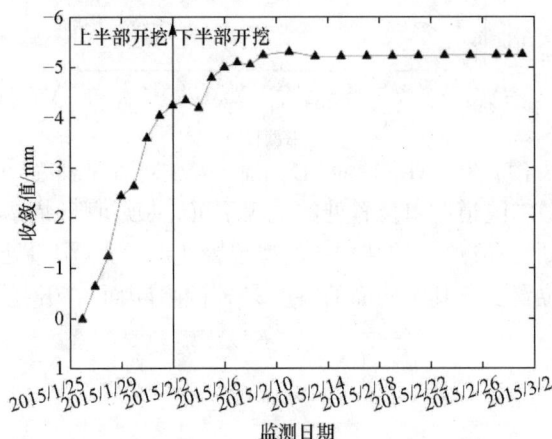

图 2.83 YDK4+683 断面净空收敛时态曲线

从图 2.83 可以看出,隧道在开挖上半部分时引起的收敛值较大,最大值为 5.2mm。由于收敛监测点埋设在隧道上半部分拱脚处,随着上台阶的开挖,该位置处土体多次受到扰动,故收敛值较大。随着隧道下半部分的开挖,收敛变形稍有增长,随后渐渐趋于稳定,这说明下半部分隧道开挖对收敛值影响不大。从收敛曲线上还可以看出,收敛监测点监测到 14d 左右时累积收敛值基本趋于平缓,可以认为此时隧道变形已经趋于稳定。

4) 围岩压力分析

YDK4+683 断面各特征点围岩压力时程曲线如图 2.84 所示,根据监测结果分析可知,自埋设土压力盒后围岩压力就处于急剧变化中,一周后压力变化逐渐趋于稳定,主要原因是黄土容易受施工扰动。各测点围岩压力变化规律基本一致,这是由于隧道在该断面埋深较浅,隧道断面较小,隧道开挖后土体能够在短时间内完成应力释放。围岩压力分布差异性明显,其中,左拱腰位置处的土体压力增加幅度最大,右拱腰处土体压力变化较为缓慢,最终围岩压力趋于稳定时拱顶位置围岩压力最大,为 0.11MPa,右拱腰位置次之,为 0.07MPa,左拱腰位置处围岩压力最小,为 0.06MPa;隧道在开挖初期围岩压力变化值都较大,在设计及施工中均应引起重视。

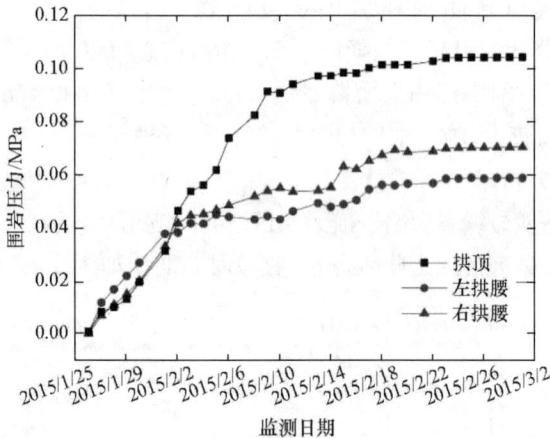

图 2.84　YDK4+683 断面围岩压力变化时程曲线

由表 2.25 可知,隧道洞口位置处的地表下沉、拱顶沉降、周边收敛相比隧道其他断面而言较大,所以隧道支护结构在洞口位置变形较大,洞口处于隧道区间初始段与横通道相交位置由于其结构面的突变是较危险断面,在开挖过程中应格外引起注意。

表 2.25　不同里程隧道初期支护变形

隧道断面里程	地表下沉/mm	拱顶沉降/mm	周边收敛/mm	累计天数/d
YDK4+683	5.4	10.8	5.2	40
YDK4+692	3.3	6.6	3.1	31
YDK4+603	2.5	4.6	2.2	19
YDK4+712	1.1	1.9	0.8	8

3. 数值模拟

为进一步研究飞天路—航天大道站区间开挖及支护过程对地层的扰动和邻近管线的影响规律,本节利用 ANSYS 有限元分析软件建立三维道路-地层-管道结构模型,进行区间开挖的弹塑性分析。对浅埋暗挖双线平行隧道受开挖纵向间距的影响进行分析,研究隧道开挖对土体位移、初期支护、地下管线的影响,最后将计算结果与现场实测资料进行对比分析,分析地铁暗挖法施工对地层影响的规律。

1) 有限元模型的建立及参数选取

土体的应力-应变关系非常复杂,它具有非线性、弹塑性、黏弹性、流变性等特征,在实际计算中综合考虑到各种因素是非常困难的。从已有的土体模拟研究成果中可得知,弹塑性模型能较好地反映土的非线性特征。

Drucker-Prager 屈服准则是最早提出的岩土材料中的弹塑性本构模型之一。文章中采用 Drucker-Prager 理想塑性模型模拟作为主要研究对象的土体,在数值计算方面带来了很大的便利。它的最大优点就是采用简单的方法考虑静水压力对屈服强度的影响,而且模型参数少,计算简单,同时模型考虑了岩土材料的剪胀性和扩容性。因此目前国际上许多大型有限元软件(包括 ANSYS 在内)均采用Drucker-Prager 准则。

由于现场工程地质的多样性和现场条件的复杂性,不可能完全按照隧道的实际情况进行完整的模拟。模型分层建立,最上层为混凝土路面,将模型做适当的简化,具体简化包括以下两个方面:假设各层土体为均质各向同性的连续体;采用Drucker-Prager 理想弹塑性模型模拟土体。结合圣维南原理,隧道开挖后的围岩应力和应变仅存在于隧道周围距离洞室中心点 3~5 倍隧道开挖宽度范围内。

隧道顶取至地表,两隧道轴向距离为 15m。取左右下边界尺寸约为隧道直径的 5 倍,上边界取至地表。因此模型整体尺寸为 90m×55m×60m(横向×竖向×纵向),网格模型划分如图 2.85 所示。隧道上表面为自由边,前后左右四边和下边界分别施加水平约束和垂直约束。有限元模型分层建立,由上及下依次为:①混凝土路面;②素填土;③新黄土;④古土壤;⑤老黄土;⑥古土壤(图 2.86)。模型中各层厚度及力学参数见表 2.26。

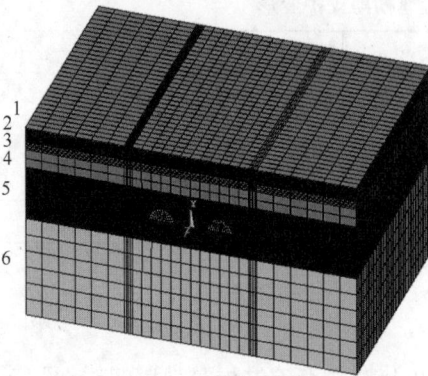

图 2.85　有限元模型

图 2.86　路面结构示意图

表 2.26　模型中各层厚度及力学参数

土层编号	厚度 /m	天然密度/ (kg/m^3)	黏聚力 c/MPa	内摩擦角 φ/(°)	泊松比	弹性模量/MPa
1	0.3	2500	—	—	0.17	30000
2	1.29	1800	0.04	16.7	0.34	48
3	2.61	1600	0.03	15	0.33	37
4	7.4	1640	0.032	21.5	0.35	41
5	15.28	1750	0.044	22	0.34	45
6	41.57	1600	0.036	21.5	0.32	39
初期衬砌	—	2500	—	—	0.20	28000

2）浅埋暗挖双线平行隧道开挖对地表沉降影响分析

城市地铁隧道工程中，往往平行修建两条或多条相距较近的隧道，其影响往往相互叠加。隧道开挖必然对周围岩土体造成扰动，从而在隧道周边形成一定范围的扰动，而多孔平行隧道通常相距不是很远，后续隧道开挖引起的地层移动和变形必然和前面已开挖隧道引起的地层移动和变形进行叠加，最终导致较大的总地层变形。对多孔平行隧道施工引起的地层移动和变形的计算方法完全类似于单孔隧道部分开挖施工情况，将每一隧道开挖引起的地层移动和变形进行叠加即可。

（1）浅埋暗挖双线平行隧道开挖纵向间距影响分析。

三维数值模拟在参照实际施工步骤的基础上，先对隧道右洞进行开挖，左、右洞开挖纵向间距为 S，右侧洞室开挖至 30m 结束，针对双洞空间效应进行研究，并对双洞在施工过程中的相互影响进行分析。图 2.87 中 $S=4m$ 表示隧道纵向开挖相距 4m。

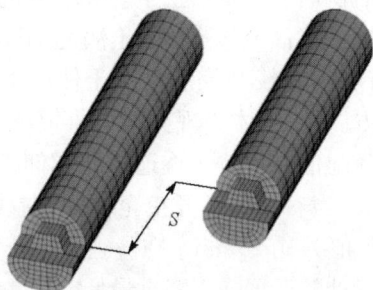

图 2.87　双线平行隧道开挖纵向间距示意图

由图 2.88 可知,当地铁隧道左右线纵向开挖距离为 4m 时,位于开挖初始面 5m 位置处地表竖直方向沉降值最大为 4mm,随着左右线纵向开挖距离的增加,地表竖直方向沉降值逐渐减小,随着距离的增长沉降值越来越小,最小为 2.9mm,隧道纵向开挖相距 24m 和 30m 时两条沉降曲线几乎重合,这说明随着双线隧道纵向开挖距离的增长,双线隧道之间的相互影响越来越小。纵向距离相差越大,所需工期越长,从 20m 增加到 30m 对降低地表沉降值贡献相对较少。

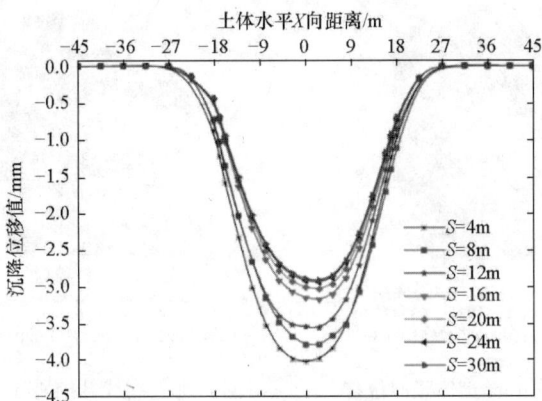

图 2.88　双线平行隧道不同开挖纵向间距地表沉降

当左右线纵向开挖距离相差 16m 时,地表沉降值为 3.16mm,相对于最小沉降值 2.9mm,虽然有 0.26mm 的增加,但是对于工期减小的贡献要远远超过 0.26mm 沉降所带来的影响。所以实际工程中选择 16m 作为左右线纵向开挖距离值,这种方案的确定已经通过专家论证并应用于实际施工当中。

(2)浅埋暗挖双线平行隧道开挖对土体位移影响分析。

由前面模拟结果可知,当左右线纵向开挖相距 16m 时对地表影响最小,所以实际工程中和后面分析中选择 16m 作为左右线纵向开挖距离值,先开挖右侧洞室,上下台阶间隔 6m,当右侧洞上台阶开挖至 16m,下台阶开挖至 10m 时,开始左侧洞室的开挖,左侧洞室也是正台阶预留核心土法,上下台阶间隔 6m。

由图 2.89 可知,随着隧道右线开挖后会对土体产生扰动,使土体应力释放。在应力释放过程中,竖直方向上,土体表现为隧道拱顶部土体沉降,仰拱部土体隆起,且最大沉降值和最大隆起值分别位于隧道拱顶和仰拱位置。随着开挖进尺的增加,土体沉降值逐渐增大,当右线隧道开挖至 40m,左线开挖至 24m 时,拱顶沉降值为 12.4mm,地表沉降值为 4.15mm。在隧道上方土体沉降位移随着埋深的减少逐渐降低,在地表位置处隧道沉降值降至最低,且在隧道上方形成沉降槽。

由图 2.90 可知,随着开挖步的推进,开挖引起掌子面后方的沉降值逐渐增大,当到达一定数值时趋于稳定。此时即达到暗挖施工后土体的二次应力平衡状态。在暗挖掌子面附近,拱顶沉降与拱底隆起值均较小,此时隧道周边土体尚未达到变形稳定状态。同时,可以判断出,在地表沉降区域超前于暗挖掌子面,这就是地表测点布设应超前掌子面开挖的原因。由初始端拱顶及拱底处位移较大可知,在隧道开挖过程中,隧道区间初始段与横通道相交位置由于其结构面的突变是较危险断面,在开挖过程中应格外引起注意。

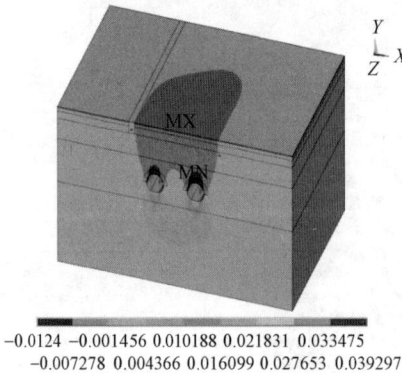

图 2.89　右线开挖 40m 土体竖向位移　　　　图 2.90　右线开挖 40m 土体竖向位移剖面

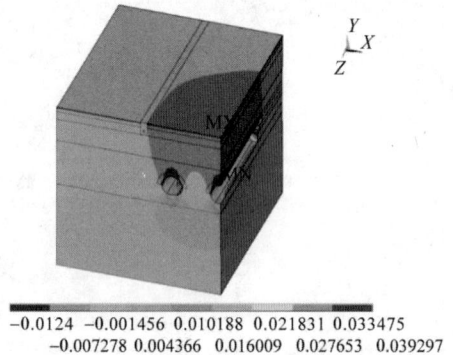

由图 2.91 可知,隧道开挖初始位置处沉降最大,并随着开挖的推进,沉降值不断增大,地表最大沉降值为 4.15mm,位于两开挖隧道中心轴线位置偏右。造成这种结果的原因是隧道的右线先开挖,右线开挖至 16m 左右时左线开始开挖。随着隧道左线的开挖,沉降最大值在坐标 X 轴上逐渐左移,但最终沉降值位于开挖隧道中心轴线位置偏右。隧道区间初始段与横通道相交位置由于其结构面的突变,所以此处地表的位移变形量也较大,所以此段在施工期间应给予足够重视。

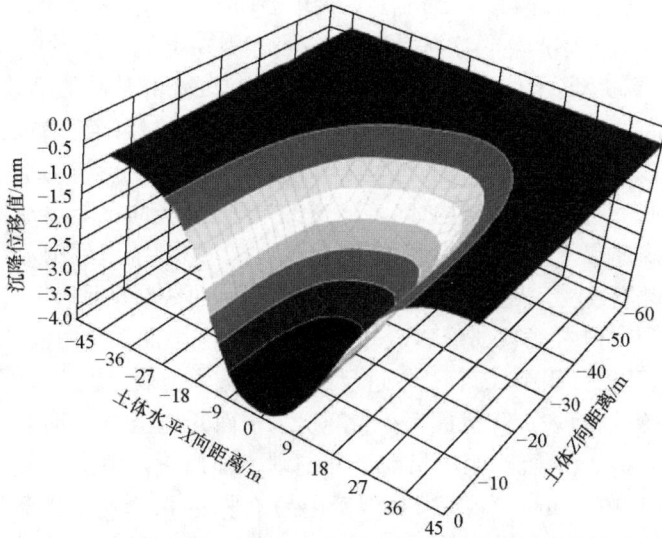

图 2.91　双线平行地铁隧道开挖地表沉降值

在地铁开挖过程中，地表沉降逐渐增大，图 2.92 为双线平行地铁隧道开挖对地表的影响。图中 $R=2m$ 表示右洞开挖 2m，$L=4m$ 表示左洞开挖 4m。例如，$R=20m$，$L=4m$ 表示右洞开挖 20m，左洞开挖 4m。以位于开挖初始面 5m 位置处地表竖直方向沉降值受隧道开挖影响为例，可知隧道施工对地表土体的影响趋势。由图可知，在隧道开挖至 2m 位置时，位于距初始面 5m 位置处的地表已经开始发生沉降。当隧道右洞掌子面开挖至 40m 位置时，地表最大沉降值为 4.15mm，位

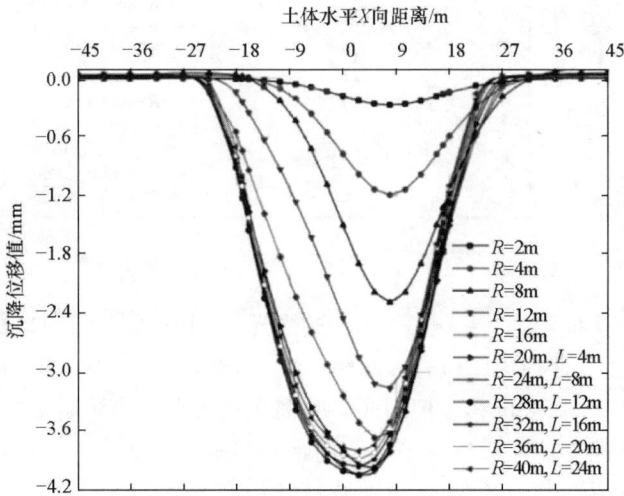

图 2.92　双线平行地铁隧道开挖对地表的影响

于两隧道中心轴线位置偏右。隧道右线开挖至 16m 左右时左线开始开挖,隧道在双线开挖后,会对土体产生再次扰动。在这个过程中,开挖会使原来尚未固结完全的土体再次受到扰动,土体会在单线隧道开挖引起沉降的基础上继续发生沉降位移,随着隧道左线的开挖,沉降最大值在坐标轴上逐渐左移,最终稳定时向左移动了 5.3m,随着隧道开挖进尺增加,该处沉降值逐渐增大,暗挖隧道周边影响区域约为 3 倍隧道洞径。在影响区域内,随着隧道的推进,其竖向沉降逐渐增大,随着时间的推移,沉降速率逐渐降低,最后趋于稳定。在其影响区域外围,土体竖向沉降受隧道开挖影响较小。从图上看,在影响区域外围,曲线几乎重合。

图 2.93 为隧道右线顶部沿隧道开挖方向地表沉降曲线。由图 2.93 可知,在双线平行隧道开挖过程中,随着开挖进尺的推进,隧道地表上覆土体沉降量逐渐增大,在隧道起始端,地表沉降值最大。当隧道掌子面开挖至 40m 时,地表沉降值达到最大值 3.7mm,地表沉降区域超前于开挖掌子面位置。由图中曲线还可得知,在开挖掌子面后方 16m 左右,沉降曲线渐渐趋于平缓,沉降速率逐渐降低,掌子面开挖对前方地表土体影响区域为 16m 左右。这也恰好验证了左右线开挖相差16m 的开挖方法的科学合理性。

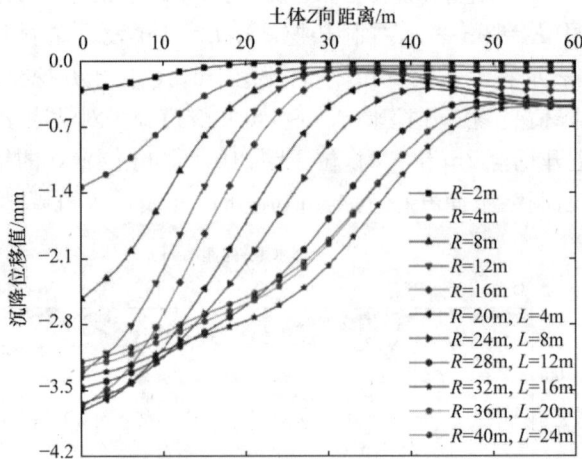

图 2.93　隧道右线顶部沿隧道开挖方向地表沉降

图 2.94 为模拟隧道右线开挖 40m,左线开挖 24m 后隧道土体 X 向位移云图。隧道区间开挖后会使得土体位移在水平方向上向外扩展,水平方向与竖直方向的四个夹角部位土体水平位移表现为向内收缩。随着土体与初期支护应力平衡过程的发展,使得初期支护竖直方向受压变形,使水平方向两侧向外扩张,竖直方向和四周夹角部位土体向内收缩。所以在隧道开挖完不久,应当加强对洞周收敛的监控力度,确保施工在此阶段的顺利进行。通过对比图 2.94 可知,随着隧道开挖的

推进,隧道收敛值在初始位置处最大,越靠近掌子面,收敛值越小。隧道区间初始段与横通道相交位置由于其结构面的突变,在施工期间应给予足够重视。

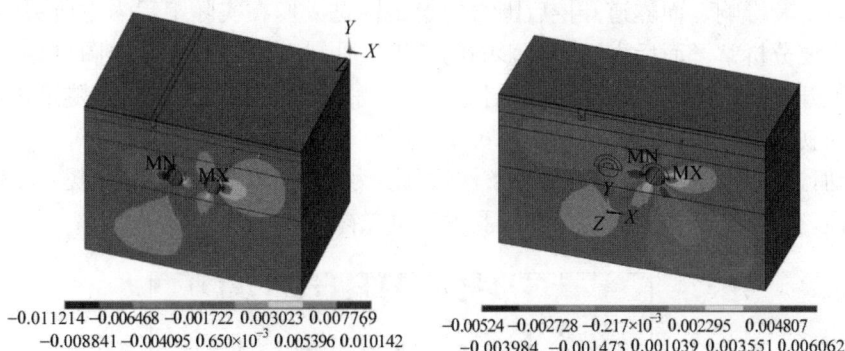

图 2.94 隧道开挖土体水平向位移(单位:m)

图 2.95 为双线平行地铁隧道开挖地表 X 向位移示意图。由图可知,随着地铁隧道的开挖,地表 X 向位移在不断发生变化,洞口处的水平位移变化量最大,沿隧道中心轴线两侧,地表位移变形方向相反,并且沿隧道走向 X 向位移不断减小,通过对比地铁隧道的竖向和水平位移可知,隧道以竖向沉降为主,竖向位移沉降最大值约为水平位移最大值的 13 倍。

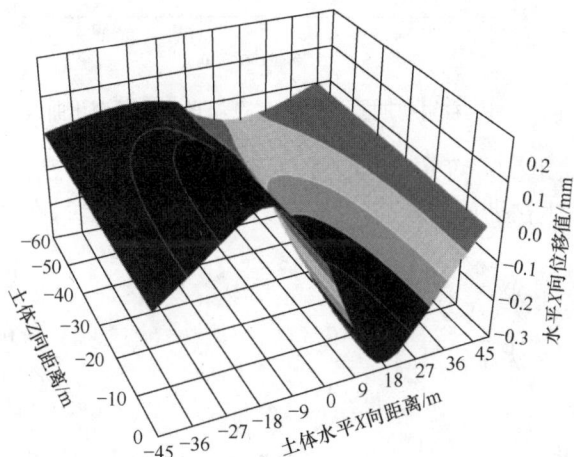

图 2.95 双线平行地铁隧道开挖地表水平向位移

3) 浅埋暗挖双线平行隧道开挖对初期支护影响分析

正如前一节所述,在隧道开挖过程中,隧道区间初始段与横通道相交位置由于其结构面的突变是较危险断面,本节以此断面为研究对象,重点讨论该断面的位移、应力随开挖步的影响情况。

图 2.96 为初期支护拱顶沉降随开挖进尺的变化曲线。由图可知,随着子面的推进,拱顶沉降逐渐增大。随着隧道开挖的推进,拱顶沉降在掌子面前后方一定范围内均受其影响。而隧道开挖后围岩的稳定性是人们在实际工程当中所关心的,因此主要分析掌子面后方围岩受影响的范围。从拱顶沿线沉降曲线图可看出,随着隧道开挖的推进,掌子面后方初期支护拱顶累积沉降量一直在增大,隧道进尺为28m 时初期支护沉降量趋于稳定。黄土稳定性较差,加上开挖过程中对土体的反复扰动,进一步恶化了土体的受力条件,因此,为防止土体松动或塌落,提高土体的稳定性,在初期支护基本稳定后,应及时浇筑二衬。

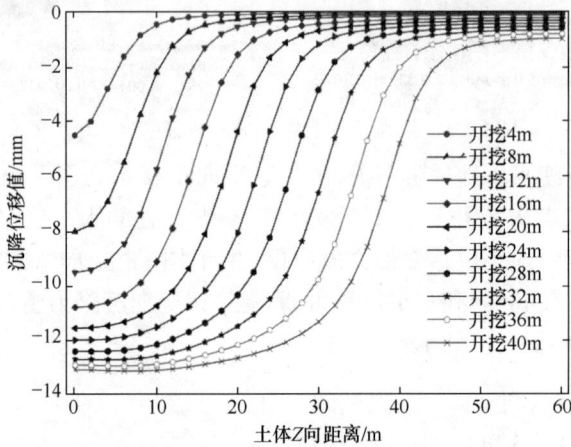

图 2.96　右洞初期支护拱顶沉降随开挖进尺变化曲线

由图 2.97 和图 2.98 可知,初期支护的最大拉、压应力分别位于隧道洞口位置处,最大拉应力发生在拱顶位置,最大压应力发生在拱底位置,在隧道开挖过程中,

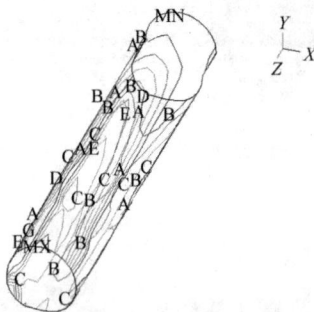

A=60227　C=0.340×10⁶　E=0.620×10⁶　G=0.900×10⁶　I=0.118×10⁷
B=0.200×10⁶　D=0.480×10⁶　F=0.760×10⁶　H=0.104×10⁷

图 2.97　右洞初期支护第一主应力

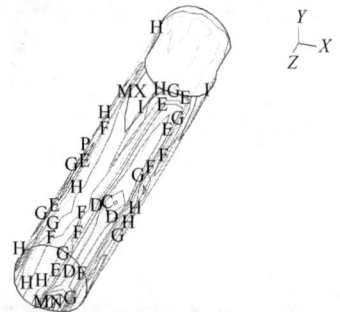

A=-0.142×10⁷　C=-0.109×10⁷　E=-0.748×10⁶　G=-0.410×10⁶　I=-0.72921
B=-0.125×10⁷　D=-0.917×10⁶　F=-0.579×10⁶　H=-0.242×10⁶

图 2.98　右洞初期支护第三主应力

隧道区间初始段与横通道相交位置由于其结构面的突变是较危险断面,此段面不仅应力值较大,位移也较大,拉应力最大为 1.18MPa,虽然未超过混凝土的抗拉极限值,但非常接近混凝土的抗拉极限值,因此,该断面处应做好处理,预防事故的发生;最大压应力为 1.42MPa,满足规范中混凝土的抗压设计要求。通过观察对比右洞初期支护的最大拉应力和最大压应力可知,最大拉应力和最大压应力均发生在洞口位置处,最大拉应力位于洞口拱顶位置处,最大压应力发生在洞口仰拱位置处。

由图 2.96、图 2.99 可知,随着隧道的开挖,隧道初期支护应力、位移都在发生变化,初期支护拱顶位移沿土体 Z 轴方向减小,在隧道洞口位置处值最大,分析原因可能是地铁隧道为双线平行隧道,左右线异步开挖,位移在此位置处随时间累积最大。由图 2.99 可知,隧道洞口处初期支护节点应力沿隧道截面的变化,初期支护的最大拉应力、压应力分别在隧道的拱顶和底部位置,最大拉应力值为 1.18MPa、最大压应力值为 1.42MPa,初期支护的最大拉、压应力均小于容许拉、压应力。由初始端拱顶位置位移较大可知,在隧道开挖过程中隧道与横通道相交位置由于其结构的改变,常会引起应力集中,所以成为隧道开挖过程中的关键部位,在开挖过程中应格外引起注意。

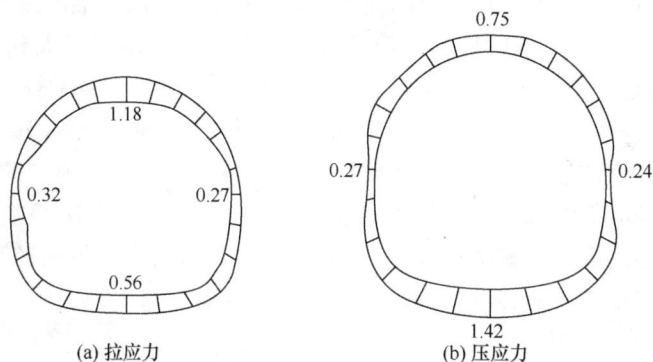

图 2.99　右洞初始面处隧道初期支护节点应力(单位:MPa)

4) 模拟值和实测数据对比分析

将西安市地铁四号线飞天路—航天大道站区间隧道模拟值和实测数据进行了对比分析,通过对比拱顶沉降、水平收敛、地表沉降和管线沉降,验证数值模拟的可靠性。

(1) 拱顶沉降对比。

以隧道拱顶点 GD0125 的实测值与模拟值进行对比分析,该测点里程为 YDK4+683,在实际监测中,洞内拱顶沉降值为一天一测,因此得到的拱顶沉降实测曲线是位移-时间曲线;而在有限元模拟中,拱顶沉降的变化是随开挖步不断变化的,为了能更好地对模拟结果和实测结果进行对比分析,绘出了实测值和模拟值的拱顶沉降曲线,如图 2.100 所示。

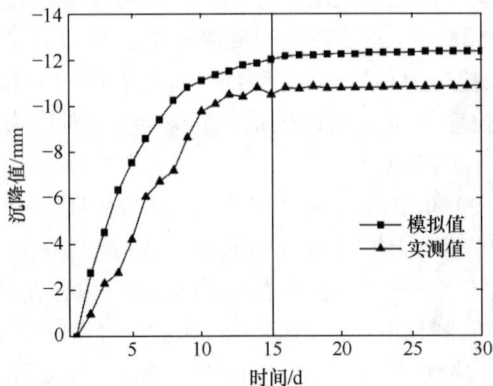

图 2.100　拱顶沉降实测曲线与模拟曲线的对比

从图 2.100 中可以看出,拱顶沉降的计算值要大于实际测量值,拱顶沉降的实测值最大为 10.84mm,而数值模拟值则达到了 12.37mm。造成这种结果是由于在实际监测过程中,测点埋设不及时而造成测量时部分初始量测值丢失,使得实测值小于数值模拟值。当实际监测到第 7d 时,拱顶沉降值急剧增大到 7.1mm。应当引起重视的是,在地铁隧道开挖过程中,由于隧道上覆土层通常较软弱且土层较浅,所以拱顶沉降测量的重要性要远远超过水平收敛。这应当引起施工单位的高度重视,加强拱顶监控量测。由图还可知,虽然拱顶沉降实测、模拟曲线上的具体点数值大小不同,但它们的变化规律还是趋于一致的,随着掌子面距测点越来越远,开挖对测点的影响也就越来越小,当测点距离掌子面 2.5 倍洞径时(开挖速率为 1m/d),测点的沉降量逐渐减缓直至最终稳定下来。

(2) 水平收敛对比。

选取隧道内收敛点 SL0125 的实测值与模拟值进行对比分析,如图 2.101 所示。

由图 2.101 可以得出,数值模拟的最大值达到了 6.23mm 左右,而实测收敛最大值则为 5.27mm 左右,模拟值要大于实测值。由于受到实际施工条件的限制,实际当中掌子面开挖通过测点后才能进行收敛值的量测,这就导致了初始收敛值在量测过程中的丢失,使得实测值小于模拟值。虽然实测曲线和模拟曲线在具体收敛值上存在差别,但它们的变形规律、整体趋势基本上是一致的,隧道上台阶开挖前后是收敛值急剧增加的时间段,在此期间应加强监测,随着隧道初期支护封闭成环,收敛值缓慢增加直至最终稳定下来。

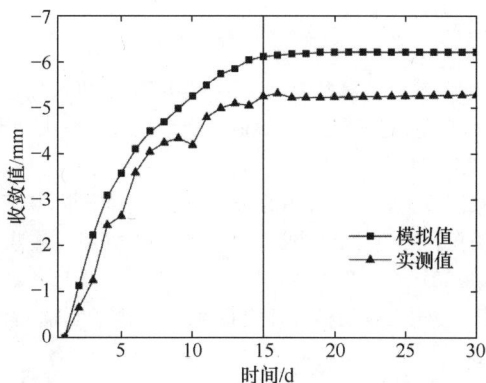

图 2.101　实测收敛曲线与模拟曲线的对比

（3）地表沉降对比。

选取地铁隧道地表 YDK4＋683 横断面，地铁开挖完成后的地表沉降实测值和模拟值对比曲线如图 2.102 所示。

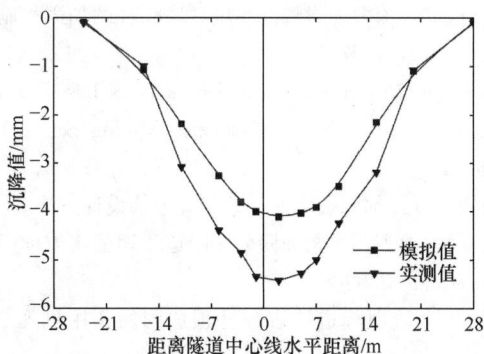

图 2.102　地表沉降实测曲线与模拟曲线的对比

从图 2.102 中可以看出，该断面地表沉降实测的最大值为 5.4mm，模拟的最大值为 4.1mm。地表沉降与拱顶沉降和水平收敛不同，地表沉降的实测值要比模拟值稍大。分析原因，主要是地表布置监测点先于隧道掌子面开挖，不存在初始测量值丢失的情况，还有地表上布置监测点受隧道内施工干扰较小。再有隧道上部地表路面车流量比较大，车辆荷载等会对地表沉降产生不利影响，而这些不利因素在本节有限元模拟计算中都没有考虑，因此使得模拟值要比实测值小。通过比较地表沉降的模拟和实测曲线，它们的沉降规律是相似的，两条曲线的形状趋势相互吻合得较好。地表点沉降最大值并不位于隧道中心线正上方，而是位于中心线正上方偏右，这种结果是双线平行地铁隧道异步开挖所致，地表沉降槽的宽度在 45～50m。

参 考 文 献

[1] 何满潮,景海河,孙晓明. 软岩工程力学. 北京:科学出版社,2002.

[2] 刘志春,朱永全,李文江,等. 挤压性围岩隧道大变形机理及分级标准研究. 岩土工程学报,
2008,30(5):690-697.

[3] 葛家良,陆士良. 注浆模拟实验及其应用的研究. 岩土工程学报,1997,19(30):28-33.

[4] 李术才,张伟杰,张庆松,等. 富水断裂带优势劈裂注浆机制及注浆控制方法研究. 岩土力
学,2014,35(3):744-752.

[5] 张民庆,张文强,孙国庆. 注浆效果检查评定技术与应用实例. 岩石力学与工程学报,2006,
25(增2):3909-3918.

[6] 施成华,彭立敏,雷明锋. 浅埋隧道施工地层变形时空统一预测理论与应用. 北京:科学出版
社,2010.

[7] 张黎明,郑颖人. 有限元强度折减法在公路隧道中的应用探讨. 岩土力学,2007,28(1):
97-106.

[8] 朱浮声,郑雨天. 全长黏结式锚杆的加固作用分析. 岩石力学与工程学报,1996,15(4):
333-337.

[9] 吴文平,冯夏庭,张传庆,等. 深埋硬岩隧洞系统砂浆锚杆的加固机制与加固效果模拟方法.
岩石力学与工程学报,2012,31:2711-2721.

[10] Indraratna B, Kaiser P K. Design for grouted rock bolts based on the convergence control
method. International Journal of Rock Mechanics Mining Sciences & Geomechanics Ab-
stracts,1990,27(4):269-281.

[11] 彭立敏,韩玉华. 地表锚杆预加固技术用于公路隧道的设计方法. 公路,1998,(4):19-31.

[12] 来弘鹏,谢永利,杨晓华. 地表预注浆加固公路隧道浅埋偏压破碎围岩效果分析. 岩石力学
与工程学报,2008,27(11):2309-2315.

[13] 彭立敏,施成华,韩玉华. 浅埋隧道地表锚杆预加固的作用机理与分析方法. 铁道学报,
2000,22(1):87-91.

[14] 吴维,张振仪. 软岩浅埋隧道地表砂浆锚杆预加固. 铁道工程学报,1991,12(4):29-38.

[15] 彭立敏,周铁牛,韩玉华. 浅埋隧道地表砂浆锚杆预加固效果研究. 长沙铁道学院学报,
1992,2(10):28-37.

第3章 坡积土隧道进出洞技术

3.1 工程背景

近些年来,因为国家发展的需要,我国高速公路网建设全面开展,在一些多山省份(如甘肃、贵州、四川、湖北等)需要修建大量山区高速公路,而隧道工程往往是山区高速公路的节点工程和控制工程。在高速公路设计选线时,需考虑众多影响因素,因此,洞口地质条件往往不是隧道选线的主要影响因素,这也就导致隧道洞口工程条件复杂多样,高边坡、大偏压、浅埋、坡积土等不利地质因素在隧道洞口段施工中较为常见,因此,如何保证隧道顺利安全地进洞便成为隧道工程研究的重要课题之一。

隧道进洞往往是隧道工程中的难点,这主要是由于以下几点。

(1)隧道洞口段均处于山体表层,一般而言山体中的岩石越靠近表层,风化程度越高,甚至很多以坡积土形式存在。这就导致洞口段岩土体强度低,力学性能差,开挖后自稳能力弱,在受施工扰动改变其原有应力场后,易发生滑移破坏。

(2)隧道洞口段仰坡覆盖层常厚度较薄,加之表层岩土体风化严重,在隧道开挖后难以形成受力拱,因此常发生破坏,造成隧道衬砌开裂、甚至塌方。

(3)隧道洞口段施工相比洞身段而言受气候环境影响较大,雨水下渗和温度变化均可能对岩土体力学性能产生不利影响,导致工程地质条件更加恶劣。

(4)隧道轴线常常与山体斜交,这时就会形成洞口段偏压,斜交角度越大,偏压就越严重,而偏压会对隧道支护结构稳定性造成极不利的影响,常常导致衬砌开裂破坏。

可以看出,隧道进洞难的问题主要有两个:一个是洞口段边、仰坡稳定性的问题;另一个是洞身开挖后围岩及衬砌稳定性的问题。同时,这二者也是互相影响的,洞口边、仰坡的稳定性能够影响洞身围岩及衬砌稳定性,同时隧道开挖也会影响洞口边、仰坡的稳定性。可知,要保证隧道安全顺利进洞就要保证这二者同时具有较好的稳定性。因此,将隧道洞口边、仰坡稳定性和隧道洞身开挖稳定性相结合并考虑其相互影响便具有较高的研究价值和实际意义,本章将就此进行分析研究。

3.2 研究现状

3.2.1 边坡稳定性研究方法与进展

自20世纪初以来,国内外学者对边坡稳定性的分析均做了大量的尝试与研究,并得到了众多成果。然而,目前对边坡稳定性的研究依然并不完整,国内外学者提出的理论和方法及其改进均存在一些缺陷和限制条件,使得这些方法在实际应用中各有优劣。边坡稳定性评价分析方法主要可分为定性评价方法和定量评价方法两大类。同时,随着近年来一些新的理论的出现和发展,将这些理论引入传统的分析方法,如模糊综合评价法、可靠度评价方法和灰色系统评价法等,称为不确定分析方法。下面对这些评价方法进行介绍。

1. 定性分析方法

定性分析方法主要是通过工程地质勘察,对影响边坡稳定性的主要因素、可能的变形破坏方式及失稳的力学机制等的分析,对已变形地质体的成因及其演化史进行分析,从而给出被评价边坡稳定性状况及其可能发展趋势的定性说明和解释。其优点是能综合考虑影响边坡稳定性的多种因素,快速地对边坡的稳定状况及其发展趋势做出评价[1]。常用的方法主要有下面几种。

1) 自然(成因)历史分析法

自然(成因)历史分析法,即地质学方法,该方法主要根据边坡发育的地质环境、边坡发育历史中的各种变形破坏迹象及其基本规律和稳定性影响因素等的分析,追溯边坡演变的全过程,对边坡稳定性的总体状况、趋势和区域性特征进行评价和预测,对已发生滑坡的边坡,判断其能否复活或转化。它主要用于天然斜坡的稳定性评价。

2) 工程类比法

工程类比法是根据已有自然边坡或人工开挖边坡的稳定性、地质条件、影响因素和治理办法,与正在进行的工程进行对比,利用已有工程的经验,对正在进行的边坡工程的稳定性和相应设计方法做出指导。在众多规范中也提到了工程类比法在相应实际工程中的重要作用,如《岩土工程勘察规范》(GB 50021—2009)。周海清等[2]利用工程类比法对大荒田滑坡位于重庆市万梁高速公路的路基边坡内的边坡稳定性做出评价并提出相应的治理方案。近年来学者在工程类比法深入研究的基础上,对相似工程如何比较的研究得到了一些进展。杨志法等[3]对工程类比法的理论依据、应用条件、可比性和可比度进行深入研究,提出了可比度的概念和以影响因素分析为基础的可比度确定方法,并在实际应用中得到了较好的效果。汝忭等[4]也做出了类似的研究。这些学者的研究,对影响边坡稳定性的各类因素进行量化,提出可比度的概念和计算公式,大大提高了工程类比法的操作可行性和结果可靠性,为工程类比法提供了理论依据,减小了在实际使用过程中人为因素的影响。

3) 边坡稳定性分析数据库

边坡稳定性分析数据库是将已有自然边坡和人工边坡的各项信息进行收集汇

总[1],通过各种类型的统计与有机组合,与研究边坡对象进行比对从而判断边坡稳定性的数据库软件。1995～2000 年,中国水利水电系统在执行国家"八五"科技攻关项目的背景下,开展了一次水电工程中的边坡登录工作,初步建立了中国水利水电边坡数据库,该数据库收集了中国水利水电工程中的 117 个滑坡实例[5]。谢强和钱惠国[6]在对全国铁路 12 条主要干线的 140 余个岩石边坡做了详细调查的基础上建立了具有管理和分析功能的"铁路岩石边坡数据库"系统。同时,国内外学者也基于地理信息系统(geographic information systems,GIS)采用统计学的方法,分析了影响边坡稳定性的各项因素与边坡稳定性的关系[7-10]。特别地,谢谟文[11]结合 GIS 的空间数据分析功能和改进的 Hovland 三维边坡稳定分析模型,提出一个全新的基于 GIS 空间数据库的三维边坡稳定分析模型。另外国内也有许多学者和工程人员对个别边坡工程的特点和稳定性做了分析和评价。

4) 专家系统

专家系统是以学科知识为基础,运用相关经验和信息,模拟邻域内专家的推理与决策过程的计算机软件。张金山等[12]在收集了大量的边坡工程知识、经验、信息,特别是参考了英国煤炭露天开采委员会 (British Coal and opencast Executive)近 10 年来对 240 个不稳定边坡的调查研究结果的基础上,以专家系统框架 Xi-Plus 为蓝本,建立了边坡稳定性分析专家系统,该系统通过赋予确定性因素值的方法来处理系统中的不确定因素。夏元友和朱瑞赓[13]在系统总结边坡工程知识和经验基础上,以专家系统开发工具 GURU 为开发环境,建立了边坡稳定性评估专家系统。该系统将岩质边坡与土质边坡分为两个子库,还针对不同失稳模式建立了边坡稳定性定量评价模型库并采用了置信度计算法处理不确定因素。璩继立和牟春梅[14]以优势面理论为依据,通过对工程地质领域知识的整理,利用逻辑推理语言 prolog,研制出了用以对各类边坡稳定性进行定性和定量分析与评价的专家系统。饶文碧等[15]还将专家系统和神经网络结合来分析边坡稳定性。

5) 图解法

图解法可以分为诺模图法和赤平投影图法。

(1) 诺模图法。

诺模图法是基于影响边坡稳定性的各项参数绘制诺模图,再通过诺模图来表示各参数之间的关系和边坡的稳定状态,从而求出边坡稳定安全系数,并反算其他参数。它主要用于土质或全强风化的具弧形破坏面的边坡稳定性分析。

(2) 投影图法。

投影图法是利用极射赤平投影的原理,将影响边坡稳定的各组结构面和边坡的边界条件绘于投影图上,通过投影图反映的各因素间的几何关系来判断边坡稳定性的方法。该方法主要用于岩质边坡稳定性的分析。

6) SMR 法

Barton 等[16]于 1976 年提出了岩体质量评价(rock mass rating,RMR)方法,Romana[17-19]在此基础上引入了不连续面-边坡面产状关系、边坡破坏模式、边坡开挖方法等几个参数,提出了针对边坡工程的边坡岩石质量评价(slope mass rating,SMR)方法,近年来,SMR 法已广泛应用于各种边坡工程问题的研究中,为工程的开展带来方便的同时也证明了该方法的可行性。

我国学者对 SMR 法存在的问题提出了修正方案。孙亚东等[20]对 RMR-SMR 体系进行了修正,探讨边坡的安全系数与坡高之间的关系,提出了引入高度修正的建议方法,并通过引入结构面条件系数对原结构面修正值进行了适当的调整,并有学者对提出的修正方案加以修正[21]。还有学者将 SMR 法拓展,将其应用于特殊环境下的边坡稳定性分析研究,如张元才等[22]以 RMR、SMR 及 CSMR 岩体质量评价体系为框架,运用数理统计分析手段对坡高修正系数 ξ 及结构面条件系数 λ 进行系统的调整,并引入冻融系数 δ,建立适用于高寒高海拔地区公路的边坡岩体质量评价(TSMR)体系。

2. 定量分析方法[1]

严格来讲,边坡稳定性分析还远远没有走到完全定量这一步,它只能算是一种半定量的分析方法。常用的边坡稳定性定量分析方法如下所述[1]。

1) 极限平衡条分法

极限平衡条分法是最早应用于边坡稳定性分析的方法,也一直是最主要的方法。目前已有多种极限平衡条分法,如瑞典法、简化 Bishop 法、简化 Janbu 法、陆军工程师团法、罗厄法、不平衡推理法、静力平衡法、Sarma 法、Spencer 法、Morgenstern-Price 法、Correia 法和 Janbu 法等[23]。极限平衡条分法最大的好处是回避了在工程中最不易弄清的本构关系,确定了定量指标即安全系数。

Duncan[24]在 1992 年对各种条分法的计算精度和适用范围进行了论述。郑颖人等[23]也针对三个算例将不同方法进行了比较。

以上各方法主要为二维极限平衡法,但是边坡稳定性问题本身是一个三维问题,因此近年来,学者在二维极限平衡法的基础上,对三维极限平衡法进行了研究,其中大部分是对二维分析方法的拓展[25]。例如,陈祖煜等[26]将二维 Spencer 法在三维条件下进行扩展,得到了三维极限平衡方法的一个新解法;冯树仁等[27]提出了一种评价边坡稳定性的三维极限平衡方法并研发出程序;张均锋等[28]将二维 Janbu 条分法进行拓展,给出了一种三维极限平衡边坡稳定性分析方法。

2) 数值分析方法

传统的极限平衡法在评价边坡稳定性时在均质土体边坡中应用较多,寻找潜在滑动面较多,因此能够较好地应用。而对于岩体边坡,由于存在较大结构面、产状不同,无法准确判断其潜在滑动面位置,因而传统的极限平衡法无法较好地应用。同时,边坡问题是一个复杂的耦合分析问题,传统的方法为得到解析解会引入许多假设条件,这也势必会导致计算结果可靠性的降低,因此,随着计算机技术的不断发展,数值计算方法逐步受到国内外学者的重视并在岩土工程中得到了广泛的推广与应用。

有限元法最早被应用于边坡稳定性分析计算中,较之传统方法,有限元法可以较好地考虑岩土体的不连续性,并能够计算出边坡的位移、应力、应变大小及其分布,从而提供了从位移、应力、应变大小及分布的角度判断边坡可能破坏的位置和潜在滑移面。Griffiths[29]使用有限元法分析边坡稳定性并将其结果与传统分析方法做了比较,并应用有限元法分析了边坡位移破坏机制。Jeremic 等[30]应用有限元法提出了建立三维边坡稳定性分析模型的方案,使用较少的有限单元得到了较好的计算结果。为了将边坡稳定性与数值计算结果建立定量的关系,提出了边坡安全系数的概念,并在工程中得到了广泛的应用。Zienkiewica 提出了安全系数的新定义:将岩土体抗剪强度进行折减,使边坡刚好达到临界破坏时抗剪强度折减的程度。近些年来,以安全系数为理论基础的有限元强度折减法也越来越受到重视,郑颖人等[31-35]对各类土质、岩质边坡的有限元强度折减法稳定性分析做了大量研究;连镇营等[36]用强度折减有限元方法对开挖边坡的稳定性进行了较为全面的研究;栾茂田等[37]提出了以广义塑性应变及塑性开展区作为边坡失稳的评判依据,并与以非线性迭代收敛条件作为失稳评判指标的强度折减有限元方法进行了对比;万少石等[38]探讨了不同单元类型对边坡稳定安全系数计算精度的影响和边坡破坏时滑动面深浅、滑出点位置与坡体材料的黏聚力、内摩擦角及坡角间的关系。

边界元法相比有限元法具有精度更高、耗时更少的优点,且求解无限域和半无限域问题结果较为理想,Brebbia[39]对其理论及应用进行了详细阐述,国内学者也对边界元法进行了研究,许瑾和郑书英[40]使用边界元法分析了边坡动态稳定性问题,邓琴等[41]研究了边界元法在边坡稳定性分析中的应用,但是由于边界元法在求解大变形问题上同样结果不理想,且对岩土体不连续性的模拟结果也不够理想,其在边坡稳定性分析中的应用尚不广泛。

快速 Lagrangian 分析法(FLAC)与有限元法相比,对于求解岩土体的大变形和不连续性问题结果较为理想,因此在研究和工程应用领域应用较为广泛,国内外学者对该方法进行了大量研究并将其应用于工程实际中[42-50]。

离散单元法由 Aundall 在 1971 年提出,并研制离散单元法程序,其在分析边坡岩土体大变形、不连续问题中结果较好,因此得到了广泛应用。块体理论(BT)于 1969 年由 Trollope 等首先提出,1976 年 Goodman 等采用赤平投影方法分析了岩体在弱面上的稳定性[51]。1977 年石根华提出了在赤平投影上可动块体的方法,使该理论系统化,此后他又用矢量代数做了研究,1984 年他在"非连续变形分析"论文中进一步分析了岩体的应力应变。不连续变形分析(DDA)是石根华于1988年提出的一种新的数值方法。该方法用一种类似于离散元的块体元来模拟被不连续面切割成的块体系统,在此过程中,块体通过不连续面间的接触连成整体[1]。

3. 非确定性分析方法

1) 可靠性分析法

边坡稳定性分析是针对边坡岩土体的稳定性分析,然而岩土体作为自然界的物质,影响其各项力学参数的因素众多,且具有一定的不确定性和随机性,因此认为安全系数大于某一值,边坡即是安全的,往往会在实际工程中遇到许多问题,甚至计算安全的边坡会发生破坏。介于对边坡稳定性影响因素的随机性,学者将概率统计理论引入边坡稳定性分析中,先对各项影响因素进行样本采集,得到各项影响因素的概率分布,再利用可靠性分析方法来分析边坡稳定性的可靠度。20世纪70年代,Kraft、Matsuo等将概率统计理论引入边坡稳定性分析中,祝玉学等[52]将边坡可靠性分析方法应用于露天矿边坡,讨论了边坡稳定状态的概率学问题。邱贤德和高先良[53]在边坡稳定性分析中,把岩体强度参数、地下水和爆破振动效应视为随机变量来处理,考虑边坡工程的风险,用工程类比法确定出整体边坡允许破坏概率和目标可靠性指标。李元松[54]介绍了边坡可靠性分析"JC"法的求解过程,并编写了计算程序。江伟和耿克勤[55]依据概率统计原理和优化理论,采用随机搜索和蒙特卡洛方法,着重探讨受构造面影响的边坡可靠性分析方法.给出比较切合这类边坡工程的可靠性分析方法及程序。边坡可靠性分析方法的缺点在于,各项影响因素概率分布的大量样本难以获取,且准确性难以保证,同时也难以获得概率模型及其数字特征合理选取的统一方案,同时计算过程也较为繁杂。

2) 模糊分级评判方法

实践证明,影响边坡稳定性的各项影响因素具有一定的模糊性和不确定性。因此,国内外学者开始研究采用模糊分级评判方法对边坡的稳定性做出分级评判,其具体做法通常是先找出影响边坡稳定性的各个因素,并赋予它们不同的权值,然后根据最大隶属度原则来判定边坡的稳定性[1]。经过实际工程应用,模糊分级评判方法在影响边坡稳定性因素众多的情况下具有较好的稳定性评价效果,因此,该方法比较适宜于大型边坡或影响因素较多的边坡。

3.2.2　隧道洞口边坡稳定性研究现状

隧道洞口边坡的位移、应力、应变状态和变化趋势以及其破坏模式与普通边坡有许多相似之处,因此在研究隧道洞口边坡稳定性时经常使用边坡稳定性评价的方法。然而由于受隧道开挖的影响,隧道洞口边坡与普通边坡也有众多不同,隧道洞口边坡由于隧道施工的需要,经常采用大开挖,导致其应力状态较差,同时,隧道的开挖导致隧道顶部坡体厚度较薄,隧道结构上部岩土体难以承载较大应力,易发生破坏,导致隧道洞口边坡稳定性较差,因此隧道洞口边坡的稳定性无论在理论上还是工程实际中都是一个需要深入研究的问题。国内外学者对隧道洞口边坡稳定性也做了许多研究,下面将分两部分进行介绍。

1. 定性分析

王国欣等[56]以浙江省杭千高速公路横路头隧道洞口为例,首先从地质因素、水的作用及人为因素三方面分析了滑坡产生的机制。杨绪波等[57]通过对四川省紫坪铺水电站 2♯泄洪洞进水口高边坡的物质组成、结构特征以及边坡开挖等因素的分析研究,阐述了其变形机理。颜育仁等[58]通过对浙江省大梁山隧道出口边坡自然地理概况及围岩结构面特征进行调查,估算出隧道出口边坡结构面剪切强度并确定其边坡破坏模式,得出结论,大多数工程岩体失稳以结构面的剪切破坏为主,因此结构面的抗剪强度就成为影响工程岩体稳定性的决定性因素。郑建中[59]建立了隧道边坡变形破坏机理的概念模型,并模拟研究了开挖后坡体变形特征。

2. 定量分析

潘龙等[60]针对连拱隧道洞口浅埋偏压段特殊的地形情况,探讨围岩在地应力和边坡滑动共同影响下的应力分布情况;向安田等[61]研究了偏压连拱隧道强风化仰坡因施工而引起的失稳机制;吴红刚等[62]提出了基于"隧道-边坡体系"概念的变形机理分析方法,通过对开挖支护后隧道围岩和边坡的应力场、位移场及塑性区特征的分析,得出了隧道洞身开挖对上部边坡的影响规律;朱合华等[63]以云南思小高速公路麻地河 1 号连拱隧道为例,首先结合其地形、地质条件,建立了三维弹塑性有限元模型,动态模拟了此隧道上下台阶法开挖过程。同时采用强度折减法分析了隧道在施工过程中边坡的稳定性情况,得出了坡体的安全系数随施工的进行逐渐减小,最后趋于稳定的结论;陈思阳等[64]采用强度折减法,研究了不同开挖工艺下,大断面黄土偏压隧道对穿越边坡的稳定性影响;张敏等[65]以皖南某公路浅埋偏压隧道出口段高边坡为研究对象,通过对该边坡现场工程地质条件的系统调查,通过 FLAC3D 数值模拟,结合工程地质条件分析,研究了边坡变形破坏机制。王军等[66]针对隧道工程建设中切坡引起边坡及隧道的变形,其稳定性受到不同程度的影响,采用三维有限差分计算程序 FLAC3D 分析挖方边坡和坡顶隧道联合稳定性。钟浩[67]基于 FLAC3D 动态分析隧道开挖过程中隧道开挖对边坡稳定性的影响规律。

从上面的介绍中可以看出,虽然在隧道洞口边坡稳定性分析方面已有了较多研究,然而研究成果相对而言较为分散,并没有形成一个系统的理论体系,而且得到的结论也不尽相同。因此,隧道洞口边坡稳定性方面的研究只是起步阶段,仍有许多研究工作尚未完成。

3.3 工程实例

3.3.1 隧道洞口边仰坡稳定性分析与边仰坡治理研究

1. 概述

在实践中,工程技术人员往往采取"早进洞、晚出洞"的方式,在边仰坡未滑移破坏前抢先进洞。但这往往导致在初进洞时边仰坡虽未破坏,但已处于临界状态,随着隧道进尺施工扰动,边仰坡发生破坏,对已建成的隧道产生破坏,并对洞内施工人员的人身安全产生巨大危害。同时,当隧道进洞后再处理边仰坡的难度和所产生的费用要远远大于未进洞时。因此,树立"先治坡、再进洞"的隧道进洞施工理念就显得尤为重要。

本章结合具体工程,利用有限元软件对高边坡浅埋偏压隧道洞口边仰坡滑移破坏模式进行了研究,以此为基础提出边仰坡优化治理方案,验证了优化后设计"治坡"后改善边仰坡稳定性的效果,研究结果可为隧道安全进洞技术提供理论依据。

2. 香山隧道工程概况

香山隧道位于湖北省襄阳市保康县,为湖北麻竹高速公路的一座小净距偏压短隧道,进出口均位于保康县黄堡镇黄堡村五组,走向约251°,呈南西西向展布。左幅里程桩号 ZK84+860~ZK85+291,全长431m,最大埋深约54m;右幅里程桩号 ZK84+884~ZK85+272,全长388m,最大埋深约47.1m。

隧址区属构造剥蚀低中山区,地形起伏较大,植被较发育。隧道轴线经过地段地面高程 412.2~516.7m,相对切割深度 90~120m。隧道进口斜坡较陡,为40°~50°,出口处较缓,为 20°~30°。

隧址区区域上位于新华夏系第三隆起带与淮阳山字型西翼反射弧东段的复合部位,淮阳山字型西翼反射弧北西向至近东西向的褶皱带、断裂带斜贯全区,北部为青峰断裂带,南为荆当盆地,西为牛头山倒转复式向斜,东部为南漳断凹。新华夏系的北北东向构造带、北北西向构造带的断裂和槽地带符合于山字型构造带之上,构造较为复杂。出露基岩为志留系龙马溪组页岩(S11),进口处岩层产状 13°∠40°,出口处岩层产状210°∠85°。隧道进口斜坡覆盖层主要为碎石土,厚8.1~11.3m,下伏基岩为志留系下统龙马溪组(S11)页岩,且进口段隧道处于偏压状态,坡体表层坡积土在施工扰动、开挖暴露下易局部垮塌。

香山隧道工程地质平面图如图 3.1 所示,其右幅工程地质纵断面图如图 3.2 所示,左幅工程地质纵断面图如图 3.3 所示。

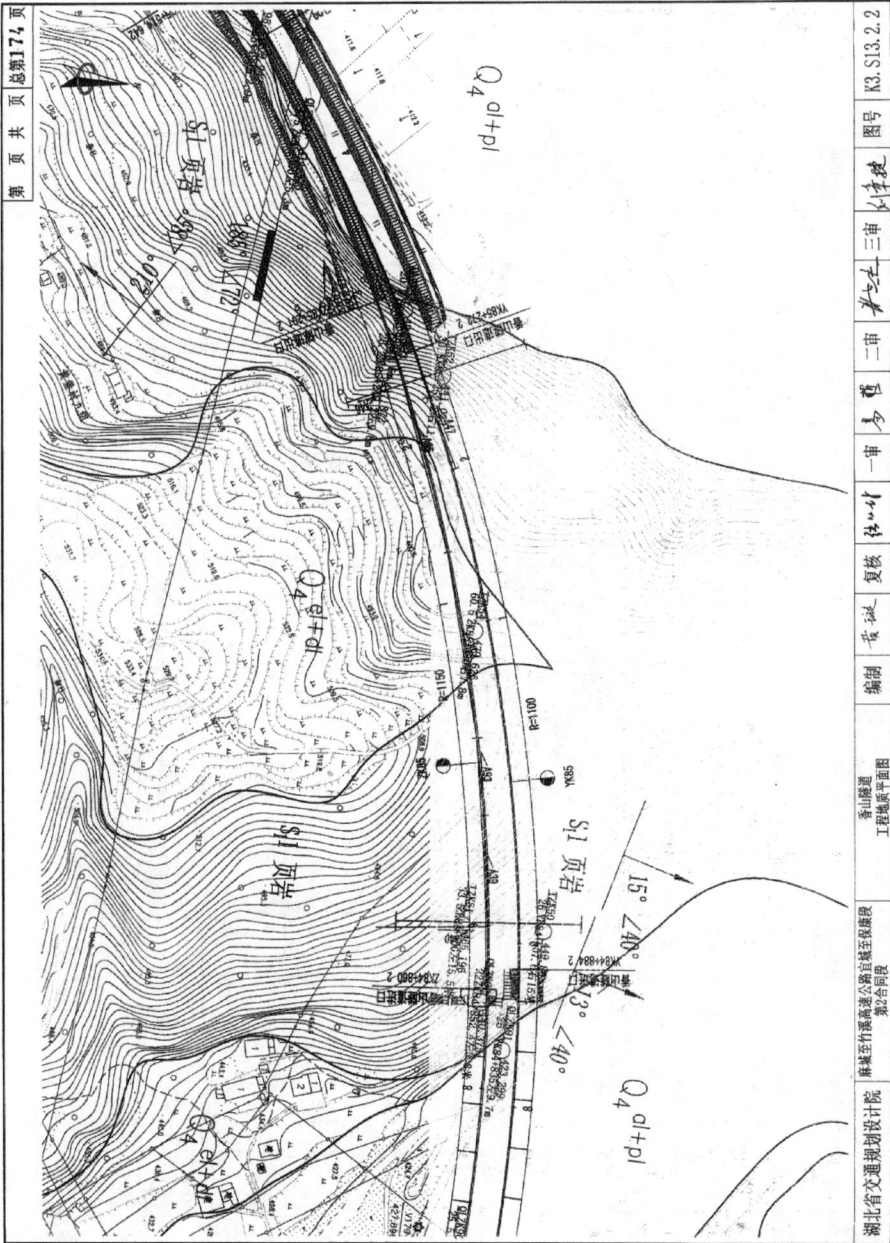

图 3.1　香山隧道工程地质平面图

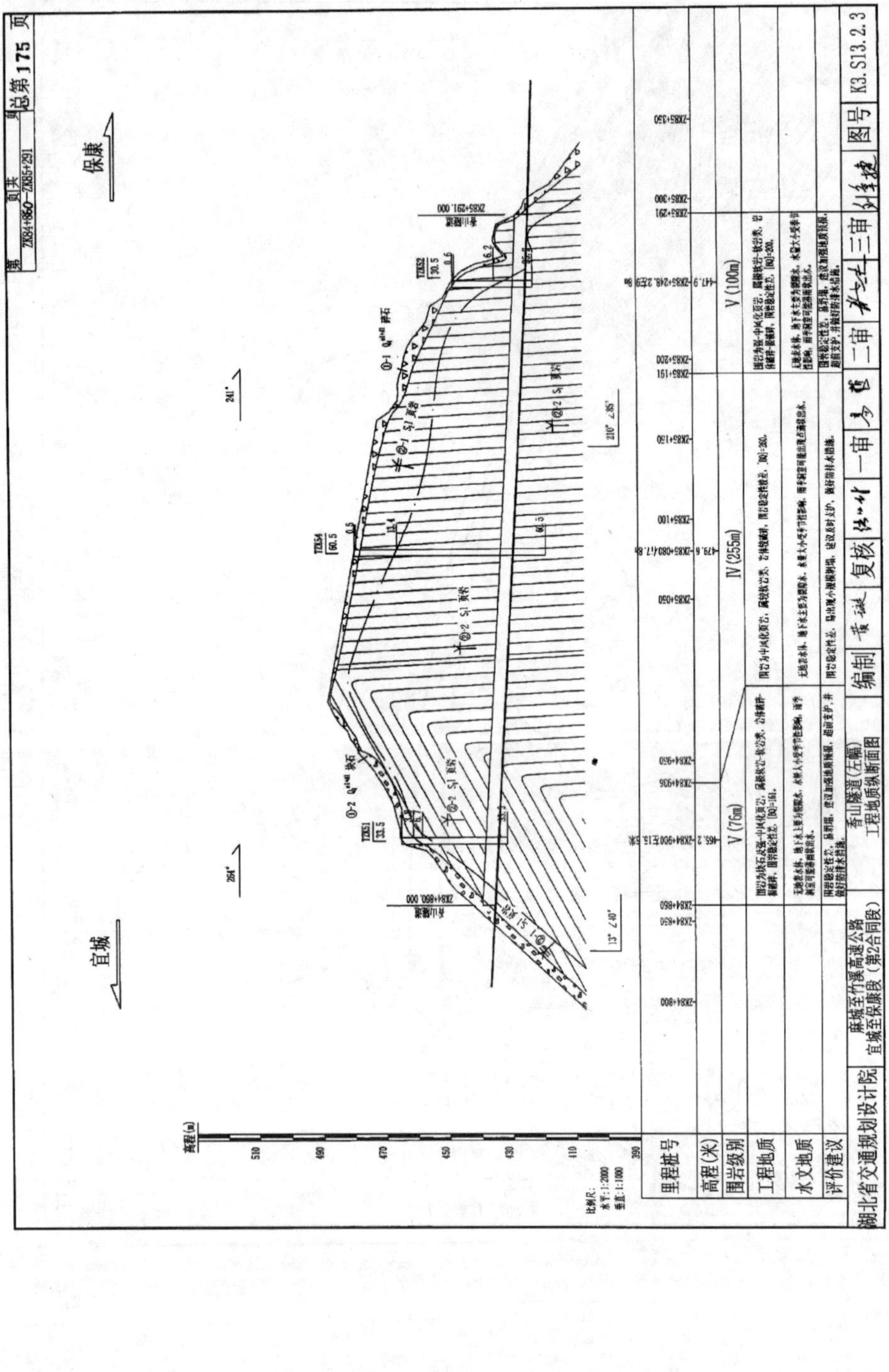

图 3.2 香山隧道（右幅）工程地质纵断面图

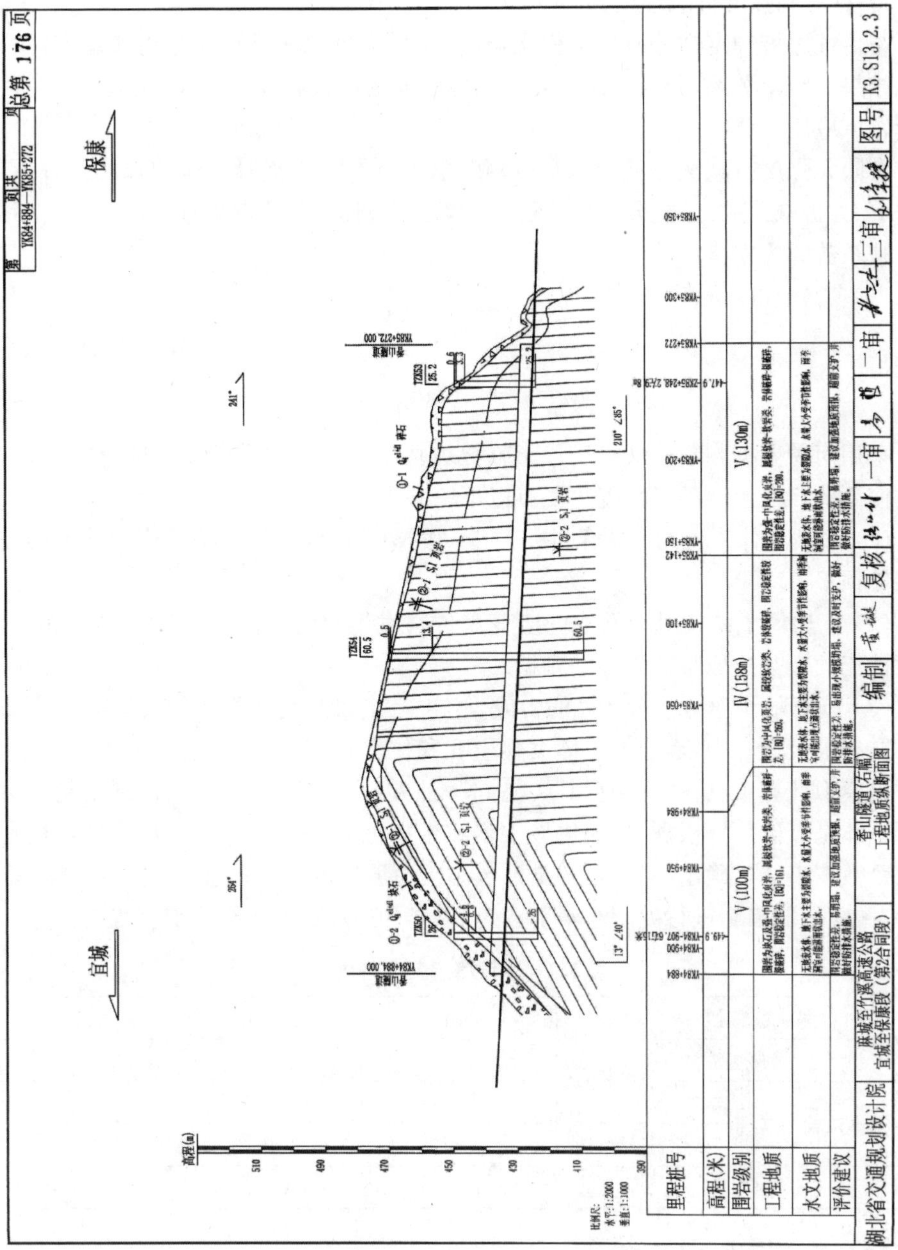

图 3.3　香山隧道（左幅）工程地质纵断面图

3. 三维有限元数值模拟

1) 有限元强度折减理论

与传统边坡稳定性分析方法相比,有限元强度折减法能够建立边坡稳定性与计算结果的定量关系,并且不用事先搜索滑动面的位置和滑移模式,在边坡稳定性分析领域应用广泛。

有限元强度折减法是通过式(3-1)和式(3-2)不断调整岩土体的强度指标 C,其中 F_t 为折减系数,反复分析坡体稳定性,直到坡体达到临界破坏状态,此时得到的折减系数即为安全系数[68]。

$$C_t = \frac{C}{F_t} \tag{3-1}$$

$$\varphi_t = \arctan\left(\tan\frac{\varphi}{F_t}\right) \tag{3-2}$$

采用何种判据判断边坡是否处于临界破坏状态是有限元计算中的重要问题,当前使用较多的边坡破坏判据主要有以下三条[69-71]。

（1）边坡整体失稳的前提条件是以滑动面塑性区或者等效塑性应变从坡脚贯通到坡顶。

（2）以边坡土体在滑动面上的应变和位移发生突变,且土体产生大的无限制的塑性流动作为边坡整体失稳的判据。

（3）以有限元静力平衡计算的力或者位移不收敛作为边坡整体失稳的判据。

在有限元计算中,当边坡土体发生应变和位移突变时,计算便会不收敛,因此在数值模拟计算中,后两种判据其实是同一种方法。本节采用第三种判据判断边坡岩土体是否破坏。根据《建筑边坡工程技术规范》(GB 50330—2013),边坡稳定安全系数按表 3.1 确定,当边坡安全系数小于边坡稳定安全系数时,边坡处于不稳定状态,应采取措施进行处理。本节取 1.30 作为边坡稳定安全系数临界值。

表 3.1　边坡稳定安全系数

边坡工程安全等级		一级	二级	三级
边坡类型		稳定安全系数		
永久边坡	一般工况	1.35	1.30	1.25
	地震工况	1.15	1.10	1.05
临时边坡		1.25	1.20	1.15

2) 计算模型的建立

香山隧道由保康端向宜城端单向掘进,保康端洞口坡体存在较厚坡积土,洞口浅埋且具有偏压地形。隧道右洞进口仰坡处存在一天然垭口,易引起仰坡滑移破坏。本节主要针对隧道洞口边仰坡和隧道洞口段,分别对原设计和优化后的隧道进洞方案采用 Midas GTS 三维有限元软件进行分析。模型地表形状由隧址区地形图导出,并根据隧道地质勘查说明书将岩土体由表至里划分为三层,分别为坡积碎石土、Ⅴ类围岩、Ⅳ类围岩。

隧道模型及有限元网格如图 3.4 和图 3.5 所示。

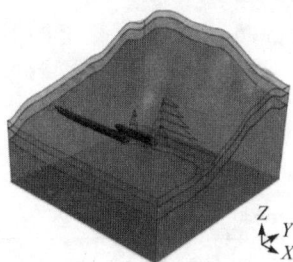

(a) 原方案　　　　　　　(b) 优化治理方案

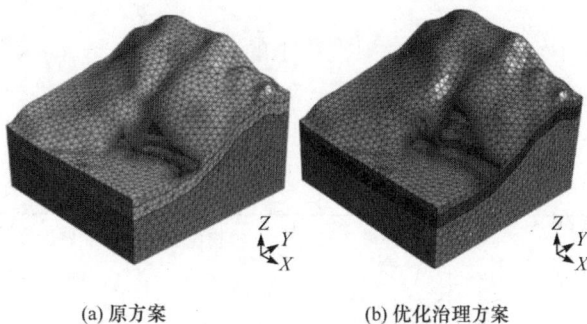

图 3.4　隧道位置　　　　　　　图 3.5　有限元模型网格

3) 模型特点

对于边仰坡开挖原方案模型和优化治理方案模型,在 X 方向(纵向),前后边界距隧道洞口均大于 5 倍隧道开挖宽度,并在前后边界施加 X 方向的水平位移约束。在 Y 方向(横向),左右边界距隧道边界均大于 5 倍隧道开挖宽度,并在两边施加 Y 方向的水平位移约束。在 Z 方向(竖向),上边界取至地表面,为自由边界,下边界取至大于 5 倍隧道洞高处,并施加固定约束。

在划分单元时,按照不同材料类别分别划分,并考虑了边仰坡由表至里风化程度的变化。边仰坡土体和围岩采用三维四节点四面体实体单元,边仰坡喷护和隧道衬砌采用二维三节点壳单元。

4) 计算模型参数

由于三维模型较为复杂,考虑到计算的时效性,并同时能够反映施工过程中的问题,对计算模型做出一些简化和概化。

(1) 将围岩按风化程度主要分为三层,假定各材料匀质、连续、各向同性。

(2) 由于隧道洞口段埋深浅,只计算自重应力,忽略其构造应力。

(3) 初期支护钢拱架主要是增强支护强度,按照等效原则将拱架的增强作用折算至初期支护喷射混凝土强度中。计算公式为

$$E = E_0 + \frac{S_g \times E_g}{S_c} \tag{3-3}$$

式中,E 为折算后喷射混凝土弹性模量;E_0 为原混凝土弹性模量;S_g 为钢拱架截面积;E_g 为钢材弹性模量;S_c 为喷射混凝土截面积。

（4）隧道和边、仰坡锚杆作用主要是增强围岩强度，将其按照等效原则折算至附近围岩强度。

根据隧道地质勘查说明书，各层围岩及混凝土材料的参数见表 3.2。其中初支喷射混凝土容重为折算拱架后喷射混凝土容重，计算公式为

$$\gamma = \gamma_{砼} + \frac{nA}{b}(\gamma_{钢} - \gamma_{砼}) \qquad (3\text{-}4)$$

式中，γ 为折算后喷射混凝土的容重，kN/m^3；$\gamma_{砼}$ 为喷射混凝土的容重，kN/m^3；$\gamma_{钢}$ 为钢材的容重，kN/m^3；n 为 1m 长度范围内钢拱架的数量；b 为喷射混凝土的厚度，m；A 为钢拱架的截面积，m^2。

表 3.2　模型材料计算参数表

材料名称	弹性模量 E /MPa	泊松比 μ	密度 $\rho/(kN/m^3)$	黏聚力 c/kPa	内摩擦角 $\varphi/(°)$
坡积土	300	0.4	19	20	20
V 类围岩	900	0.35	23	50	47
IV 类围岩	1400	0.32	24	100	50
初支混凝土	28300	0.20	27.2	2000	55
边坡混凝土	27000	0.20	26	2000	55

5）本构模型

Midas GTS 内的弹塑性模型模拟材料弹性-完全塑性的本构关系，其应力-应变曲线如图 3.6 所示，在应力达到屈服点之前，应力与应变呈线性增长关系，当应力达到屈服点之后，随着应力增大，应变不再增加。

本节计算模型屈服准则采用 Mohr-Coulomb 准则，其一般表达式形式为[72]

$$F(\sigma_1, \sigma_2, \sigma_3, \varphi) = \frac{\sigma_1 - \sigma_2}{2} - \frac{\sigma_1 + \sigma_3}{2}\sin\varphi - c\cos\varphi = 0$$

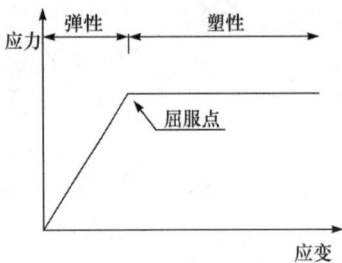

图 3.6　弹塑性本构模型

$$(3\text{-}5)$$

式中，σ_1、σ_2、σ_3 分别为第一、第二、第三主应力；c 为黏聚力；φ 为内摩擦角。

Mohr-Coulomb 准则的屈服面和在 π 平面上的投影分别如图 3.7 和图 3.8 所示。

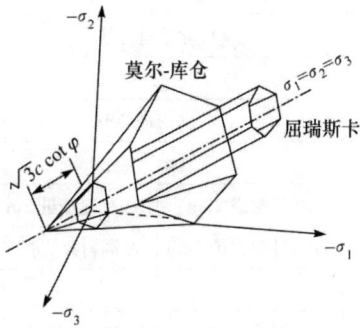

图 3.7　Mohr-Coulomb 屈服面

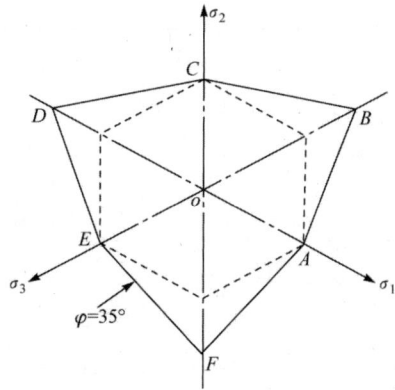

图 3.8　π 平面上的 Mohr-Coulomb 屈服曲线

6）数值计算过程设计

本章就香山隧道洞口边、仰坡进行模拟分析，在此基础上提出边、仰坡优化治理方案并与原方案进行对比。因此分别建立优化治理方案模型和优化后设计方案模型。两个计算模型的模拟工况与开挖步骤一致。

模拟工况与实际施工过程基本一致，隧道洞口边、仰坡开挖由上至下分别为第 1～6 级，隧道每个开挖步进尺为 2m。开挖采用钝化单元来模拟，边坡喷护和隧道衬砌采用激活单元来模拟。具体模拟工况与施工工序对照表见表 3.3。

表 3.3　工况-施工进度表

工况	施工进度	
	原方案	优化治理方案
Lcase1	计算自重	计算自重
Lcase2	开挖第 1 级边坡	开挖第 1 级边坡
Lcase3	喷护第 1 级边坡	喷护第 1 级边坡
Lcase4	开挖第 2 级边坡	开挖第 2 级边坡
Lcase5	喷护第 2 级边坡	喷护第 2 级边坡
⋮	⋮	⋮
Lcase12	开挖第 6 级边坡	开挖第 6 级边坡
Lcase13	喷护第 6 级边坡	喷护第 6 级边坡
Lcase14	右洞挖进 2m	右洞挖进 2m
Lcase15	右洞衬砌支护 2m	右洞衬砌支护 2m
Lcase16	右洞挖进 4m	右洞挖进 4m
Lcase17	右洞衬砌支护 4m	右洞衬砌支护 4m

工况	施工进度		
	原方案	优化治理方案	
⋮	⋮	⋮	
Lcase32	右洞挖进 20m	右洞挖进 20m	
Lcase33	右洞衬砌支护 20m	右洞衬砌支护 20m	
Lcase34	—	右洞挖进 22m	左洞挖进 2m
Lcase35	—	右洞衬砌支护 22m	左洞衬砌支护 2m
⋮	—	⋮	
Lcase52	—	右洞挖进 40m	左洞挖进 20m
Lcase53	—	右洞衬砌支护 40m	左洞衬砌支护 20m

4. 数值模拟结果分析

1) 有限元模型合理性验证

图 3.9 为优化后方案右洞各断面拱顶累积沉降值曲线,沉降最大值在距洞口 20m 处,计算沉降为 17.78mm,实际沉降为 24.13mm,实际比计算大 6.35mm。由于模型计算并没有考虑施工环境因素对隧道稳定性的影响,所以计算值要略小于实际值。

图 3.10 为优化后方案右洞距洞口 2m 处隧道断面沉降变化曲线。可以看出模拟计算结果和现场监测数据发展趋势基本一致,由于未考虑施工环境因素对隧道稳定性的影响,实际沉降值略大于计算沉降值。因此,计算模型和参数的选取是基本合理的。

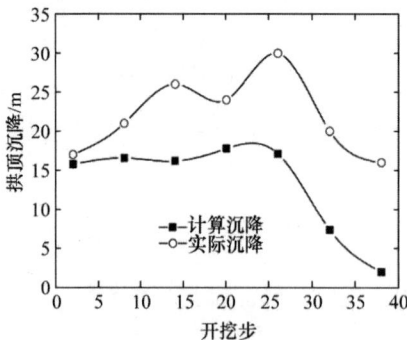

图 3.9　优化后设计右洞拱
顶各断面累积沉降

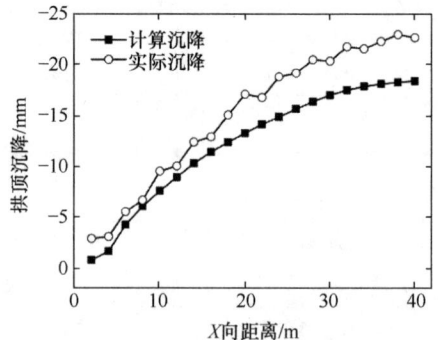

图 3.10　优化后设计右洞洞
口断面沉降

2）香山隧道洞口边仰坡稳定性分析

右洞原设计开挖方案如图 3.11 所示，为暗挖法，在隧道轴线上依原始山体开挖边、仰坡形成成洞面，边仰坡坡度为 1：0.5，开挖土方量较小。缺点在于边坡与原始山体坡度变化较大，边坡处易产生应力集中，发生破坏，同时仰坡上部存在一较大天然垭口，导致仰坡处易产生滑移破坏。

计算模型 X、Y、Z 方向如图 3.12 所示。原设计模型计算最终步为 Lcase32，即右洞开挖 20m，左洞未开挖。

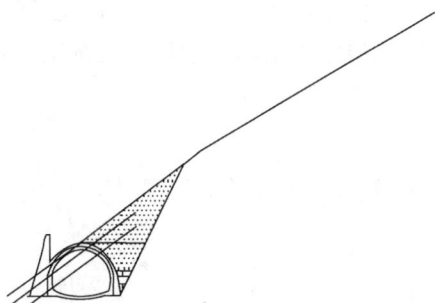

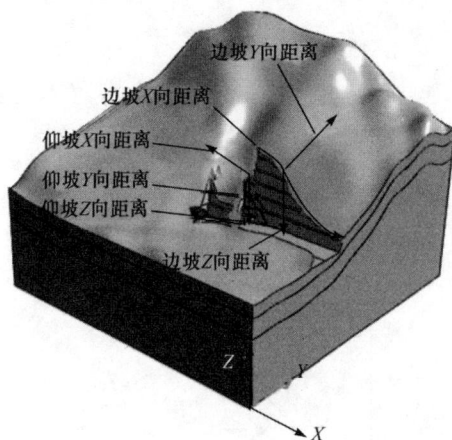

图 3.11　原设计边仰坡开挖方案示意图　　　图 3.12　原设计模型坐标方向示意图

（1）洞口边坡位移特征分析。

① 右洞边坡位移特征分析。

右洞边坡 X 方向（纵向）位移分析：如图 3.13 所示，右洞边坡最大 X 向位移产生在坡体前缘距原点 10m 处，为 7.05mm。X 向位移沿前缘向后缘逐渐减小，沿坡顶至坡脚逐渐减小。

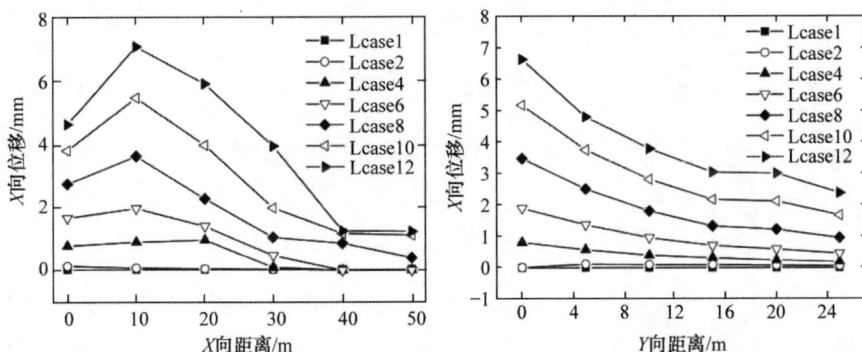

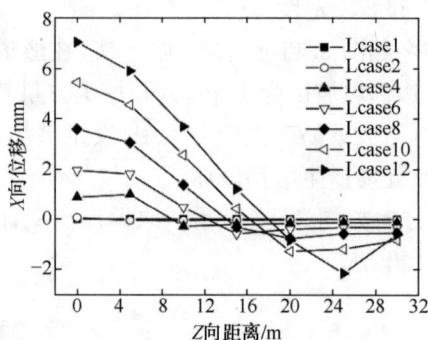

图 3.13　右洞边坡 X 方向(纵向)位移

右洞边坡 Y 方向(横向)位移分析:如图 3.14 所示,右洞边坡最大 Y 向位移发生在在坡体前缘距原点 40m 处,为 32.87mm。Y 向位移沿前缘向后缘逐渐减小,沿坡顶至坡脚逐渐减小。且第 1、2、3 级边坡开挖时位移增幅较大。

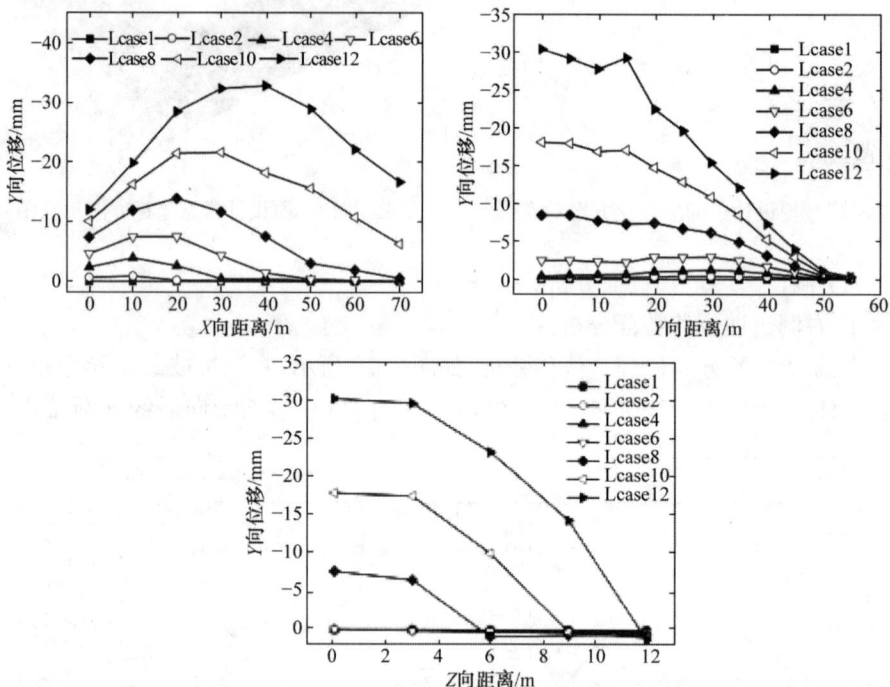

图 3.14　右洞边坡 Y 方向(横向)位移

右洞边坡 Z 方向(竖向)位移分析:如图 3.15 所示,右洞边坡最大 Z 向位移产生在坡体前缘距原点 30m 处,为 12.47mm。Z 向位移沿前缘向后缘逐渐减小,沿坡顶至坡脚逐渐减小。且第 1、2 级边坡开挖时位移增幅较大。

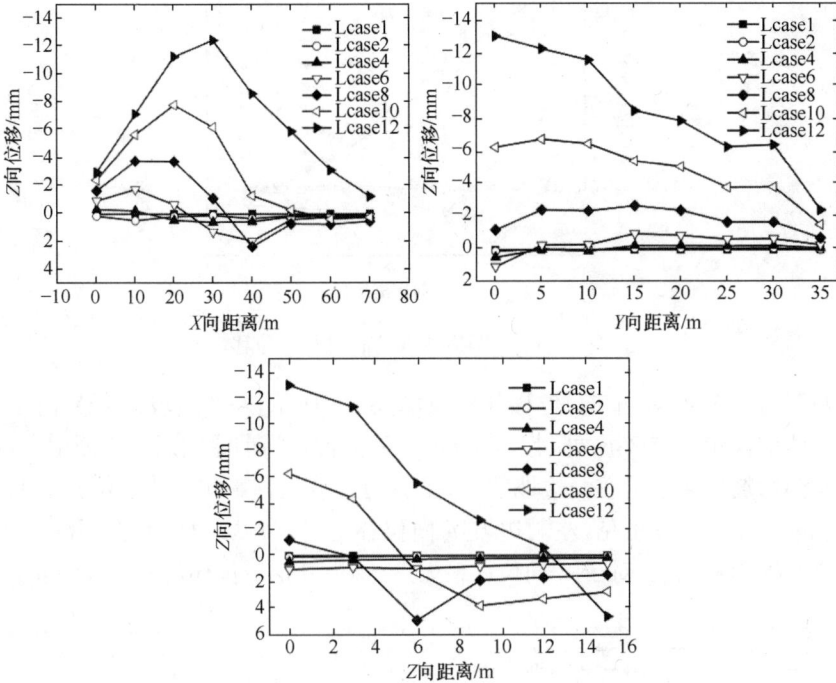

图 3.15　右洞边坡 Z 方向(竖向)位移

② 左洞边坡位移特征分析。

左洞边坡 X 方向(纵向)位移分析：如图 3.16 所示，左洞边坡最大 X 向位移产生在坡体前缘距原点 5m 处，为 3.06mm。X 向位移沿前缘向后缘先减小后增大，这是由于左洞边坡后缘临近右洞边坡前缘，受右洞边坡位移影响。X 向位移沿坡顶至坡脚逐渐减小。由图可见，左洞边坡 X 向位移随着右洞隧道的开挖逐渐增大，但幅度不大。

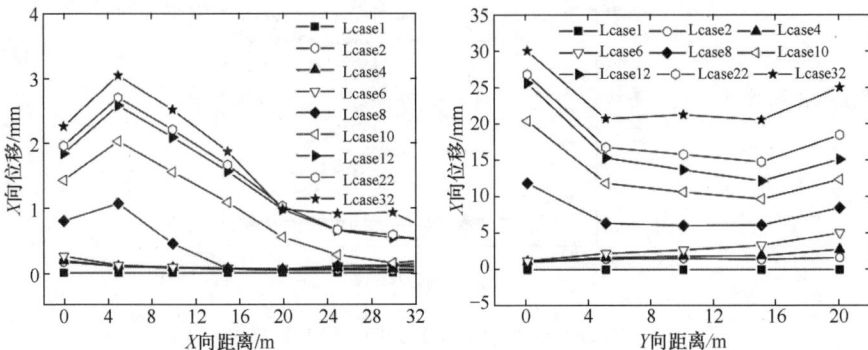

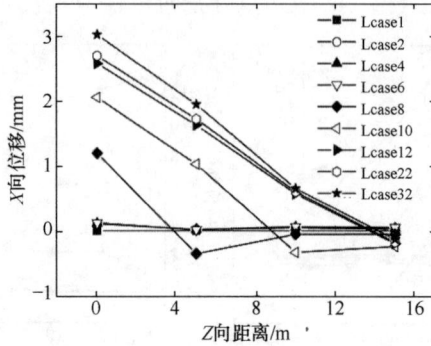

图 3.16　左洞边坡 X 方向(纵向)位移

　　左洞边坡 Y 方向(横向)位移分析：如图 3.17 所示，左洞边坡最大 Y 向位移产生在坡体前缘距原点 25m 处，为 8.00mm。Y 向位移沿前缘向后缘逐渐增大，这是由于左洞边坡后缘临近右洞边坡前缘，受右洞边坡位移影响。Y 向位移沿坡顶至坡脚逐渐减小。由图可见，左洞边坡 Y 向位移随着右洞隧道的开挖逐渐增大，且受隧道开挖影响较大，对于 Y 向位移最大点，隧道开挖后位移占总位移的 63%。

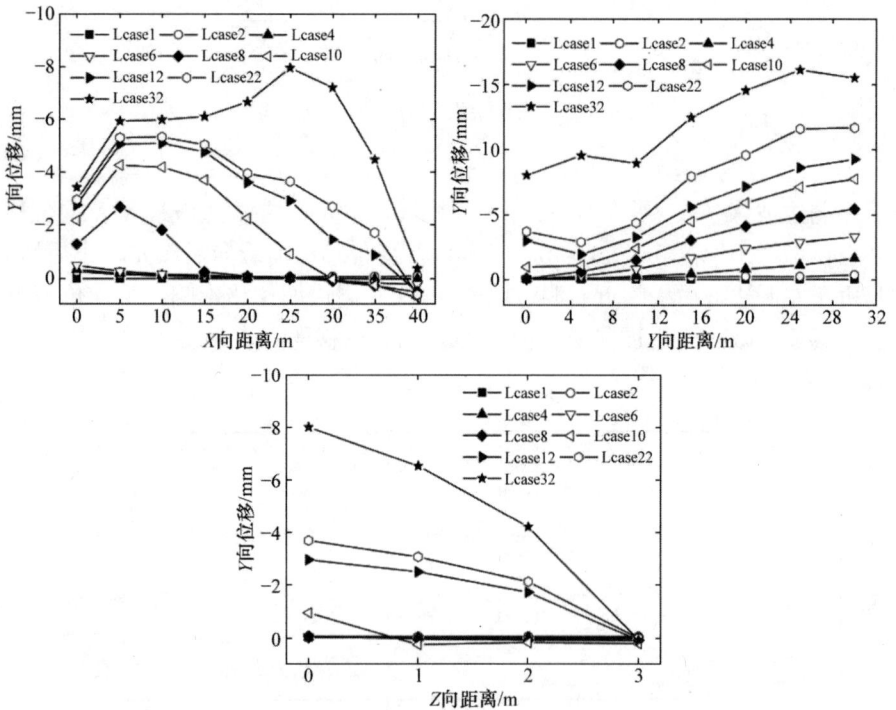

图 3.17　左洞边坡 Y 方向(横向)位移

左洞边坡 Z 方向(竖向)位移分析:如图 3.18 所示,边坡前缘 Z 向位移向上并逐渐增大,后缘 Z 向位移向下且逐渐增大。Z 向位移沿坡顶至坡脚逐渐减小。由图所示,左洞边坡 Z 方向位移随着右洞隧道的开挖逐渐增大,且受隧道开挖影响较大。

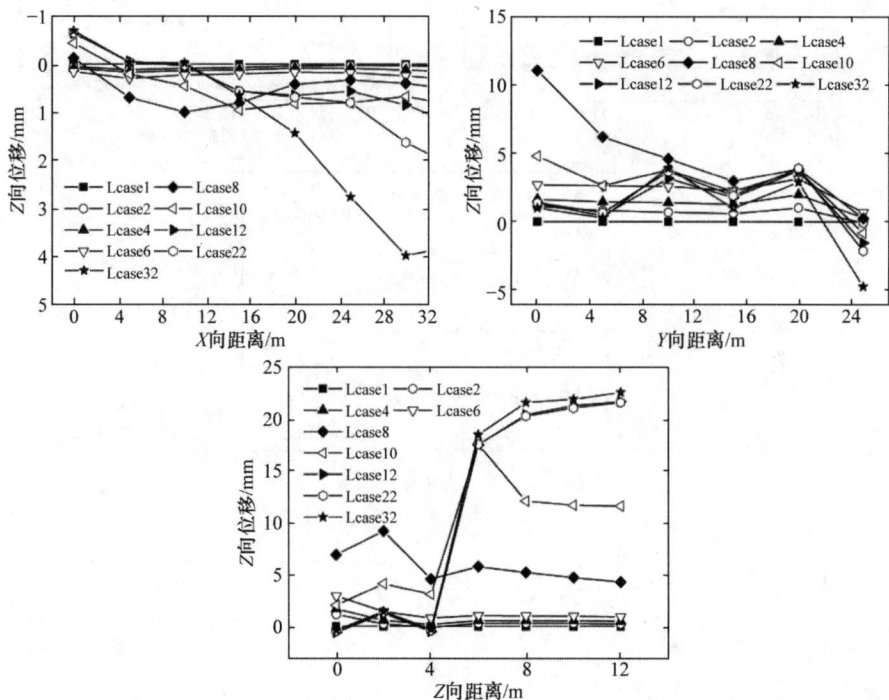

图 3.18 左洞边坡 Z 方向(竖向)位移

(2) 洞口仰坡位移特征分析。

① 右洞仰坡位移特征分析。

右洞仰坡 X 方向(纵向)位移分析:如图 3.19 所示,右洞仰坡最大 X 向位移产生在坡体前缘距原点 8m 处,为 12.72mm。X 向位移沿前缘向后缘逐渐减小,沿坡顶至坡脚变化不大,说明边坡滑移土体深度较大,将整个仰坡包含在内。位移受隧道开挖影响较大,位移最大点的隧道开挖后位移占总位移的 57.1%。

右洞仰坡 Y 方向(横向)位移分析:如图 3.20 所示,右洞仰坡最大 Y 向位移产生在坡体前缘距原点 22m 处,为 17.53mm。Y 向位移沿前缘向后缘逐渐减小,沿坡顶至坡脚逐渐减小。位移受隧道开挖影响较大,位移最大点的隧道开挖后位移占总位移的 39.1%。

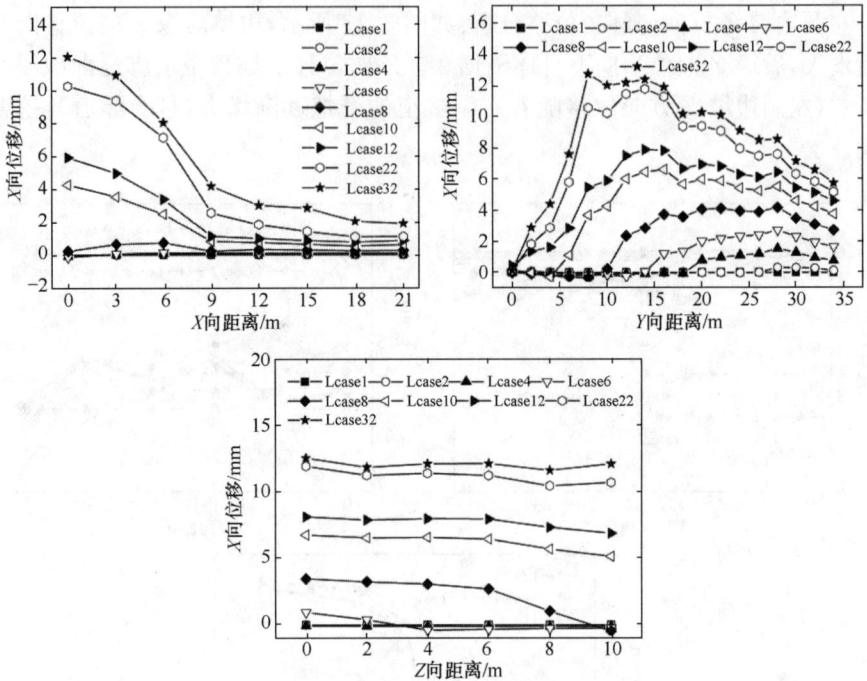

图 3.19 右洞仰坡 X 方向(纵向)位移

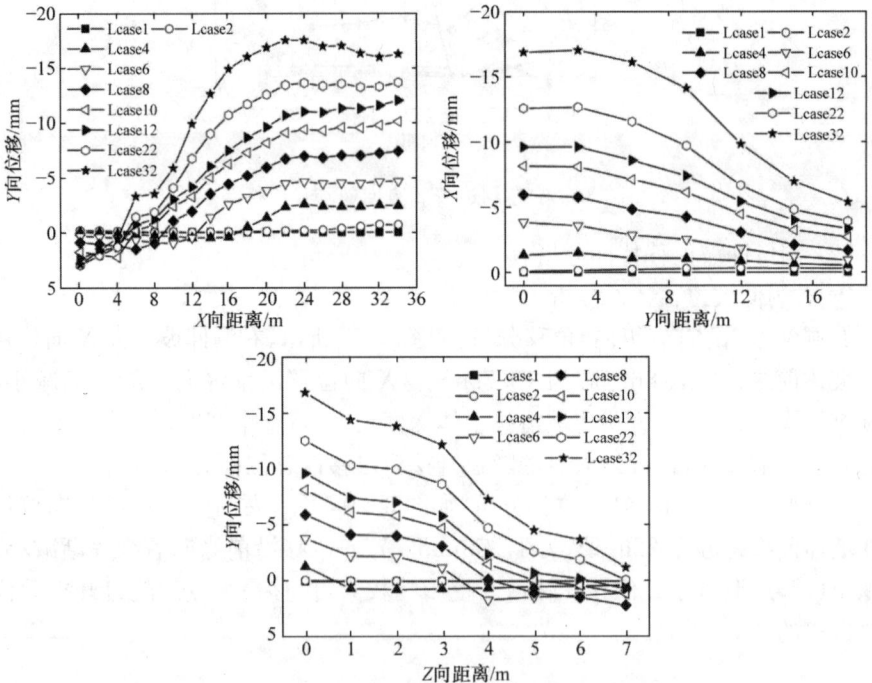

图 3.20 右洞仰坡 Y 方向(横向)位移

右洞仰坡 Z 方向（竖向）位移分析：如图 3.21 所示，右洞仰坡最大 Z 向位移产生在坡体前缘距原点 12m、距前缘 3m 处，为 10.89mm。Z 向位移沿前缘向后缘逐渐减小，沿坡顶至坡脚变化不大。位移受隧道开挖影响极大，位移最大点的隧道开挖后位移占总位移的 94.2%。右洞仰坡 Z 向位移主要受隧道开挖的控制，坡体最前缘由于埋深最浅，影响最大，随着隧道轴向深入，埋深增大，位移受隧道开挖影响逐渐减小。

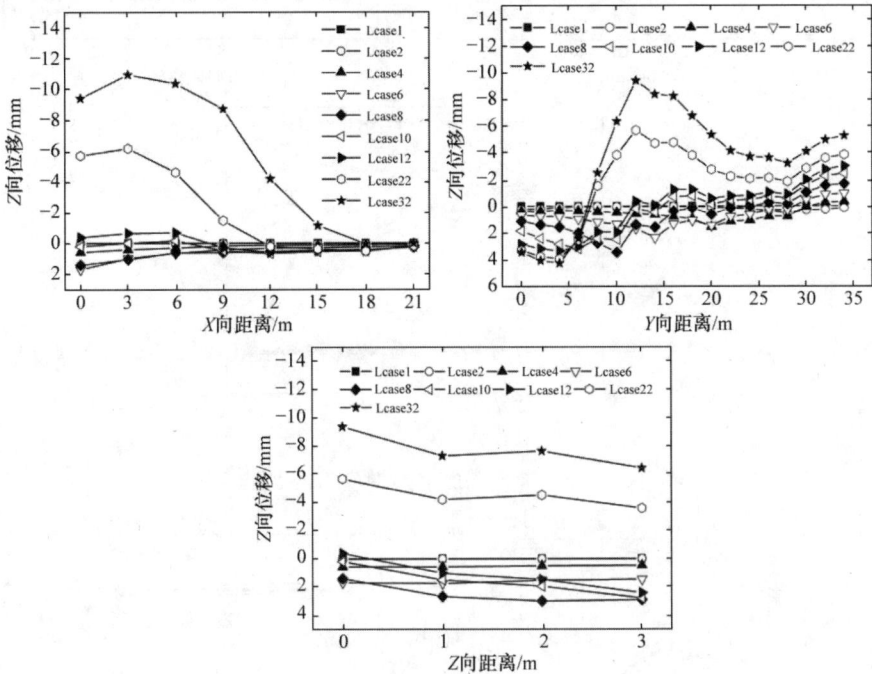

图 3.21 右洞仰坡 Z 方向（竖向）位移

② 左洞仰坡位移特征分析。

左洞仰坡 X 方向（纵向）位移分析：如图 3.22 所示，右洞仰坡最大 X 向位移产生在坡体前缘距原点 8m 处，为 4.34mm。X 向位移沿前缘向后缘逐渐减小，沿坡顶至坡脚逐渐减小。位移受隧道开挖影响较小，主要受左洞边坡开挖控制。

左洞仰坡 Y 方向（横向）位移分析：如图 3.23 所示，右洞仰坡最大 Y 向位移产生在坡体前缘距原点 4m 处，为 4.38mm。Y 向位移沿前缘向后缘逐渐减小。位移受隧道开挖影响较小，主要受左洞边坡开挖控制。

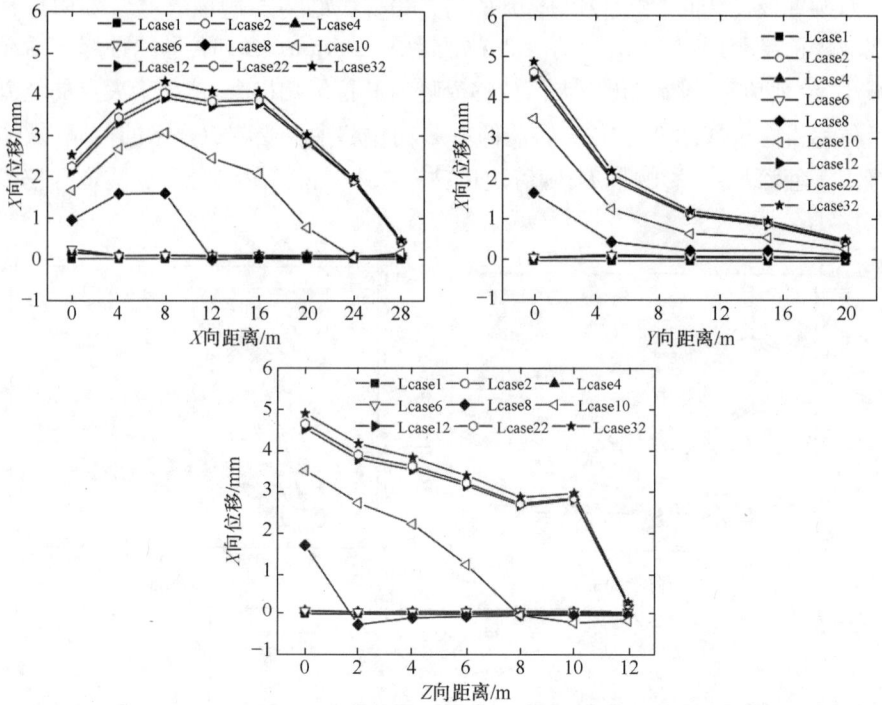

图 3.22 左洞仰坡 X 方向(纵向)位移

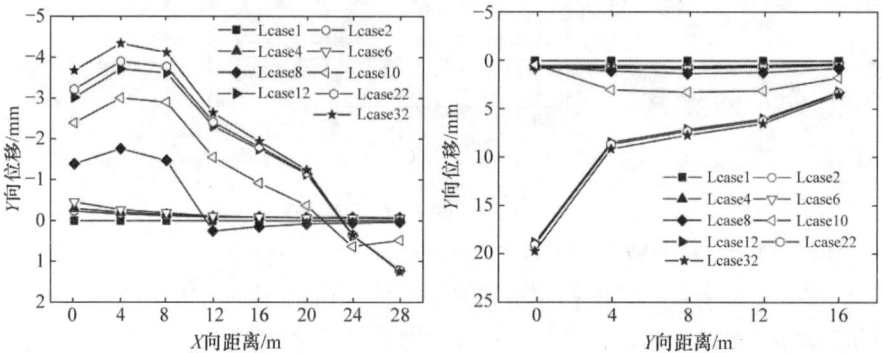

图 3.23 左洞仰坡 Y 方向(横向)位移

左洞仰坡 Z 方向(竖向)位移分析:如图 3.24 所示,右洞仰坡 Z 向位移较小,最大处不足 1mm。位移受隧道开挖影响较小,主要受左洞边坡开挖控制。

(3) 隧道洞口边坡安全系数及滑动面。

原始坡体通过有限元强度折减法计算得到的安全系数为 1.3473,属于稳定边坡,但安全系数与稳定安全系数(1.30)差距并不大,处于临界状态。说明原始边、仰坡坡体虽然处于稳定状态,但在开挖后极易发生破坏。

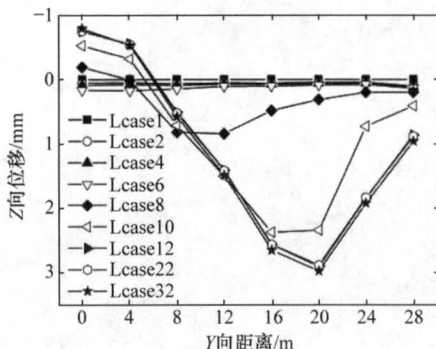

图 3.24　左洞仰坡 Z 方向(竖向)位移

图 3.25～图 3.30 分别为隧道洞口边坡截面在各典型工况下的最大剪应变云图和安全系数。由图可知,开挖第 1、2、3 级边坡后坡体安全系数为 1.3072,相比原始坡体有所减小,但仍大于稳定安全系数,处于稳定状态,剪应变量值也较小。当开挖第 4 级边坡后,安全系数明显减小,为 1.2848,已小于稳定安全系数,边坡处于不稳定状态,且剪应变最大值产生于坡体前部,量值为 4.23×10^{-3},且有向坡体内部发展的趋势。而随着第 5、6 级边坡的开挖,安全系数不断减小,边坡开挖完成后,安全系数仅为 1.1671,已远小于稳定安全系数,处于极不稳定状态。同时,剪应变较大值范围也逐渐向坡体内部发展并发展至上部坡体,出现贯通,即边坡极有可能沿贯通面发生滑移破坏,贯通面即为边坡的滑动面,最大剪应变量值为 6.70×10^{-3}。随着隧道不断向前掘进,边坡安全系数亦逐渐减小,但减幅不大,同时剪应变较大值范围也有所增加,贯通区更为明显,但基本上与边坡开挖后差距不大。这说明隧道洞口边坡稳定性主要受边坡开挖的影响,受隧道开挖影响亦存在,但影响较小。

图 3.25　开挖第 3 级边坡后最大剪应变云图

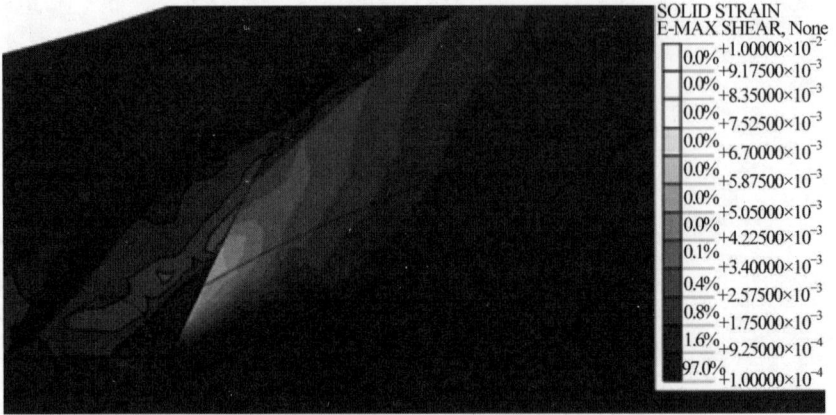

SOLID STRAIN
E-MAX SHEAR, None

0.0%	+1.00000×10⁻²
0.0%	+9.17500×10⁻³
0.0%	+8.35000×10⁻³
0.0%	+7.52500×10⁻³
0.0%	+6.70000×10⁻³
0.0%	+5.87500×10⁻³
0.0%	+5.05000×10⁻³
0.1%	+4.22500×10⁻³
0.4%	+3.40000×10⁻³
0.8%	+2.57500×10⁻³
1.6%	+1.75000×10⁻³
97.0%	+9.25000×10⁻⁴
	+1.00000×10⁻⁴

图 3.26　开挖第 4 级边坡后最大剪应变云图

图 3.27　开挖第 5 级边坡后最大剪应变云图

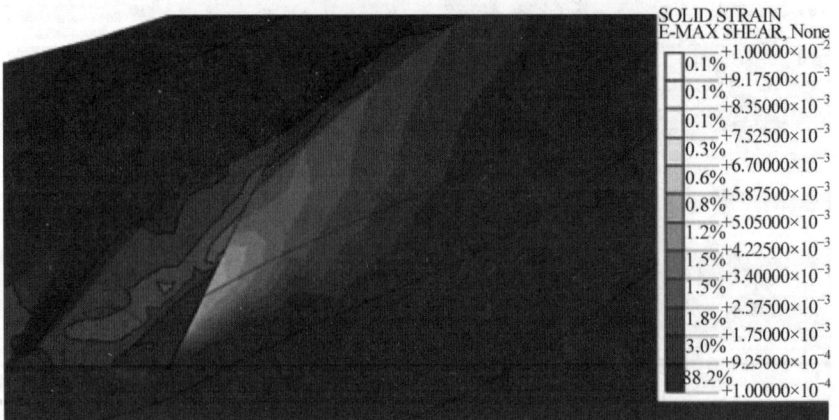

图 3.28　开挖第 6 级边坡后最大剪应变云图

图 3.29　隧道掘进 10m 后最大剪应变云图

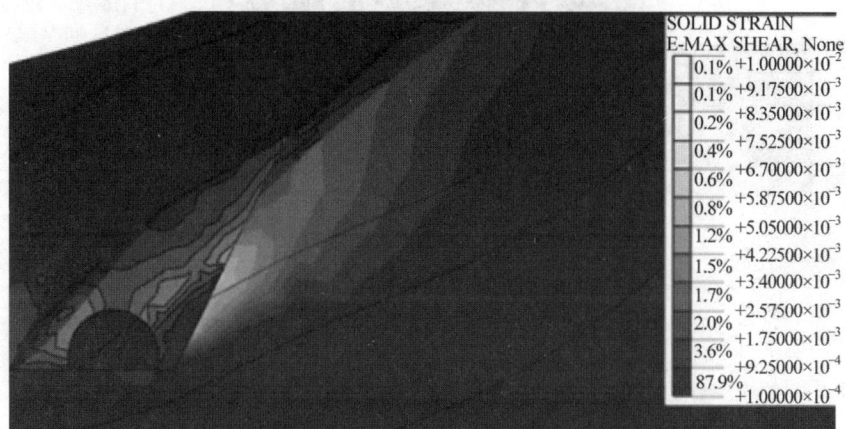

图 3.30　隧道掘进 20m 后最大剪应变云图

（4）隧道洞口仰坡安全系数及滑动面。

在数值计算时，得到的安全系数是针对整个隧道洞口坡体的安全系数，因此在同一工况下边坡与仰坡的安全系数相同，下述中，相同安全系数不再赘述。图 3.31～图 3.37 为各隧道洞口仰坡截面在各典型工况下的最大剪应变云图和安全系数。由图可以看出，当仰坡开挖时，剪应变较大值范围随着每一级坡体开挖而有所增加，且有缓慢向坡体内部发展的趋势，然而这种趋势并不明显，也未看到存在明显的潜在贯通滑移面，最大剪应变量值为 1.73×10^{-3}。然而，由图 3.34 可以看出，当隧道仅开挖 2m 时，由于仰坡坡体内部出现了临空面，剪应变值骤增，量值为 2.93×10^{-3}。同时剪应变较大值范围也有所增加，并出现了明显的向坡体内部和向上部坡体发展的趋势，即将形成贯通面。由图 3.35 可知，当隧道开挖 6m 时，剪应变较大值范围已发展至坡体上部,出现明显的贯通区,即为潜在滑动面。而随着隧道继续向前掘进,贯通区范围亦逐渐增大,同时剪应变较大值范围继续向坡体内部发展,最大值也持续增加,当隧道开挖 20m 时,最大值量值为 3.78×10^{-3}。说明隧道洞口仰坡稳定性虽然也受仰坡开挖的影响,但主要还是受隧道开挖的影响,这也是由于隧道开挖后,仰坡坡体内部出现临空面,导致出现应力集中,从而剪应变值和范围骤增,出现贯通的潜在滑移面。

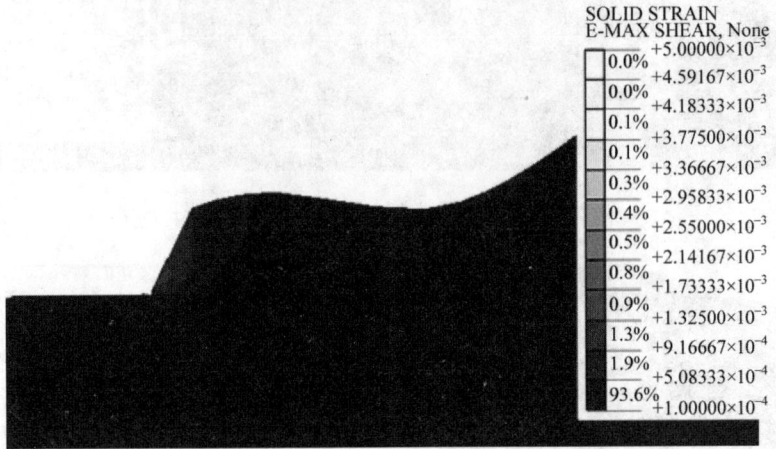

图 3.31　开挖第 4 级仰坡后最大剪应变云图

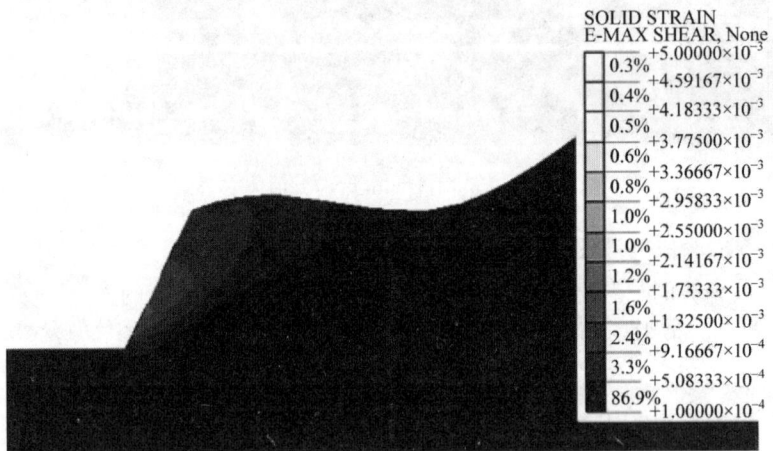

图 3.32　开挖第 5 级仰坡后最大剪应变云图

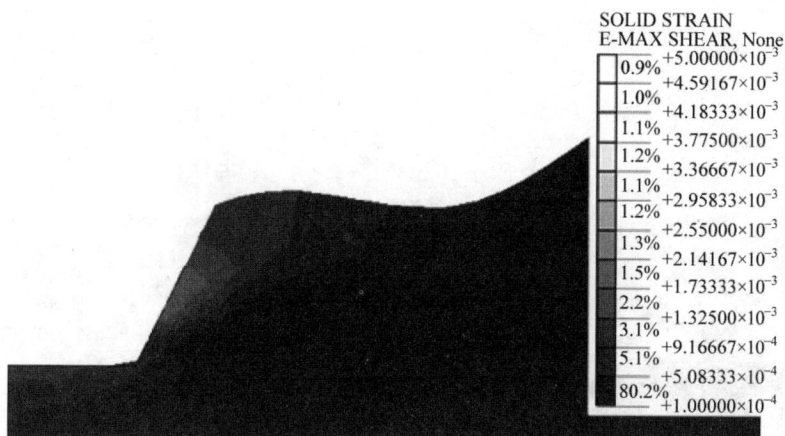

图 3.33　开挖第 6 级仰坡后最大剪应变云图

图 3.34　隧道掘进 2m 后最大剪应变云图

图 3.35　隧道掘进 6m 后最大剪应变云图

SOLID STRAIN
E-MAX SHEAR, None

	+5.00000×10⁻³
1.0%	+4.59167×10⁻³
1.1%	+4.18333×10⁻³
1.2%	+3.77500×10⁻³
1.3%	+3.36667×10⁻³
1.3%	+2.95833×10⁻³
1.4%	+2.55000×10⁻³
1.6%	+2.14167×10⁻³
1.8%	+1.73333×10⁻³
2.2%	+1.32500×10⁻³
3.2%	+9.16667×10⁻⁴
5.2%	+5.08333×10⁻⁴
78.7%	+1.00000×10⁻⁴

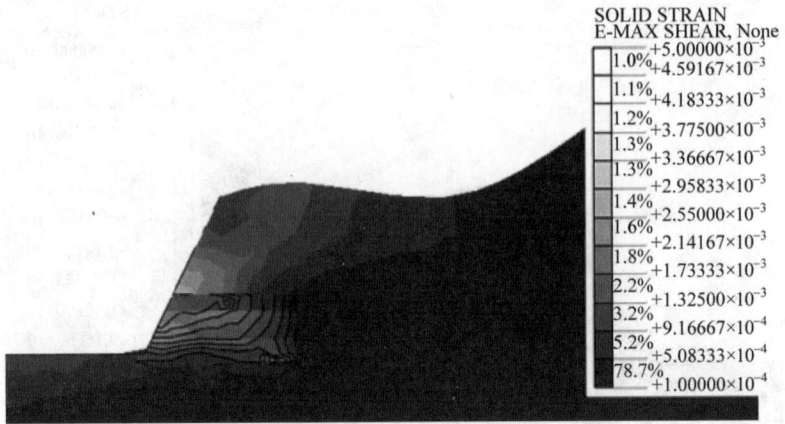

图 3.36　隧道掘进 10m 后最大剪应变云图

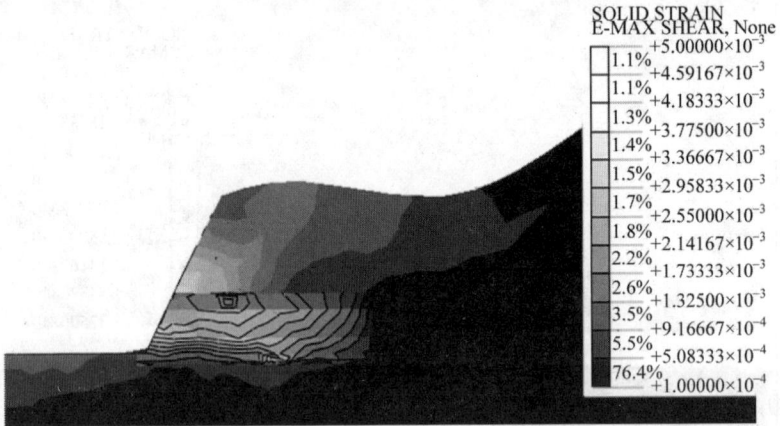

SOLID STRAIN
E-MAX SHEAR, None

	+5.00000×10⁻³
1.1%	+4.59167×10⁻³
1.1%	+4.18333×10⁻³
1.3%	+3.77500×10⁻³
1.4%	+3.36667×10⁻³
1.5%	+2.95833×10⁻³
1.7%	+2.55000×10⁻³
1.8%	+2.14167×10⁻³
2.2%	+1.73333×10⁻³
2.6%	+1.32500×10⁻³
3.5%	+9.16667×10⁻⁴
5.5%	+5.08333×10⁻⁴
76.4%	+1.00000×10⁻⁴

图 3.37　隧道掘进 20m 后最大剪应变云图

（5）隧道洞口边仰坡稳定性评价。

通过上述分析，可知隧道洞口边、仰坡在开挖后安全系数远小于稳定安全系数
1.30（表 3.4），同时边仰坡均存在较大位移值，说明坡体处于极不稳定的状态，坡
体极易沿滑动面和位移较大值处产生滑移破坏。且边坡稳定性受边坡开挖影响较
大，仰坡稳定性受隧道开挖稳定性影响较大。

表 3.4　边仰坡安全系数

工况	原始坡体	第1级边仰坡开挖	第2级边仰坡开挖	第3级边仰坡开挖	第4级边仰坡开挖	第5级边仰坡开挖	第6级边仰坡开挖	隧道开挖10m	隧道开挖20m
安全系数	1.3473	1.3405	1.3278	1.3072	1.2848	1.2233	1.1671	1.1496	1.1072

对于右洞边坡,主要位移方向为 Y 向(横向)和 Z 向(竖向)。位移较大值范围处于距边坡原点 30～40m 附近,同时剪应变较大值范围也基本处于这一区域。Y 向和 Z 向位移都是边坡前缘最大,向后缘逐渐减小,这与剪应变最大值发生在坡体前缘并向坡体内部和上部坡体发展的趋势相吻合,这种应变和位移趋势与典型的牵引式滑移模式相吻合,即边坡前缘土体率先发生滑动并带动边坡后缘土体一起滑动。同时,边坡开挖对位移和应变影响较大,隧道开挖对右洞边坡影响较小。

对于左洞边坡,主要位移方向为 Y 向(横向)和 Z 向(竖向)。X 向位移主要受右洞隧道仰坡影响。Y、Z 向位移比右洞边坡小,但受右洞隧道开挖影响较大。随着右洞隧道的开挖,呈现出 Y 向位移边坡前缘小,后缘大,Z 向位移前缘为正值,后缘为负值的现象,与圆弧剪切滑移模式较吻合。后缘土体率先滑移,因此 Y、Z 向位移均较大,而前缘土体在圆弧滑移面上向上剪切滑移,因此 Z 向位移为正,Y 向位移较小。

对于右洞仰坡,在 X 向(纵向)、Y 向(横向)和 Z 向(竖向)位移值均较大。沿 X 向前缘位移最大,向后缘逐渐减小,这也与仰坡最大剪应变值产生在坡体前缘并向坡体内部和上部发展的趋势相吻合,说明仰坡有牵引式滑动的趋势。沿 Y 向左侧位移较小,右侧位移较大,右洞仰坡和左洞边坡同属一片坡体,这也与之前左洞边坡位移分析相吻合。

对于左洞仰坡,由于左洞隧道未开挖,位移均较小。主要位移方向为 Y 向(横向)和 Z 向(竖向)。

综上所述,右洞边坡与右洞仰坡位移较大,安全系数较小,且均出现了剪应变较大值范围贯通的现象,存在滑移面,处于不稳定状态,坡体易沿滑移面发生破坏。同时,由于边坡的稳定性受边坡开挖影响较大,边坡坡体可能会在边坡开挖后便发生破坏;而仰坡的稳定性受隧道开挖影响较大,仰坡坡体可能会在隧道开挖后发生破坏。

现场情况也印证了数值模拟计算的结果,在现场施工过程中,在隧道准备进洞时右洞边坡发生滑坡(图 3.38),导致施工被迫中断。当隧道洞口段开挖时,右洞仰坡发生滑移,滑洞所产生的推力导致隧道衬砌开裂(图 3.39 和图 3.40)。在隧道进洞过程中连续出现事故使各方对香山隧道进洞情况极为关注,并聘请我方为香山隧道进洞提供技术支持,由以上研究分析可知,香山隧道的原设计进洞方案存在诸多缺陷,需要重新设计隧道进洞方案。

图 3.38　右洞边坡滑坡　　　　　　　图 3.39　右洞仰坡滑移导致隧道衬砌开裂

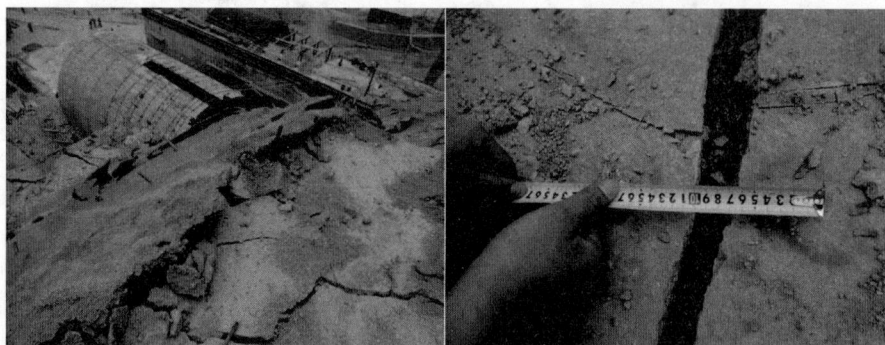

图 3.40　右洞仰坡滑移导致仰坡喷护开裂

3）香山隧道洞口边仰坡优化治理方案研究

　　香山隧道前期按原设计进洞方案施工,隧道洞口边、仰坡在现场施工时出现边仰坡大面积滑塌、地表开裂等事故,按原设计已不能正常进洞。经研究分析,香山隧道洞口边、仰坡发生滑移破坏的原因主要有两方面:①对于边坡,原设计方案的边坡开挖坡度过大,且与山体相连处坡度变化较为突然,上部山体的推力无法较好地传递,易导致边坡开挖后产生较大应力集中,从而使应变较大,出现贯通的滑移面,产生破坏;②对于仰坡,由于仰坡处存在一天然垭口,导致隧道洞口段仰坡在较长距离内土层厚度较薄,在隧道开挖后,无法形成承载拱以负担土体自重和上部土体推力,从而极易发生破坏。针对边、仰坡滑移破坏原因的研究分析结果,调整了香山隧道竹溪端洞口边、仰坡施工方案,具体方案如下。

①"明挖明作",即把右幅位于冲沟至洞口的浅埋偏压段采取明挖。

②左右洞边分层开挖防护,根据定位好的边仰坡开口线,从上而下分层进行边仰坡开挖及防护。香山隧道边仰坡最高处为 60m,边仰坡分台阶进行开挖防护,每台阶高度为 8m,坡度为 1：0.75,因此最高处为 7 级半台阶。边仰坡防护采用 $\Phi 42 \times 3.5$mm 导管注浆,长度为 6m,间距为 0.5m×0.5m,水平打设、梅花型布置,挂 $\Phi 6$ 钢筋网,间距为 20cm×20cm;C20 喷射混凝土厚 10cm。边坡开挖示意图如图 3.41 所示。

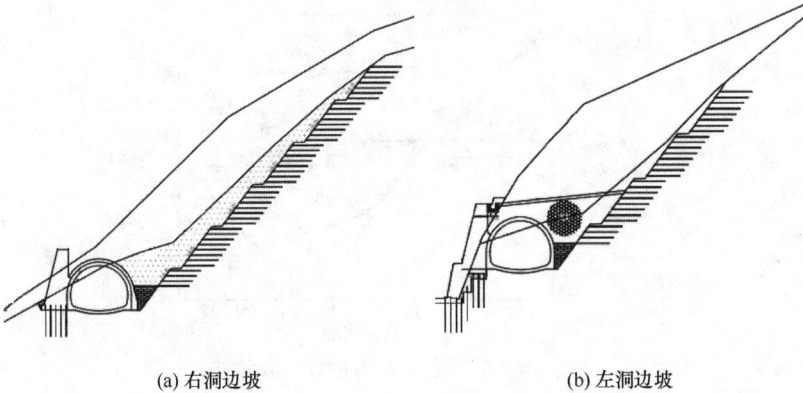

(a) 右洞边坡　　　　　　　　　　　　　(b) 左洞边坡

图 3.41　边坡开挖示意图

在本节中,我们将利用有限元数值模拟,就优化后的香山隧道洞口边仰坡施工方案的稳定性和有效性进行研究和验证。有限元计算模型 X、Y、Z 方向与前面相同,如图 3.12 所示。优化后设计模型计算最终步为 Lcase52,即右洞开挖 40m,左洞开挖 20m,具体计算工况与施工步骤对应表见表 3.2。

(1) 洞口边坡位移特征分析。

① 右洞边坡位移特征分析。

右洞边坡 X 方向(纵向)位移分析:如图 3.42 所示,右洞边坡最大 X 向位移产生在坡体前缘距原点 40m 处,为 1.87mm。X 向位移沿前缘向后缘逐渐减小,沿坡顶至坡脚逐渐减小。位移受隧道开挖影响较小。

右洞边坡 Y 方向(横向)位移分析:如图 3.43 所示,右洞边坡最大 Y 向位移产生在坡体前缘距原点 60m 处,为 12.52mm。Y 向位移沿前缘向后缘逐渐减小,沿坡顶至坡脚位移有起伏。位移受隧道开挖影响较小。

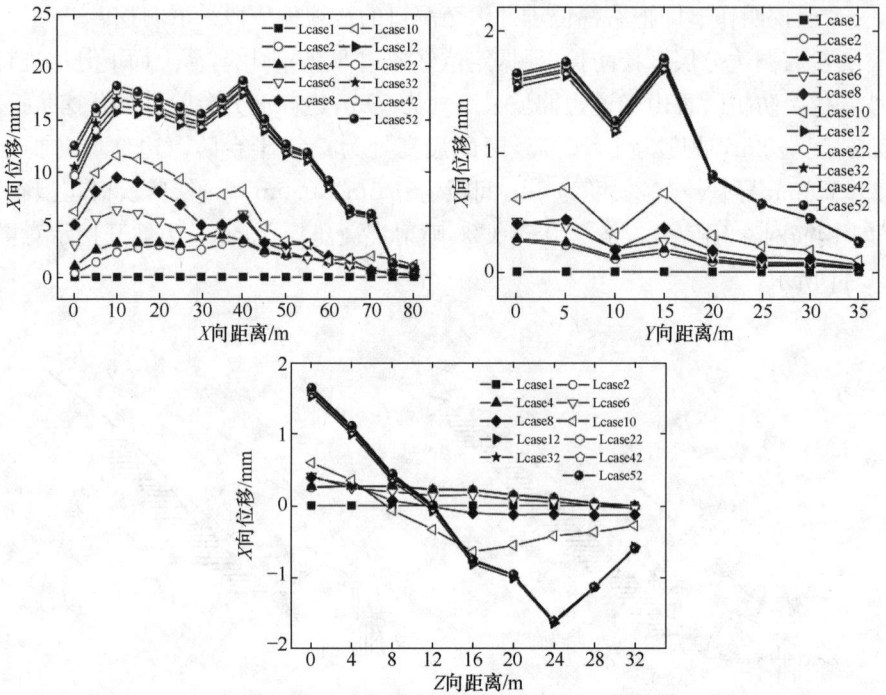

图 3.42　右洞边坡 X 方向(纵向)位移

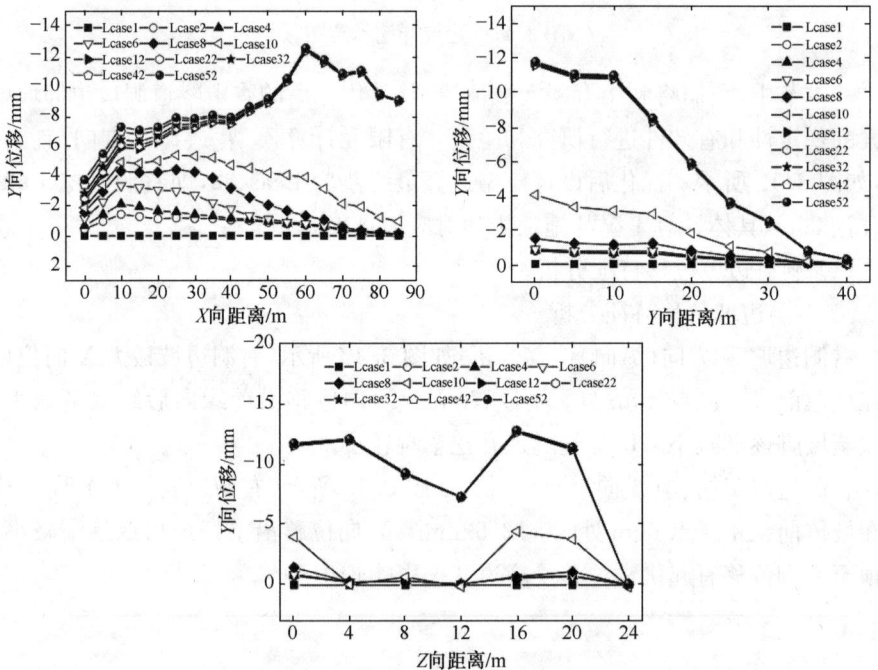

图 3.43　右洞边坡 Y 方向(横向)位移

右洞边坡 Z 方向(竖向)位移分析:如图 3.44 所示,右洞边坡最大 Z 向位移产生在坡体前缘距原点 45m 处,为 3.68mm。Z 向位移沿前缘向后缘逐渐减小,沿坡顶至坡脚位移有起伏。位移受隧道开挖影响较小。

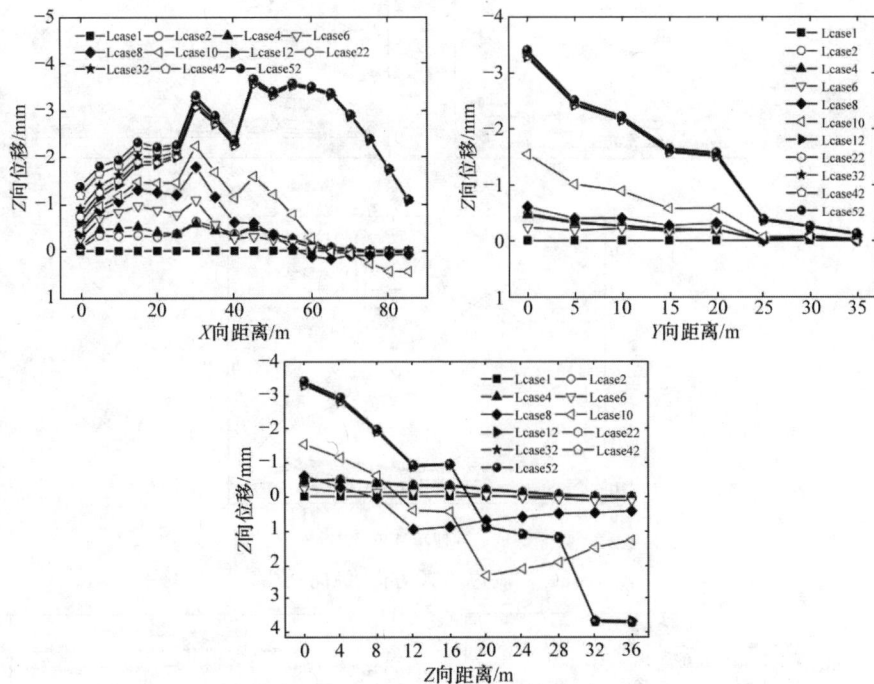

图 3.44　右洞边坡 Z 方向(竖向)位移

② 左洞边坡位移特征分析。

左洞边坡 X 方向(纵向)位移分析:如图 3.45 所示,左洞边坡最大 X 向位移产生在坡体前缘距原点 6m 处,为 3.59mm,但沿坡体前缘位移变化幅度不大。X 向位移沿前缘向后缘有减小的趋势,但变化较小,沿坡顶至坡脚位移逐渐减小。位移受隧道开挖影响极大,位移最大点的隧道开挖后位移占总位移的 84.1%。

左洞边坡 Y 方向(横向)位移分析:如图 3.46 所示,左洞边坡最大 Y 向位移产生在坡体前缘距原点 21m 处,为 9.32mm。Y 向位移沿前缘向后有减小的趋势,但变化较小,沿坡顶至坡脚位移变化不大,只在距坡顶 10m 以下明显减小。位移受隧道开挖影响极大,位移最大点的隧道开挖后位移占总位移的 82.3%。

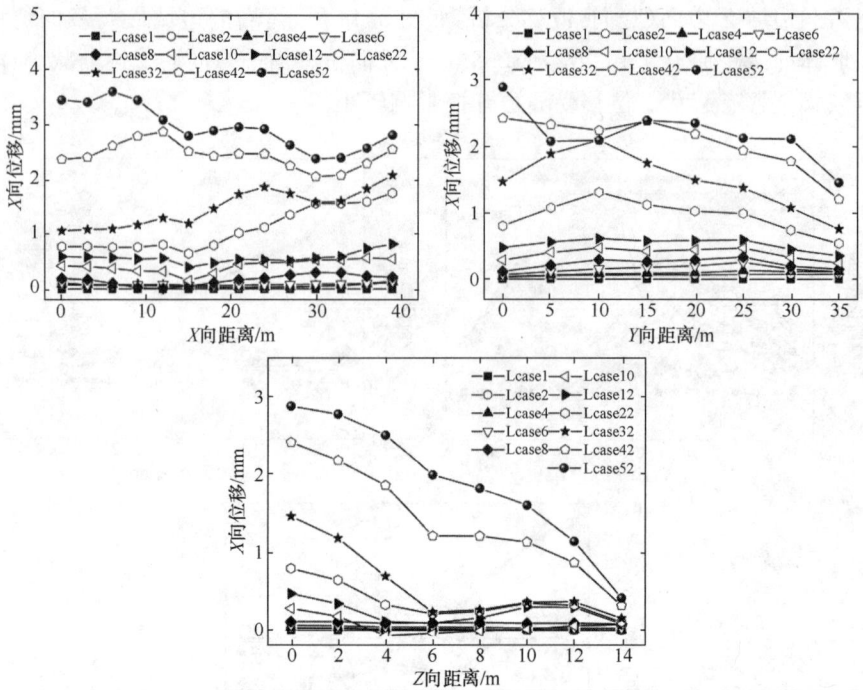

图 3.45　左洞边坡 X 方向(纵向)位移

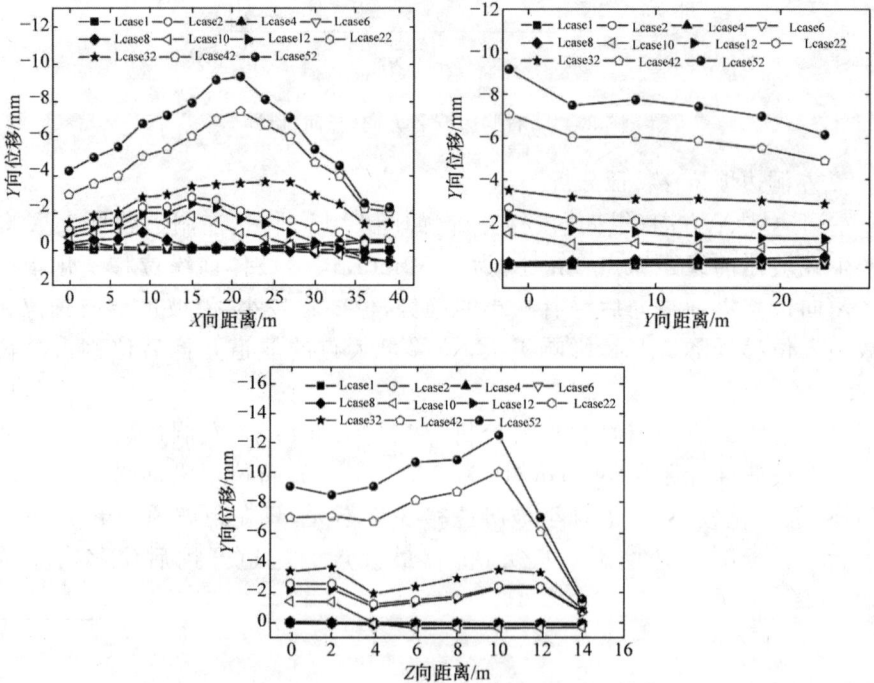

图 3.46　左洞边坡 Y 方向(横向)位移

　　左洞边坡 Z 方向(竖向)位移分析:如图 3.47 所示,左洞边坡最大 Z 向位移产生在坡体前缘距原点 12m 处,为 3.13mm。Z 向位移沿前缘向后缘逐渐减小,沿坡顶至坡脚位移逐渐减小。位移受隧道开挖影响极大,位移最大点的隧道开挖后位移占总位移的 83.8%。

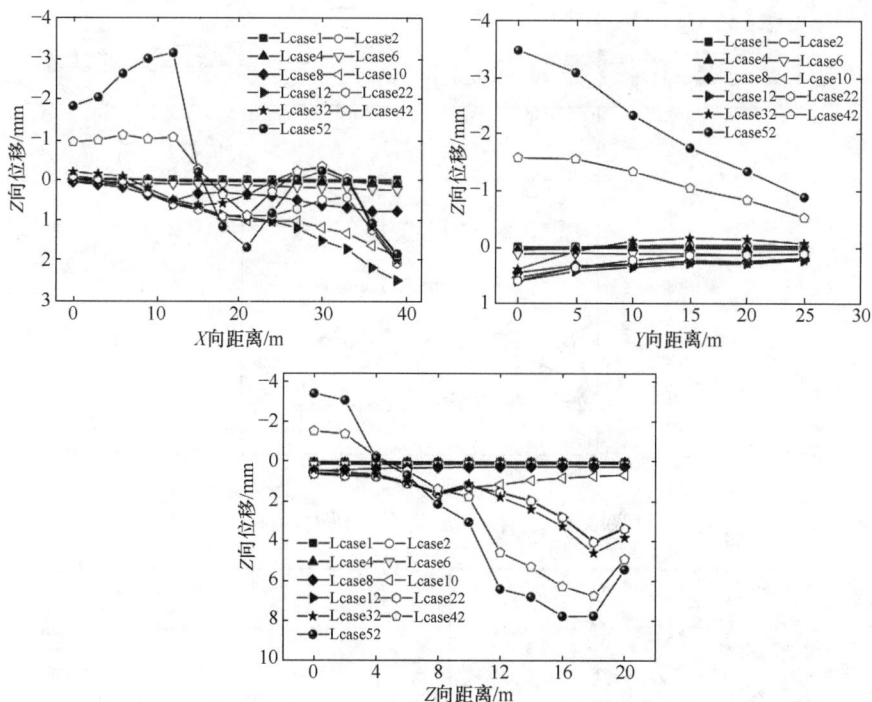

图 3.47　左洞边坡 Z 方向(竖向)位移

(2) 洞口仰坡位移特征分析。

① 右洞仰坡位移特征分析。

　　右洞仰坡 X 方向(纵向)位移分析:如图 3.48 所示,右洞仰坡最大 X 向位移产生在坡体前缘距原点 45m 处,为 3.52mm。X 向位移沿坡体前缘距原点 35～45m 处为距隧道拱顶最近处,地表最薄,因此位移增大。X 向位移沿前缘向后缘变化较小,沿坡顶至坡脚位移变化较小,略有增加,说明滑移面距地表较深,坡体为整体位移。位移受隧道开挖影响较大,位移最大点的隧道开挖后位移占总位移的 69.2%。

　　右洞仰坡 Y 方向(横向)位移分析:如图 3.49 所示,右洞仰坡最大 Y 向位移产生在坡体前缘距原点 5m 处,为 4.58mm,但 Y 向位移沿坡体前缘变化不大。Y 向位移沿前缘向后缘变化较小,略有增加。沿坡顶至坡脚位移变化较小,说明滑移面距地表较深,坡体为整体位移。位移受隧道开挖影响较大,位移最大点的隧道开挖后位移占总位移的 39.5%。

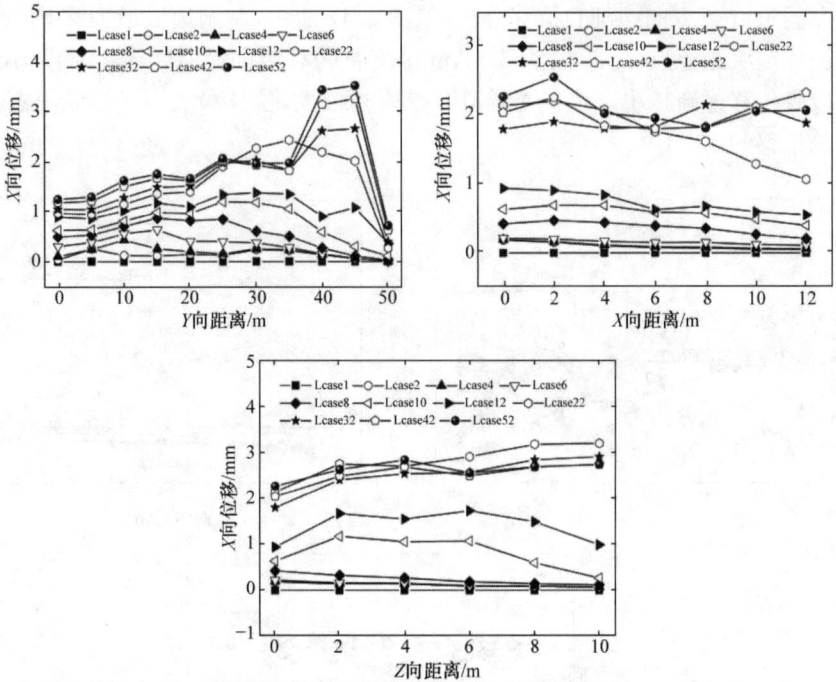

图 3.48　右洞仰坡 X 方向(纵向)位移

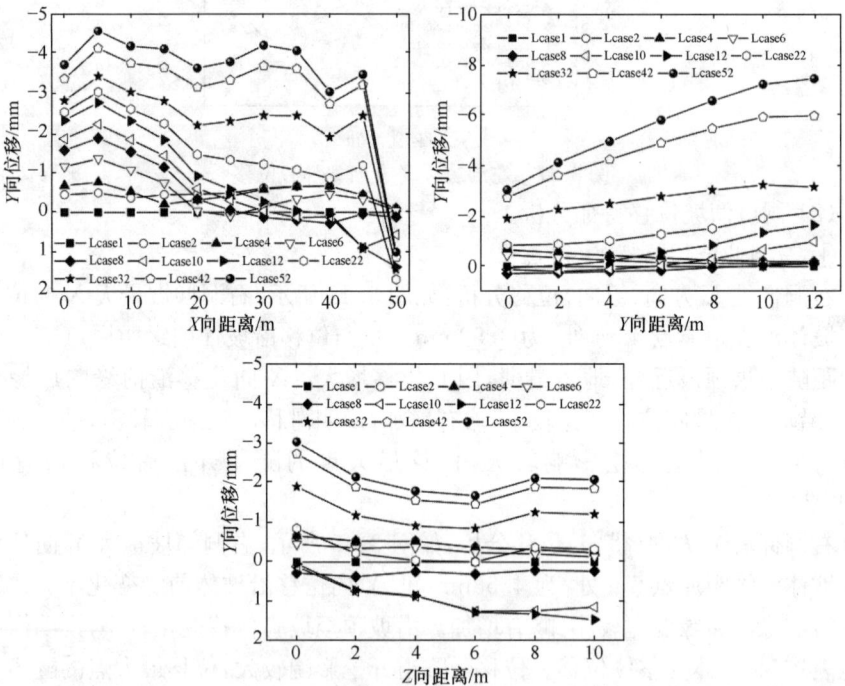

图 3.49　右洞仰坡 Y 方向(横向)位移

右洞仰坡 Z 方向(竖向)位移分析:如图 3.50 所示,右洞仰坡最大 Z 向位移产生在坡体前缘距原点 35m 处,为 1.89mm。Z 向位移沿前缘向后缘有增大趋势,沿坡顶至坡脚位移有减小趋势。位移受隧道开挖影响较大。

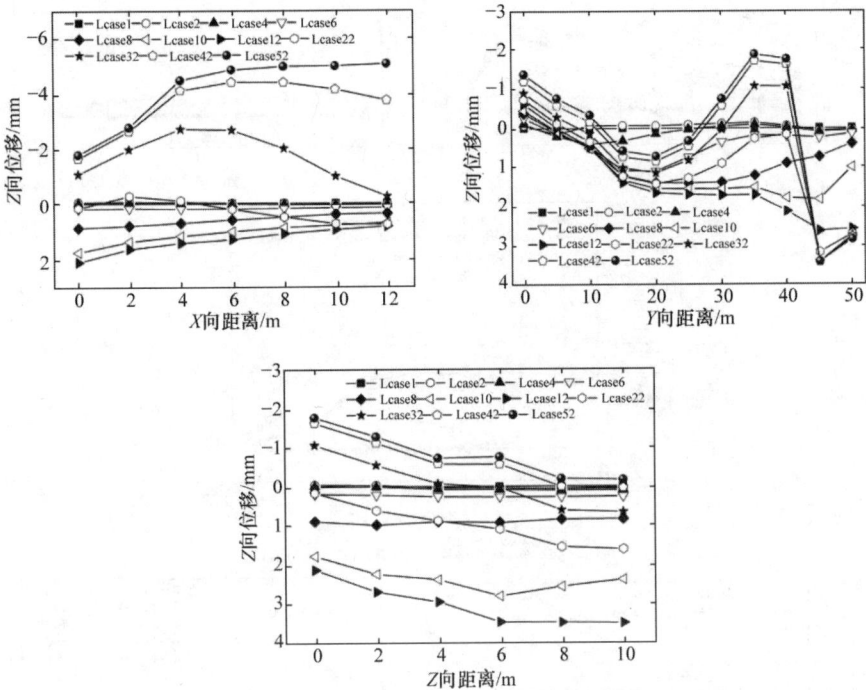

图 3.50　右洞仰坡 Z 方向(竖向)位移

② 左洞仰坡位移特征分析。

左洞仰坡 X 方向(纵向)位移分析:如图 3.51 所示,左洞仰坡最大 X 向位移产生在坡体前缘距原点 35m 处,为 6.30mm,该处距隧道最近,地表最薄,故位移较大。X 向位移沿前缘向后缘逐渐减小。沿坡顶至坡脚位移变化不大,在 8m 以下,位移减小。位移受隧道开挖影响极大,位移最大点的隧道开挖后位移占总位移的 88.3%。

左洞仰坡 Y 方向(横向)位移分析:如图 3.52 所示,左洞仰坡最大 Y 向位移产生在坡体前缘距原点 32m 处,为 7.67mm,该处也是距隧道最近,地表最薄,故位移较大。Y 向位移沿前缘向后缘逐渐减小,沿坡顶至坡脚位移逐渐减小。位移受隧道开挖影响极大,位移最大点的隧道开挖后位移占总位移的 97.6%。

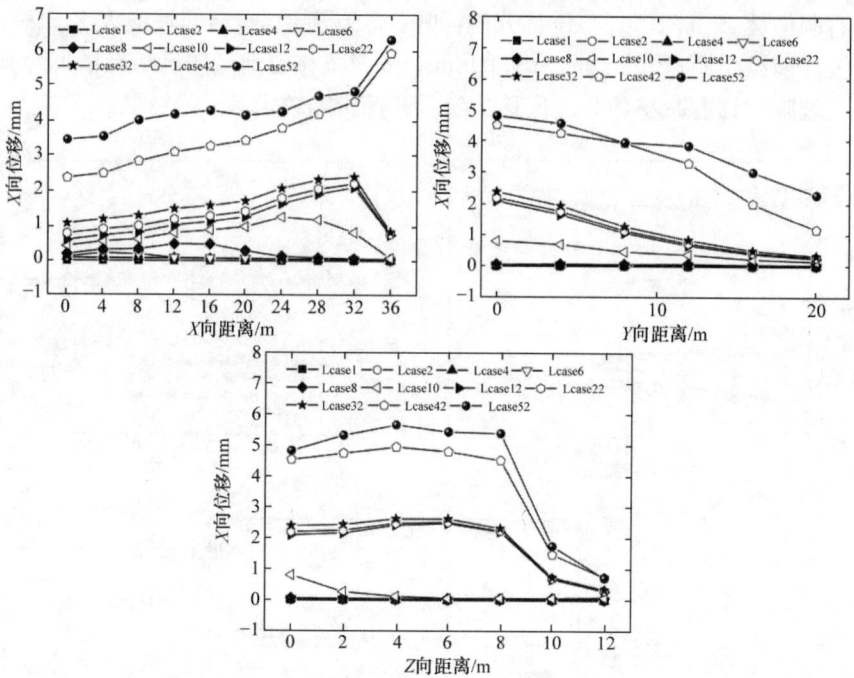

图 3.51　左洞仰坡 X 方向(纵向)位移

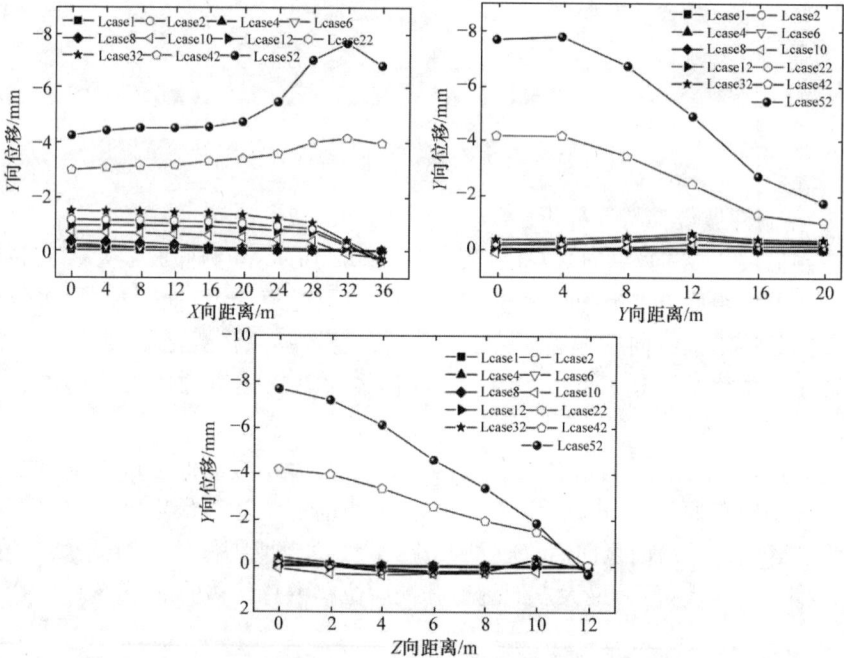

图 3.52　左洞仰坡 Y 方向(横向)位移

左洞仰坡 Z 方向(竖向)位移分析：如图 3.53 所示，左洞仰坡最大 Z 向位移产生在坡体前缘距原点 12m 处,为 2.46mm,该处也是距隧道最近,地表最薄,故位移较大。Y 向位移沿前缘向后缘逐渐减小,沿坡顶至坡脚位移逐渐减小。位移受隧道开挖影响极大,位移最大点的隧道开挖后位移占总位移的 97.6%。

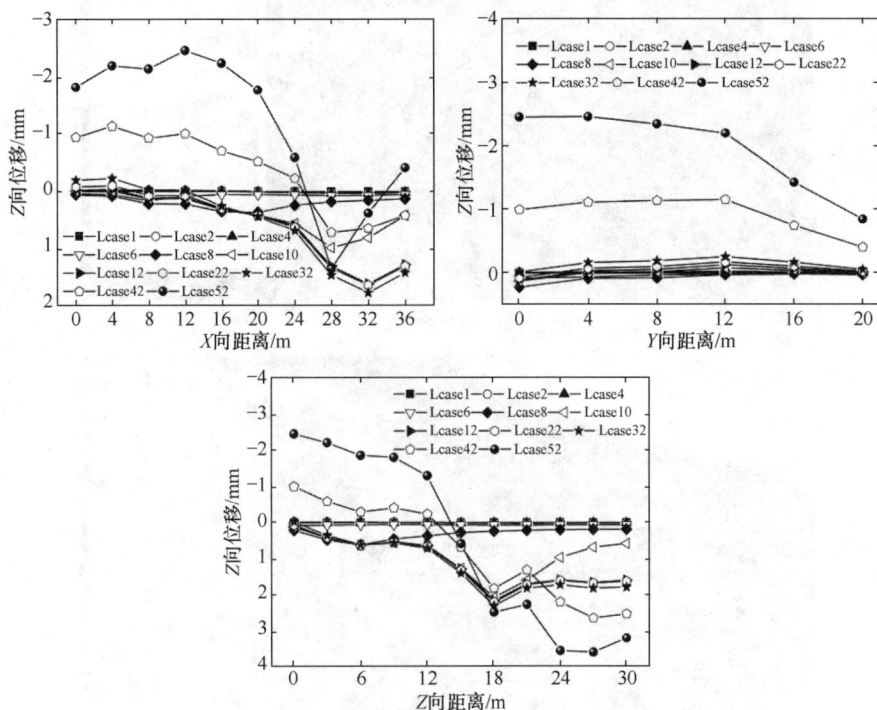

图 3.53　左洞仰坡 Z 方向(竖向)位移

（3）隧道洞口边坡安全系数及滑动面。

与原设计方案相同,原始坡体通过有限元强度折减法计算得到的安全系数为 1.34731。图 3.54～图 3.59 分别为隧道洞口边坡在各典型工况下的最大剪应变云图和安全系数,为了更方便地与原设计方案进行对比,将各图的图例大小范围与原设计计算结果保持一致。由图 3.54 可以看出,与原设计不同,第 1、2、3 级边坡开挖后边坡并未出现明显的剪应变突变,坡体安全系数为 1.3431,坡体仍处于安全状态。随着边坡分级开挖,安全系数逐渐减小,但减幅很小,知道边坡开挖完成后,坡体安全系数仍处于稳定状态。同时,剪应变增加趋势也较为缓慢,边坡开挖完成后最大剪应变值仅为 2.58×10^{-3},且较大值仅零星出现在各级边坡开挖的坡脚,范围较小,且未形成贯通面。由前面可知,隧道开挖对边坡影响较小,因此随着隧道不断向前掘进,坡体安全系数下降较为缓慢,始终大于稳定安全系数 1.30,处于稳定状态,同时,边坡剪应变量值和较大值范围基本没有变化。说明通过放缓边坡开挖坡度并分台阶开挖能够有效改善边坡应力状态,较好地承载土体自身的重力并传递上部土体产生的推力,也证明了边坡优化治理方案的合理性。

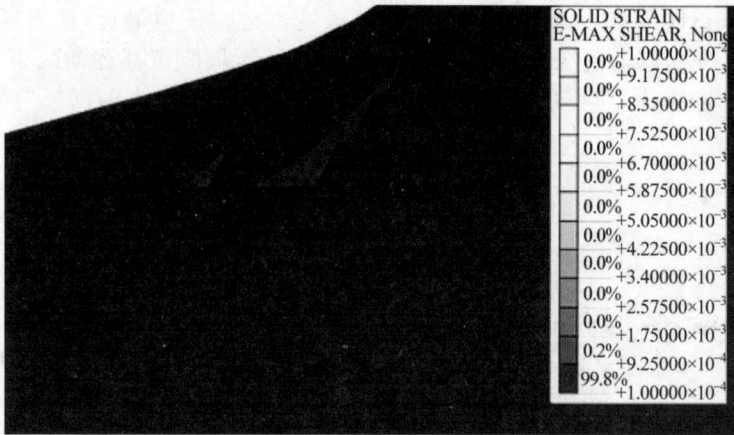

图 3.54　开挖第 3 级边坡后最大剪应变云图

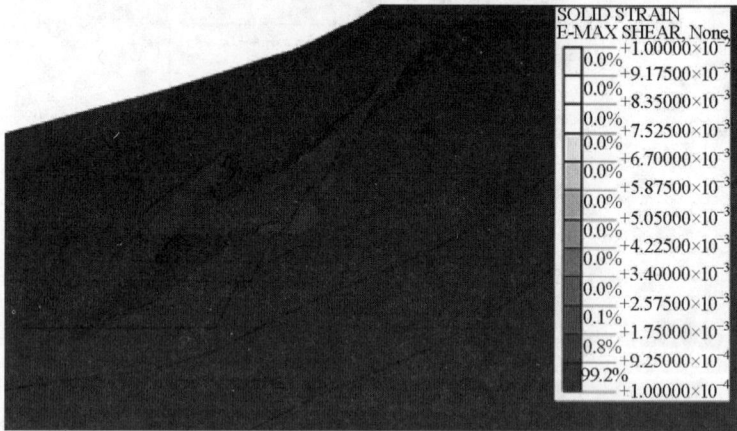

图 3.55　开挖第 4 级边坡后最大剪应变云图

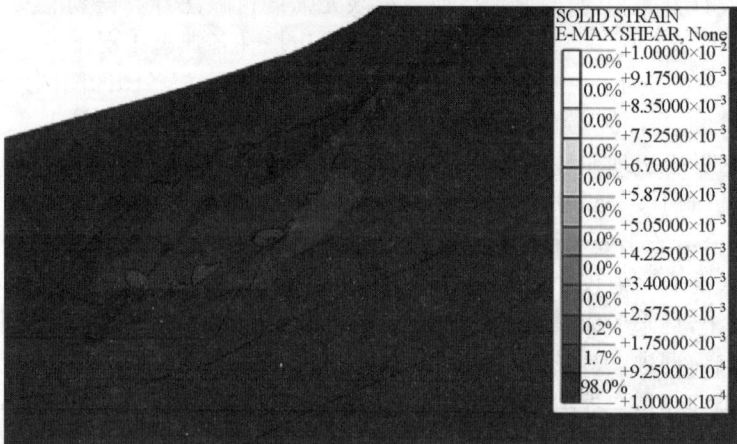

图 3.56　开挖第 5 级边坡后最大剪应变云图

图 3.57　开挖第 6 级边坡后最大剪应变云图

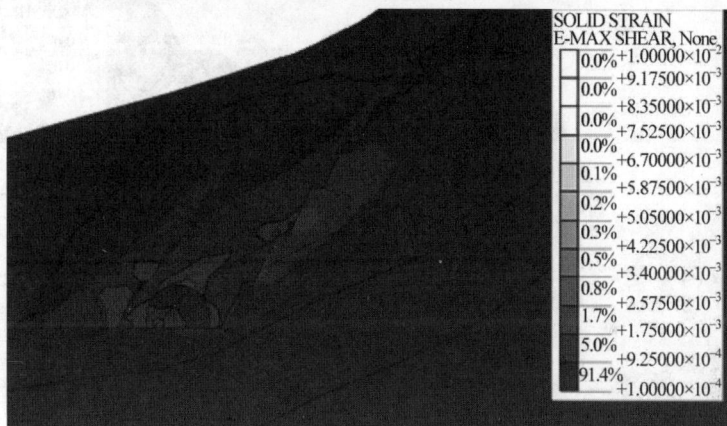

图 3.58　隧道掘进 10m 后最大剪应变云图

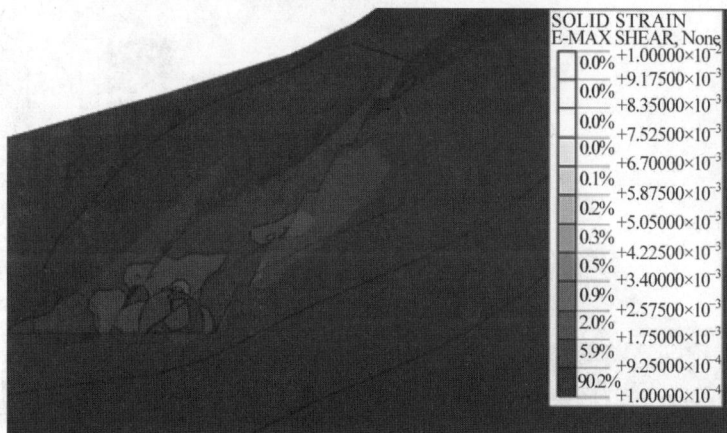

图 3.59　隧道掘进 20m 后最大剪应变云图

（4）隧道洞口仰坡安全系数及滑动面。

图 3.60～图 3.64 为隧道洞口仰坡在各典型工况下的最大剪应变云图和安全系数。由原设计方案数值分析结果可知，隧道洞口仰坡破坏主要受隧道开挖的影响，由图 3.60 和图 3.61 可见，仰坡开挖后尽管在坡脚出现了剪应变增大，但增幅较小，仰坡开挖完成后减应变最大值仅为 2.55×10^{-3}，且范围较小。由图 3.62～图 3.64 可知，随着隧道向前掘进，隧道拱顶上部土体剪应变有所增加，最大值量值为 2.55×10^{-3}，单剪应变较大值范围向坡体上部发展的趋势并不明显，未形成贯通面，坡体上部的土体剪应变并未发生明显变化，且坡体安全系数均大于 1.30，处于安全状态。说明仰坡在隧道开挖后仍较为稳定，虽然受隧道开挖影响依然明显，但未出现贯通的滑移面，剪应变量值也较小，较大值范围也为发展至坡体上部，不存在隧道开挖后仰坡滑移破坏的现象，证明了仰坡治理方案的有效性。

图 3.60　开挖第 5 级仰坡后最大剪应变云图

图 3.61　开挖第 6 级仰坡后最大剪应变云图

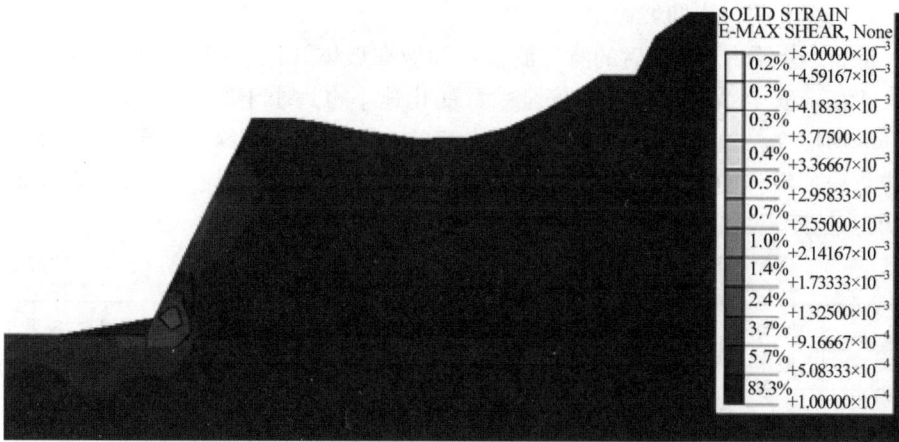

图 3.62　隧道掘进 2m 后最大剪应变云图

图 3.63　隧道掘进 10m 后最大剪应变云图

图 3.64　隧道掘进 20m 后最大剪应变云图

（5）隧道洞口边仰坡稳定性评价。

综合以上分析,治理后的隧道洞口边仰坡在坡体开挖和隧道开挖后安全系数均大于稳定安全系数(表3.5),安全系数变化速率也远小于原方案(图3.65)。且边仰坡剪应变量值均较小,剪应变较大值范围也未由坡体前缘发展至坡体上部,未形成贯通的滑移面。同时,坡体各项位移也明显小于原方案,说明坡体基本处于稳定状态,治理后的边坡能够保证隧道安全顺利进洞。

表3.5　边仰坡安全系数

工况	原始坡体	第1级边仰坡开挖	第2级边仰坡开挖	第3级边仰坡开挖	第4级边仰坡开挖	第5级边仰坡开挖	第6级边仰坡开挖	隧道开挖10m	隧道开挖20m
安全系数	1.3473	1.3450	1.3442	1.3431	1.3397	1.3354	1.3284	1.3220	1.3183

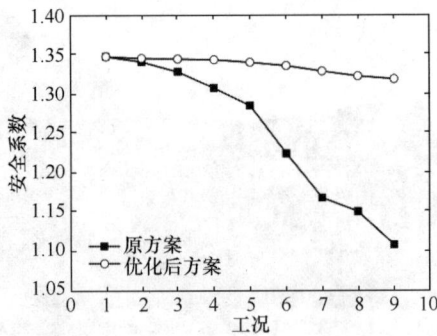

图3.65　原方案-治理方案安全系数对比

对于右洞边坡,主要位移方向为Y向(横向)和Z向(纵向)。Y向位移最大值为原设计的38.09%,且到洞口的距离比设计远20m左右,与隧道之间的相互影响更小。Y向位移沿坡顶至坡脚变化较小,滑移面比原设计更深,更为稳定。Z向位移最大值为原设计的25.1%。Y、Z向位移受隧道开挖影响均较小。最大剪应变量值也小于原设计方案,这与位移的变化一致,说明坡体相对原设计方案更为稳定。

对于左洞边坡,主要位移方向为Y向(横向)。左洞边坡位移受隧道开挖影响较大。优化后设计在施工步Lcase32时,最大Y向位移为原设计的45.38%。优化后设计模型最终步Y向位移是原设计最终步的116.5%。可见,左洞边坡相对原设计更为稳定。

对于右洞仰坡,X、Y和Z三轴位移均较小,较为稳定。且位移从坡顶到坡脚均变化较小,说明边坡处于整体变形,不存在位移突变坡体破坏的现象。同时位移主要受隧道开挖的影响。

对于左洞仰坡,主要位移方向为 X 向(横向)和 Y 向(纵向),最大位移均发生在仰坡距隧道顶距离最短处,埋深最浅,受隧道开挖影响较大。整体位移值均处于毫米级。

综合以上分析,香山隧道洞口边、仰坡治理方案能够有效地改善洞口边仰坡的应力状态,边仰坡位移较之原设计方案更小,剪应变量值、范围也较小,同时未发现贯通的滑移面,安全系数也大于规范要求,说明经过治理后的边坡能够保持稳定的状态,确保隧道安全进洞。

5. 小结

通过对香山隧道洞口边仰坡稳定性的分析,得到了洞口边仰坡在边仰坡开挖和隧道进洞过程中的位移变化趋势、应变发展过程、安全系数变化趋势和可能发生破坏的位置,总结了边、仰坡破坏的原因和主要影响因素,在此基础上提出香山隧道洞口边仰坡治理方案,并在数值分析和现场施工中验证了治理方案的有效性和可靠性,为同类型隧道采取合理有效的进洞施工方案提供了技术支撑,并得到以下结论。

对于有碎石土的隧道进口,边仰坡大开挖后主要位移模式为牵引式滑移模式,边仰坡位移和剪应变呈现前缘大、后缘小、坡顶大、坡脚小的趋势,随着坡体和隧道的开挖,由坡体前缘向内部和上部发展。边坡分台阶开挖防护对改善边坡稳定性有显著的作用,使边坡处于整体位移的状态,消除了边坡位移突变导致局部滑移破坏的隐患。适宜的边坡开挖坡度和坡形对坡体稳定性有着极为关键的影响。

隧道开挖对边坡位移影响较小,对仰坡位移影响较大。因此隧道边坡的破坏多发生在隧道进洞前,或进洞前已有不稳定的预兆,而仰坡的破坏多发生在隧道进洞以后,破坏后多会导致隧道衬砌开裂甚至塌方,危害较大。

隧道洞口浅埋段的冲沟对仰坡位移有较大的影响,对洞口仰坡的稳定性有不利影响。将冲沟到洞口的浅埋偏压段采用明挖法施工后有效地减小了仰坡的位移,增强了仰坡的稳定性。因此,适宜的仰坡坡形对仰坡稳定性具有重要影响。

3.3.2 不同隧道开挖工艺对隧道洞口段稳定性的影响研究

1. 概述

隧道洞口段稳定性包括隧道洞口边、仰坡的稳定性和洞身支护结构的稳定性,而隧道洞口段的失稳破坏现象,无论是洞口边仰坡失稳破坏还是洞口段支护结构失稳破坏,归根结底都是由洞口边、仰坡的不稳定造成的,洞口段隧道支护结构的稳定性问题反映的也是洞口边、仰坡的稳定性问题。由 3.3.1 节的研究分析可知,隧道洞口坡体稳定性受隧道开挖影响较大,特别是洞口仰坡,3.3.1 节原设计施工方案中仰坡滑移破坏导致隧道衬砌开裂主要就是由隧道开挖引发的。因此,通过采用适宜的隧道开挖工艺将这种影响的程度降到最低,便具有较大的研究价值和实际应用价值。

本节将在 3.3.1 节治理后的隧道洞口基础上,研究不同的隧道开挖工艺对隧道洞口边、仰坡稳定性和洞身稳定性所产生的不同影响,并进行对比分析,总结各种开挖工艺的优势与缺陷,得出适合香山隧道地质地形条件的开挖工艺,为类似隧道工程开挖工艺的选择提供理论支撑。

2. 隧道开挖工艺

对于高速公路隧道,主要的开挖方法有全断面法、台阶法、环形开挖预留核心土法、中隔壁法(CD 法)、交叉中隔壁法(CRD 法)、双侧壁导坑法等,各开挖工艺施工步骤如表 3.6 和图 3.66 所示。每一种开挖方法都有各自的特点和适用情况,根据不同的地质情况、隧道断面、施工条件等因素,选择适合的开挖方法,在保证施工安全的前提下,提高施工效率和经济性。

表 3.6　各开挖工艺流程表

开挖工艺	施工步骤
台阶法	1. 开挖上台阶;2. 上台阶初期支护;3. 开挖中台阶;4. 中台阶初期支护;5. 开挖下台阶;6. 下台阶初期支护
环形开挖预留核心土法	1. 开挖弧形导坑;2. 弧形导坑初期支护;3. 开挖左侧墙上部;4. 左侧墙上部初期支护;5. 开挖右侧墙上部;6. 右侧墙上部初期支护;7. 开挖左侧墙下部;8. 左侧墙下部初期支护;9. 开挖右侧墙下部;10. 右侧墙下部初期支护;11. 开挖核心土上部;12 开挖核心土下部;13. 核心土下部初期支护
中隔壁法	1. 左侧上部开挖;2. 左侧上部初期支护;3. 施作中隔壁上部;4. 开挖左侧中部;5. 左侧中部初期支护;6. 施作中隔壁中部;7. 开挖左侧下部;8. 左侧下部初期支护;9. 施作中隔壁下部;10. 开挖右侧上部;11. 右侧上部初期支护;12. 开挖右侧中部;13. 右侧中部初期支护;14. 开挖右侧下部;15. 右侧下部初期支护
交叉中隔壁法	1. 左侧上部开挖;2. 左侧上部初期支护;3. 施作中隔壁上部;4. 施作左侧上部临时仰拱;5. 左侧中部开挖;6. 左侧中部初期支护;7. 施作中隔壁中部;8. 施作左侧中部临时仰拱;9. 左侧下部开挖;10. 左侧下部初期支护;11. 施作中隔壁下部;12. 开挖右侧上部;13. 右侧上部初期支护;14. 施作右侧上部临时仰拱;15. 开挖右侧中部;16. 右侧中部初期支护;17. 施作右侧中部临时仰拱;18. 开挖右侧下部;19. 右侧下部临时仰拱
双侧壁导坑法	1. 左侧导坑上部开挖;2. 左侧导坑上部初期支护;3. 施作左侧隔墙上部;4. 左侧导坑下部开挖;5. 左侧导坑下部初期支护;6. 施作左侧隔墙下部;7. 右侧导坑上部开挖;8. 右侧导坑上部初期支护;9. 施作右侧隔墙上部;10. 右侧导坑下部开挖;11. 右侧导坑下部初期支护;12. 施作右侧隔墙下部;13. 中央断面上部开挖;14. 中央断面上部初期支护;15 中央断面中部开挖;16. 中央断面下部开挖;17. 中央断面下部初期支护

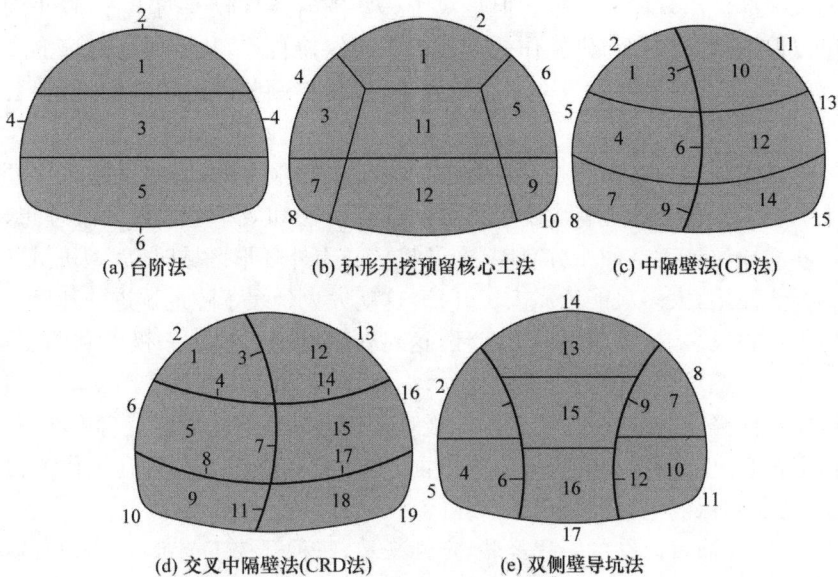

(a) 台阶法　　(b) 环形开挖预留核心土法　　(c) 中隔壁法(CD法)

(d) 交叉中隔壁法(CRD法)　　(e) 双侧壁导坑法

图 3.66　隧道开挖工艺示意图

在多种开挖方法中,中隔壁法(CD法)、交叉中隔壁法(CRD法)、双侧壁导坑法主要适用于大断面隧道,而本书所提及的隧道不属于大断面隧道,使用以上这三种方法虽然可以较好地保证开挖的安全性,但在施工过程中由于施工空间狭小、施工步骤繁多,在开挖效率和经济性上并不具有优势。考虑到安全性和经济性两方面的因素,非大断面隧道开挖主要使用全断面法、台阶法和环形开挖预留核心土法。

全断面法按照隧道设计轮廓一次开挖成形,然后施作衬砌,开挖断面大、施工空间充裕,有利于使用大型机械在洞内施工,且工序少,可以说是几种开挖方法中效率最高、经济性最好的方法。同时由于其是一次性开挖,对围岩的扰动较小,而且衬砌一次性施作完成,衬砌成环早,衬砌的力传递更均匀,力学性能更好,能够更好地保证围岩的稳定性。但是全断面开挖法的问题在于其开挖到衬砌强度到达较高百分比的过程中,全断面的围岩都处于临空的状态,这就要求围岩自身能够较好地保持自稳状态,在一些工程地质条件并不是很好的工程中,盲目采用全断面法追求经济效益往往会导致严重的工程事故,反而得不偿失。

台阶法是将掌子面从上至下分层开挖,每次开挖的断面相较全断面法而言更小,施工空间也就较小,这使得大型机械在洞内施工就没有全断面法那么方便,同时工序比全断面法也更多,需要多工种的合理组织管理,因此在开挖效率与经济性上没有全断面法好。同时,断面多次开挖会增加对围岩的扰动,而且由于同一断面的衬砌是分多次施作完成的,衬砌成环时间较晚,不利于衬砌的力传递,可能导致衬砌的某些部位出现应力集中。但是对于一些围岩条件较差的工程,较小的开挖断面可以保证从开挖到衬砌施作的过程中围岩保持自稳,从而保证隧道的安全掘进。因此,虽然在经济性和效率上有所欠缺,但是在一些围岩较差的隧道,台阶法可能是较好的选择。

环形开挖预留核心土法是三种方法中施工步骤最多的,同时也是每次开挖断面最小的施工工艺。这也就决定了该方法在经济性和效率上也最为不理想,较小的开挖断面导致施工空间十分有限,在开挖核心土外环形区域时,大型机械几乎完全没有办法使用,大多只能依靠人工开挖,这就大大延缓了隧道掘进的速度。同时由于施工步骤较多,衬砌迟迟不能成环,这对衬砌的力传递带来极不利的影响,而且每一次的开挖对周围围岩都会产生扰动,对围岩稳定性也有不利影响。然而在工程地质条件极差的情况下,隧道围岩极难在较大断面开挖后保持自稳状态,环形开挖预留核心土法每次只开挖很小的断面,将很有利于围岩在衬砌施作前保持自稳状态,从而确保隧道顺利掘进。

综上所述,通过以往的工程经验,定性来看,三种开挖工艺都有着各自的优势,同时也各有缺陷。在选择隧道开挖工艺时,我们需要综合考虑安全性和经济性,这就带来了一个问题,即当面对实际工程时,各种开挖工艺该如何选择,依据什么选择,所选择的工艺有什么优势,有什么需要注意的隐患。在描述各开挖工艺的优劣时我们大多使用一些笼统的描述,而缺少更为精细的比较,如果能带来有利的影响,影响程度有多大,如果会带来有害的影响,又有多严重。同时也缺少细节的比较,某种方法更好,好在哪些点,为什么会产生这样的结果,会不会同时带来一些问题,有利的一面是否远大于有害的一面,只有搞清这些问题,才能更有效地选择适宜的开挖工艺。

因此,我们需要比较分析各种开挖方法会带来什么不同的结果,将这些结果细化,分析这些结果各自有什么特点,从而了解每种开挖工艺对哪些工程问题具有较好的效果,同时会产生什么问题,为隧道施工过程中如何选择适宜的开挖工艺提供依据。本节将对这一问题进行研究。

3. 施工过程模拟及实现

1) 计算模型

本章利用有限元计算软件 Midas GTS 模拟隧道洞口段不同开挖工艺下的施工过程,分析隧道衬砌及围岩的位移、应力、应变的变化特征,从而对不同开挖工艺进行比较。

为提高计算结果的可信度,采用依照实际工程建立的模型,本章采用的计算模型基于 3.3.1 节的优化后设计方案计算模型,本构模型与模型计算参数等在 3.3.1 节中已做过详述,在此不再赘述。模型坐标轴方向如图 3.67 所示,计算模型分为全断面开挖、三台阶开挖、环形开挖预留核心土三类,有限元模型如图 3.68 所示。模型模拟开挖过程如 3.3.1 节表、图所述,洞内开挖示意图 3.69 所示。

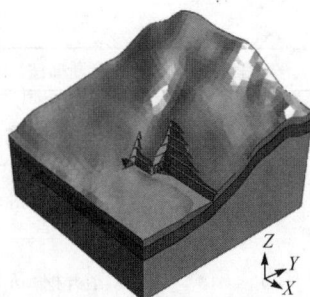

图 3.67　模型坐标方向

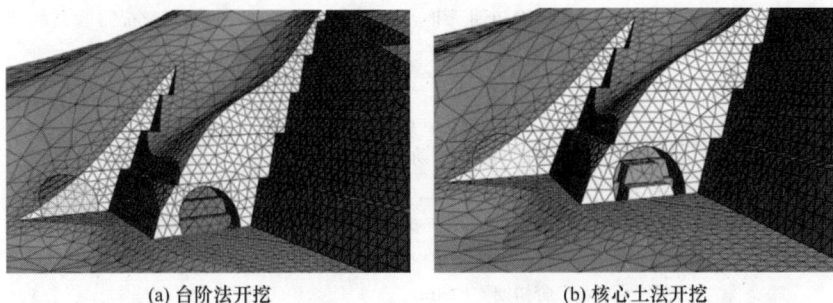

(a) 台阶法开挖　　　　　　　　　(b) 核心土法开挖

图 3.68　有限元模型

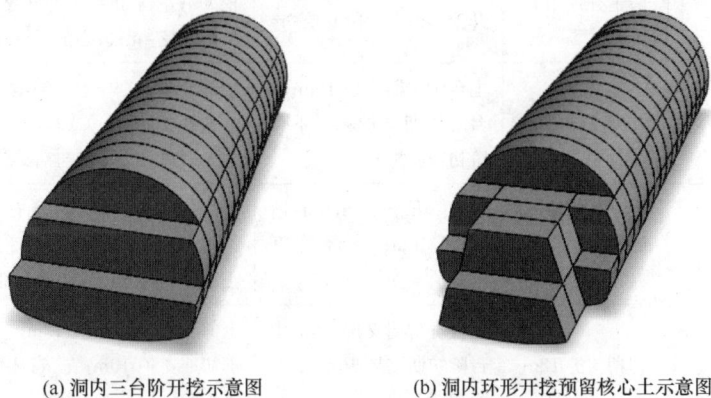

(a) 洞内三台阶开挖示意图　　　　　(b) 洞内环形开挖预留核心土示意图

图 3.69　洞内开挖示意图

2) 施工阶段模拟

计算模型中各工况对应的施工步骤见表 3.7。

表 3.7　工况-施工步骤对照表

工况	全断面法	三台阶法	环形开挖预留核心土法
Lcase14	隧道开挖 2m	上台阶开挖 2m	上部导坑开挖 2m
Lcase15	初期支护 2m	上台阶初期支护 2m	上部导坑初期支护 2m

工况	全断面法	三台阶法	环形开挖预留核心土法
Lcase16	隧道开挖 4m	上台阶开挖 4m；中台阶开挖 2m	上部导坑开挖 4m；左、右侧墙上部开挖 2m
Lcase17	初期支护 4m	上台阶初期支护 4m；中台阶初期支护 2m	上部导坑初期支护 4m；左、右侧墙上部初期支护 2m
Lcase18	隧道开挖 6m	上台阶开挖 6m；中台阶开挖 4m；下台阶开挖 2m	上部导坑开挖 6m；左、右侧墙上部开挖 4m；左、右侧墙下部开挖 2m
Lcase19	初期支护 6m	上台阶初期支护 6m；中台阶初期支护 4m；下台阶初期支护 2m	上部导坑初期支护 6m；左、右侧墙上部初期支护 4m；左、右侧墙下部初期支护 2m
Lcase20	隧道开挖 8m	上台阶开挖 8m；中台阶开挖 6m；下台阶开挖 4m	上部导坑开挖 8m；左、右侧墙上部开挖 6m；左、右侧墙下部开挖 4m；核心土上部开挖 2m
Lcase21	初期支护 8m	上台阶初期支护 8m；中台阶初期支护 6m；下台阶初期支护 4m	上部导坑初期支护 8m；左、右侧墙上部初期支护 6m；左、右侧墙下部初期支护 4m
Lcase22	隧道开挖 10m	上台阶开挖 10m；中台阶开挖 8m；下台阶开挖 6m	上部导坑开挖 10m；左、右侧墙上部开挖 8m；左、右侧墙下部开挖 6m；核心土上部开挖 4m；核心土下部开挖 2m
Lcase23	初期支护 10m	上台阶初期支护 10m；中台阶初期支护 8m；下台阶初期支护 6m	上部导坑初期支护 10m；左、右侧墙上部初期支护 8m；左、右侧墙下部初期支护 6m；核心土下部初期支护 2m
Lcase24	隧道开挖 12m	上台阶开挖 12m；中台阶开挖 10m；下台阶开挖 8m	上部导坑开挖 12m；左、右侧墙上部开挖 10m；左、右侧墙下部开挖 8m；核心土上部开挖 6m；核心土下部开挖 4m
Lcase25	初期支护 12m	上台阶初期支护 12m；中台阶初期支护 10m；下台阶初期支护 8m	上部导坑初期支护 12m；左、右侧墙上部初期支护 10m；左、右侧墙下部初期支护 8m；核心土下部初期支护 4m
Lcase26	隧道开挖 14m	上台阶开挖 14m；中台阶开挖 12m；下台阶开挖 10m	上部导坑开挖 14m；左、右侧墙上部开挖 12m；左、右侧墙下部开挖 10m；核心土上部开挖 8m；核心土下部开挖 6m
Lcase27	初期支护 14m	上台阶初期支护 14m；中台阶初期支护 12m；下台阶初期支护 10m	上部导坑初期支护 14m；左、右侧墙上部初期支护 12m；左、右侧墙下部初期支护 10m；核心土下部初期支护 6m

续表

工况	全断面法	三台阶法	环形开挖预留核心土法
Lcase28	隧道开挖 16m	上台阶开挖 16m;中台阶开挖 14m;下台阶开挖 12m	上部导坑开挖 16m;左、右侧墙上部开挖 14m;左、右侧墙下部开挖 12m;核心土上部开挖 10m;核心土下部开挖 8m
Lcase29	初期支护 16m	上台阶初期支护 16m;中台阶初期支护 14m;下台阶初期支护 12m	上部导坑初期支护 16m;左、右侧墙上部初期支护 14m;左、右侧墙下部初期支护 12m;核心土上部初期支护 8m
Lcase30	隧道开挖 18m	上台阶开挖 18m;中台阶开挖 16m;下台阶开挖 14m	上部导坑开挖 18m;左、右侧墙上部开挖 16m;左、右侧墙下部开挖 14m;核心土上部开挖 12m;核心土下部开挖 10m
Lcase31	初期支护 18m	上台阶初期支护 18m 中台阶初期支护 16m;下台阶初期支护 14m	上部导坑初期支护 18m;左、右侧墙上部初期支护 16m;左、右侧墙下部初期支护 14m;核心土上部初期支护 10m
Lcase32	隧道开挖 20m	上台阶开挖 20m;中台阶开挖 18m;下台阶开挖 16m	上部导坑开挖 20m;左、右侧墙上部开挖 18m;左、右侧墙下部开挖 16m;核心土上部开挖 14m;核心土下部开挖 12m
Lcase33	初期支护 20m	上台阶初期支护 20m;中台阶初期支护 18m;下台阶初期支护 16m	上部导坑初期支护 20m;左、右侧墙上部初期支护 18m;左、右侧墙下部初期支护 16m;核心土上部初期支护 12m
Lcase34	—	中台阶开挖 20m;下台阶开挖 18m	左、右侧墙上部开挖 20m;左、右侧墙下部开挖 18m;核心土上部开挖 16m;核心土下部开挖 14m
Lcase35	—	中台阶初期支护 20m;下台阶初期支护 18m	左、右侧墙上部初期支护 20m;左、右侧墙下部初期支护 18m;核心土下部初期支护 14m
Lcase36	—	下台阶开挖 20m	左、右侧墙下部开挖 20m;核心土上部开挖 18m;核心土下部开挖 16m
Lcase37	—	下台阶初期支护 20m	左、右侧墙下部初期支护 20m;核心土下部初期支护 16m
Lcase38	—	—	核心土上部开挖 20m;核心土下部开挖 18m
Lcase39	—	—	核心土下部开挖 20m;核心土下部初期支护 18m
Lcase40	—	—	核心土下部初期支护 20m

4. 计算结果分析

本节将对洞口地表位移、洞口坡体应力、隧道支护结构变形、隧道支护结构应力进行研究分析,在此基础上总结各自的优缺点,为选择适宜香山隧道的开挖工艺提供技术支撑。

1) 地表位移分析

香山隧道洞口段地质条件较差,且属于浅埋偏压,隧道洞口坡体随着隧道开挖会产生较大的位移变形,当位移值过大时,坡体即发生滑移破坏。因此,有必要对隧道洞口地表位移进行研究,为分析隧道不同开挖工艺对地表位移的影响,在隧道洞口上方地表选取一排监测点,监测点以隧道轴线为中心,沿 Y 向的正负向每隔 2m 取一个监测点,共 17 个监测点。图 3.70 为采用不同隧道开挖工艺开挖 20m 后产生的洞口地表总位移值曲线图。

由图 3.70 可知,洞口地表 X、Y、Z 三个方向的位移总体上均是全断面法最大,三台阶法最小,核心土法居中,这一点和我们以往的经验——预留核心土法在三种

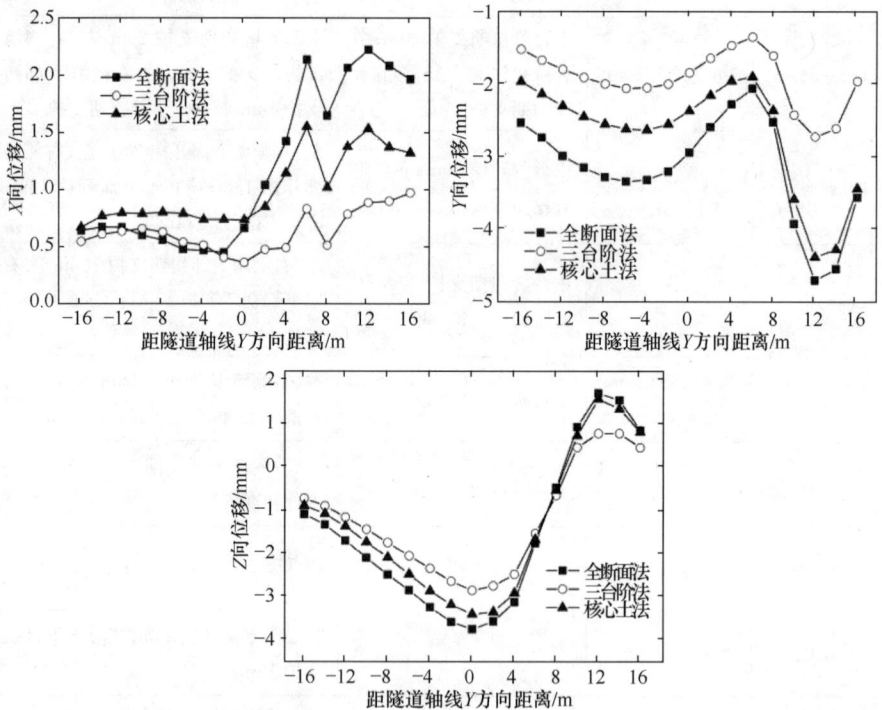

图 3.70　洞口地表三向位移

开挖工艺中最为安全并不相同。香山隧道洞口地质条件较差,围岩自稳能力差,全断面开挖断面较大,必然会导致围岩在开挖后难以自稳,短时间内产生较大位移,因此位移值也最大。而预留核心土法虽然开挖断面较小,但是施工步骤较多,隧道衬砌闭合成环时间较迟,导致位移值出现收敛趋势也较迟,因此也产生了较大位移。而台阶法开挖介于二者之间,开挖断面比全断面法更小,而衬砌闭合时间比预留核心土法更早,因此,位移值最小。这里我们只分析了地表位移的最终值,而在隧道开挖过程中洞口坡体的稳定性是怎样变化的并未涉及,下面我们将就此进行讨论。

2) 洞口坡体应力分析

根据 3.3.1 节位移最大断面大多发生在距洞口 8～12m 范围内,我们选取距洞口 10m 断面为监测断面。以下图中,由于三种开挖工艺的原始山体应力图一致,只在全断面法中表示。

图 3.71～图 3.73 为三种开挖工艺的最大主应力图,由图可知,围岩的最大主应力主要受重力场的影响,其量值随着埋深的增加而增加。最大主应力主要表现为压应力,只有坡体表层存在拉应力,且量值均较小。下面,我们主要关注隧道拱圈周围围岩的应力特征。由图可知,当隧道监测断面开挖时,应为有卸荷效应,隧道周围围岩压应力均有减小。当全断面开挖时,隧道右侧拱脚和拱底出现了应力集中,最大值约为 0.3MPa,而随着隧道继续向前掘进,隧道右侧拱脚处的应力集中更加明显,最大值约为 0.4MPa。当三台阶开挖时,可以看出,在每一台阶开挖时,该台阶右侧拱脚处均会出现应力集中,最大值约为 0.3MPa,且由于分步开挖,其应力集中的范围要比全断面法开挖更大,且右侧应力集中范围已到右侧供墙位置。而对于预留核心土法开挖,其应力集中范围更大,已到右侧拱肩靠近拱顶的位置。因此也可以看出,当采用三台阶法和预留核心土法开挖时,每一步开挖均会引起开挖断面拱脚处的应力集中,形成薄弱区域,应引起注意。

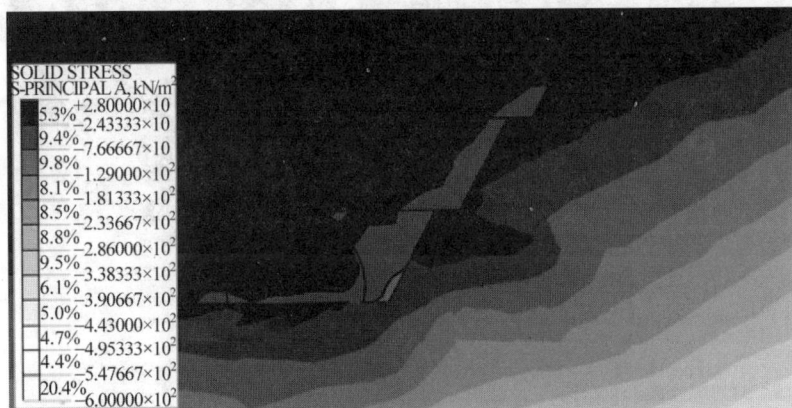

(a) 原始山体

(b) 隧道开挖10m

(c) 隧道开挖20m

图 3.71　全断面开挖监测断面围岩最大主应力分布特征

(a) 监测断面上台阶开挖

(b) 监测断面中台阶开挖

(c) 监测断面下台阶开挖

(d) 隧道开挖20m

图 3.72　三台阶开挖监测断面围岩最大主应力分布特征

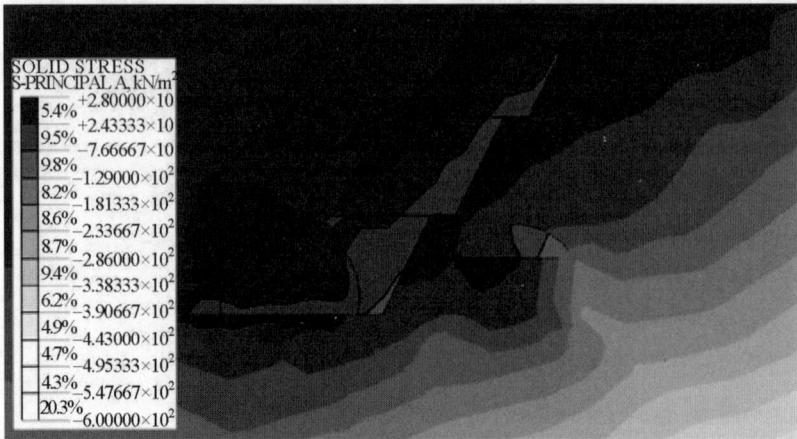

(a) 监测断面上部环形开挖

(b) 监测断面边墙上部开挖

(c) 监测断面边墙下部开挖

(d) 监测断面核心土开挖

(e) 隧道开挖20m

图 3.73　预留核心土法开挖监测断面围岩最大主应力分布特征

图 3.74~图 3.76 为三种开挖工艺的最小主应力图,由图可知,原始山体应力主要表现为压应力,未出现拉应力,而当开挖至监测断面时,隧道拱顶及左拱肩处均出现拉应力,但量值均较小。对于全断面法监测断面开挖时,隧道拱底和右侧拱脚出现应力集中,最大值约为 1.04MPa,而随着隧道向前掘进,右侧拱脚的应力集中更加明显,最大值约为 1.39MPa。当采用三台阶法开挖时,在每一台阶开挖时,会在开挖断面的右侧拱脚出现应力集中,最大值约为 1.04MPa,而当隧道开挖至 20m 时,右侧拱脚应力最大值约为 1.39MPa,需注意的是,其应力集中范围比全断面法更大,其范围已至右侧拱墙处。对于预留核心土开挖法,当断面的每一部分开挖时,均会在其右侧拱脚处出现较大范围的应力集中,上部和中部土体开挖时右侧应力最大值分别为 1.02MPa 和 1.01MPa,而当全断面均开挖完成后,右侧拱

脚处应力最大值为 1.36MPa。因此我们可以看出，在围岩条件较差时，三台阶法和预留核心土法开挖在控制位移方面优于全断面法，然而当采用这两种开挖工艺时，右侧拱脚出现的应力集中范围要大于全断面法，而且，这两种开挖工艺由于是分步开挖，每一步开挖均会在开挖断面形成应力集中，在隧道衬砌未施作完成、力传递不均匀时，这种现象是十分危险的，有可能引起每一小断面拱脚处的破坏。因此，当采用这两种开挖工艺时，需注意这一问题，必要时，可以采用相应的措施对薄弱区域进行加固（如设置临时仰拱），从而保证隧道施工的安全、顺利进行。

(a) 原始山体

(b) 监测断面开挖

图 3.74　全断面开挖监测断面围岩最小主应力分布特征

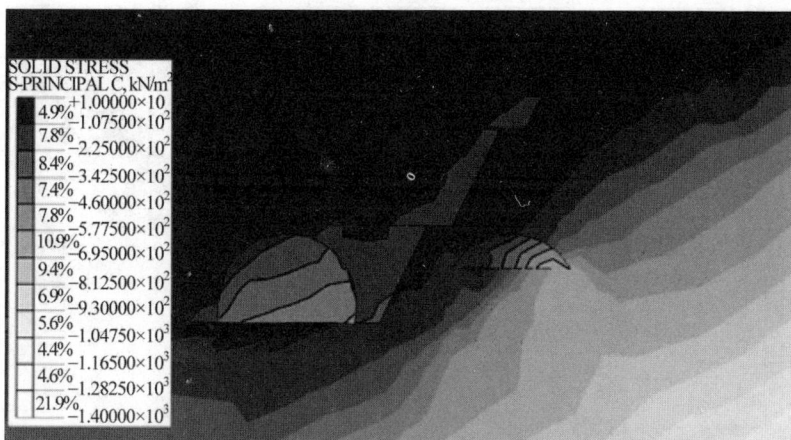

(a) 监测断面上台阶开挖

(b) 监测断面中台阶开挖

(c) 监测断面下台阶开挖

(d) 隧道开挖20m

图 3.75　三台阶开挖监测断面围岩最小主应力分布特征

(a) 监测断面上部环形开挖

(b) 监测断面边墙上部开挖

(c) 监测断面边墙下部开挖

(d) 监测断面核心土开挖

图 3.76 预留核心土法开挖监测断面围岩最小主应力分布特征

3）隧道支护结构变形分析

（1）Z 向（竖向）位移。

图 3.77 为三种开挖方法当开挖至距洞口 20m 时各自的支护结构 Z 向位移值，可以看出，Z 向位移最大值均分布在拱顶，这与实际情况是相符的。同时我们注意到，全断面法 Z 向位移较大值区域范围要小于另外两种方法，这是由于全断面法一次开挖，一次施作衬砌，对周围结构和围岩的扰动小，因此产生较大位移的范围要小于三台阶法和环形开挖预留核心土法。

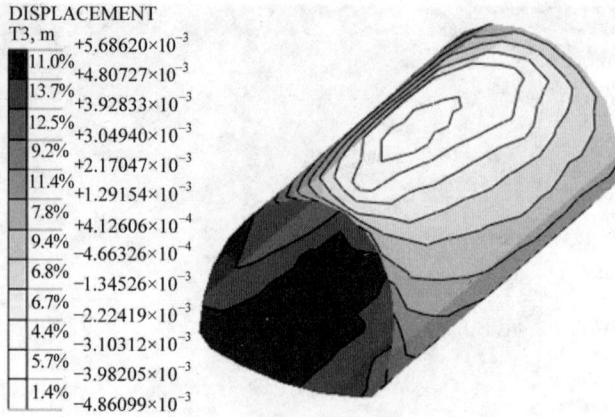

(a) 全断面法

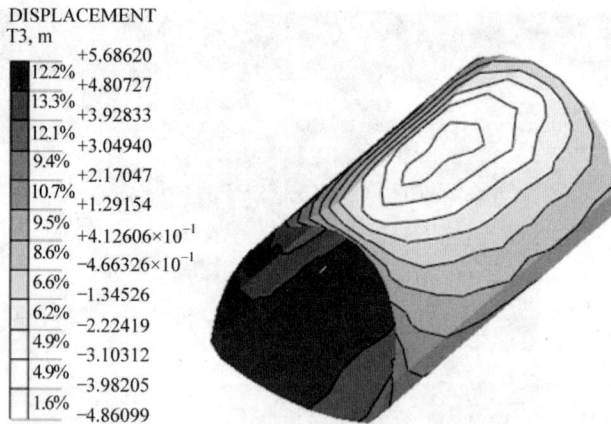

(b) 三台阶法

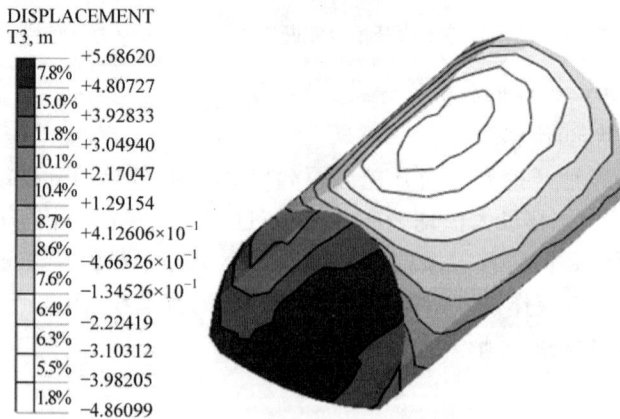

(c) 环形开挖预留核心土法

图 3.77　支护结构 Z 向位移

图 3.78 为三种开挖工艺的 Z 向位移最大值点在不同工况下的位移值曲线，全断面法、三台阶法、预留核心土法三种开挖工艺的 Z 向位移最大值分别发生在据洞口 12m、10m、8m 拱顶处。可以看出三种工艺中，全断面法位移最大、三台阶法位移最小、预留核心土法居中，由于本节所依托的实际工程的地质条件较差，围岩很难在开挖后形成自稳，全断面法开挖自然会引起较大的位移。同时，我们可以看到在工况 28 之前，预留核心土法位移一直小于三台阶法，然而随着工况的推进，预留核心土法的位移越来越大，并超过三台阶法。这表明：①相较于三台阶法，核心土法在开挖到支护期间围岩的下沉量更小；②由于核心土法工序较多，对围岩扰动较大，且同一段面初期支护成环较晚，导致初支不能较好地传递力并维护围岩稳定，因此虽然初始下沉小，但最终值却较大。

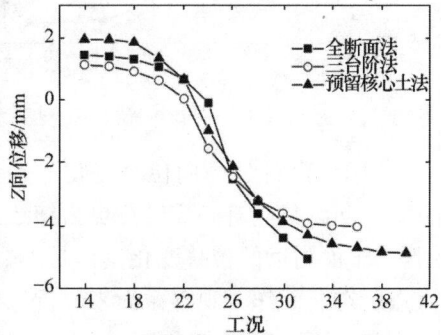

图 3.78　最大 Z 向位移-工况关系图

通过图 3.78 我们对三种开挖工艺初期支护 Z 向位移的最大值及其发展过程有了了解，为了研究三种开挖工艺在同一断面的位移变化趋势，下面我们将对比同一断面的拱顶 Z 向位移，根据三种开挖工艺整体 Z 向位移最大值所在断面，我们选择据洞口 10m 处为研究断面。

图 3.79 为距洞口 10m 处断面拱顶 Z 向位移值在不同工况下的位移曲线。在工况 24，该断面被开挖，三条曲线也在工况 24 处发生骤降。由图可知，在工况 14～22 段，三条曲线中，预留核心土法基本平稳，而全断面法和三台阶法均出现了明显的下沉，这说明在围岩条件较差的条件下，较大断面的开挖会对前方围岩造成较大的扰动，可能会导致开挖前方围岩时位移产生突变。同时在该断面开挖后，全断面法和三台阶法位移均大于预留核心土法，但同时可以明显观察到，全断面法和三台阶法在开挖后均很快出现位移变化速率减缓的趋势，而核心土法却在较后的工况才出现减缓的趋势。这一现象再一次说明了隧道开挖时初期支护尽快成环的重要性，因此在实际工程中使用预留核心土法时需注意其每个断面的支护及时成环，减缓位移速率，加强稳定性。

图 3.80 为距洞口不同距离处拱顶的 Z 向位移最大值，可以看出位移较大区域主要分布在 8～12m 附近。同时我们可以看出，虽然预留核心土法被看成是最为安全的开挖方式，但其位移最终值却大于三台阶法，与全断面法接近，因此在采用该方法时，需同时注意到该方法存在的问题。

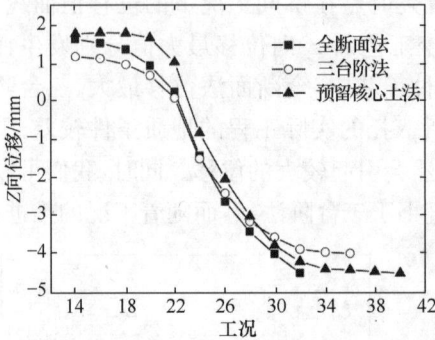

图 3.79 距洞口 10m 处 Z 向位移-工况关系　　图 3.80 拱顶 Z 向位移-距洞口距离关系

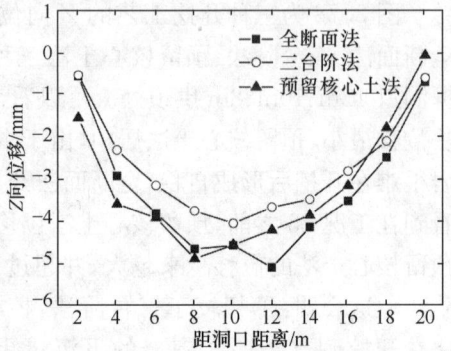

以上,我们对 Z 向位移变化的趋势和最终值及其产生机理进行了分析,但还有一个问题我们有必要进行更为细致的分析,即每种开挖工艺在掌子面进行开挖时,掌子面附近的位移变化具体是怎么样的。下面,我们将每种开挖工艺沉降值最大点所在断面作为观察截面来分析该问题。因为衬砌是隧道安全的保证,我们就分析掌子面附近衬砌的位移变化。

图 3.81～图 3.83 分别为三种开挖工艺开挖掌子面时,掌子面附近衬砌的 Z 向位移变化图,图中分别标出了该断面位移的最大值和最小值。由图可知,我们只就位移极值分析,全断面法的初始位移是最大的,预留核心土法的初始位移是最小的。而且,全断面法每一步之间的位移增量也是三种开挖工艺中最大的,相对而

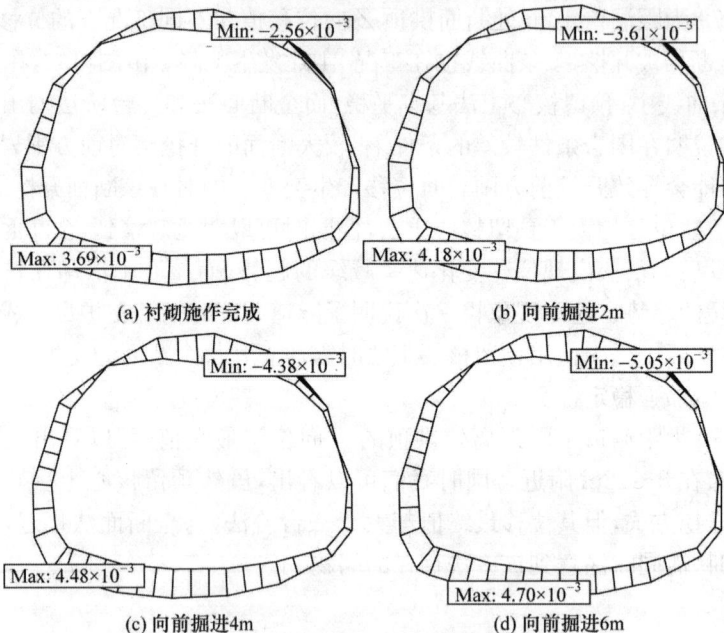

(a) 衬砌施作完成　　(b) 向前掘进2m

(c) 向前掘进4m　　(d) 向前掘进6m

图 3.81 全断面法开挖同一断面 Z 向位移变化图(单位:m)

言,预留核心土法的增量较小,然而,由于施工步骤多,其最终位移值却较大。同时,我们需要注意到,由于该隧道洞口处于偏压状态,沉降范围也相应向右侧偏移。

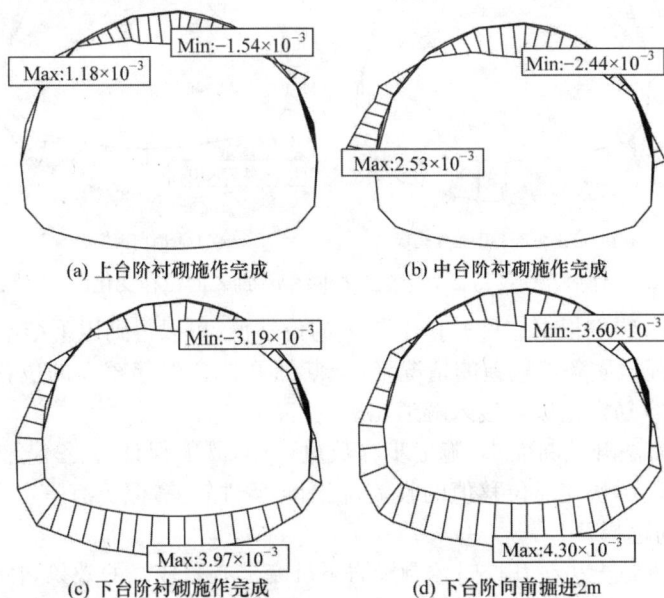

(a) 上台阶衬砌施作完成　　　　　(b) 中台阶衬砌施作完成

(c) 下台阶衬砌施作完成　　　　　(d) 下台阶向前掘进2m

图 3.82　三台阶法开挖同一断面 Z 向位移变化图(单位:m)

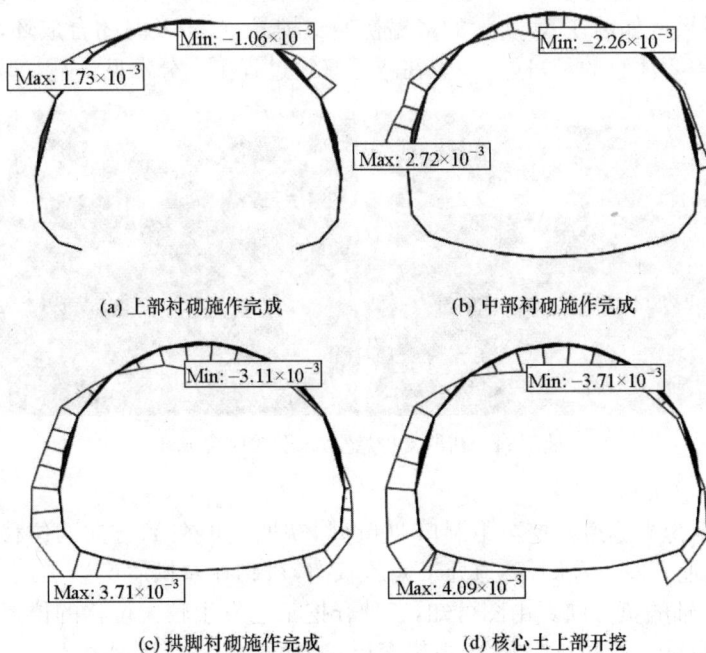

(a) 上部衬砌施作完成　　　　　(b) 中部衬砌施作完成

(c) 拱脚衬砌施作完成　　　　　(d) 核心土上部开挖

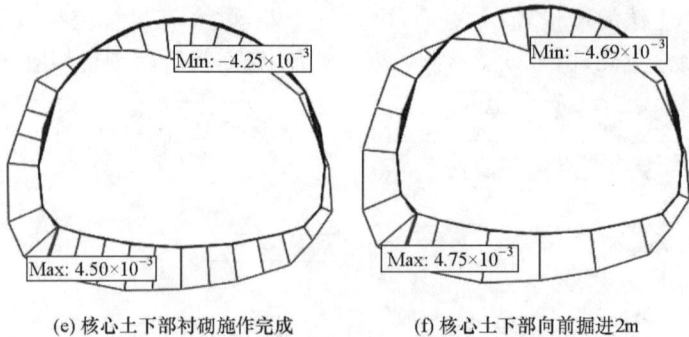

(e) 核心土下部衬砌施作完成　　　　　(f) 核心土下部向前掘进2m

图 3.83　环形开挖预留核心土法开挖同一断面 Z 向位移变化图(单位:m)

综上所述,我们根据三种开挖工艺 Z 向位移值,可以得到以下结论。

① 在工程地质条件较差的情况下,全断面开挖会引起较大的位移,且位移速率较快,围岩容易发生破坏侵入隧道轮廓,应谨慎选择。

② 三台阶法开挖断面小,施工步骤数量适中,既能保证开挖不会引起过大的位移,同时又能尽快完成位移值的收敛,在围岩条件较差,但仍有一定自稳能力时,是一个较好的选择。

③ 预留核心土法在开挖时控制围岩下沉变形有着较好的效果,在围岩条件极差、开挖后难以自稳的情况下应选择该方法,但是该方法需要尽快完成同一断面的初期支护闭合成环,尽快让沉降值达到平稳,如果忽略这一点,该方法可能反而带来不利的后果。如图 3.84 所示的多榀初期支护悬空、未及时闭合成环,是极其危险的,然而需要注意的是,这一现象在隧道修筑过程中十分常见,应引起注意。

图 3.84　初期支护悬空、未及时闭合成环

(2) Y 向(横向)位移。

图 3.85 为当隧道开挖至距洞口 20m 时,初期支护在 Y 方向的位移。由于隧道上部右侧地表厚于左侧,隧道处于偏压状态,衬砌在左拱肩产生了最大的位移,且方向为 Y 轴的负方向。由图可知,三种开挖工艺发生较大位移的位置范围基本相似,这说明对于各种开挖方式,最终变形较大值的位置范围是基本一致的。下面我们研究各种开挖工艺位移最大值是如何发展的。

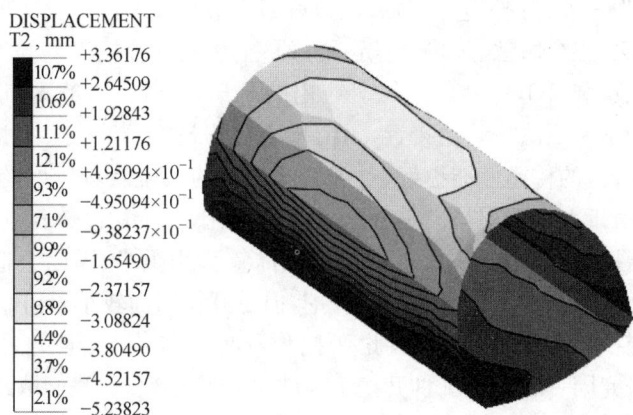

(a) 全断面法

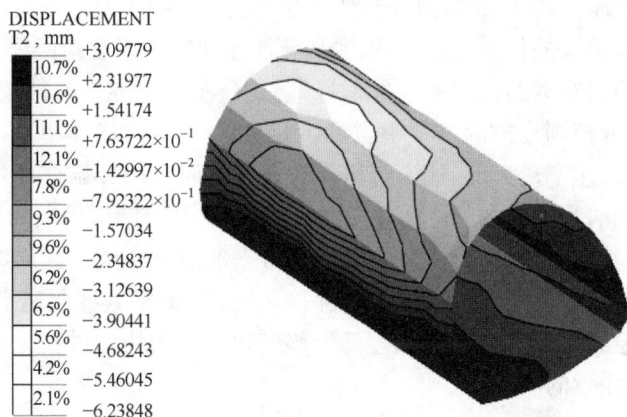

(b) 三台阶法

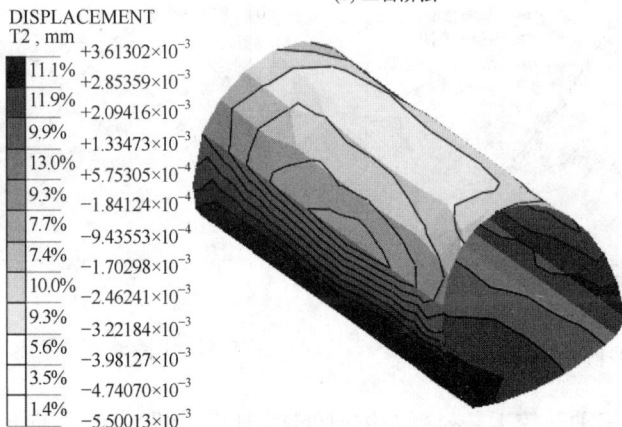

(c) 环形开挖预留核心土法

图 3.85　支护结构 Y 向位移

　　图 3.86 为三种开挖工艺衬砌 Y 向位移最大值点在不同工况下的 Y 向位移值曲线,全断面法、三台阶法、环形开挖预留核心土法三种开挖工艺的 Y 向位移最大值分别发生在距洞口 10m,14m,8m 处。由图可知,三台阶法的 Y 向位移最大,预留核心土法和全断面法位移值接近,预留核心土法最终值略大。全断面法的衬砌一次施作完成,力的传递性能更好,对于侧向位移的减缓有着较好的效果,相较而言,三台阶法由于上中下层衬砌是分别施作的,在下台阶衬砌施作前,上中台阶的衬砌几乎不能提供侧向支撑,对 Y 向位移的减缓作用很小,因此会造成 Y 向位移较大。而预留核心土法虽然也是分层开挖,但是开挖断面较小,且核心土的保留能够和衬砌一起抵御侧向的位移,因此 Y 向位移也相应较小,但仍大于全断面法。下面我们再研究同一断面处三种开挖工艺的 Y 向位移变化,我们取距洞口 12m 断面进行分析。

　　图 3.87 是距洞口 12m 断面处三种开挖工艺在不同工况下的最大 Y 向变化曲线。同样,三台阶法的位移是最大的,预留核心土法略小于全断面法。我们可以看到,虽然全断面法在力的传递上效果较好,但是当洞口段围岩条件较差时,过大的开挖断面会在开挖到支护的过程中就产生较大的 Y 向位移,同时,可以看到全断面法曲线是下降速率最大的,这说明相邻断面开挖时对已经施作的衬砌也会有较大的影响。因此,当围岩自稳能力较差时,全断面法开挖断面较大的缺点造成的不利影响会大于其成环早、力传递好的优点所带来的有利影响。同时我们也需要注意到,虽然预留核心土法的位移较小,但在开挖至断面时,其变化速率却也较大,可见,同 Z 向位移一样,及时成环,缩短其位移变化速率较快的过程是采用预留核心土法时所需要注意的问题。

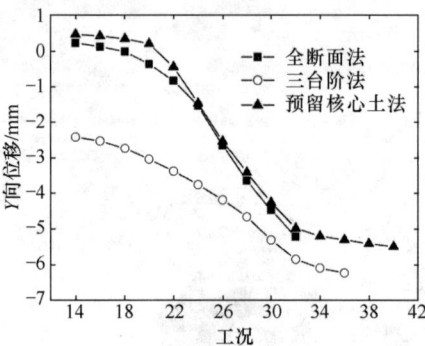

图 3.86　Y 向位移最大值-工况关系

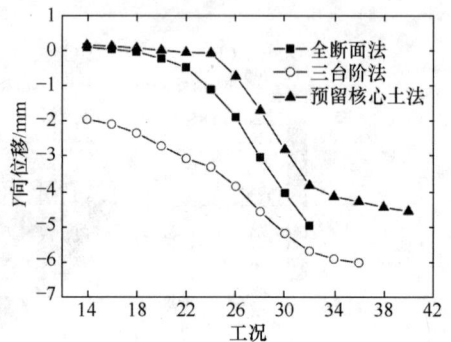

图 3.87　同断面 Y 向位移-工况关系

　　图 3.88 是三种开挖工艺衬砌左拱肩处距洞口不同距离的 Y 向位移最终值曲线。其最大值均出现在距洞口 8~14m 附近,即洞口至掌子面中间的洞身部分,因此在施工中我们需要注意已施作衬砌 Y 向位移的持续变化,加强横向收敛的监

测,如果发现数据在较长一段时间内仍未出现减缓趋势,应引起注意并采用相应措施。

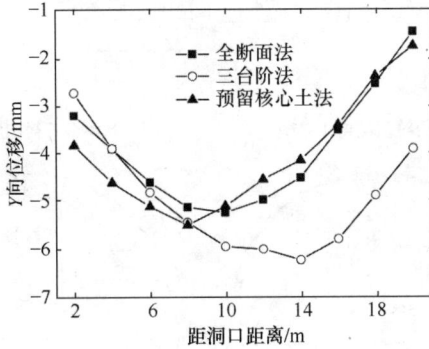

图 3.88　Y 向位移-距洞口距离关系

下面,我们对三种开挖工艺 Y 向位移最大值所在断面开挖时的位移变化进行分析,对比三种开挖工艺的 Y 向位移发展趋势的不同。

图 3.89～图 3.91 为三种开挖工艺 Y 向位移最大点所在断面开挖时衬砌 Y 向位移变化图。由图可知,三种开挖工艺中,三台阶法在拱肩处 Y 向初始位移最大,核心土法初始位移最小,这是由于三台阶法将衬砌三步施作完毕,当只有上台阶衬砌时,衬砌力无法均匀传递,起不到抵御 Y 向位移的作用,因此虽然有一部分衬砌,但作用并不明显。而预留核心土法虽然也是将衬砌分多步施作完成,但其开挖断面更小,同时核心土连同衬砌能够共同起到减缓 Y 向位移的作用,因此位移较小,但是由于施工步骤较多,最终位移只比全断面法稍小。同时根据模型可知,洞口坡体对隧道支护有从右至左的推力,而最大 Y 向位移都产生在左拱肩,说明在横向推力和竖向压力的共同作用下,在左拱肩产生了应力集中(应力变化在后面有专门分析),该处也是衬砌较为薄弱的区域,在施工时应加以注意,在必要的时候可以采取措施加固。

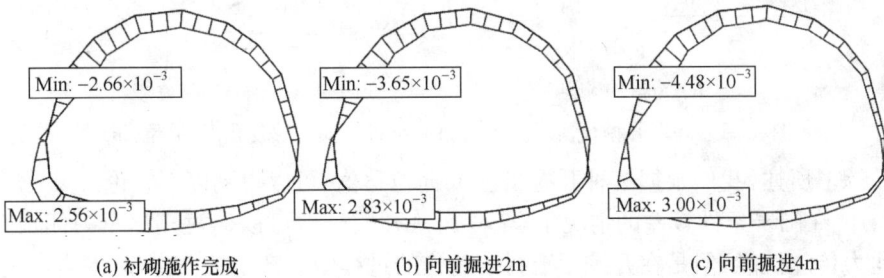

(a) 衬砌施作完成　　　　　(b) 向前掘进2m　　　　　(c) 向前掘进4m

图 3.89　全断面法同一断面 Y 向位移变化图(单位:m)

Min: -4.66×10^{-3} Max: -2.78×10^{-4} Min: -5.31×10^{-3}

Max: 2.61×10^{-4}

(a) 上台阶衬砌施作完毕 (b) 中台阶衬砌施作完毕

Min: -5.86×10^{-3} Min: -6.11×10^{-3}

Max: 2.15×10^{-3} Max: 2.45×10^{-3}

(c) 下台阶衬砌施作完毕 (d) 下台阶向前掘进2m

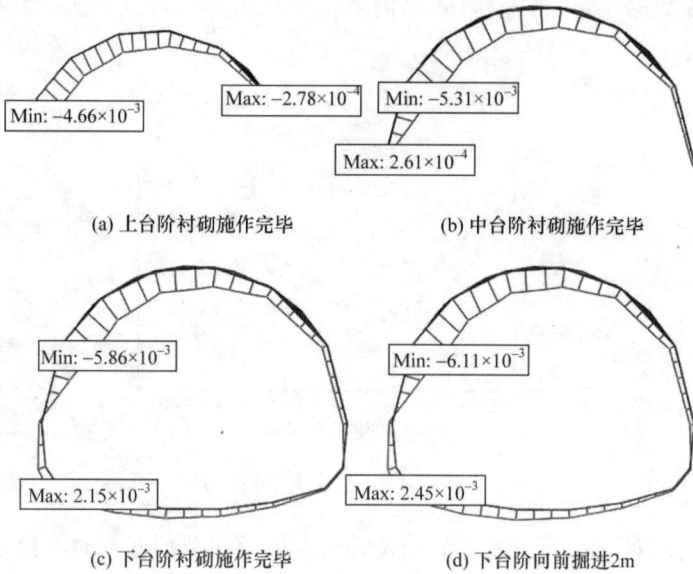

图 3.90 三台阶法同一断面 Y 向位移变化图(单位:m)

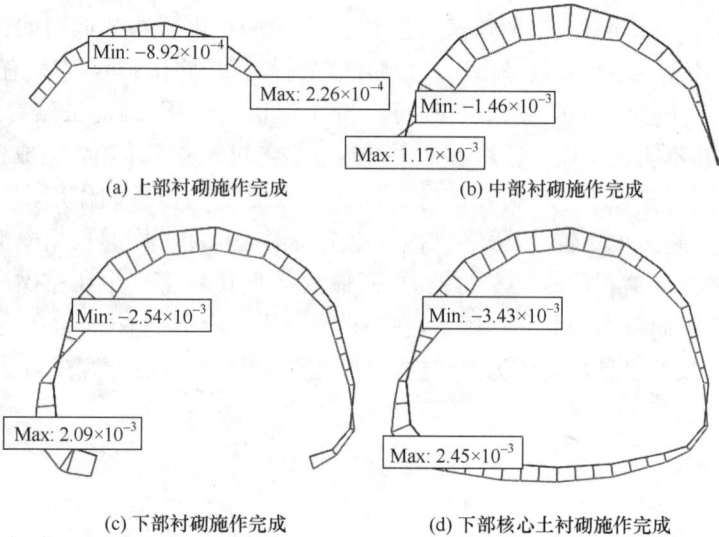

Min: -8.92×10^{-4}

Max: 2.26×10^{-4} Min: -1.46×10^{-3}

Max: 1.17×10^{-3}

(a) 上部衬砌施作完成 (b) 中部衬砌施作完成

Min: -2.54×10^{-3} Min: -3.43×10^{-3}

Max: 2.09×10^{-3} Max: 2.45×10^{-3}

(c) 下部衬砌施作完成 (d) 下部核心土衬砌施作完成

图 3.91 环形开挖预留核心土法同一断面 Y 向位移变化图(单位:m)

综上所述,我们根据三种开挖工艺 Y 向位移值,可以得到以下结论。

① 在围岩条件较差的情况下,全段面法开挖虽然可以使衬砌尽早封闭成环,优化力传递性能,但是在开挖后至衬砌施作的过程中会产生较大位移,围岩可能在

这一过程中产生破坏。同时,当围岩条件较差时,周围围岩的开挖会对已施作衬砌产生较大的影响。

② 在围岩自稳能力较差的情况下,三台阶开挖引起的横向位移是最大的。该方法会产生较大初始位移,即围岩可能在开挖后因侧向位移突变而发生破坏,同时我们也注意到,在这三种工艺中,三台阶法是衬砌施作完成后位移增长速率最小的,因此当围岩具有一定自稳能力时,三台阶法对于偏压隧道是一个较好的选择。

③ 由以上分析可知,环形开挖预留核心土法是三种开挖方案中引起位移最小的,其开挖断面小的特点可以有效地降低围岩位移发生突变的可能,对围岩条件较差的偏压隧道是较好的选择。但是我们同时注意到,预留核心土法的位移增长速率却不小,且施工步骤多,导致其最终位移并不小,因此,缩短衬砌闭合时间,使衬砌尽早成环是采用该方法时需要注意的问题。

(3) X 向(纵向)位移。

图 3.92 为当隧道开挖至距洞口 20m 时,初期支护在 X 方向的位移。由图可知,三种开挖工艺初期支护最大 X 向位移都产生在拱顶距洞口 0～4m 的范围内。这是由于计算模型所依托的工程在隧道洞口仰坡处为坡积土,隧道开挖时,仰坡表层坡积土产生滑动,因此对靠近洞口的衬砌产生了较大的推力,导致 X 向位移较大。同时,我们注意到位移较大区域都发生在拱顶靠左的位置,这说明 Y 向的推力和 X 向的推力产生了组合作用,使这一区域较为薄弱,因此产生了较大的位移值。下面,我们研究 X 向位移最大值在不同工况的发展过程。

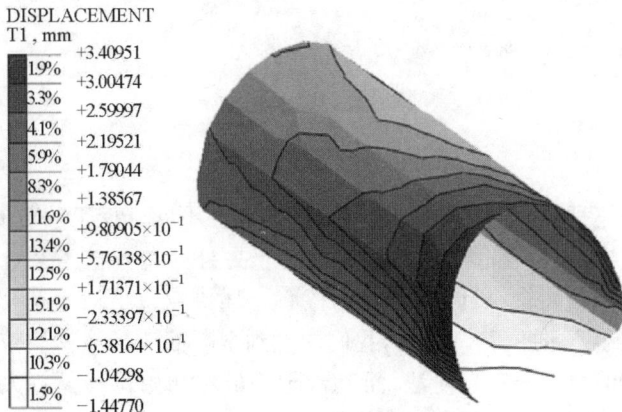

DISPLACEMENT
T1, mm

1.9%	+3.40951
3.3%	+3.00474
4.1%	+2.59997
5.9%	+2.19521
8.3%	+1.79044
11.6%	+1.38567
13.4%	+9.80905×10⁻¹
12.5%	+5.76138×10⁻¹
15.1%	+1.71371×10⁻¹
12.1%	-2.33397×10⁻¹
10.3%	-6.38164×10⁻¹
1.5%	-1.04298
	-1.44770

(a) 全断面法

DISPLACEMENT
T1 , mm

0.7%	+3.90508
1.7%	+3.48143
3.1%	+3.05777
4.3%	+2.63412
4.2%	+2.21047
5.5%	+1.78681
14.1%	+1.36316
11.6%	$+9.39504 \times 10^{-1}$
20.6%	$+5.15850 \times 10^{-1}$
17.9%	$+9.21960 \times 10^{-2}$
13.8%	-3.31458×10^{-1}
2.4%	-7.55112×10^{-1}
	-1.17877

(b) 三台阶法

DISPLACEMENT
T1 , m

1.9%	$+2.84469 \times 10^{-3}$
3.9%	$+2.51734 \times 10^{-3}$
4.0%	$+2.19000 \times 10^{-3}$
4.3%	$+1.86265 \times 10^{-3}$
4.6%	$+1.53530 \times 10^{-3}$
6.6%	$+1.20795 \times 10^{-3}$
12.6%	$+8.80605 \times 10^{-4}$
18.5%	$+5.53257 \times 10^{-4}$
22.0%	$+2.25909 \times 10^{-4}$
13.7%	-1.01438×10^{-4}
6.5%	-4.28786×10^{-4}
1.3%	-7.56134×10^{-4}
	-1.08348×10^{-3}

(c) 环形开挖预留核心土法

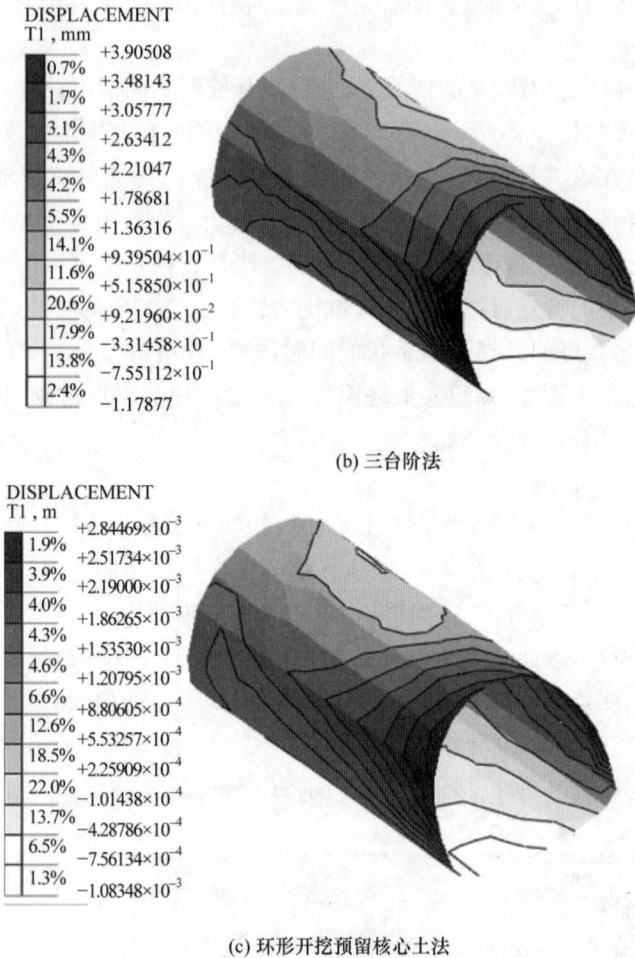

图 3.92　支护结构 X 向位移

图 3.93 是三种开挖工艺 X 向位移最大值点在不同开挖工艺时的 X 向位移变化曲线,可以看出,预留核心土法的位移远小于另外两种开挖工艺,由于该法先开挖周围土体,开挖断面较小,同时保存的核心土凭借自重可以平衡 X 向(纵向)的推力,有效地减小 X 向位移。同时,我们注意到全断面法虽然初始位移值较小,但增幅较大,最终值略大于三台阶法,而三台阶法虽然初始位移值较大,但是增幅很小。这说明:①全断面法的衬砌一次性施作完成,力传递好,因此初始值较小,但临近围岩开挖对其影响较大;②三台阶法开挖断面比预留核心土法更大,且衬砌不闭合,导致初始位移较大,但其中下台阶能起到和核心土相同的作用,平衡 X 向推力,因此位移增长速率较小。

图 3.94 为衬砌拱顶距洞口不同距离的 X 向位移终值曲线。由图可知,预留核心土法的 X 向位移明显小于其他两种开挖工艺,全断面法位移总体上略大于三台阶法。可见,对于洞口仰坡存在 X 向(纵向)潜在滑移带的隧道,进洞时采用预留核心土法可以有效地平衡纵向推力,减小位移。

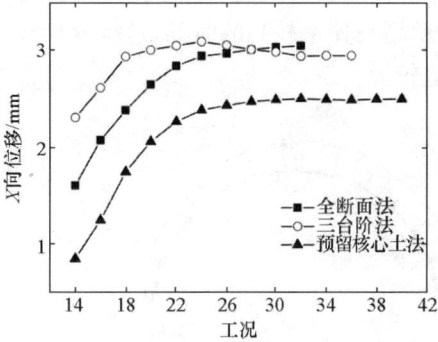

图 3.93 X 向位移最大值-工况关系

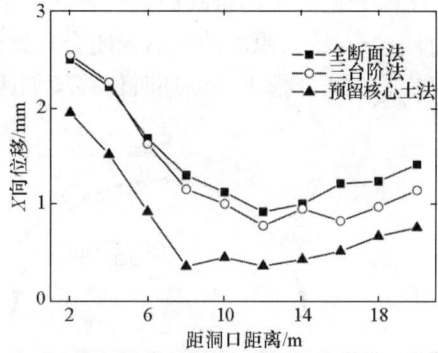

图 3.94 X 向位移-距洞口距离关系

下面,我们再研究各开挖方法最大值所在断面开挖时位移变化的过程。

图 3.95~图 3.97 分别为三种开挖工艺 X 向位移最大值所在断面开挖时 X 向位移的变化过程图。由图可知,预留核心土法的初始位移最小,三台阶法的初始

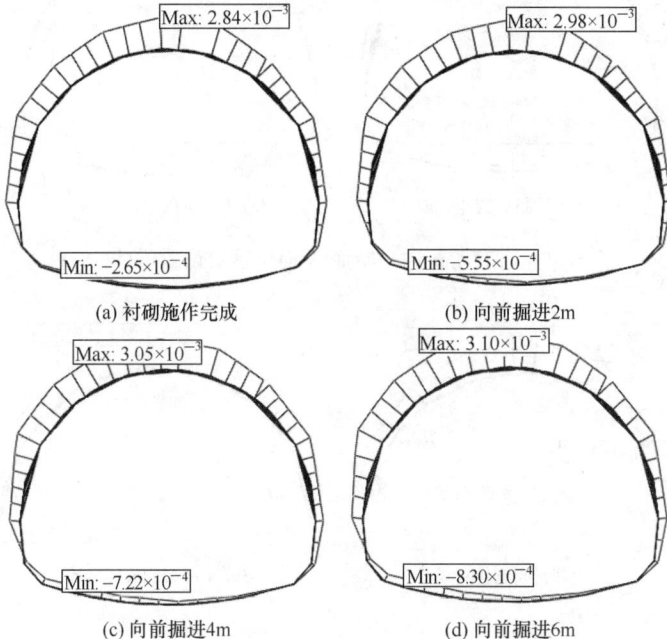

(a) 衬砌施作完成   (b) 向前掘进2m

(c) 向前掘进4m   (d) 向前掘进6m

图 3.95 全断面法同一断面 X 向位移变化图(单位:m)

位移最大。我们注意到当同一断面衬砌施作完成后,下一个循环开挖后,全断面法的 X 向位移增幅是最大的。这是由于围岩缺乏自稳能力时,过大的开挖断面会导致围岩在开挖后短时间内产生较大的位移,对已施作的衬砌产生较大影响。同时,预留核心土法开挖下一循环时,位移增加速率也远大于三台阶法,这是由于预留核心土法开挖时未闭合断面是三种开挖工艺中距离最长的,也就是说,对于已闭合断面,前方有较长距离的断面未闭合且处于位移增长速率较高的时期,这也就导致预留核心土法开挖下一循环时位移增加速率也较大。

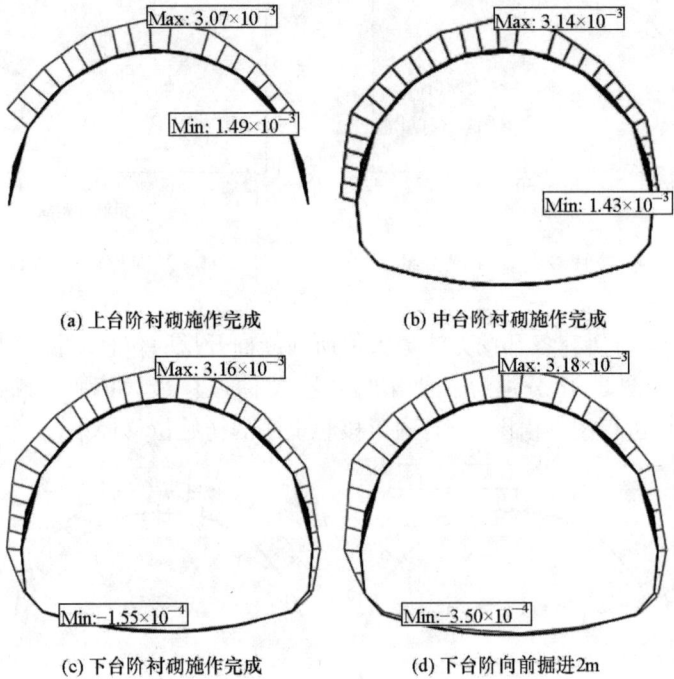

(a) 上台阶衬砌施作完成　　　　　　(b) 中台阶衬砌施作完成

(c) 下台阶衬砌施作完成　　　　　　(d) 下台阶向前掘进2m

图 3.96　三台阶法同一断面 X 向位移变化图(单位:m)

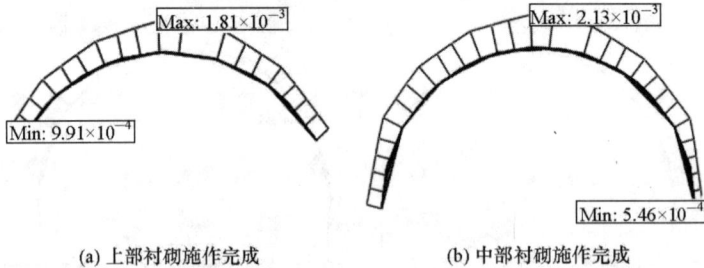

(a) 上部衬砌施作完成　　　　　　(b) 中部衬砌施作完成

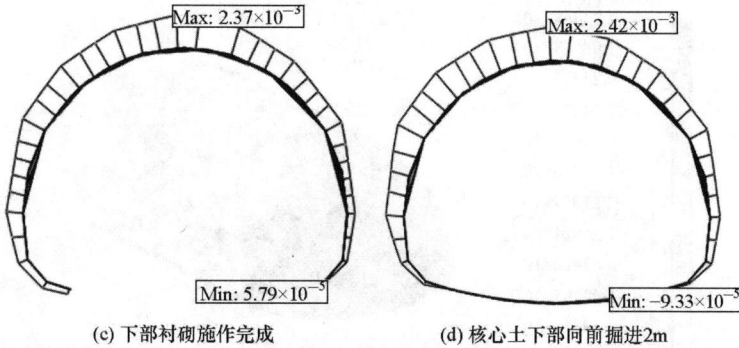

图 3.97　预留核心土法同一断面 X 向位移变化图(单位:m)

综上所述,我们根据三种开挖工艺 X 向位移值,可以得到以下结论。

① 当围岩自稳能力较差时,全断面法开挖虽然初始位移较小,但是向前掘进时,前方位移在开挖到支护时期内的位移值较大,会对已施作衬砌产生较大影响,可能导致失稳,在围岩条件较差时,该法对于较小 X 向位移效果较差。

② 三台阶法虽然 X 向位移初始值较大,但增长速率最小,这说明当围岩有一定自稳能力,可以将初始位移控制在一定范围内时,三台阶法对于较小 X 向位移有着较好的效果。

③ 预留核心土法对于减小 X 向位移在三种开挖工艺中效果最好,其保存的核心土的自重可以在很大程度上平衡 X 向的推力,从而减小位移。同时,较小的开挖断面也使围岩应力场不会产生较大改变,导致位移突变。然而,与前两节相同,预留核心土法衬砌闭合较迟,且未闭合断面距离较长,导致其开挖后 X 向位移增加速率较大,在采用该法时,这一点应引起注意。

4) 隧道支护结构应力分析

图 3.98 为隧道初期支护最大主应力等值线图,由图可以看出,三种开挖工艺均在衬砌左拱脚出现拉应力,其最大值:全断面法为 1.25MPa,三台阶法为 1.27MPa,预留核心土法为 1.23MPa,三种开挖工艺的最大值相差较小。然而由图可知,全断面法的拉应力较大值范围远大于其余两种工艺,而三台阶法大于预留核心土法。

图 3.99 为隧道初期支护最小主应力等值线图,由图可知,三种开挖工艺下,衬砌均在左拱肩和右拱脚处产生了较大的压应力。其中,全断面法最大量值为 2.39MPa,三台阶法为 2.31MPa,预留核心土法为 2.78MPa,可以看出与最大主应力不同,预留核心土法产生的最小主应力较大值范围是三种开挖工艺中最大的,且最大量值也相对较大。说明,由于开挖步骤较多,每一步施作完成都会产生应力集中,从而导致预留核心土法最终最小主应力量值最大,且范围也较大。

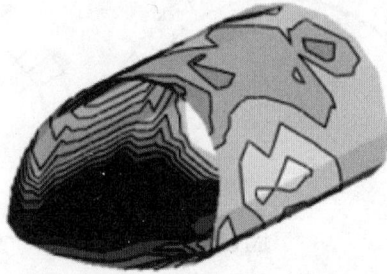
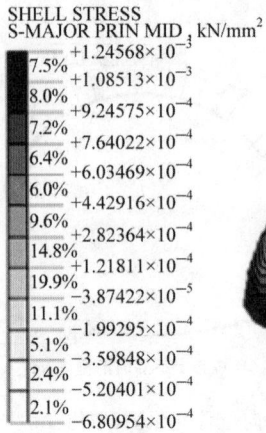

(a) 全断面法

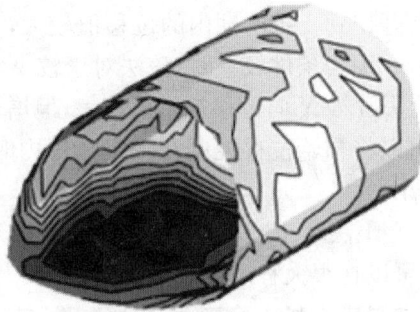
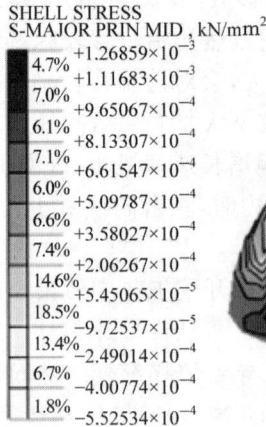

(b) 三台阶法

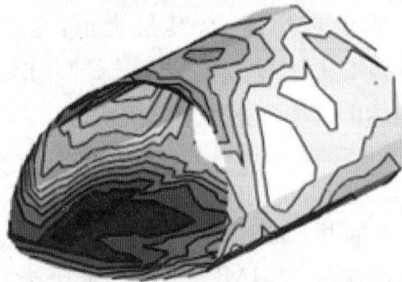
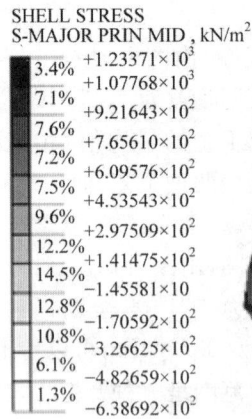

(c) 预留核心土法

图 3.98　最大主应力等值线图

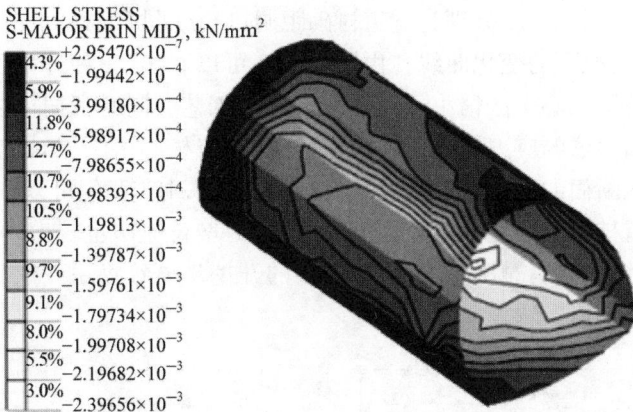

(a) 全断面法

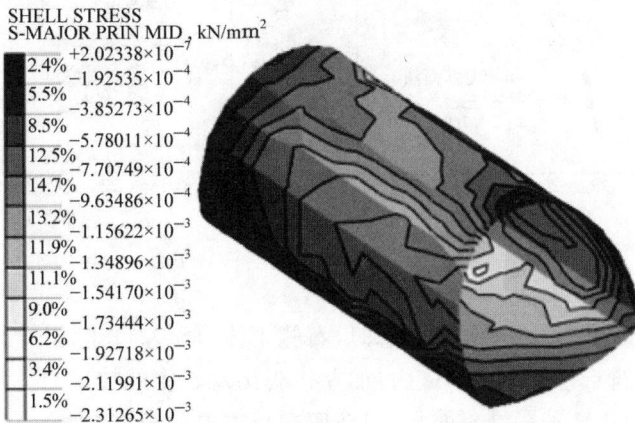

(b) 三台阶法

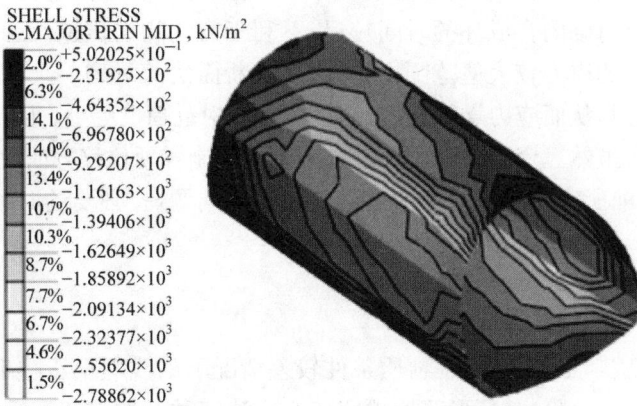

(c) 预留核心土法

图 3.99　最小主应力等值线图

　　图 3.100 和图 3.101 分别为隧道衬砌距洞口 6m 处断面最大主应力和最小主应力点在不同工况下的变化曲线。由图 3.100 可以看出,三种开挖工艺的最终值相差并不大,预留核心土法稍小于其他两种开挖工艺。同时我们可以看出三种开挖工艺中,全断面法的应力增长速度是最快的,预留核心土法相对较小,可见对拉应力而言,开挖断面的大小对其影响较大。参考图 3.101 我们可以看出,与最大主应力不同,预留核心土法开挖的最终值较大,应力增长速率也较大,而全断面法增长速率相对较慢。说明对压应力而言,较多的开挖步导致每一开挖步都会产生应力集中,对应力量值影响较大。

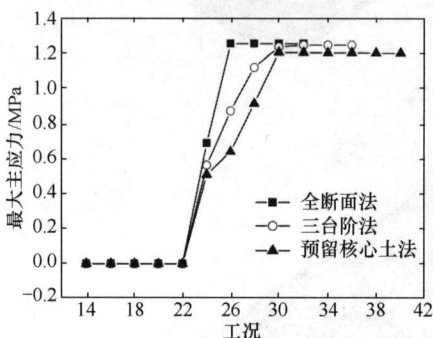

图 3.100　最大主应力-工况关系　　　　　　图 3.101　最小主应力-工况关系

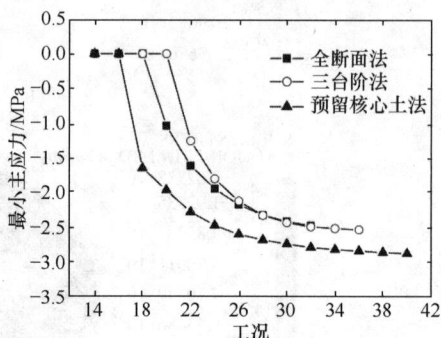

　　综上所述,当隧道处于偏压状态时,右侧土体厚于左侧土体,会导致隧道衬砌左拱肩和右拱脚产生较大的压应力,而左拱脚出现较大的拉应力。在应力最终值方面,三种开挖工艺差距并不明显,但在应力较大值范围方面,全断面法相对是较优的。三台阶法和预留核心土法由于是分步开挖,每一步开挖都会在拱脚处产生应力集中,同时衬砌闭合成环的时间较迟,不利于力的均匀传递,因此当全断面开挖完成后,相应的应力较大值范围也更大,而全断面法的衬砌一次性施作完成,可以较好地传递力,从而应力增长较缓,产生应力集中范围也更小。因此在围岩条件较差的情况下,虽然三台阶法和预留核心土法在限制各项位移方面效果较好,但是在衬砌未闭合前所产生的应力集中是需要注意的问题,在必要的时候应采取相应措施。

　　5. 小结

　　本节依托实际工程,对工程地质条件较差情况下的浅埋偏压隧道进洞时分别采用全断面法、三台阶法、环形开挖预留核心土法三种开挖工艺进行了对比分析,对各自的优势与缺陷进行了比较研究,得出结论如下。

　　(1) 在工程地质条件较差的情况下,全段面法开挖虽然可以使衬砌尽早封闭成环,优化力传递性能,但是在开挖后至衬砌施作的过程中会产生较大位移,且位移速率较快,同时向前掘进时,前方位移在开挖到支护时期内的位移值较大,会对已施作衬砌产生较大影响。但是全断面法的衬砌一次性施作完成,可以较好地传递力,从而应力增长较缓,产生应力集中范围也更小。可见,全断面法的不足在于开挖与衬砌施作之间无法有效地维持围岩自稳,从而产生较大的位移,且会对临近衬砌产生较大影响,但同时其衬砌一次施作完成后良好的力传递效果却可以减缓其应力、位移增长趋势。因此当围岩自稳能力较好时,全断面法是较好的选择;当围岩自稳能力较差时,应谨慎使用。

(2) 三台阶法对于 Z 向(竖向)位移有较好的效果,其开挖断面小,施工步骤数量适中,既能保证开挖不会引起过大的位移,同时又能尽快完成位移值的收敛,能有效限制 Z 向位移。然而,在围岩自稳能力较差的情况下,三台阶开挖引起的 Y 向(横向)位和 X 向(纵向)位移较大。该方法会产生较大初始位移,即围岩可能在开挖后因侧向或纵向位移突变而发生破坏,同时我们也注意到,在这三种工艺中,三台阶法是衬砌施作完成后 X 和 Y 向位移增长速率最小的,因此当围岩具有一定自稳能力时,三台阶法对于浅埋偏压隧道是一个较好的选择。而当围岩条件较差时,如何防止围岩在开挖后产生横纵向位移突变破坏是三台阶法需要注意的问题。

(3) 预留核心土法在开挖时控制围岩各方向变形均有着较好的效果,在围岩条件极差、开挖后难以自稳的情况下应选择该方法,但是我们同时需要注意到,该方法的应力值是三种开挖工艺中较大的,同时范围较大,这一点也反映在各向位移中,虽然预留核心土法初始位移小,但位移增长速率却不小,且施工步骤多,导致其最终位移并不小,因此该方法需要尽快完成同一断面的初期支护闭合成环,尽快让沉降值达到平稳,如果忽略这一点,该方法可能反而带来不利的后果。

综合对比,环形开挖预留核心土法开挖是较为适合本工程实例的开挖工艺,但需同时注意采用该工艺开挖所带来的问题及隐患。

参 考 文 献

[1] 黄昌乾,丁恩保. 边坡工程常用稳定性分析方法. 水电站设计,1999,(1):54-59.

[2] 周海清,刘东升,陈正汉. 工程类比法及其在滑坡治理工程中的应用. 地下空间与工程学报,2008,4(6):1056-1060.

[3] 杨志法,尚彦军,刘英. 关于岩土工程类比法的研究. 工程地质学报,1997,(4):12-18.

[4] 汝作,易发成,张洪. 基于模糊数学法的工程类比法在边坡治理中的研究与应用. 长春工程学院学报:自然科学版,2013,14(1):105-107.

[5] 赵宇飞,陈祖煜. 中国水利水电边坡数据库及 XML 技术的应用. 岩石力学与工程学报,2007,(S2):4432-4438.

[6] 谢强,钱惠国. 铁路岩石边坡数据库系统. 西南交通大学学报,1991,(2):61-65.

[7] Terlien M T J,Westen C J V,Asch T W J V. Deterministic Modelling in Gis-Based Landslide

Hazard Assessment. Berlin:Springer Nether Lands,1995:57-77.

[8] Chau K T,Sze Y L,Fung M K,et al. Landslide hazard analysis for Hong Kong using landslide inventory and gis. Computers & Geosciences,2004,30(4):429-443.

[9] Carrara A. Multivariate models for landslide hazard evaluation. Journal of the International Association for Mathematical Geology,1983,15(3):403-426.

[10] Aleotti P. Landslide hazard assessment:summary review and new perspectives. Bulletin of Engineering Geology & Environment,1999,58(1):21-44.

[11] 谢谟文,江崎哲郎,周国云,等. 基于 GIS 空间数据库的三维边坡稳定性分析. 岩石力学与工程学报,2002,21(10):1494-1499.

[12] 张金山,袁绍国,雷化南. 露天矿边坡稳定性分析专家系统. 中国矿业,1995,(3):57-62.

[13] 夏元友,朱瑞赓. 边坡稳定性分析专家系统研制. 灾害学,1997,(4):10-14.

[14] 璩继立,牟春梅. 边坡稳定性优势面理论分析评价专家系统. 桂林工学院学报,1997,17(2):123-126.

[15] 饶文碧,谢颂华,聂军,等. 基于神经网络专家系统的边坡系统设计. 华中科技大学学报:自然科学版,2002,30(8):31-33.

[16] Barton N,Lien R,Lunde J. Engineering classification of rock masses for the design of tunnel support. Rock Mechanics,1974,6(4):189-236.

[17] Romana M. New adjustment ratings for application of Bieniawski classification to slopes. Proceedings of the International Symposium on Role of Rock Mechanics. Zacatecas,1985:49-53.

[18] Romana M. A geomechanical classification for slopes (SMR). Environment & Quality of Life. Brussels,1991:101-123.

[19] Romana M. SMR classification. Proceedings of 7th ISMR Congress. Aachen,1991:955-960.

[20] 孙东亚,陈祖煜,杜伯辉,等. 边坡稳定评价方法 RMR-SMR 体系及其修正. 岩石力学与工程学报,1997,(4):297-304.

[21] 葛华,吉锋,石豫川,等. 岩体质量分级方法——CSMR 法的修正及其应用. 地质灾害与环境保护,2006,17(1):90-94.

[22] 张元才,黄润秋,赵立冬,等. 天山公路边坡岩体质量评价 TSMR 体系研究. 岩石力学与工程学报,2010,29(3):617-623.

[23] 郑颖人,陈祖煜,王恭先,等. 边坡与滑坡工程治理. 北京:人民交通出版社,2008.

[24] Duncan J M. State of the ART:limit equilibrium and finite-elememt analysis of slopes. Journal of Geotechnical Engineering,1996,122(7):577-596.

[25] 张均锋,丁桦. 边坡稳定性分析的三维极限平衡法及应用. 岩石力学与工程学报,2005,24(3):365-370.

[26] 陈祖煜,弥宏亮,汪小刚. 边坡稳定三维分析的极限平衡方法. 岩土工程学报,2001,23(5):525-529.

[27] 冯树仁,丰定祥,葛修润,等. 边坡稳定性的三维极限平衡分析方法及应用. 岩土工程学报,1999,21(6):657-661.

[28] 张均锋,丁桦.边坡稳定性分析的三维极限平衡法及应用.岩石力学与工程学报,2005, 24(3):365-370.

[29] Griffiths D V. Slope stability analysis by finite elements. Géotechnique,1999,49(3): 653-654.

[30] Jeremić B. Finite Element methods for 3D slope stability analysis. Proceedings of Session of Geo-denver 2000. New York,2000:224-239.

[31] 赵尚毅,郑颖人,时卫民,等.用有限元强度折减法求边坡稳定安全系数.岩土工程学报, 2002,24(3):343-346.

[32] 赵尚毅,郑颖人,邓卫东.用有限元强度折减法进行节理岩质边坡稳定性分析.岩石力学与 工程学报,2003,22(2):254-260.

[33] 郑颖人,赵尚毅,邓卫东.岩质边坡破坏机制有限元数值模拟分析.岩石力学与工程学报, 2003,22(12):1943-1952.

[34] 张鲁渝,郑颖人,赵尚毅,等.有限元强度折减系数法计算土坡稳定安全系数的精度研究. 水利学报,2003,(1):21-27.

[35] 赵尚毅,郑颖人,肖佑昆.用有限元强度折减法分析具有非贯通结构面岩质边坡稳定性.地 质与勘探.2003,29(22):12-16.

[36] 连镇营,韩国城,孔宪京.强度折减有限元法研究开挖边坡的稳定性.岩土工程学报,2001, 23(4):407-411.

[37] 栾茂田,武亚军,年廷凯.强度折减有限元法中边坡失稳的塑性区判据及其应用.防灾减灾 工程学报,2003,23(3):1-8.

[38] 万少石,年廷凯,蒋景彩,等.边坡稳定强度折减有限元分析中的若干问题讨论.岩土力学, 2010,31(7):2283-2288.

[39] Brebbia C A,Telles J C F,Wrobel L C. Boundary Element Techiniques. Berlin:Spring-Ver- lage,1994.

[40] 许瑾,郑书英.边界元法分析边坡动态稳定性.西北建筑工程学院学报,2000,17(4):72-75.

[41] 邓琴,郭明伟,李春光,等.基于边界元法的边坡矢量和稳定分析.岩土力学,2010,31(6): 1971-1976.

[42] 寇晓东,周维垣,杨若琼.FLAC-3D进行三峡船闸高边坡稳定分析.岩石力学与工程学报, 2001,20(1):6-10.

[43] 刘春玲,祁生文,童立强,等.利用FLAC3D分析某边坡地震稳定性.岩石力学与工程学报, 2004,23(16):2730-2733.

[44] 寇晓东,周维垣,杨若琼,等.应用三维快速拉格朗日法进行三峡船闸高边坡锚固稳定与机 理研究.土木工程学报,2002,35(1):68-73.

[45] 李旭东.FLAC3D在边坡稳定性分析中的应用.中国水运月刊,2008,8(4):77-79.

[46] 王志伟,王庚荪.裂隙性粘土边坡渐进性破坏的FLAC模拟.岩土力学,2005,26(10): 1637-1640.

[47] 艾志雄,罗先启,刘波,等.FLAC基本原理及其在边坡稳定性分析中的应用.灾害与防治工 程,2006,(1):19-24.

[48] 蓝航,姚建国,张华兴,等.基于FLAC3D的节理岩体采动损伤本构模型的开发及应用.岩石力学与工程学报,2008,27(3):572-579.

[49] 刘立鹏,陈奇,张彬.基于FLAC强度折减理论的边坡稳定性研究.岩土工程技术,2008,22(1):6-10.

[50] Sangroya R,Choudhury D. Stability analysis of soil slope subjected to blast induced vibrations using FLAC3D . Geo Congress,2013.

[51] 郑彦奎.隧道洞口边坡稳定性研究.重庆:重庆大学硕士学位论文,2008.

[52] 祝玉学,张绪珍,潘孝连,等.露天矿边坡优化设计方法.岩土工程学报,1989,11(3):11-21.

[53] 邱贤德,高先良.矿山边坡可靠性分析研究.四川冶金,1996,(1):1-5.

[54] 李元松.边坡可靠性分析及程序设计.土工基础,1996,(4):15-20.

[55] 江伟,耿克勤.边坡可靠性分析与评价.水利水电技术,1994,(3):24-28.

[56] 王国欣,谢雄耀,黄宏伟.公路隧道洞口滑坡的机制分析及监控预报.岩石力学与工程学报,2006,(2):268-274.

[57] 杨绪波,黄润秋,沈军辉,等.紫坪铺水电站2♯泄洪洞进水口边坡变形特征及其机理研究.岩石力学与工程学报,2005,24(12):2035-2040.

[58] 颜育仁,杜时贵,董良淮.浙江省大梁山隧道出口边坡稳定性分析.中国地质灾害与防治学报,2006,17(3):118-123.

[59] 郑建中.富溪双连拱隧道出口高边坡稳定性评价及支护效果分析.工程地质学报,2007,15(2):253-257.

[60] 潘龙,王建国,陈陆望.连拱隧道浅埋偏压段的受力和变形机制研究.岩石力学与工程学报,2011.

[61] 向安田,朱合华,丁文其,等.偏压连拱隧道洞口仰坡失稳机制的数值分析.地下空间与工程学报,2008,4(1):73-79.

[62] 吴红刚,吴道勇,马惠民,等.隧道-滑坡体系类型和隧道变形模式研究.岩石力学与工程学报,2012,(A02):3632-3642.

[63] 朱合华,李新星,蔡永昌,等.隧道施工中洞口边仰坡稳定性三维有限元分析.公路交通科技,2005,22(6):119-122.

[64] 陈思阳,朱彦鹏,李忠,等.大断面黄土偏压隧道开挖侧向边坡稳定性影响分析.现代隧道技术,2014,51(1):82-89.

[65] 张敏,黄润秋,巨能攀.浅埋偏压隧道出口变形机理及稳定性分析.工程地质学报,2008,16(4):482-488.

[66] 王军,曹平,林杭.受偏压隧道影响边坡加固的数值分析.公路交通科技,2009,26(9):102-106.

[67] 钟浩.基于FLAC3D动态分析隧道开挖对边坡稳定性的影响.公路工程,2010,(4):147-149.

第4章 隧道岩爆的预测及防治

4.1 隧洞岩爆研究现状

21 世纪是隧道、深部矿山等地下空间资源大规模开发利用的世纪。我国经济的高速发展,对现有交通运输能力提出了严峻考验。越来越多的大埋深、高地应力等复杂地质条件下的地下工程不断兴建,而地下工程特别是隧道工程开挖卸荷所引起的地质灾害——岩爆,已成为制约隧道安全施工的关键问题。

岩爆是高地应力条件下地下工程开挖过程中,硬脆性围岩因开挖卸载导致洞壁应力分异,储存于岩体中的弹性应变能突然释放而产生爆破松脱、剥落、弹射甚至抛掷现象的一种动力破坏地质灾害[1]。自 1738 年英国锡矿岩爆现象首次报道以来,南非、中国、德国等国家均记录有岩爆现象发生,其范围涉及采矿、发电隧洞、运输隧道等工程领域;岩爆直接威胁工程施工人员、设备安全,影响施工进度,已成为世界性的地下工程难题之一[2,3]。

岩爆的发生与地下工程的埋深、所处地质区域围岩力学性质以及初始地应力等有密切关系。近年来随采深的增加,岩爆发生率不断上升。在加拿大、南非等国家,矿井深度已超过 1000~2000m,部分已深达 4000 多米[4]。高频率的岩爆造成了巨大的损失,在南非的深部金矿,67%的死亡和 30%的受伤者与岩爆和岩崩有关[5]。

在我国,红透山铜矿[6]、冬瓜山铜矿[7,8]、二道沟金矿[9,10]、玲珑金矿[11]等深部矿山开采工程相继发生岩爆灾害。天生桥水电站引水隧洞[12]、太平驿电站引水隧洞[13]、锦屏二级水电站施工排水洞[14,15]和引水隧洞[16]、下坂地水利枢纽工程引水发电洞[17]等水工隧洞相继发生严重岩爆,造成了巨大的经济损失。交通运输隧道方面,秦岭铁路特长隧道[18-20]、川藏公路二郎山隧道[21-23]、秦岭终南山特长公路隧道[24]、苍岭隧道[25]、泥巴山隧道出口段、九华山公路隧道[26]等诸多长大深埋隧道工程均发生中等至强岩爆灾害,严重威胁机械和人员安全。

岩爆灾害不仅严重威胁施工安全、影响施工进度,而且还会造成超挖、初期支护失效,严重时还会诱发地震,已经成为硬岩隧道勘测设计及施工组织中必须考虑的重要问题之一,并受到世界各国相关学者的广泛关注[27-31]。因此,深入开展岩爆发生机理、预测及防治的研究,不仅对地质灾害学术发展起到推动作用,而且具有重大的实用价值和社会经济效益。

西康二线秦岭翠华山隧道,位于秦岭北麓,全长 11271m,最大埋深 600 多米。洞身围岩岩质坚硬、地质构造复杂。前期地质勘探记录表明,隧道所在地质区域岩体地应力较高,且穿越数条"V"形沟谷,在隧道施工中可能面临高围压下开挖卸荷引发的岩爆问题。如何对隧道施工中可能发生的区域、部位及岩爆烈度等级进行预测,提出合理的防治措施,保证隧道施工安全,是秦岭翠华山隧道开挖施工所面临的关键问题。

4.1.1　岩爆现象及发生条件

岩爆是高地应力地区地下岩石工程中特有的一种地质灾害现象。岩爆的发生与岩性、岩体构造和地应力状态等因素密切相关。岩爆现象常见矿山、隧洞等地下工程中,如南非金矿、中国四川锦屏二级水电站、瑞典中南部的浅层隧道、法国洛林煤矿等。不同的领域对岩爆有不同的称谓,采矿部门称之为冲击地压、冲击矿压、矿震等,而水利水电及交通部门一般称之为岩爆。岩爆发生机理、预测和防治是相关学者研究的重点和热点,且存在不同观点。

岩爆发生的原因较多,主要原因是地下工程的开挖卸荷改变了岩体赋存的空间环境,为岩爆的发生提供了能量释放的空间条件。地下工程的开挖改变了岩体的初始应力场,引起开挖区围岩应力的重新调整和分布,有时甚至是应力场的多次重分布;局部围岩集中应力可能会达到或远远超过岩块单轴抗压强度,且伴随着应变能的不断积聚。另外,岩爆的发生与岩体岩性及其结构特征亦有很大关系。岩体中逐渐累积的弹性应变能,需要通过岩体的变形、破裂来不断释放以达到新的平衡状态。若岩体中所储存的弹性变形不仅能满足岩体变形和破裂所消耗的能量,还有足够的剩余能量转换为动能,使逐渐被剥离的岩块瞬间脱离母岩弹射出去,就会发生岩爆现象。而弹性应变能不断聚集的一个首要条件就是岩体矿物结构致密度、坚硬度较高,且其隐微裂隙不发育。岩体能否产生岩爆还与岩体积累和释放弹性变形能的时间有关。

综上,岩爆的发生条件可总结如下。

(1) 岩体中地应力较高,且其内储存着很大的应变能,尤其是该部分能量超过了硬岩石自身的强度时。

(2) 围岩坚硬新鲜完整,裂隙极少或仅有隐裂隙,且具有较高的脆性和弹性,能够储存能量,而其变形特性属于脆性破坏类型,当应力解除后,回弹变形很小。

(3) 埋深较大。

(4) 地下水较少,岩体干燥。

（5）地下工程开挖断面形状不规则，或断面变化造成局部应力集中的地带。

4.1.2　岩爆机理

岩爆是地下工程开挖过程中，坚硬、脆性围岩在高应力条件下，因开挖扰动导致围岩应力重新分布和应力集中，岩体内储存的弹性应变能突发性的急剧释放，而产生的爆裂松脱、剥落、弹射甚至抛掷现象的一种动力失稳、破坏性的地质灾害[32]。

国内外诸多学者对矿山中的岩爆现象进行了广泛研究，取得了众多有益的成果，但对于隧道岩爆方面，目前国内外所进行的研究还相当有限。截至目前，在岩爆发生机理研究方面尚没有取得重大进展，已有研究成果还不能对工程中出现的各类岩爆现象给出全面、合理的理论解释，亦在很大程度上制约了以此为基础的岩爆预测和防治技术的发展。

Hoek 等认为，岩爆是高地应力区洞室围岩剪切破坏作用的产物。Zoback 教授在解释钻孔崩落现象成因时，也认为类似"岩爆"的孔壁崩落破坏属剪切破坏。然而 Mastin 和 Haimson 通过带圆孔的砂岩岩板进行的单向压缩物理模拟试验，在实验室真实地再现了孔壁崩落现象，他们认为这是由孔壁应力集中部位的局部破坏所引起的，是张性破裂的产物。

杨淑清[33]根据天生桥二级水电站施工过程中隧洞岩爆反映的力学性质研制了模型材料，并通过模型试验结果指出，认为劈裂破坏属脆性断裂，而剪切破坏是岩石应力达到峰值强度时的极限状态，前者破裂面与洞口边界平行，后者则与洞口边界斜交，呈对数螺旋形。

谭以安[34]对天生桥引水隧洞石灰岩岩爆碎片扫描电镜（SEM）观察研究后指出，岩爆是储有大量弹性应变能的硬质脆性岩体，由于地下工程的开挖，使得围岩应力分异、跃升以及能量的进一步集中所造成的张-剪脆性破坏，其形成过程可以分为劈裂破坏、剪断成块、块片弹射三个阶段。

谷明成等[35]结合秦岭隧道岩爆特征，通过对混合片麻岩变形破坏的试验研究认为，隧道洞壁岩体的岩爆破坏形式与室内岩石试件在有端面约束的单轴抗压条件下的破坏形式一致，既有张性劈裂破坏，也有剪切破坏，是以劈裂破坏为主的张剪复合型破坏；并将岩爆形成过程分为劈裂成板、破裂成块和岩块弹射三个阶段。刘小明和李悼芬[36]以试验研究和理论分析为基础，建立了岩石弹脆性损伤力学模型，并以此提出了岩爆损伤能量指数的概念，从能量角度建立了岩爆发生的岩性判别条件。

　　王兰生等[37]依据二郎山公路隧道岩爆特征,结合三向应力条件下岩石的压缩变形破坏全过程研究,认为岩爆力学机制可以归纳为压致拉裂、压致剪切拉裂、弯曲鼓折等方式,也可以多种组合方式出现;不同破裂机制与围岩应力、岩体性能及其结构特征等因素均有关系。

　　哈秋舲等[38,39]认为,岩爆是在地下洞室开挖卸荷的过程中发生的。通过卸荷岩体的工程地质、力学特性等方面的深入研究,形成了卸荷岩体力学理论的基本框架。

　　冯夏庭、陈炳瑞等[40,41]提出了即时型岩爆和时滞型岩爆的概念。即时型岩爆分为应变型和应变-结构面滑移型两种类型,前者主要是拉张破裂,后者主要是拉张破坏、剪切破裂与拉剪-压剪破裂,剪切破裂沿硬性结构面发生,并形成爆坑边界。时滞型岩爆分为时空滞后型和时间滞后型。前者主要发生在隧洞掌子面开挖应力调整扰动范围之外,空间上发生在掌子面后方一定距离,时间上滞后该区域开挖一段时间;时间滞后型岩爆是时滞性岩爆的一种特例,隧洞施工进度缓慢或停工后较易发生。

4.1.3　岩爆判别指标

　　截至目前,国内外学者从多方面对岩爆机理进行了研究,提出了多种岩爆判别指标。归纳起来,主要分为基于岩性的岩爆判别指标、基于现场情况的岩爆判别指标以及基于断裂损伤、非线性科学、智能科学等的岩爆判别新指标三类。实际工程中,第一类岩爆判别指标即基于岩性的岩爆判别指标应用较为广泛。

　　基于岩性的岩爆判别指标,又称岩爆倾向性指标,其具体判别指标如下。

　　(1)应力指标。应力指标的建立以强度理论为基础。强度理论一般以岩石的强度为度量标准,从围岩的静力平衡条件出发,将各种应力强度准则作为岩爆的判据之一[42]。强度理论虽不能准确解释岩块(片)的弹射机理,但其概念明确,简明实用,应用较为广泛。

　　(2)能量指标。能量指标的建立以能量理论为基础。能量理论由 Cook 等在20世纪60年代首先提出。该理论认为岩石中积累的弹性应变能是岩爆发生的内部主导因素,当岩体-围岩系统的力学平衡状态被破坏,系统释放的能量大于消耗的能量时,即产生岩爆[32]。该理论较好地解释了岩爆发生时地震和岩石抛出等动力现象,但是未考虑时空因素。

　　(3)岩石的脆性系数指标。认为岩爆是岩石的脆性破坏[43]。对于岩石的脆性系数,不同的学者给出了不同的计算公式。应用岩石的单轴抗压强度与单轴抗拉强度之比来表示岩石的脆性度是最常用的一种方法。

　　(4)刚度指标。刚度指标源于刚度理论[44],而刚度理论源于刚性压力机的产生。该理论认为矿体的刚度大于围岩的刚度是产生岩爆的必要条件。刚度理论虽然具有明确的物理概念,但对岩体来说,很难直接计算岩体刚度,其应用并不广泛。

4.1.4　岩爆倾向性判别指标

1) Turchaninov 方法

Turchaninov 根据科拉岛希宾地块的矿井建设经验,提出了岩爆活动性由洞室切向应力 $\sigma_{\theta max}$ 和轴向应力 σ_l 之和与岩石单轴抗压强度 R_c 之比确定[45]:

$$\sigma_{\theta max}+\sigma_l/R_c \leqslant 0.3　（无岩爆）$$

$$0.3 < \sigma_{\theta max}+\sigma_l/R_c \leqslant 0.5　（可能有岩爆）$$

$$0.5 < \sigma_{\theta max}+\sigma_l/R_c \leqslant 0.8　（有岩爆）$$

$$0.8 < \sigma_{\theta max}+\sigma_l/R_c　（有严重岩爆）$$

2) Kidybinski 方法

弹性能量(应变能)指数 W_{et} 判据(主要根据煤的试验):W_{et} 为弹性应变能与耗损应变能之比,即 $W_{et}=\Phi_{sp}/\Phi_{st}$。式中,$\Phi_{sp}$、$\Phi_{st}$ 分别为试块的弹性应变能和耗损应变能,均由试块加、卸载应力-应变曲线中的面积求出[46,47]。W_{et} 判据如下:

$$W_{et} \geqslant 5.0　（强烈岩爆）$$

$$W_{et}=2.0\sim4.9　（中等岩爆）$$

$$W_{et} < 2.0　（无岩爆）$$

3) Russense 判据

Russense 岩爆判别法是根据洞室的最大切向应力 σ_θ 与岩石点荷载强度 I_s 的关系,建立了岩爆烈度关系图[48]。把点荷载 I_s 换算成岩石的单轴抗压强度 R_c,并根据岩爆烈度关系图判别是否有岩爆发生。其判别关系如下:

$$\sigma_\theta/R_c < 0.20　（无岩爆）$$

$$0.20 \leqslant \sigma_\theta/R_c < 0.30　（弱岩爆）$$

$$0.30 \leqslant \sigma_\theta/R_c < 0.55　（中等岩爆）$$

$$\sigma_\theta/R_c \geqslant 0.55　（强岩爆）$$

4) 秦岭隧道判据方法

谷明成通过对秦岭隧道的研究提出以下判据[18]:

$$R_c \geqslant 15R_t$$

$$W_{et} \geqslant 2.0$$

$$\sigma_\theta \geqslant 0.3R_c$$

$$K_v \geqslant 0.55$$

式中,R_t 为岩石的单轴抗拉强度;σ_θ 为隧道洞壁最大切向应力;K_v 为岩体完整性系数。

以上各式只要同时满足就会发生岩爆。

5）二郎山公路隧道判据方法

徐林生和王兰生[2]根据二郎山公路隧道施工中记录的岩爆资料,提出了改进的"σ_θ/R_c判据法",得出以下岩爆分级：

$$\sigma_\theta/R_c < 0.3 \quad （无岩爆活动）$$

$$\sigma_\theta/R_c = 0.3 \sim 0.5 \quad （轻微岩爆活动）$$

$$\sigma_\theta/R_c = 0.5 \sim 0.7 \quad （中等岩爆活动）$$

$$\sigma_\theta/R_c > 0.7 \quad （强烈岩爆活动）$$

此外,国内还有侯发亮临界埋深判据和陶振宇判据及其岩爆分级等岩爆判别方法,在此不再一一赘述。

4.1.5　岩爆防治措施研究现状

常用的岩爆防治措施主要有软化围岩法、喷锚初期支护、超前应力释放孔等。

软化围岩法是通过围岩表面洒水和围岩内钻孔注水进行岩爆防治的常用方法,其效果与围岩本身的吸水性有很大关系。

喷锚支护指的是借高压喷射水泥混凝土和打入岩层中的金属锚杆的联合作用(根据地质情况也可分别单独采用)加固岩层,喷锚混凝土可以作为洞室围岩的初期支护,也可以作为永久性支护。该工艺能使混凝土侵入围岩裂隙,封闭节理,加固结构面和层面,提高围岩的整体性和自承能力,抑制变形的发展。支护与围岩的共同作用,可控制和调整围岩应力的重分布,避免围岩松动和坍塌,加强围岩的稳定性,有效地延缓或抑制岩爆发生。

超前应力释放孔法是隧道开挖后通过在洞壁钻孔达到释放出部分应力的一种超前应力释放措施,是岩爆控制的有效常用方法。其作用机理是通过挖孔后孔的变形对洞壁围岩切向应力起到释放作用,其岩爆控制作用的大小与钻孔的大小、长度及间距密切相关。

4.2　秦岭翠华山隧道工程地质条件

4.2.1　工程概况

西康铁路增建二线秦岭翠华山特长隧道地处秦岭北麓低中山区,平均海拔为670~1400m,最高海拔为1440m。洞身地表起伏较大,地表自然坡度为30°~40°,太峪以西多为基岩峭壁。分布有众多"V"形侵蚀谷,基本呈南北向展布。既有西康线工程设置依次为小峪隧道、洋峪河中桥、天池隧道、太峪河大桥、太峪隧道、康峪隧道、南五台隧道等,隧道进口位于小峪,进口段距既有线80~90m,出口位于青沟,隧道出口距既有线20~30m;洞身除进口段下穿既有小峪隧道,距离较近外,其余洞身距既有西康线较远。隧道最大埋深625m,洋峪沟(D1K68+150)处埋深约

140m(距拱顶),太峪河(D1K72+260)处埋深约 65m(距拱顶),西岔沟(D1K73+200)处埋深约 120m(距拱顶)。隧道起迄里程 D1K65+807～D1K77+078,全长11271m,为单线隧道;洞内线路纵坡为单面上坡,线路坡依次为 13.6‰、13.2‰、13.6‰、13.2‰;隧道洞身 1155.76m 及安康端洞口段 1563m 位于 R-1600 的曲线上,洞身其余部分位于直线上。

隧道通过区内仅蛟峪、太峪、西岔沟内有公路,但路面较窄,其余沟内均为人行便道,交通困难,大型车辆难以通行。在山前一带交通方便,有西柞高速、环山公路等。

4.2.2　工程地质条件

1. 地层岩性

本段分布均为变质岩类,主要为含棒片岩、云母片岩、片岩夹片麻岩、片麻岩夹片岩、混合花岗岩、混合片麻岩,断层带内分布有断层碎裂岩及断层泥砾,山坡坡面及冲沟内分布有第四系粉质黏土、碎石类土等。地层岩性由新到老详述如下。

1) 第四系上更新统(Q_4)

分布于隧道出口段及各冲沟内,成因分为坡积(Q_4^{dl})、洪积(Q_4^{pl})、冲积(Q_4^{al}),岩性主要为粉质黏土、碎石类土。

粉质黏土(Q_4^{al1}、Q_4^{dl1}、Q_4^{pl1}):分布于山梁顶部及各冲沟沟内,厚 1～15m,灰黄色,夹有砾石,硬塑,Ⅲ普通土,$\sigma_0 = 120$kPa。

碎石土夹块石(Q_4^{dl7}、Q_4^{pl7+8}):分布于各冲沟沟内及隧道出口,厚 5～10m,灰黄色,棱角状,夹有块石,粉质黏土充填,粒径 20～60mm 约占 10%,60～80mm 约占 40%,大于 80mm 约占 20%,砾石成分以片麻岩、片岩为主,稍密-中密,稍湿,Ⅲ级硬土,$\sigma_0 = 500$kPa。

卵石土(Q_4^{al7}):分布于西岔沟沟心,厚度约 5m,灰黄色,圆棱状,砂质充填,粒径 20～60mm 约占 15%,60～100mm 约占 35%,100mm 约占 25%,最大粒径 180mm,砾石成分以片麻岩、片岩为主,稍密-中密,饱和,Ⅲ级硬土,$\sigma_0 = 600$kPa。

块石土(Q_4^{pl8}):分布于各冲沟沟内,厚 5～25m,灰黄色,棱角状,砂类土、碎石类土充填,粒径 60～100mm 约占 15%,100～200mm 约占 20%,大于 200mm 约占 45%,砾石成分以片麻岩、片岩为主,稍密-中密,潮湿-饱和,Ⅳ级软石,$\sigma_0 = 700$kPa。

漂石土(Q_4^{al8}):分布于各冲沟沟内,厚 4～24m,灰黄色,圆棱状,砂类土、碎石类土充填,粒径 60～100mm 约占 15%,100～200mm 约占 20%,大于 200mm 约占 45%,砾石成分以片麻岩、片岩为主,稍密-中密,潮湿-饱和,Ⅳ级软石,$\sigma_0 = 800$kPa。

2) 上元古界（Pt_2）

岩性主要为秦岭群云母片岩夹含棒片岩、含棒片岩夹云母片岩、片岩夹片麻岩、片麻岩夹片岩。

(1) 云母片岩夹含棒片岩（$P_{t2}^{mSc+bSc}$）：主要分布于隧道进口，云母片岩为灰黑色，鳞片变晶结构，片状构造，主要矿物为黑云母、白云母，质软，岩性较差，表层风化严重，节理发育；含棒片岩为灰黑色，夹有长英质、花岗质棒体，变晶结构，片状构造，矿物成分主要为角闪石、石英等，含有少量绿帘石等，岩质较坚硬。片理发育，节理、裂隙发育。地层产状在 N70°～85°W/20°～40°N。风化层层厚 8～10m，全风化-强风化，Ⅳ级软石，$\sigma_0 = 300kPa$，弱风化，Ⅳ级软石，$\sigma_0 = 600kPa$。

(2) 含棒片岩夹云母片岩（$P_{t2}^{bSc+ySc}$）：主要分布于隧道进口附近，含棒片岩为灰黑色，矿物成分主要为角闪石、石英等，含有少量绿帘石等，夹有长英质、花岗质棒体，棒体长 2～5cm，易剥落，变晶结构，片状构造，岩质较坚硬，性脆；云母片岩为灰黑色，鳞片变晶结构，片状构造，主要矿物为黑云母、白云母，质软，工程性质较差。岩体片理发育，节理较发育，地层产状在 N80°～85°W/38°～47°N，局部岩层走向近东西向。风化层层厚 1～2m，全风化-强风化，Ⅳ级软石，$\sigma_0 = 500kPa$，弱风化，Ⅳ级软石，$\sigma_0 = 800kPa$。

(3) 片岩夹片麻岩（P_{t2}^{Sc+Gn}）：主要分布于洞身 D1K70+800～D1K72+700 段，片岩为灰黑色，矿物成分主要为角闪石、石英、云母等，变晶结构，片状构造，岩质较坚硬，片理发育；片麻岩为灰白色，结晶粗大，片麻状构造，主要矿物为角闪石、云母、石英、长石，暗色矿物定向排列明显，岩质坚硬，片麻理不发育。节理较发育，受构造影响，产状变化较大，D1K71+000～D1K71+800 段产状在 N15°～65°W/17°～40°S，D1K71+800～D1K72+800 段产状在 N35°～45°E/20°～30°N，风化层层厚 1～2m，全风化-强风化，Ⅳ级软石，$\sigma_0 = 500kPa$，弱风化，Ⅴ级次坚石，$\sigma_0 = 1000kPa$。

(4) 片麻岩夹片岩（P_{t2}^{Gn+Sc}）：主要分布于洞身 D1K66+680～D1K70+800 及 D1K73+835～D1K74+800 段，片麻岩为灰白色，结晶粗大，片麻状构造，主要矿物为角闪石、云母、石英、长石，暗色矿物定向排列明显，岩质坚硬，片麻理不发育。片岩为成薄层状夹于片麻岩中，局部厚度较大，灰黑色，矿物成分主要为石英、角闪石、云母等，变晶结构，片状构造，岩质较坚硬，片理发育；节理较发育，受构造影响，产状变化较大，D1K70+000 处向小里程方向产状在 N40°～68°E/28°～48°N，D1K70+000 处向大里程方向产状在 N45°～85°W/25°～50°N，风化层层厚 1～2m，全风化-强风化，Ⅳ级软石，$\sigma_0 = 600kPa$，弱风化，Ⅴ级次坚石，$\sigma_0 = 1200kPa$。

3) 年代不明的混合岩

混合片麻岩（M^{Mgn}）：主要分布于 D1K74+650～出口段，灰白色，变余结构，片麻状构造，主要矿物为石英、长石、角闪石、云母，局部可见片麻岩基体及局部暗色矿物富集,岩质坚硬,片麻理产状为 N45°～70°W/30°～60°N,风化层层厚 1～4m,出口段风化严重成碎块状,节理较发育,全风化-强风化,Ⅳ级软石,$\sigma_0=600\text{kPa}$,弱风化,Ⅴ级次坚石,$\sigma_0=1500\text{kPa}$。

4) 构造岩类

构造岩类分布在各断层破碎带中。断层破碎带主要由碎裂岩、断层泥砾组成。

(1) 断层泥砾(Fc+Fb):主要分布于 F4-1 断带内,宽度约 30m,灰白、灰黄、黑色等,呈角砾状、泥状、松散、质软、污手,工程性质极差,Ⅲ级普通土,$\sigma_0=200\text{kPa}$。

(2) 碎裂岩(Cru):主要分布各断带内,灰白、灰黄色为主,原岩为片麻岩、片岩等,由于动力作用,岩石形成大小不等的碎块,局部有糜棱岩化,结构松散、裂隙发育、富水,工程性质较差,Ⅳ级软石,$\sigma_0=600\text{kPa}$,Ⅴ级围岩。

5) 主要岩土物理力学指标

通过综合物探及取代表岩样做岩体物理力学试验,测得隧道通过区域岩体物理力学指标见表 4.1 和表 4.2。

表 4.1　各类岩组的物性参数统计表

岩类	岩性特征			
	完整岩层		节理发育、破碎岩层	
	电阻率 /(Ω·m)	波速 /(m/s)	电阻率 /(Ω·m)	波速 /(m/s)
云母片岩夹含棒片岩($P_{t2}^{mSc+bSc}$)	250～400	—	40～250	—
含棒片岩夹云母片岩($P_{t2}^{bSc+ySc}$)	650～1500	3700～4000	300～500	2600～3300
片岩夹片麻岩(P_{t2}^{Sc+Gn})	350～850	3950～4500	20～350	2370～3360
片麻岩夹片岩(P_{t2}^{Gn+Sc})	800～3000	4000～5700	150～800	1200～3200
混合花岗岩(M^{Mg})	550～1500	4100～5100	200～550	1600～2300
混合片麻岩(M^{Mgn})	1000～3800	4150～4670	650～1800	3150～4280

表 4.2　秦岭翠华山隧道各岩性物理力学指标统计表

岩土名称		干密度 /(g/cm)	颗粒密度 /(g/cm)	吸水率 /%	抗压强度/MPa		软化系数	抗拉强度 /MPa	割线模量 /×10⁴MPa	泊松比
					干燥	饱和				
含棒片岩	最小值 ～ 最大值	2.74 ～ 2.92	2.80 ～ 2.85	0.21 ～ 0.27	90.1 ～ 280	61.9 ～ 115	0.457 ～ 0.741			
	平均值	2.792	2.825	0.244	138.87	83.78	0.615			

续表

岩土名称		干密度/(g/cm)	颗粒密度/(g/cm)	吸水率/%	抗压强度/MPa		软化系数	抗拉强度/MPa	割线模量/×10⁴MPa	泊松比
					干燥	饱和				
片麻岩	最小值	2.56	2.65	0.21	80.3	41.7	0.697	9.55	5.24	0.22
	~	~	~	~	~	~	~	~	~	~
	最大值	2.67	2.66	0.78	218	254	0.898	17.9	5.64	0.24
	平均值	2.627	2.656	0.316	156.55	119.0	0.787	13.95	5.44	0.23
片岩	最小值	2.66	2.77	0.14	53.9	25.8	0.375	12.5	5.36	0.13
	~	~	~	~	~	~	~	~	~	~
	最大值	2.83	2.87	0.39	237	104	0.99	16.5	1.78	0.28
	平均值	2.756	2.813	0.214	139.95	70.63	0.632	14.5	3.2	0.215
混合花岗岩	最小值	2.58		0.31	85.7	49.4		5.44		
	~	~	2.8	~	~	~	0.576	~	4.96	0.7
	最大值	2.83		1.12	116.0	114.0		12.1		
	平均值	2.693	2.8	0.58	99.03	72.767	0.576	8.77	4.96	0.7
混合片麻岩	最小值	2.6	2.65	0.17	77.7	39.9	0.42		1.89	0.1
	~	~	~	~	~	~	~		~	~
	最大值	2.7	2.99	0.4	267	221	0.98		9.91	0.14
	平均值	2.637	2.685	0.229	165.2	121.0	0.77	—	5.41	0.124

2. 地质构造

本段位于北秦岭褶皱带北部，华北古陆与扬子古陆两大陆合接带北缘，经多次构造活动的影响，其内部组成与构造变形十分复杂，为印支-燕山期强烈隆起地段，使前期构造形态被改造，喜马拉雅山期及近代构造运动反映为 F1 断层，F1 断层位于秦岭山前，呈东西走向，早期为压性，新生代以来，秦岭抬升，渭河地堑强烈下降，该断层显示张性性质。高角度倾北，出露宽度 200~800m。翠华山特长隧道避开了 F1 断层破碎带及影响带。

1) 次级断裂构造

(1) 大黑沟断层(F4-1)：逆断层，断层产状为 N53~65°W/55°S，断层破碎带宽 60~200m。由断层泥砾、碎裂片岩、碎裂片麻岩组成，断层泥砾带宽 30~40m，断带内岩体较为破碎，隧道洞身通过地段为 D1K66+936~D1K67+116。该断层在地形、地貌及物探曲线上反映较明显，电阻率为 20~250Ω·m，纵波波速为 1750~2750m/s。

（2）洋峪西断层支断裂（F4-2）：逆断层，断层产状为 N48°W/83°N，断层破碎带宽约为 20m，由碎裂片岩、碎裂片麻岩组成。隧道洞身通过地段为 D1K67＋146～D1K67＋166。该断层在沟内反映明显，沟内岩石极其发育，塌落形成岩堆，钻探及物探曲线上反映均较明显，电阻率为 300～650Ω·m，纵波波速为 1900～3150m/s。

（3）洋峪断裂（F7）：逆断层，断层产状为 N47°W/83°N，断层破碎带宽 30～50m，断带内物质主要为碎裂片麻岩。该断裂在土门峪以东的地形、地貌及地层岩性反映较明显，线路附近沟内可见碎裂岩，物探剖面上反映明显。隧道洞身通过里程为 D1K67＋346～D1K67＋386。该断层延伸较长，电阻率为 150～550Ω·m，纵波波速为 1210～3150m/s。

（4）土门峪断层（F8）：逆断层，断层产状为 N50°W/76°S，破碎带宽度为 30～50m，结构面粗糙，擦痕明显，断层面上有挤压膜，局部已糜棱岩化，裂纹纵横分布，断带物质主要为碎裂片麻岩，隧道洞身通过里程为 D1K68＋756～D1K68＋796，电阻率为 500～2200Ω·m，纵波波速为 2300～3150m/s。

（5）杏园坡断层（F9-1）：逆断层，断层产状为 N33°W/80°S，破碎带宽度为 110～130m，断带物质主要为碎裂片岩、碎裂片麻岩，碎块直径较小，裂隙极其发育，局部可见糜棱岩化现象，物探反映明显，隧道洞身通过里程为 D1K70＋236～D1K70＋356，电阻率为 20～350Ω·m，纵波波速为 2370～3360m/s。

（6）西岔沟断层（F9-2）：逆断层，断层产状为 N18°W/65°S，沿西岔沟延伸，破碎带宽度为 60～80m，断带物质主要为碎裂片岩、碎裂片麻岩，碎块直径较大，裂隙极其发育，局部可见糜棱岩化现象，隧道洞身通过里程为 D1K73＋233～D1K73＋303，物探反映不明显。

2）节理

隧道范围内发育有数条次级断层，秦岭混合岩化作用强烈，岩体节理裂隙较发育，现分段进行表述。

（1）D1K65＋807～D1K66＋410。

岩性主要为含棒片岩、云母片岩，风化节理裂隙发育，主要节理有 N60°～65°W/72°～88°N、N25°～45°E/60°～80°S，单位体积节理数为 20～25 条，岩体完整性指数 $K_v＝0.1～0.35$；含棒片岩，岩质坚硬，受岩脉侵入混合岩化作用，节理较发育，主要节理有 N50°～74°W/50°～80°N、N15°～35°E/80°～88°S，单位体积节理数为 8 条，岩体完整性指数 $K_v＝0.5$，岩体节理较发育。

（2）D1K66＋410～D1K68＋900。

岩性主要为片麻岩夹片岩，段内分布四条较大断层，受构造影响，节理裂隙发育,主要有三组节理,节理产状为 N55°～70°W/70°～85°N、N35°～45°E/60°～80°N、N15°～35°E/60°～80°S。单位体积节理数为 15 条,岩体完整性指数 $K_v=0.45$,岩体节理发育。

(3) D1K68+900～D1K71+350。

岩性主要为片麻岩夹片岩,有 F9-1 断层通过,隧道埋深较大,节理较发育,岩石有较多岩脉侵入,有混合岩化作用,分布有较多节理密集带,大量块石沿节理剥落,堆积于沟心,主要节理产状为 N30°～50°W/60°～75°N、N10°～30°E/68°～78°N、N40°～60°W/25°～45°N。单位体积节理数为 8～12 条,岩体完整性指数 $K_v=0.5$。

(4) D1K71+350～D1K73+240。

岩性主要为片岩夹片麻岩,调查、钻探、物探揭示节理发育,主要节理产状为 N5°～15°E/70°～85°S、N30°～40°W/60°～80°N、N20°～40°E/45°～77°N。体积节理数为 10～12 条,岩体完整性指数 $K_v=0.5$。

(5) D1K73+240～D1K74+650。

岩性主要为片麻岩夹片岩,受两侧岩体混合岩化作用,沟内有大量岩石剥落,形成岩堆。节理裂隙较发育,主要节理产状为 N40°～80°W/55°～80°N、N20°～40°W/70～80°S。体积节理数为 5～8 条,岩体完整性指数 $K_v=0.6$,与混合片麻岩岩接触处,节理密集,岩体完整性较差。

(6) D1K74+650～D1K77+078。

此段岩性主要为混合片麻岩,该岩体混合岩化作用强烈,大量脉体侵入,沟内有岩石剥落,形成岩堆。段内节理裂隙较发育,主要发育节理产状为 N45°～70°W/57°～80°N、N30°～60°W/44～80°N、N20°～34°W/68～80°S。体积节理数为 5～8 条,岩体完整性指数 $K_v=0.6$。

隧道出口段混合片麻岩节理发育、岩石风化严重。节理特征如下。

J1:N50°W/76°N,$d=0.1～0.5m$,$l=1～3m$,节理面张开,平直粗糙。

J2:N77°E/69°S,$d=0.3～1m$,$l=2～3m$,节理面张开,平直粗糙。

J3:N49°E/69°N,$d=0.5～1m$,$l=0.2～0.5m$,节理面微张,平直粗糙。

J4:N20°W/86°S,$d=1～2m$,$l=0.2～0.6m$,节理面张开,平直粗糙。

4.2.3　水文地质条件

隧道区地下水的形成受地形地貌、岩性、构造、植被、降水量等多种因素控制和影响,特别是在构造作用下,断层破碎带、节理密集带、岩性接触带为地下水的储存运移创造了良好的条件。地下水赋存类型主要为第四系孔隙潜水及基岩裂隙水,与隧道关系较密切的为基岩裂隙水,主要有风化裂隙水、构造裂隙水及层间裂隙水。

1. 隧道通过区地表水水化学特征

通过地表水以及既有隧道洞内取样分析,隧道通过地段的地表水化学类型主要为 HCO_3 · SO_4-Ca 型水,基岩裂隙及构造裂隙水为 HCO_3 · SO_4-Ca · Mg、HCO_3 · SO_4-Ca · (Na+K) 型水,说明地下水是地表渗入水经过长时间溶滤置换作用形成,地表水直接补给的可能性较小。隧道区地下水的矿化度为 0.2~0.3g/L,总体略高于地表水的矿化度。根据水质分析报告,本区地表水水质良好,对圬工不具氯盐及化学侵蚀性。

2. 富水性分区

根据水文地质调查,地下径流模数计算,以及地层岩性、地质构造,并结合既有隧道涌水情况分析,将隧道区地下水富水性分为三个区。

(1) 基岩裂隙水中等富水区(Ⅰ)。主要分布在洋峪、峧峪——太峪河一带,单位正常涌水量为 1124~1478m³/(d·km)。隧道洞身分布的断层、节理密集带、软硬岩裂隙及不同岩性分界段为地下水的主要富集区。岩体受构造作用强烈,断层及节理裂隙发育,连通性较好,是隧道开挖过程中产生集中涌水的主要通道,因此在施工过程中,应做好地质超前预报工作,提高防排水意识。

(2) 基岩裂隙水弱富水区(Ⅱ)。主要分布在土门峪、太峪河——隧道出口一带,单位正常涌水量为 517~712m³/(d·km)。受构造影响,岩体的节理裂隙较为发育、岩体较破碎,隧道洞身分布的断层、长大节理及不同岩性接触带及层间为地下水的主要富集区。岩体受构造作用强烈,节理裂隙连通性较好,隧道开挖过程中可能产生一定量涌水。

(3) 基岩裂隙水贫水区(Ⅲ)。主要分布在隧道的进出口附近,单位正常涌水量为 60~100m³/(d·km)。岩体节理裂隙不发育-较发育,地下水不发育,进出口主要为风化裂隙水,隧道施工时一般不会有大量地下水涌出。

3. 隧道涌水量预测

该隧道涌水量预测主要采用地下径流模数及地下水动力学法进行预测,两种方法预测结果较为接近,经综合分析,采用地下径流模数法进行预测,其预测结果详见表 4.3。

表 4.3　隧道分段涌水量预测结果表

隧道里程	段长/km	富水性分区	单位涌水量 /[m³/(d·km)]	正常涌水量 /(m³/d)	最大涌水量 /(m³/d)
D1K65+807~D1K66+384	0.578	Ⅲ	100	57.8	115.6
D1K66+384~D1K68+826	2.442	Ⅰ	1124	2744.8	6862.0
D1K68+826~D1K70+189	1.363	Ⅱ	712.3	971.0	1942.0
D1K70+189~D1K72+486	2.297	Ⅰ	1477.6	3394.0	8485.0
D1K72+486~D1K75+940	3.454	Ⅱ	517	1785.7	3571.4
D1K75+940~D1K77+078	1.138	Ⅲ	60	68.3	136.6
合计	11.272	—	—	9021.6	21112.6
洋峪斜井	0.809	Ⅰ	1124	909.3	4546.5
蛟峪斜井	1.261	Ⅰ	1758	2216.8	6650.4
太峪斜井	0.681	Ⅰ	1163	792.0	2376.0

4. 水文地质条件评价

根据隧道地区水文地质计算的分段涌水量及隧道水文地质特征所划分的富水性分区,对隧道工程水文地质条件进行如下评价。

(1) D1K65+807(进口)~D1K66+384 为贫水区,岩体受构造影响较重,节理裂隙较发育,表层风华严重、破碎,地下水类型主要为构造裂隙水及风化裂隙水,对隧道施工影响不大。计算预测隧道正常单位涌水量为 100m³/(d·km)。地下水主要接受大气降水补给。

(2) D1K66+384~D1K68+826 为中等富水区,岩体受构造影响严重,次级断层发育,F4-1、F4-2、F7、F8 等断层通过,断层、节理裂隙、长大节理、节理密集带是地下水储存的主要场所,也是隧道施工过程中可能发生的主要突涌水段落。根据既有勘测资料,隧道在通过该富水区的储水构造可能有承压水流存在。计算预测隧道单位涌水量约 1124m³/(d·km)。地下水主要接受大气降水、地表水补给,水化学类型为 $HCO_3·SO_4$-Ca 型水,地下水对圬工不具化学侵蚀性,对钢筋混凝土中的钢筋不具氯盐腐蚀性。

(3) D1K68+826~D1K70+189 为弱富水区,岩体受构造影响较严重,小断层、节理裂隙、长大节理、节理密集带发育,是地下水储存的主要场所,隧道施工过程中可能发生渗涌水现象。计算预测隧道单位涌水量约 712m³/(d·km)。地下水主要接受大气降水、地表水补给,水化学类型为 $HCO_3·SO_4$-Ca 型水,地下水对圬工不具化学侵蚀性,对钢筋混凝土中的钢筋不具氯盐腐蚀性。

(4) D1K70+189～D1K72+486 为中等富水区,岩体受构造影响较严重,次级断层 F9-1 通过,断层、节理裂隙、长大节理、节理密集带是地下水储存的主要场所,也是隧道施工过程中可能发生的主要突涌水段落。根据既有线勘测资料,隧道在通过该富水区的储水构造可能有承压水流存在。计算预测隧道单位涌水量约 $1478m^3/(d \cdot km)$。地下水主要接受大气降水、地表水补给,水化学类型为 $HCO_3 \cdot SO_4$-Ca,$HCO_3 \cdot SO_4$-Ca · Mg 型水,地下水对圬工不具化学侵蚀性,对钢筋混凝土中的钢筋不具氯盐腐蚀性。

(5) D1K72+486～D1K75+940 为弱富水区,岩体受构造影响较严重,次级断层 F9-2 通过。小断层、节理裂隙、长大节理、节理密集带是地下水储存的主要场所,隧道施工过程中可能发生渗涌水现象,同时不排除局部段落发生集中涌水的可能性,施工中应加强地质超前预报工作。计算预测隧道单位涌水量约 $517m^3/(d \cdot km)$。地下水主要接受大气降水、地表水补给,水化学类型为 $HCO_3 \cdot SO_4$-Ca 型水,地下水对圬工不具化学侵蚀性,对钢筋混凝土中的钢筋不具氯盐腐蚀性。

(6) D1K75+940～D1K77+078(出口)为贫水区,岩体受构造影响轻微-较重,节理裂隙较发育-不发育,地下水主要储存于长大节理裂隙中,出口附近地下水以风化裂隙水为主,对隧道施工影响不大。计算预测隧道最大单位涌水量 $120m^3/(d \cdot km)$。

4.2.4　隧道所在区域地应力

西安安康铁路北连陇海、包西、侯西、宁西铁路,南接襄渝、阳安铁路,地处我国中西部地区的接合部,跨越我国地理上南北方的分水岭——秦岭山脉,是东北、华北、中原、西北地区及华东部分地区进入西南地区的主要通道,是我国“八纵八横”铁路主干骨架之一——包柳通道的重要组成部分,是京渝快速客运通道的重要路段,地理位置重要,径路便捷优越,属国家重点建设工程项目。

受铁道第一勘察设计院委托,中国地震局地壳应力研究所承担了陕西省铁路西康二线铁路翠华山隧道 CHSZ-1 孔的水压致裂法地应力测量任务,翠华山隧道 CHSZ-1 孔位于陕西省长安县终南山国家森林公园南五台景区内,钻孔位置线路里程 DK75+821.4 右 18.34m,孔口高程 1123.443m,终孔深度为 310m,钻孔岩性以混合质片麻岩为主,拟建隧道路肩深度为 301.4m。钻孔进行地应力测量的孔径为 110mm,测试时钻孔静水位约 26.8m。现场测试于 2007 年 10 月 23 日开始,至 10 月 28 日结束,在 CHSZ-1 孔中共成功进行了 10 个测段的地应力测试并对其中 3 个测段进行了最大水平主应力方向的印模,测试获得了满意的结果。

1. 水压致裂原地应力测量原理与方法

水压致裂法是 20 世纪 70 年代发展起来的一种地应力测量方法,该方法是国际岩石力学学会试验方法委员会颁布的确定岩石应力所推荐的方法之一,是目前国际上能较好地直接进行深孔应力测量的先进方法。该方法无需知道岩石的力学参数就可获得地层中现今地应力的多种参量,并具有操作简便、可在任意深度进行连续或重复测试、测量速度快、测值可靠等特点,因此近年来得到了广泛应用,并取得大量的成果。

水压致裂原地应力测量方法就是:利用一对可膨胀的封隔器在选定的测量深度封隔一段钻孔,然后通过泵入流体对该试验段(常称压裂段)增压,同时利用 X-Y 记录仪、计算机数字采集系统或数字磁带记录仪记录压力随时间的变化。对实测记录曲线进行分析,得到特征压力参数,再根据相应的理论计算公式,就可得到测点处的平面主应力的量值以及岩石的水压致裂抗拉强度等岩石力学参数。

根据工程需要并结合岩芯分析,选择合适的压裂孔段,然后使用测试设备进行预测孔段的测量,测试系统分为单回路和双回路两种,如图 4.1 所示。

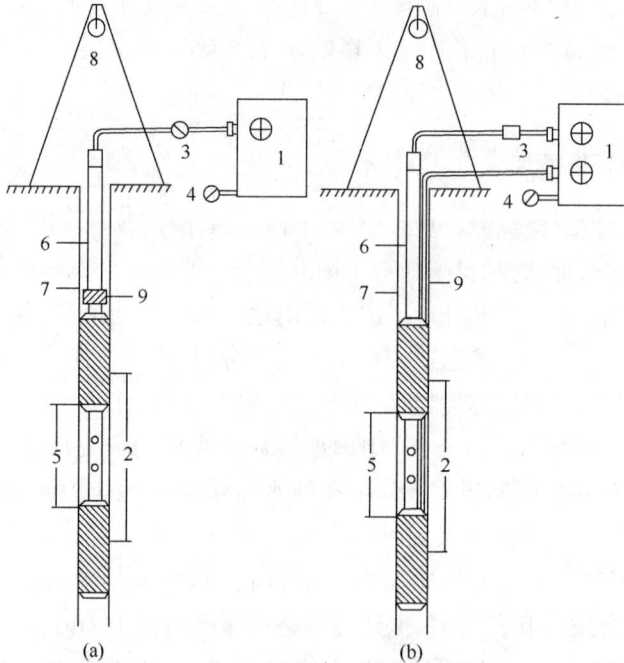

图 4.1　水压致裂应力测量系统

1. 高压泵;2. 封隔器;3. 记录仪;4. 压力表;5. 压裂段;6. 钻杆;
7. 钻孔;8. 井架;9a. 高压转换阀;9b. 高压胶管

单回路测试系统[图 4.1(a)]：首先将经高压检验的钻杆与封隔器连接起来，并将封隔器放置到压裂深度上，然后通过高压胶管将钻杆与地面高压泵相连，并以钻杆为导管向封隔器内加压，使两只封隔器同时膨胀，紧密地贴于孔壁上，形成封隔空间。再通过钻杆控制井下转换开关，使之封住封隔器进口道并切换到压裂段，继之对压裂段连续加压直至将压裂段的岩石压裂，此后，还要进行数次重张压裂循环，以便取得可靠的压裂参数。

双回路测试系统[图 4.1(b)]：回路之一为高压胶管，一端与高压泵相连，另一端与封隔器相连而形成回路。其作用是作为导管将高压泵压力施加于封隔器，使其膨胀，并紧密地贴于孔壁上，形成封隔空间。回路之二为钻杆，一端与封隔器相连，另一端通过高压胶管与地面高压泵相连而形成回路，其作用是以钻杆为导管将高压泵压力施加于封隔孔段，直至将封隔段岩石压裂。

单回路和双回路测试系统各有所长，前者适用于深钻孔和小口径钻孔测量，而后者多用于浅孔和大口径孔中，其测量结果都是可靠的。在翠华山隧道 CHSZ-1 孔的地应力测量中即采用了双回路测试系统。

2. 翠华山隧道 CHSZ-1 孔地应力测量结果

1）测量概况

在翠华山隧道进行水压致裂法地应力测量的 CHSZ-1 孔位于陕西省长安县终南山国家森林公园南五台景区内，钻孔所在位置线路里程 DK75＋821.4 右 18.34m，孔口高程 1123.443m，终孔深度为 310m，拟建隧道路肩深度为 301.4m。进行地应力测量的钻孔孔径为 110mm，岩性以混合质片麻岩为主，测试时钻孔静水位约 26.8m。

CHSZ-1 孔共获得了 10 个测段的测量结果，并对有明显破裂压力的 3 测段进行了印模以确定最大水平主应力的方位。

测试结果表明，各测段岩石完整性较好，均有明显的破裂压力，随着测试深度的增加，应力值逐渐增大，在测量深度域 205.05～305.95m，最小水平主应力约从 6MPa 增大到 11MPa，最大水平主应力约从 9MPa 增大到 17MPa，估算垂直主应力约从 5MPa 增大到 8MPa。

2）翠华山隧道 CHSZ-1 孔测量结果

遵照测试要求，CHSZ-1 孔拟安排 6～10 个测段的测试，深度均在孔深 200m 以下，在具备进行地应力测试的岩性结构与钻孔条件下，尽量在各位置深度安排地应力测试段，以便准确测定工程利用岩体深度范围内的原地应力状态，以研究地应力在不同深度上的分布特征，此外在隧洞顶底板附近，适当增加测试段数，以重点了解拟开挖隧洞附近的地应力情况。

　　现场测试时,根据钻孔岩芯与编录分析进行适当调整,使测段位于岩芯完整、岩性结构均匀的位置,避开破碎岩层、节理裂隙与断裂构造带等各种原生软弱结构层,从而获得真实可靠的原地应力数值。此外试验时还要考虑封隔器必须放置在孔壁光滑、孔径一致的位置。

　　最终 CHSZ-1 孔在测量深度域 205.05～305.95m 内共获得 10 个测段的水压致裂法地应力测试数据,深度分别为 205.05～205.95m、215.55～216.45m、233.05～233.95m、254.05～254.95m、273.05～273.95m、280.55～281.45m、285.55～286.45m、289.55～290.45m、302.05～302.95m 和 305.05～305.95m。水压致裂测量的 10 个测段均有明显破裂压力值,破裂压力数值多在 13～18MPa。各测段在水压致裂后,都进行了多个回次的重张,以确定各压力参数值,如前所述,P_s 值即为最小水平主应力值 σ_h,再由各测段的重张压力值 P_r 和瞬时闭合压力值 P_s 计算得到最大水平主应力值 σ_H。该孔水压致裂压力-时间记录曲线如图 4.2 所示,各测段测量数据结果详见表 4.4,表中同时给出了由上覆岩层(岩石密度取近似值 2700kg/m³)重量估算的垂直主应力值 σ_v。由表 4.4 可见,在测量深度域内,测量得到的最大水平主应力值在 9～17MPa,最小水平主应力值在 6～11MPa,估算垂直主应力值在 5～8MPa。

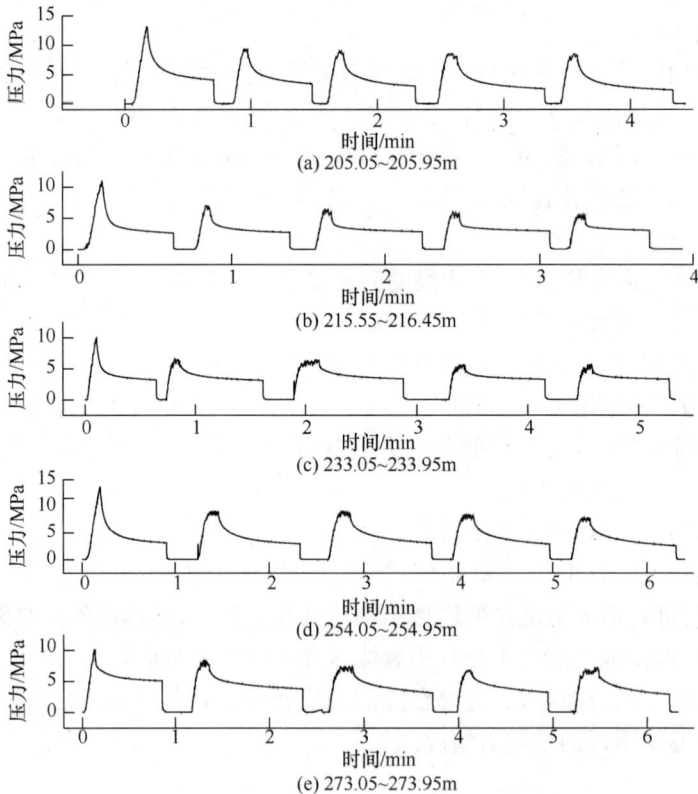

(a) 205.05~205.95m

(b) 215.55~216.45m

(c) 233.05~233.95m

(d) 254.05~254.95m

(e) 273.05~273.95m

(f) 280.55~281.45m

(g) 285.55~286.45m

(h) 289.55~290.45m

(i) 302.05~302.95m

(j) 305.05~305.95m

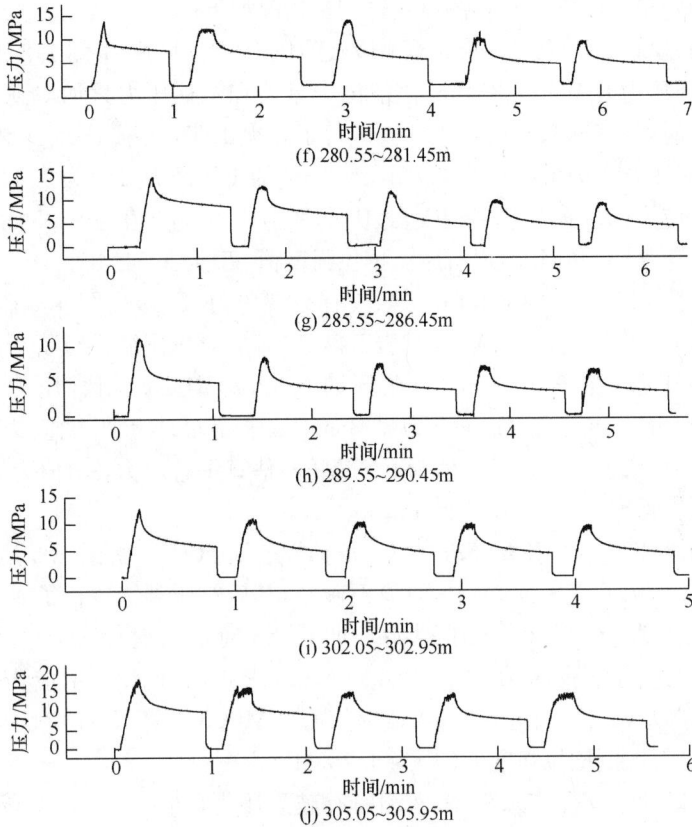

图 4.2　翠华山隧道 CHSZ-1 孔压力-时间记录曲线

表 4.4　翠华山隧道 CHSZ-1 孔水压致裂法地应力测量结果

序号	压裂段深度 /m	压裂参数/MPa						应力值/MPa			破裂方位
		P_b	P_r	P_s	P_H	P_0	T	σ_H	σ_h	σ_v	
1	205.05~205.95	15.18	9.67	6.89	2.01	1.75	5.51	9.25	6.89	5.44	
2	215.55~216.45	13.02	7.88	6.26	2.11	1.85	5.14	9.06	6.26	5.72	N40°W
3	233.05~233.95	12.25	8.00	7.27	2.28	2.02	4.25	11.80	7.27	6.18	
4	254.05~254.95	16.43	10.61	8.46	2.49	2.23	5.82	12.54	8.46	6.73	
5	273.05~273.95	12.73	9.28	8.43	2.68	2.41	3.45	13.59	8.43	7.24	N35°W
6	280.55~281.45	16.51	11.62	9.56	2.75	2.49	4.89	14.57	9.56	7.44	
7	285.55~286.45	17.80	11.56	9.61	2.80	2.54	6.24	14.73	9.61	7.57	
8	289.55~290.45	13.95	10.29	9.12	2.84	2.57	3.66	14.49	9.12	7.67	
9	302.05~302.95	15.74	12.61	10.54	2.95	2.68	3.13	16.32	10.54	7.97	N43°W
10	305.05~305.95	21.39	15.15	11.68	2.98	2.72	6.24	17.18	11.68	8.07	

注：P_b-岩石原地破裂压力；P_r-破裂面重张压力；P_s-破裂面瞬时闭合压力；P_H-静水柱压力；P_0-孔隙压力；T-岩石抗拉强度；σ_H-最大水平主应力；σ_h-最小水平主应力；σ_v-用上覆岩层（密度 2700kg/m³）重量估算的垂直应力；钻孔静水位：26.80m。

翠华山隧道 CHSZ-1 孔各测段具体测量情况如下。

第 1 测段 205.05～205.95m，本测段破裂压力（P_b）明显，由图 4.2 压裂曲线可见，第一循环压力升至 15.18MPa（该值由记录值和水柱压力累加得到，其他参数类推，后同）时岩石破裂，其后对压裂缝进行了 4 次重张，在第 2～4 压裂循环曲线上，确定瞬时闭合压力值（P_s）为 6.89MPa，裂缝的重张压力（P_r）为 9.67MPa，求得最小水平主应力（σ_h）值为 6.89MPa，最大水平主应力（σ_H）值为 9.25MPa，估算垂直应力（σ_v）值为 5.444MPa，岩石原位抗拉强度值（T）为 5.51MPa。

第 2 测段 215.55～216.45m，本测段有破裂压力（P_b），由图 4.2 压裂曲线可见，第一循环压力升至 13.02MPa 时岩石破裂，其后对压裂缝进行了 4 次重张，重张曲线较为正常，在第 2～5 压裂循环曲线上，确定瞬时闭合压力值（P_s）为 6.26MPa，裂缝的重张压力（P_r）为 7.88MPa，求得最小水平主应力（σ_h）值为 6.26MPa，最大水平主应力（σ_H）值为 9.06MPa，估算垂直应力（σ_v）值为 5.72MPa，岩石原位抗拉强度值（T）为 5.14MPa。

第 3 测段 233.05～233.95m，本测段有破裂压力（P_b），由图 4.2 压裂曲线可见，第一循环压力升至 12.25MPa 时岩石破裂，其后对压裂缝进行了 4 次重张，重张曲线较为正常，在第 2～5 压裂循环曲线上，确定瞬时闭合压力值（P_s）为 7.27MPa，裂缝的重张压力（P_r）为 8.00MPa，求得最小水平主应力（σ_h）值为 7.27MPa，最大水平主应力（σ_H）值为 11.80MPa，估算垂直应力（σ_v）值为 6.18MPa，岩石原位抗拉强度值（T）为 4.25MPa。

第 4 测段 254.05～254.95m，本测段有破裂压力（P_b），由图 4.2 压裂曲线可见，第一循环压力升至 16.43MPa 时岩石破裂，其后对压裂缝进行了 4 次重张，重张曲线较为正常，在第 2～5 压裂循环曲线上，确定瞬时闭合压力值（P_s）为 8.46MPa，裂缝的重张压力（P_r）为 10.61MPa，求得最小水平主应力（σ_h）值为 8.46MPa，最大水平主应力（σ_H）值为 12.54MPa，估算垂直应力（σ_v）值为 6.73MPa，岩石原位抗拉强度值（T）为 5.82MPa。

第 5 测段 273.05～273.95m，本测段有破裂压力（P_b），由图 4.2 压裂曲线可见，第一循环压力升至 12.73MPa 时岩石破裂，其后对压裂缝进行了 4 次重张，重张曲线较为正常，在第 2～5 压裂循环曲线上，确定瞬时闭合压力值（P_s）为 8.43MPa，裂缝的重张压力（P_r）为 9.28MPa，求得最小水平主应力（σ_h）值为 8.43MPa，最大水平主应力（σ_H）值为 13.59MPa，估算垂直应力（σ_v）值为 7.24MPa，岩石原位抗拉强度值（T）为 3.45MPa。

第 6 测段 280.55～281.45m，测段有明显破裂压力（P_b），由图 4.2 压裂曲线可见，第一循环压力升至 16.51MPa 时岩石破裂，其后对压裂缝进行了 4 次重张，重张曲线较为正常，在第 2～5 压裂循环曲线上，确定瞬时闭合压力值（P_s）为 9.56MPa，裂缝的重张压力（P_r）为 11.62MPa，求得最小水平主应力（σ_h）值为

9.56MPa，最大水平主应力（σ_H）值为 14.57MPa，估算垂直应力（σ_v）值为 7.44MPa，岩石原位抗拉强度值（T）为 4.89MPa。

第 7 测段 285.55～286.45m，本测段有破裂压力（P_b），图 4.2 压裂曲线可见，第一循环压力升至 17.80MPa 时岩石破裂，其后对压裂缝进行了 4 次重张，重张曲线较为正常，在第 2～5 压裂循环曲线上，确定瞬时闭合压力值（P_s）为 9.61MPa，裂缝重张压力（P_r）为 11.56MPa，求得最小水平主应力（σ_h）值为 9.61MPa，最大水平主应力（σ_H）值为 14.73MPa，估算垂直应力（σ_v）值为 7.57MPa，岩石原位抗拉强度值（T）为 6.24MPa。

第 8 测段 289.55～290.45m，本测段有破裂压力（P_b），由图 4.2 压裂曲线可见，第一循环压力升至 13.95MPa 时岩石破裂，其后对压裂缝进行了 4 次重张，重张曲线较正常，第 2～5 压裂循环曲线上，确定瞬时闭合压力值（P_s）为 9.12MPa，裂缝的重张压力（P_r）为 10.29MPa，求得最小水平主应力（σ_h）值为 9.12MPa，最大水平主应力（σ_H）值为 14.49MPa，估算垂直应力（σ_v）值为 7.67MPa，岩石原位抗拉强度值（T）为 3.66MPa。

第 9 测段 302.05～302.95m，本测段有破裂压力（P_b），由图 4.2 压裂曲线可见，第一循环压力升至 15.75MPa 时岩石破裂，其后对压裂缝进行了 4 次重张，重张曲线较正常，第 2～5 压裂循环曲线上，确定瞬时闭合压力值（P_s）为 10.55MPa，裂缝的重张压力（P_r）为 12.62MPa，求得最小水平主应力（σ_h）值为 10.55MPa，最大水平主应力（σ_H）值为 16.33MPa，估算垂直应力（σ_v）值为 8.00MPa，岩石原位抗拉强度值（T）为 3.13MPa。

第 10 测段 305.05～305.95m，本测段有破裂压力（P_b），由图 4.2 压裂曲线可见，第一循环压力升至 21.40MPa 时岩石破裂，其后对压裂缝进行了 4 次重张，重张曲线较正常，第 2～5 压裂循环曲线上，确定瞬时闭合压力值（P_s）为 11.69MPa，裂缝的重张压力（P_r）为 15.16MPa，求得最小水平主应力（σ_h）值为 11.69MPa，最大水平主应力（σ_H）值为 17.18MPa，估算垂直应力（σ_v）值为 8.08MPa，岩石原位抗拉强度值（T）为 6.24MPa。

应力测量结束后，为确定最大水平主应力的方向，选取具有较明显破裂压力的 3 个测段进行印模测量，深度分别为 205.05～205.95m、254.05～254.95m 和 289.55～290.45m。印模过程中，施加印模器的压力约为 20MPa，超过破裂缝的重张压力（P_r），并保持压力在 1.0 小时左右，以保证印痕清晰，该测段的印模结果如图 4.3 所示，测量得到最大水平主应力（σ_H）方向由浅至深分别为 N40°W、N35°W 和 N43°W，可见翠华山隧道 CHSZ-1 孔附近最大水平主应力的优势方向在 N39°W 左右。

图 4.4 是翠华山隧道 CHSZ-1 孔三个主应力随孔深的分布，由此可以直观了解钻孔应力在不同深度的变化情况。

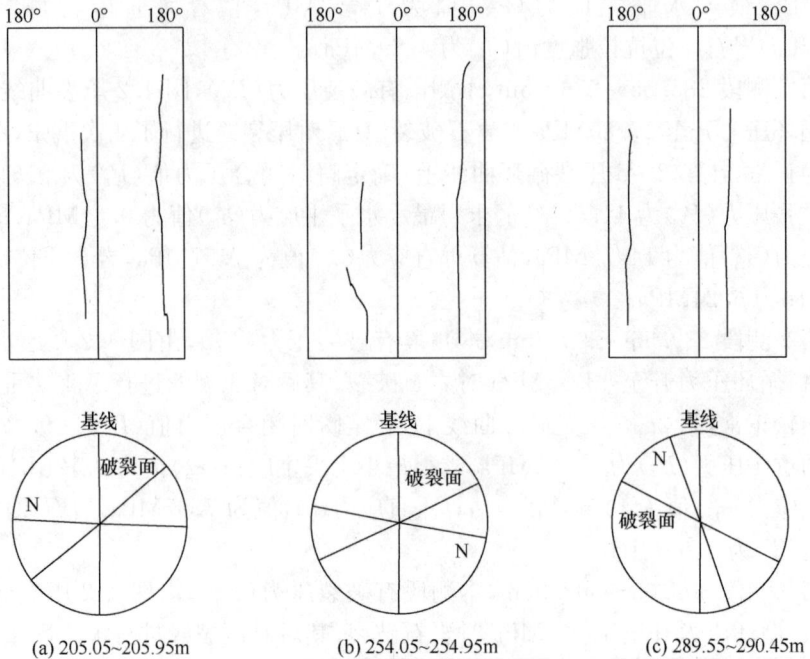

(a) 205.05~205.95m　　　(b) 254.05~254.95m　　　(c) 289.55~290.45m

图 4.3　翠华山隧道 CHSZ-1 孔印模结果

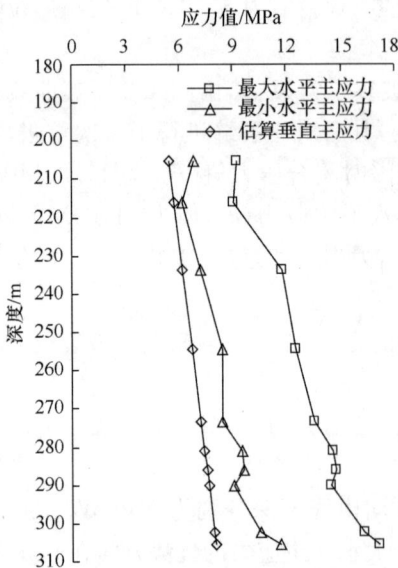

图 4.4　翠华山隧道 CHSZ-1 孔各主应力
值随孔深分布

由图 4.4 结合以上分析,对翠华山隧道 CHSZ-1 孔应力测量结果小结如下。

总体看,CHSZ-1 孔在测量深度域内各主应力值大致随孔深增加而增大,应力随深度变化较有规律,没有突然异常增大或减小的应力测值,表明测孔附近应力场分布较为均衡。

在测试深度域内,216m 附近应力值最低,其最大、最小水平主应力分别约在 9MPa、6MPa;孔底 306m 附近应力值最大,其最大、最小水平主应力分别约在 17MPa、12MPa。

图 4.4 清楚显示,在测量深度域内,三个方向的主应力之间的大小关系为 $\sigma_H > \sigma_h > \sigma_v$,表明测孔附近应力作用以水平方向为主。

印模结果表明,CHSZ-1 孔附近最大水平主应力的优势方向位于 N39°W 左右。

由水压致裂法地应力测量得到的岩石原地破裂压力多在 13～18MPa。

3) 翠华山隧道 CHSZ-1 孔附近应力随深度分布线性回归式

为了研究翠华山隧道区地应力随孔深的分布规律,将 CHSZ-1 孔测得的各测段最大、最小和垂直主应力值综合于表 4.5,并把表中数据绘于图 4.5,对最大、最小水平主应力值随深度进行线性回归(垂直主应力直接由上覆岩石的重量计算得到,不必回归),得到隧道区各应力值(σ_H、σ_h、σ_v)随深度分布的估算表达式:

$$\sigma_H = 0.0747H - 6.4258, \quad r = 0.9806$$
$$\sigma_h = 0.0441H - 2.8876, \quad r = 0.9369 \qquad (4\text{-}1)$$
$$\sigma_h = 0.0265H$$

式中,r 为线性相关系数;应力单位为 MPa;深度 H 单位为 m。

表 4.5　翠华山隧道 CHSZ-1 孔各深度测段 σ_H、σ_h、σ_v 值汇总

深度/m	205.5	216	233.5	254.5	273.5	281	286	290	302.5	305.5
σ_H/MPa	9.25	9.06	11.8	12.54	13.59	14.57	14.73	14.49	16.33	17.18
σ_h/MPa	6.89	6.26	7.27	8.46	8.43	9.56	9.61	9.12	10.55	11.69
σ_v/MPa	5.44	5.72	6.18	6.73	7.24	7.44	7.57	7.67	8	8.08

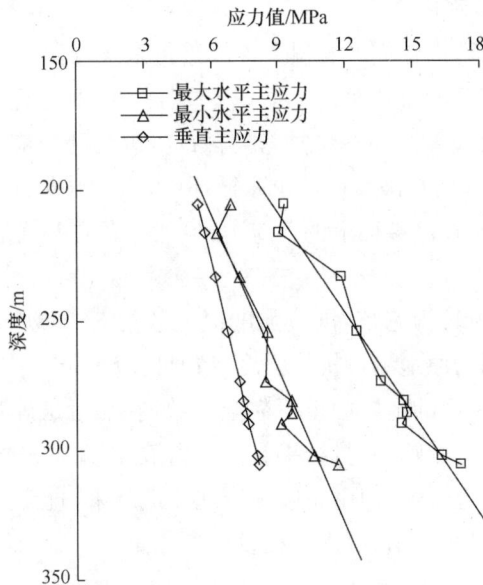

图 4.5　翠华山隧道 CHSZ-1 孔不同深度主应力值分布及其线性回归

由图 4.5 可以清楚地看出,CHSZ-1 孔各测段应力值随深度分布较有规律,各测值较靠近回归线,这由式(4-1)中线性相关系数较接近于 1 也能反映出来,上述现象表明隧道区应力场分布较为均衡,式(4-1)较确切地反映了隧道区应力数值水平。

由回归式(4-1)可以推算得到拟开挖隧道即深度 301.4m 附近的 σ_H、σ_h、σ_v 值分别约为 16MPa、10.4MPa、8MPa。

4) 地应力与隧洞轴线方向、形状的关系

理论和实践证明,在水平主应力大于垂直应力的情况下,最大水平主应力方向与隧洞轴线方向夹角越小,越有利于隧洞的稳定,最大水平主应力的方向与隧洞轴线方向垂直相交时,最不利于隧洞的稳定,隧洞轴线方向布置在最大主应力方向时洞壁上承受的压力最小,具有最佳稳定效果。测量得到钻孔附近最大水平主应力优势方向与设计洞轴线方向约以锐角 61° 相交,因此洞轴线方向选择基本可行,但地应力对洞室稳定有一定影响。

此外大量的洞室开挖实践证明,当开挖体形状能使得顶板处和侧帮处的压应力值基本相等时,就是该应力场下的最佳形状,能给出最均匀压应力分布的开挖体形状通常为椭圆形,其长短轴之比等于原岩在洞室截面上的两个主应力之比,因此隧道形状应尽量符合上述要求以达到较好的洞室稳定性。

5) 岩体原地抗拉强度

由于水压致裂法可以在同一测段上连续进行多次测量,大量的实测结果表明,初次的破裂循环与其后的重张循环有显著差别,一般情况下,破裂压力(P_b)大于重张压力(P_r)。初次破裂循环不仅要克服岩石所承受的压应力,而且要克服岩石本身的抗拉强度(T)。而在破裂后的重张循环中,由于破裂面已经形成,要使之重新张开,只需克服作用在破裂面上的地应力,显然二者之差就是岩石的原地抗拉强度,即 $T = P_b - P_r$。

翠华山隧道、岩石较为完整,抗拉强度值一般为 3~6MPa,需要指出的是,在野外钻孔中测量得到的原地测量抗拉强度,情况比较复杂,一方面由于岩层结构未必是均一的,在不同深度的地层中也不完全一致,在靠近破碎带、构造带上的测量结果势必会受到明显的影响,测量结果会比较离散,因此本报告中不同钻孔的岩体原地抗拉强度值变化也较大,但由于它是原地测试结果,直接反映岩体的实际力学性质,所以在报告中将其列出,可供工程设计参考。

4.3　秦岭翠华山隧道岩爆预测与防治措施研究

4.3.1　隧道岩爆预测

1. 有限元模型

秦岭翠华山隧道断面为马蹄形,断面尺寸如图 4.6 所示。

依圣维南原理,翠华山隧道两维有限元模型的尺寸为 100m×100m。模型下边界施加水平方向和竖直方向约束,模型上边界和左右边界施加表 4.4 中构造地应力。有限元模型如图 4.7 所示。有限元模型中,采用实体单元来模拟隧道围岩。

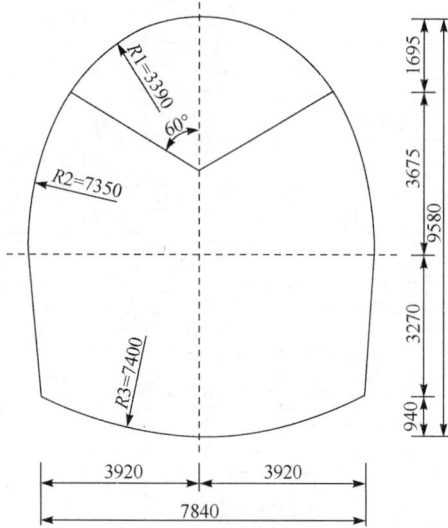

图 4.6　隧道断面尺寸

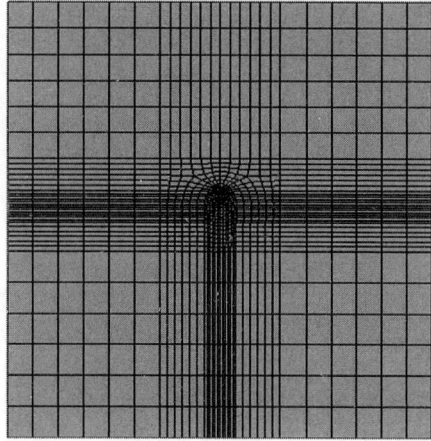

图 4.7　有限元模型

2. 有限元分析工况

埋深大、地应力高的硬脆性岩体中发生岩爆的可能性比较大。秦岭翠华山隧道全长 11271m,其中,D1K65+807~D1K65+906 区间围岩级别为 V 级,埋深小于 50m;D1K72+156~D1K72+356 区间围岩级别为 IV 级,埋深在 40m 左右,均属浅埋工况,发生岩爆的可能性较低,数值分析时不予考虑。

本节有限元分析工况主要依据围岩级别、埋深并参考构造应力场(表 4.4)进行划分。不同等级围岩交错分布地段,偏于安全考虑,均按较高等级围岩分析。D1K67+626~D1K68+306、D1K75+733~D1K75+933、D1K76+313~D1K76+890 三段 III、IV 级围岩交错分布,且沿线长度较短,工况划分时均按 IV 级围岩考虑。同样道理,D1K68+726~D1K68+826 段和 D1K70+183~D1K70+406 段,IV、

Ⅴ级围岩相互交错布置,按Ⅴ级围岩计算。

综合分析之后,秦岭翠华山隧道全程共划分为 12 种工况,来进行隧道全段岩爆倾向性的评价。D1K71+356～D1K72+156 与 D1K66+466～D1K66+726 段、D1K72+356～D1K73+046 与 D1K67+206～D1K67+316 段、D1K73+333～D1K74+693 与 D1K68+826～D1K69+500 段围岩地质情况基本相同,故上述六个区段只对隧道进口段小桩号地段进行数值模拟。具体工况划分见表 4.6。

表 4.6　翠华山隧道全程岩爆倾向性分析工况划分

工况	里程桩号	围岩级别	长度	最大埋深	所在位置
1	D1K65+906～D1K66+386	Ⅲ级	480	200	进口
2	D1K66+466～D1K66+726	Ⅲ级	260	300	进口
3	D1K66+726～D1K66+976	Ⅳ级	210	200	进口
4	D1K67+626～D1K68+306	Ⅴ级	680	200	进口
5	D1K68+826～D1K69+500	Ⅲ级	674	600	进口
6	D1K69+500～D1K70+183	Ⅲ级	683	600	出口
7	D1K70+596～D1K71+206	Ⅲ级	610	400	出口
8	D1K71+206～D1K71+356	Ⅳ级	150	400	出口
9	D1K74+693～D1K75+733	Ⅱ级	1040	500	出口
10	D1K75+733～D1K75+933	Ⅳ级	200	300	出口
11	D1K76+313～D1K76+683	Ⅲ级	370	300	出口
12	D1K76+683～D1K77+028	Ⅳ级	345	200	出口

本节采用 Russense 判据进行岩爆的倾向性评价,岩石单轴抗压强度 R_c 取为 119MPa。

3. 翠华山隧道岩爆倾向性评价

将有限元分析结果列于表 4.7 中,可得以下结论。

洞周切向应力均为剪压应力。所分析的 12 种工况中,工况 9 可能发生中强岩爆,另有 6 种工况(工况 1、2、5、6、7、11)可能发生弱岩爆,而其余工况则无岩爆发生。同一埋深,围岩等级越高,发生岩爆的可能性越大;围岩级别相同时,埋深越大,发生岩爆的倾向性越高。

不同工况下洞周切向应力峰值位置分布特征基本上与主压应力峰值相同。相对其他位置而言,隧道拱顶及起拱处偏上部位发生岩爆的可能性较大。

表 4.7　有限元计算结果汇总

工况	围岩级别	埋深 /m	主压应力 /MPa		洞周切向应力 /MPa		岩爆倾向性指标	岩爆等级
			峰值	位置	峰值	位置		
1	Ⅲ级	200	16.84	隧道顶部	16.7	隧道顶部	0.14	无
2	Ⅲ级	300	30.36	隧道顶部	26.13	隧道顶部	0.22	弱
3	Ⅳ级	200	4.12	拱顶、洞脚	2.84	拱顶、洞脚	0.02	无
4	Ⅴ级	200	3.21	拱顶、洞脚	2.11	拱顶、洞脚、直墙及偏上	0.02	无
5	Ⅲ级	600	47.96	隧道顶部	28.81	隧道顶部	0.24	弱
6	Ⅲ级	600	31.00	隧道顶部	28.86	隧道顶部	0.24	弱
7	Ⅲ级	400	25.95	隧道顶部	27.53	隧道顶部	0.23	弱
8	Ⅳ级	400	6.74	洞周大部	3.72	洞周大部	0.03	无
9	Ⅱ级	500	6.73	隧道顶部	63.49	隧道顶部	0.53	中等
10	Ⅳ级	300	5.11	底部、直墙及偏上	3.54	隧道顶部	0.03	无
11	Ⅲ级	300	26.82	隧道拱顶	25.61	隧道拱顶	0.22	弱
12	Ⅳ级	200	4.75	洞周大部	3.42	洞周大部	0.03	无

结合表 4.6,将表 4.7 所得各工况岩爆倾向性结果相应的列于表 4.8 中,可更加清晰直观地对秦岭翠华山隧道进行全程岩爆倾向性评价。

表 4.8　翠华山隧道全程岩爆倾向性指标

位置	围岩级别	桩号里程	最大埋深 /m	岩爆倾向性
进口	Ⅲ级	D1K65+906～D1K66+386	200	无
		D1K66+466～D1K66+726	300	弱
		D1K67+206～D1K67+316	250	无
		D1K67+416～D1K67+626	300	弱
		D1K68+306～D1K68+726	270	弱
		D1K68+826～D1K69+500	560	弱
	Ⅳ级	D1K66+386～D1K66+466	160	无
		D1K66+726～D1K66+976	200	无
		D1K67+626～D1K68+306	200	无
	Ⅴ级	D1K67+116～D1K67+206	200	无
		D1K67+316～D1K67+416	200	无
		D1K65+807～D1K65+906	<50	无
		D1K68+726～D1K68+826	220	无

续表

位置	围岩级别	桩号里程	最大埋深 /m	岩爆倾向性
出口	Ⅱ级	D1K75+933～D1K76+313	475	中等
		D1K74+693～D1K75+733	500	中等
	Ⅲ级	D1K69+500～D1K70+183	603	弱
		D1K70+406～D1K70+496	400	弱
		D1K70+596～D1K71+206	400	弱
		D1K71+356～D1K72+156	250	无
		D1K72+356～D1K73+046	310	弱
		D1K73+333～D1K74+693	625	弱
		D1K76+313～D1K76+683	300	弱
	Ⅳ级	D1K70+496～D1K70+596	400	无
		D1K71+206～D1K71+356	400	无
		D1K72+156～D1K72+356	40	无
		D1K73+046～D1K73+333	170	无
		D1K75+733～D1K75+933	300	无
		D1K76+683～D1K77+028	200	无
	Ⅴ级	D1K70+183～D1K70+406	440	无

由表 4.8 可知,依所采用的岩爆判据,秦岭翠华山隧道全程仅 D1K74+693～D1K75+733 段与 D1K75+933～D1K76+313 段可能发生中等岩爆,另有 D1K66+466～D1K66+726 段、D1K69+500～D1K70+183 段等十段可能有弱岩爆现象发生,隧道施工时应采取相应防治措施,以保证隧道安全施工。

岩爆发生区域与围岩级别、埋深、构造应力关系较大。其中,岩性的影响尤为突出。较低等级围岩,岩性偏软、岩体破碎以及结构面的存在等均能起到耗能、吸能的作用,因而也就不会有岩爆的发生。

4.3.2　岩爆防治措施研究

岩爆严重威胁隧道施工安全,并对施工进度造成一定的影响。如何采取合理的防治措施,降低岩爆烈度等级甚至消除岩爆,是隧道安全施工的关键问题。根据4.3.1 节中翠华山隧道全程岩爆倾向性评价结果,选取可能发生中岩爆的工况 9以及可能发生弱岩爆的工况 5,进行围岩软化、加强初期支护等岩爆防治措施效果的研究。

1. 中强岩爆防治措施

选取可能发生中强岩爆工况 9 进行研究,有限元分析方案如下。

（1）无围岩软化，无初期支护。

（2）围岩软化，无初期支护。

（3）无围岩软化，初期支护 12cm。

（4）无围岩软化，初期支护 25cm。

（5）无围岩软化，初期支护 25cm 且加强。

软化围岩法的模拟考虑围岩软化后对应力重分布，特别是洞周切向应力分布的影响。数值分析时需确定围岩软化厚度和软化后围岩的力学参数的变化，包括弹性模量、抗压强度等。围岩软化厚度与所选取的围岩软化方法有关，表面洒水法得到的围岩软化厚度较小，而钻孔注水法得到的围岩软化厚度较大。另外，软化后的围岩力学参数与围岩本身的吸水性密切相关。

有限元模型中材料参数见表 4.9。围岩软化通过降低围岩弹性模量实现，有限元分析中将围岩弹性模量降低 9%。

表 4.9　围岩及支护参数

介质	弹性模量 E/GPa	泊松比 μ	黏聚力 c/MPa	内摩擦角 φ/(°)	重度 γ/(kN/m³)
围岩	26	0.22	1.8	55	26.0
支护	25	0.2	—	—	25.0

表 4.10 给出了中等岩爆情况下，不同岩爆防治措施实施后，隧道围岩岩爆倾向性评价结果。由表 4.10 可知以下几点。

围岩软化后隧道洞周切向应力峰值为 61.80MPa，相对不采取任何防治措施时的洞周切应力峰值（63.56MPa）明显降低；岩爆倾向性指标亦由 0.53 降至 0.52。

不考虑围岩软化作用时，随初期支护的加强，隧道洞周切向应力峰值逐渐降低，由无支护时的 63.56MPa 降至 25cm 加强支护时的 57.75MPa，岩爆倾向性指标亦由 0.53 降至 0.48。岩爆可能发生部位变化不大，集中在隧道拱顶、起拱线偏上及直墙偏上部位。

表 4.10　不同岩爆防治措施分析结果

岩爆防治措施	最小主应力峰值/MPa	洞周切应力/MPa	岩爆倾向性指标
无围岩软化，无支护	63.61	63.56	0.53
围岩软化，无支护	61.85	61.80	0.52
无围岩软化，初期支护 12cm	61.09	60.99	0.51
无围岩软化，初期支护 25cm	58.59	58.52	0.49
无围岩软化，初期支护 25cm 且加强	57.83	57.75	0.48

　　各种工况下,隧道围岩最小主应力峰值变化趋势与洞周切向应力变化趋势基本一致,且峰值大小接近。隧道爆破开挖施工时,建议在中强岩爆可能发生区段采取围岩软化、加强初期支护相结合的措施,以保证隧道施工安全。

　　2. 弱岩爆防治措施模拟结果

　　选取可能发生弱岩爆的工况 5 进行研究,有限元分析方案同中强岩爆防治措施。有限元模型中材料参数见表 4.11。

表 4.11　围岩及支护参数

介质	弹性模量 E/GPa	泊松比 μ	黏聚力 c/MPa	内摩擦角 φ/(°)	重度 γ/(kN/m³)
围岩	16	0.25	1.5	48	24.0
支护	25	0.2	—	—	25.0

　　表 4.12 给出了弱岩爆情况下,不同岩爆防治措施实施后,隧道围岩受力特征分析结果。由表 4.12 可知以下几点。

　　掌子面围岩软化后隧道洞周切向应力峰值为 19.53MPa,相对不采取任何防治措施时的洞周切应力峰值(28.50MPa)明显降低;岩爆倾向性指标亦由 0.24 降至 0.16。

　　不考虑围岩软化作用时,随初期支护的加强,隧道洞周切向应力峰值呈先增大后减小的趋势。由无支护时的 28.5MPa 增至初期支护 12cm 时的 82.32MPa,而后又降至初期支护 25cm 且加强工况下的 76.98MPa。支护前后岩爆可能发生部位发生明显变化,由隧道拱顶偏上 1.5~4m 位置下移至隧道拱顶。分析其原因,应为初期支护与隧道围岩物理性能力学参数相差较大。但实际施工中,隧道初期支护混凝土强度达到设计要求需要一个时间段,这是数值分析中所不能考虑的部分。因此,隧道爆破开挖过程中,建议在弱岩爆区域采取围岩软化为主、加强初期支护为辅的防治措施。

4.12　不同岩爆防治措施分析结果

岩爆防治措施	最小主应力峰值 /MPa	洞周切应力 /MPa
无围岩软化,无支护	78.21	28.50
围岩软化,无支护	68.69	19.53
无围岩软化,初期支护 12cm	82.55	82.32
无围岩软化,初期支护 25cm	77.98	77.78
无围岩软化,初期支护 25cm 且加强	77.18	76.98

各种工况下,隧道围岩最小主应力峰值变化趋势与洞周切向应力变化趋势基本一致。这与发生中等岩爆的情况相反,原因可能是发生弱岩爆的围岩性质较差,在没有支护情况下变形较大,围岩自身受到的应力得到释放,所以此时洞周切应力降低,但是在及时施加支护后,围岩的变形降低,围岩自身受到的洞周切应力无法完全释放,所以导致了洞周切应力的增大。但是支护的施加将岩爆面封闭起来,在不破坏支护的前提下,对防止岩爆也起到了一定的作用。

4.4　翠华山隧道现场岩爆情况及防治措施

4.4.1　现场岩爆试验

为保证隧道现场安全施工,在可能发生岩爆的太峪斜井大里程 D1K73＋860～D1K73＋940段进行岩爆预防及防治试验。

1. 岩爆试验段隧道爆破开挖方案

现场爆破采用光面爆破技术,周边眼间距为 45cm,打眼间距误差控制在 5cm以内。周边眼采用导爆索连接,确保起爆均匀,轮廓圆顺。进尺控制在 3.0m以内。

2. 岩爆现象观测及防护措施

爆破后通风 45min,然后到掌子面附近观察(距离掌子面 30m 以外),发现有岩爆迹象(掉块、岩石爆响等),利用现有高压水管,由专人对掌子面附近围岩喷洒高压水,洒水 15min 后进行出碴作业,出碴时间段内每 60min 洒水一次,洒水时间为 10min;出碴过程中现场代班人员负责盯控岩爆发生的情况,并及时向装载机及出碴车司机发出预警,以便人员及车辆能够及时撤离。

每开挖循环出碴结束后,进行认真"找顶"作业。清危石时有意用挖掘机斗齿撞击岩面,以便围岩内应力及时释放,并指派专人进行防护,对围岩进行观察,发现问题立刻向施工人员发出警报,以便施工人员及时撤离。

3. 岩爆试验段支护方案

为研究初期支护对防治岩爆的作用,D1K73＋860～D1K73＋900 区间按原设计支护方案进行支付;岩爆试验段 D1K73＋900～D1K73＋940 区间爆破开挖完成后按以下方案进行初期支护。

拱墙设 $\Phi22$ 锚杆,锚杆长 3m,间距 $1.0\text{m}\times1.0\text{m}$,梅花型布置;拱墙设置 $\Phi8$ 钢筋网片,网格尺寸 $15\text{cm}\times15\text{cm}$,网片搭接 1.5 个网格宽度;拱墙喷射 C25 混凝土,喷层厚度 12cm,喷射混凝土采用两种支护方案。

（1）D1K73＋900～D1K73＋920 段先喷射混凝土 4cm，在开挖 3 个循环后再喷射混凝土 8cm。

（2）D1K73＋920～D1K73＋940 段一次性喷射混凝土 12cm。

对于喷射混凝土过后的初期支护，发现脱皮时先用挖掘机斗齿用力撞击该处，待脱空混凝土全部脱落后再挂网复喷混凝土至设计厚度。

4.4.2　现场岩爆试验总结

1. 岩爆试验结果

岩爆试验段具体结果见表 4.13 和表 4.14。

表 4.13　D1K73＋860～D1K73＋900 段岩爆统计表（按原设计施工）

序号	掌子面里程	D/m	t/min	岩爆部位	岩爆特征	初支状态
1	D1K73＋862	2	145	右起拱线	爆响掉块	无初支
2	D1K73＋862	8	150	左边墙	爆响	初支开裂
3	D1K73＋868	1	175	右拱顶	爆响岩片弹射	无初支
4	D1K73＋868	6	280	左边墙	爆响	初支脱落
5	D1K73＋873	2	130	右边墙	爆响	无初支
6	D1K73＋878	12	260	左起拱线	脆响	初支脱皮
7	D1K73＋884	2	240	左边墙	爆响掉块	无初支
8	D1K73＋884	5	160	左拱顶	脆响	初支脱落
9	D1K73＋887	2	160	左起拱线	爆响掉块	无初支
10	D1K73＋890	3	190	左边墙	爆响掉块	无初支
11	D1K73＋893	2	280	右起拱线	脆响掉块	无初支
12	D1K73＋893	7	180	右起拱线	爆响	初支开裂
13	D1K73＋896	3	190	左拱顶	掉块	无初支
14	D1K73＋896	15	300	左起拱线	脆响	初支脱皮

注：D 为岩爆部位距掌子面距离，t 为岩爆距爆破开挖后时间。

表 4.14　D1K73＋900～D1K73＋940 段岩爆统计表（按岩爆试验施工）

序号	掌子面里程	D/m	t/min	岩爆部位	岩爆特征	初支状态
1	D1K73＋902	2	130	右侧起拱线	爆响、掉块	无初支
2	D1K73＋907	1	260	右拱顶	岩片脱落	无初支
3	D1K73＋915	2	200	左起拱线	掉块	无初支
4	D1K73＋915	9	260	左起拱线	脆响	初支脱落
5	D1K73＋924	2	170	左边墙	脆响掉块	无初支

序号	掌子面里程	D/m	t/min	岩爆部位	岩爆特征	初支状态
6	D1K73＋927	2	190	左边墙	爆响岩片脱落	无初支
7	D1K73＋932	3	100	右起拱线	爆响岩片弹射	无初支
8	D1K73＋932	14	310	右起拱线	爆响	初支开裂
9	D1K73＋938	3	150	左拱顶	爆响掉块	无初支
10	D1K73＋938	3	340	左起拱线	脆响	无初支

注:D 为岩爆部位距掌子面距离,t 为岩爆距爆破开挖后时间;其中 D1K73＋915 掌子面因有钢筋网未出现掉块。

由表 4.13 可知,未采取岩爆防治措施时,D1K73＋860～D1K73＋900 段共发生岩爆 14 次,岩爆主要发生在拱顶、起拱线及边墙。

由表 4.14 可知,按照岩爆试验段方案施工,D1K73＋900～D1K73＋940 段共14 个开挖循环,开挖后共发生岩爆 10 次。相对于 D1K73＋860～D1K73＋900 段而言,岩爆次数明显降低。岩爆部位未有明显变化。按照第一种支护方案(初喷 4cm 后再复喷 8cm 混凝土)施工时,初期支护存在开裂、松动、掉皮现象;而按第二种支护方案(一次喷混凝土 12cm)施工时,初期支护开裂现象极少。

现场试验表明,开挖进尺控制在 3.0m 以内,周边眼间距控制在 40cm 左右爆破效果较好,洞身轮廓较圆顺,开挖过后岩爆掉块一般只在起拱线上下及边墙发生,拱顶发生概率较小。

2. 岩爆特征

图 4.8～图 4.10 给出了试验段岩爆次数与岩爆位置、距掌子面距离以及爆破后时间的关系图。

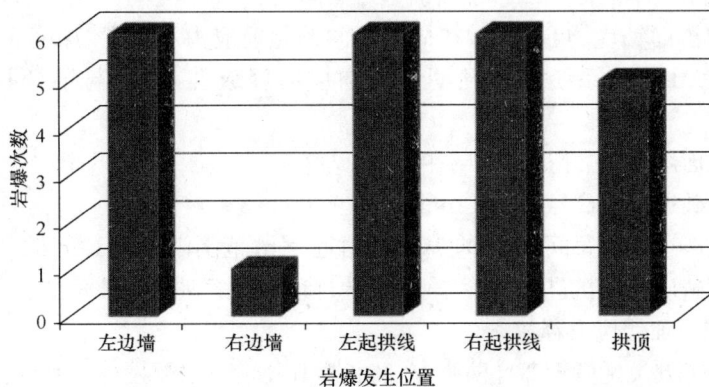

图 4.8　岩爆与其所在位置关系

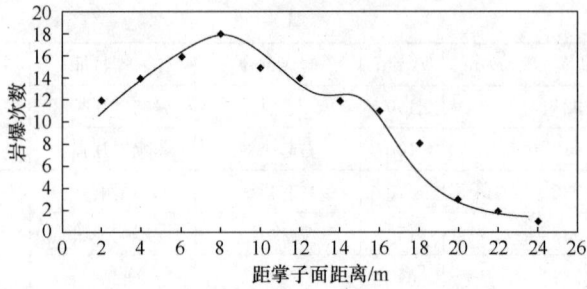

图 4.9　岩爆与爆破后时间关系曲线

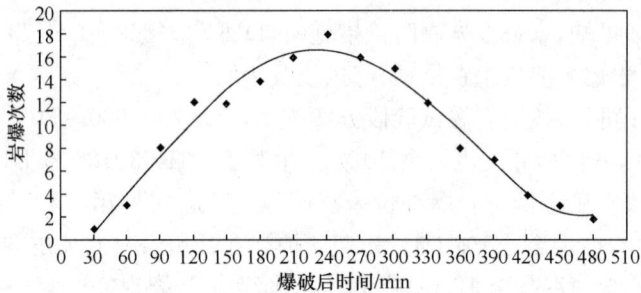

图 4.10　岩爆与掌子面距离关系曲线

分析可知:岩爆多隧道左边墙、左右起拱线以及拱顶部位;掌子面后方18m(约2.3倍隧道跨度)范围内是岩爆高发区域;岩爆集中发生在爆破后1~7h内。

4.4.3　岩爆防治方案

1. 岩爆防治综合措施

(1)采用科学方法预测掌子面前方岩爆倾向。

(2)掌子面钻应力释放孔,在周边眼间钻超前应力释放孔,深度5m,外插角15°,孔径50mm;在系统锚杆孔间打径向应力释放孔,深度与锚杆孔相同,孔径50mm。

(3)光面爆破,循环进尺控制在3.0m左右。

(4)爆破通风后高压洒水15min。

(5)出碴过程中每间隔1h向掌子面附近20m范围内洒水10min。

(6)出碴后挖掘机进行排险作业,排险过程中有意碰撞有棱角的岩面,并用力撞击四周围岩加快应力释放。

(7)施工人员配戴钢盔穿防弹衣,防止岩片伤人。只要发生岩片脱落现象,无论何种情况,为保证安全,必须首先撤离作业人员及机械,待无岩片脱落、弹射时方可进行施工。

2. 岩爆防治专项方案

（1）预测前方有岩爆倾向，爆破后无岩爆且掌子面无水围岩整体性较好时，采用综合措施第 2～7 条进行预防。

（2）预测前方岩爆倾向性较大，爆破后至支护前岩体有轻微声响但无掉块时，采用如下支护：拱墙设 Φ22 砂浆锚杆，锚杆长 3m，间距 1.0×1.0m，梅花型布置；拱墙设置 Φ8 钢筋网片，网格尺寸 15cm×15cm，网片搭接 1.5 个网格宽度，喷射 C25 混凝土，一次喷层厚度 12cm。

（3）预测前方岩爆倾向性较大，爆破后有较大声响且有小岩片脱落时，采用如下支护措施：拱墙设 Φ22 砂浆锚杆，锚杆长 3m，间距 1.0×1.0m，梅花型布置；拱墙设置 Φ8 钢筋网片，网格尺寸 15cm×15cm，网片搭接 1.5 个网格宽度，Φ22 环向钢筋骨架，间距 1～1.5m，喷射 C25 混凝土，一次喷层厚度 12cm。

（4）预测前方岩爆倾向性较大，爆破后岩体有较大声响且有较大岩片脱落、弹射、岩体发生外鼓甚至有岩粉喷出时，采用如下支护措施：拱墙设 Φ22 砂浆锚杆，锚杆长 3m，间距 1.0×1.0m，梅花型布置；拱墙设置 Φ8 钢筋网片，网格尺寸 15cm×15cm，网片搭接 1.5 个网格宽度，I16 型钢钢架，间距根据现场实际情况确定，但一组至少立 3 榀组成稳定支护，喷射 C25 混凝土，喷层厚度 23cm。

4.4.4　隧道现场岩爆情况

图 4.11 给出了翠华山隧道施工现场岩爆照片。

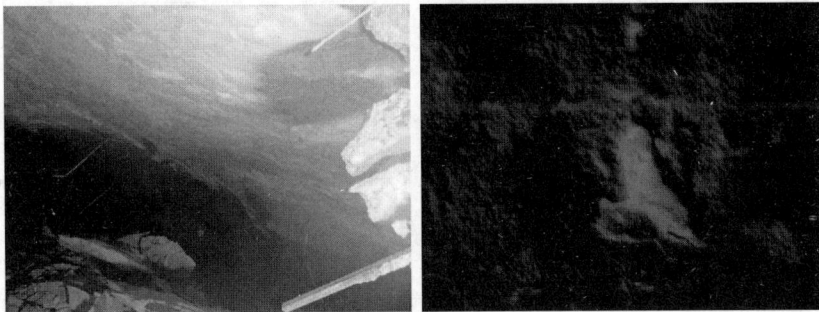

(a) 围岩掉块　　　　　　　　(b) 岩爆造成的喷混掉块

图 4.11　隧道施工现场岩爆

表 4.15 和表 4.16 给出了翠华山隧道岩爆统计数据。结合图 4.11，分析可知以下几点。

翠华山隧道岩爆基本上以弱岩爆为主，其主要发生在隧道边墙、左右起拱线以及隧道拱部。

表 4.15　秦岭翠华山隧道岩爆统计数据表(出口段)

里程范围	发生位置	岩爆情况	初期状态	主要措施
D1K76+525～ D1K76+522	右侧边墙 至拱腰处	右侧拱腰出现3米纵向裂缝、边墙初支空鼓、脱落	支护过的岩面掉下大块岩石	施工避让、钻孔注水、立设 I16 型钢钢架、安设锚杆与网片、复喷 C25 混凝土。清除脱空部位喷射混凝土,高压水冲洗脱空面,安设锚杆与网片、复喷 C25 混凝土
D1K76+095～ D1K76+089	右侧拱腰	裂缝、剥落小块岩石,声响不断	开裂,空鼓、掉块	施工避让、钻孔注水、安设锚杆与网片、复喷 C25 混凝土。安排专人进行观察
D1K75+988～ D1K75+980	右侧起拱线至拱腰处	掉块、发出啪啪的声响	—	施工避让、钻孔注水、安设锚杆与网片、喷 C25 混凝土
D1K75+335～ D1K75+245	右侧拱腰、左侧边墙	岩块脱落、伴有声响,声音清脆	开裂,空鼓、掉块	清除脱空部位喷射混凝土,高压水冲洗脱空面,安设锚杆与网片、复喷 C25 混凝土
D1K75+215～ D1K75+210	右侧边墙至拱腰处	初支出现竖向裂缝、掉块	开裂,空鼓、掉块	清除脱空部位喷射混凝土,高压水冲洗脱空面,安设锚杆与网片、复喷 C26 混凝土。加强观察
D1K75+173～ D1K75+208	右侧起拱线至拱腰处	掉块、发出啪啪的声响	—	施工避让、钻孔注水、安设锚杆与网片、喷 C25 混凝土。加强观察
D1K75+148～ D1K75+175	拱顶、拱腰	啪啪声响为主,出现岩体剥层现象,掉块严重	—	施工避让、封闭围岩、钻孔注水、安设锚杆与网片、喷 C25 混凝土。加强观察
D1K75+116～ D1K75+155	右侧拱腰及边墙	边墙岩块掉落,拱腰处伴有声响炸开裂口,约 3m 长	—	施工避让、封闭围岩、安设锚杆与网片、喷 C25 混凝土。加强观察
D1K75+088～ D1K75+120	右侧边墙至起拱线	喷射混凝土瞬间炸开,右侧有小块岩石脱落	开裂,空鼓、掉块	清除脱空部位喷射混凝土,高压水冲洗脱空面,安设锚杆与网片、复喷 C26 混凝土。加强观察
D1K75+061～ D1K75+090	右侧拱顶	出现 3m 纵向裂缝,伴有声响、声音清脆	开裂,空鼓、掉块	清除脱空部位喷射混凝土,高压水冲洗脱空面,安设锚杆与网片、复喷 C26 混凝土。加强观察

　　初期支护对预防岩爆的效果不理想,未能明显改善岩爆烈度等级。发生岩爆且有初期支护的区段,围岩依然开裂、掉块。但是,作为一种柔性支护,初期支护的施加可有效预防岩爆发生时围岩掉块的突然性,从而保障施工人员安全。

表 4.16　秦岭翠华山隧道岩爆统计数据表 (蛟峪段)

里程范围	发生位置	岩爆情况	初期状态	主要措施
D1K71+105	拱部	右侧拱部掉下小块岩石,伴有较大声响	附近支护过的岩层开裂	施工避让、钻孔注水、安设锚杆与网片、复喷 C25 混凝土
D1K70+753~D1K70+755	左侧边墙至拱腰处	掉块、伴有声响,纵向斜裂缝	—	施工避让、钻孔注水、安设锚杆与网片、喷 C25 混凝土
D1K71+566	掌子面及右侧拱腰处	掌子面少掉块、右侧拱腰处有啪啪声响,掉下大块岩石	—	施工避让、认真进行"找顶作业"、钻孔注水、安设锚杆与网片、喷 C25 混凝土
D1K71+584	右侧拱腰处	掉下大块岩石、伴有啪啪声响	—	施工避让、认真进行"找顶作业"、钻孔注水、安设锚杆与网片、喷 C25 混凝土
D1K71+590.2	掌子面及右侧拱角处	出碴过程中右侧拱角掉下小块岩石,伴有声响	—	施工避让、认真进行"找顶作业"、钻孔注水、安设锚杆与网片、喷 C25 混凝土
D1K70+461	右侧起拱线处	开裂、脱落	已喷锚支护段发生空鼓脱落	清除脱空部位喷射混凝土,高压水冲洗脱空面,安设锚杆与网片、复喷 C25 混凝土
D1K71+630、D1K71+614	D1K71+630 掌子面边墙、D1K71+614 起拱线处	掌子面左侧边墙处岩片脱落,有声响,D1K71+614 支护部位在左侧起拱线出现空鼓脱皮现象	已喷锚支护段发生空鼓脱落	施工避让、认真进行"找顶作业"、钻孔注水、安设锚杆与网片、喷 C25 混凝土。清除脱空部位喷射混凝土,高压水冲洗脱空面,安设锚杆与网片、复喷 C25 混凝土

续表

里程范围	发生位置	岩爆情况	初期状态	主要措施
D1K70+408	掌子面起拱线处	掉块、伴有声响	—	施工避让、掌子面洒水、安设锚杆与网片、喷 C25 混凝土
D1K70+395	掌子面及左右侧拱腰处	出碴作业结束,掉下大块岩石,伴有声响。掌子面后退 15m 处喷射混凝土在右侧拱腰处开裂脱落	已喷锚支护段发生空鼓脱落	施工避让、认真进行"找顶作业"、钻孔注水、安设锚杆与网片、喷 C25 混凝土。清除脱空部位喷射混凝土,高压水冲洗脱空面,安设锚杆与网片、复喷 C25 混凝土
D1K71+669	拱顶	掌子面后退约 2m 处,拱顶清晰可辨的响声发出,岩石多次脱落	—	施工避让、安设锚杆与网片、复喷 C25 混凝土
D1K71+676、D1K71+661	D1K71+676 掌子面边墙、D1K71+661 起拱线处	左侧边墙轻微声响,岩片脱落;D1K71+661 左侧起拱线部位初期支护开裂、脱坡	已喷锚支护段发生空鼓脱落	施工避让、打设应力释放孔、钻孔注水、安设锚杆与网片、喷 C25 混凝土。清除脱空部位喷射混凝土,高压水冲洗脱空面,安设锚杆与网片、复喷 C25 混凝土
D1K70+375、D1K70+427	D1K70+375 右侧起拱线、D1K70+427 处大避车洞	掌子面线路右侧起拱线部岩片脱落;大避车洞在拱部掉块岩片弹射,形成凹坑	—	施工避让、打设应力释放孔、钻孔注水、安设锚杆与网片、喷 C25 混凝土;凹坑处安设锚杆与网片、复喷 C25 混凝土
D1K70+362	掌子面、左侧拱腰处	岩片脱落、拱顶掉块	—	施工避让、打设应力释放孔、钻孔注水、安设锚杆与网片、喷 C25 混凝土

续表

里程范围	发生位置	岩爆情况	初期状态	主要措施
D1K71＋703、D1K71＋687	D1K71＋703左侧起拱线、D1K71＋687处大避车洞	出碴过程中左侧起拱线部位发生岩片脱落，伴有声响；大避车洞在拱部发生掉块，伴有声响	—	施工避让、打设应力释放孔、钻孔注水、安设锚杆与网片、喷C25混凝土

参 考 文 献

[1] 徐林生. 地下工程岩爆发生条件研究. 重庆交通学院学报,2005,24(3):31-34.

[2] 徐林生,王兰生. 二郎山公路隧道岩爆发生规律与岩爆预测研究. 岩土工程学报,1999,21(5):569-572.

[3] 刘立鹏,汪小刚,贾志欣,等. 锦屏二级水电站施工排水洞岩爆机理及特征分析. 中南大学学报:自然科学版,2011,42(10):3150-3156.

[4] 张德永. 江边水电站引水隧洞岩爆预测与控制研究. 济南:山东大学硕士学位论文,2011.

[5] 康勇. 深埋隧道围岩破坏机理相关问题研究. 重庆:重庆大学博士学位论文,2006.

[6] 石长岩. 红透山铜矿深部地压及岩爆问题探讨. 有色矿冶,2000,16(1):4-8.

[7] 任富强. 冬瓜山铜矿床岩爆浅析. 采矿技术,2010,10(4):41-43.

[8] 唐礼忠,潘长良,谢学斌,等. 冬瓜山铜矿深井开采岩爆危险区分析与预测. 中南工业大学学报,2002,33(4):335-338.

[9] 刘忠友,任国义. 岩爆矿山采场岩爆控制方法初探. 有色矿冶,2011,27(3):10-13.

[10] 任凤玉,丁航行,任国义,等. 二道沟金矿采场岩爆控制试验. 东北大学学报:自然科学版,2012,33(6):891-894.

[11] 刘卫东,于清军,吕军恩,等. 玲珑金矿深部岩爆发生机理分析. 中国矿业,2009,18(5):112-115.

[12] 津生,陆家佑,贾愚如. 天生桥二级水电站引水隧洞岩爆研究. 水力发电,1991,10(3):34-37.

[13] 周德培,洪开荣. 太平驿隧洞岩爆特征及防治措施. 岩石力学与工程学报,1995,14(2):171-178.

[14] 刘立鹏. 锦屏二级水电站施工排水洞岩爆问题研究. 北京:中国地质大学博士学位论文,2011.

[15] 徐奴文,唐春安,周济芳. 锦屏二级水电站施工排水洞岩爆数值模拟. 山东大学学报:工学版,2009,39(4):134-139.

[16] 张鹏,曾现华,李现臣. 锦屏二级水电站引水隧洞工程强岩爆综合防治措施研究. 水利水电技术,2011,42(3):61-65.

[17] 张弘. 下坂地水利枢纽工程引水发电洞施工中岩爆特点及现场处理方案. 水利水电技术,2012,43(10):60-62.

[18] 谷明成,何发亮,陈成宗. 秦岭隧道岩爆的研究. 岩石力学与工程学报,2002,21(9):1324-1329.

[19] 张可诚,曾金富,张杰. 秦岭隧道掘进机通过岩爆地段的对策. 世界隧道,2000,(4):34-38.

[20] 李春杰,李洪奇. 秦岭隧道岩爆特征与施工处理. 世界隧道,1999,(1):36-41.

[21] 徐林生,王兰生. 二郎山公路隧道岩爆特征与防治措施研究. 中国公路学报,2003,16(1):74-76.

[22] 王兰生,李天斌,徐进,等. 二郎山公路隧道岩爆及岩爆烈度分级. 公路,1999,(2):41-45.

[23] 王兰生. 二郎山公路隧道隧道高地应力与围岩稳定问题. 北京:地质出版社,2006.

[24] 郭志强. 秦岭终南山特长公路隧道岩爆特征与施工对策. 现代隧道技术,2003,40(6):58-62.

[25] 汪琦,唐义彬,李忠. 浙江苍岭隧道岩爆工程地质特征分析与防治措施研究. 工程地质学报,2006,14(2):276-280.

[26] 李忠,杨腾峰. 福建九华山隧道岩爆工程地质特征分析与防治措施研究. 地质与勘探,2005,41(2):81-84.

[27] Senfaute G,Chambon C,Bigarre P,et al. Spatial distribution of mining tremors and the relationship to rockburst hazard. Pure and Applied Geophysics,1997,150(3):451-459.

[28] 吕庆,孙红月,尚岳全,等. 深埋特长公路隧道岩爆预测综合研究. 岩石力学与工程学报,2005,24(16):2982-2988.

[29] Driad-Lebeau L,Lahaie F,Alheib M. Seismic and geotechnical investigations following a rockburst in a complex French mining district. International Journal of Coal Geology,2005,64(1):66-78.

[30] 杜子建,许梦国,刘振平. 岩爆动力源分析及岩爆防治原则探讨. 矿业研究与开发,2007,27(3):8-9.

[31] 刘思妤,徐则民. 基于动-静应力耦合的深埋隧道岩爆灾害控制. 自然灾害学报,2010,19(1):177-184.

[32] 陈卫忠,吕森鹏,郭小红,等. 基于能量原理的卸围压试验与岩爆判据研究. 岩石力学与工程学报,2009,28(8):1530-1540.

[33] 杨淑清. 隧洞岩爆机制物理模型试验研究. 武汉水利电力大学学报,1993,26(2):160-166.

[34] 谭以安. 岩爆岩石断口扫描电镜分析及岩爆渐进破坏过程. 电子显微学报,1989,(2):41-48.

[35] 谷明成,何发亮,陈成宗. 秦岭隧道岩爆的研究. 岩石力学与工程学报,2002,21(9):1324-1329.

[36] 刘小明,李悼芬. 脆性岩石损伤力学分析与岩爆损伤能量指数. 岩石力学与工程学报,1997,16(2):140-147.

[37] 王兰生,李天斌,徐进,等. 二郎山公路隧道岩爆及岩爆烈度分级. 西南公路,1998,(4):22-26.

[38] 哈秋舲,刘国霖,张永兴,等. 三峡工程永久船闸陡高边坡关键技术研究专题研究报告. 中国三峡工程开发总公司,葛州坝水电工程学院,重庆建筑大学,1995.

[39] 哈秋舲,李建林,张永兴,等.节理岩体卸荷非线性岩体力学.北京:中国建筑工业出版社,1998.

[40] 冯夏庭,陈炳瑞,明华军,等.深埋隧洞岩爆孕育规律与机制:即时型岩爆.岩石力学与工程学报,2012,31(3):433-444.

[41] 陈炳瑞,冯夏庭,明华军,等.深埋隧洞岩爆孕育规律与机制:时滞型岩爆.岩石力学与工程学报,2012,31(3):561-569.

[42] 葛启发.岩爆综合预测集成智能系统研究.沈阳:东北大学硕士学位论文,2006.

[43] Singh S P. The influence of rock properties on the occurrence and control of rockbursts. Mining Science & Technology,1987,5(1):11-18.

[44] 郭雷,李夕兵,岩小明.岩爆研究进展及发展趋势.采矿技术,2006,6(1):16-21.

[45] 肖本职,罗超文,刘元坤.鄂西地应力测量与隧道岩爆预测分析.岩石力学与工程学报,2005,24(24):4472-4477.

[46] 章奇锋,周春宏,周辉,等.锦屏Ⅱ水电站辅助洞岩爆灾害评价及对策研究.岩土力学,2009,30(增2):422-427.

[47] 徐林生,王兰生,李天斌.国内外岩爆研究现状综述.长江科学院院报,1999,16(4):24-28.

[48] 张镜剑,傅冰骏.岩爆及其判据和防治.岩石力学与工程学报,2008,27(10):2034-2042.

第 5 章 隧道施工中的爆破振动控制

5.1 工 程 背 景

为了满足快速增长的经济和交通发展的需求,交通基础设施的大规模建设已提上日程,可以预见,在地质背景复杂的西部地区将会修建大量的隧道。在坚持可持续发展、保护生态环境和有限土地资源的战略指导下,"长、大、多、深"将会成为今后我国隧道工程发展的总趋势,小净距隧道、连拱隧道、复线隧道亦将会越来越多地投入建设。

目前,钻爆法仍是山岭隧道施工的主要方法,但钻爆施工过程中爆破振动对既有结构及临近围岩的扰动较大,当其达到一定强度时可造成爆区内建(构)筑物的破坏,严重威胁临近建(构)筑物及施工人员的安全。爆破振动是炸药爆炸后爆破地震波在介质中传播引起介质质点的振动,当爆破引起目标物处的振动速度大于一定的数值时,就会引起目标物损伤或破坏。爆破振动效应受炸药类型、装药量、装药结构、药包布置、微差时间、地应力及临空面等多种因素的影响,加上隧道所处地质条件的复杂性,隧道爆破开挖过程中的振动效果较难控制。爆破振动是引起隧道及建(构)筑物破坏的主要原因,也是诱发岩爆等地压灾害的主要因素,我们必须对爆破振动予以重视。因此,深入研究爆破振动的机理及爆破振动效应的控制对加快工程的进度、减少财产损失、提高工程的经济效益和社会效益具有十分重要的现实意义。

而在控制爆破振动效应方面,现有研究多采用经验公式或现场试验的方法,随着长大深埋隧道及小净距隧道工程的开发,隧道爆破开挖过程中所面临的问题越来越复杂,而经验公式或者现场试验所得结果又具有一定的局限性,很难解决当前所面临的复杂问题。与其他方法相比,数值试验能够模拟不同地质条件下的爆破过程,节省大量的时间和成本,因而其在爆破振动效应控制研究方面具有极大的优势。

5.2 基 本 理 论

爆破振动是由炸药在岩体中爆炸产生的爆破地震波在岩体中传播而引起的,所以研究爆破振动就要研究爆破地震波的产生机理及传播规律。炸药在岩体中爆炸,将会产生冲击波、应力波、弹性地震波。根据实测数据,在硬岩中冲击波传播的范围是爆心周围 10～15R(R 为等效药包的半径),随着传播距离的增大,岩体中的应力将减小,当距爆心的距离大于 10～15R 时,波的传播速度就会降低到声波的传播速度,这时冲击波就变成了应力波,当波传播到距爆心的距离大于 400～500R 时,波的幅值明显降低,但作用时间明显加长,这时的应力波称为弹性地震波,以上三种波如图 5.1 所示[1]。冲击波可使岩石发生过粉碎,但其传播距离较短破坏范围较小;应力波的应力值足够引起岩体质点发生径向位移、扩张和切向拉伸应变;地震波虽然不能破裂岩石,但其振动能量可引起岩体中裂隙的发展,使岩体一部分相对于另一部分发生错动,会使构筑物发生振动破坏。为了论述方便,将远区应力波和地震波统称为地震波。

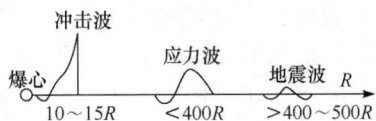

图 5.1　冲击波、应力波、地震波示意图

5.2.1　爆破地震波概述

爆破地震波的形成:在岩土体中的炸药爆炸以后,在爆炸腔中充满了高温高压的爆炸气体。由于爆炸气体向外膨胀,一个球形或柱形压力波开始从爆炸腔向外传播,于是形成一个冲击脉冲,然后随着爆心距的不断增加,慢慢变成一个变化符号的振荡脉冲。与此同时,冲击脉冲开始脱离爆炸气体向岩土中传播引起地面的振动,于是就形成爆破地震波。

炸药在土岩介质中爆炸时产生应力波,应力波可转换为爆破地震波,因此爆破地震波可定义为在土岩介质中传播的弹性应力波。在较早时期的爆破地震效应研究中,通常把爆破地震波分为初级地震波和次级地震波(诱发地震波),认为地下爆炸只产生初级地震波,而空气与水中爆炸或接近地表的地下水爆炸将产生初级与次级地震波,二者对结构的影响程度视具体情形而不同[2,3]。

从波动观点来说,爆破地震波是在土岩介质中传播的一种扰动。在无限土岩介质中,这种扰动以体波和面波的形式传播出去,传播的体波分为纵波和横波两种形式,其传播速度由介质本身的弹性和密度等物理特性以及介质本身的结构特征所决定。如果介质具有不同的物理力学性质和存在不连续的地质结构面(如节理、裂隙、断层等),就会产生反射和折射现象。在一定条件下,在地表地层或介质体分界面产生面波,面波的强度随深度的增加迅速降低。

在实际土岩爆破中,由于土岩不是理想的弹性体,而是物理力学性质不均匀和含有不连续结构面的介质体,所以在此介质中产生的波动现象十分复杂。大部分的爆炸能量消耗在粉碎区和破碎区,剩下的一小部分能量相对于爆破点源以球面波的形式、相对于爆破线源以柱面波的形式传播出去。随着传播半径的增大,单位面积波面上的能量将会减少;同时在土岩介质中由于波的反射和透射会使波的能量减少;而且在土岩介质中还会发生内摩擦现象使能量被吸收;在土岩介质中还会使介质体积蓄一些弹性能。这些现象都会耗散爆炸能量,因此可以说爆破地震波的传播是一个能量不断衰减的过程。

　　炸药爆炸所释放的能量,有相当大一部分被消耗掉,剩下的一小部分转化为地震波,其比例因传播介质而异。在干土中为 $2\%\sim3\%$,在湿土中为 $5\%\sim6\%$,在岩石中为 $2\%\sim6\%$,在水中约为 20%[4]。从数据可以明显看出,水下爆炸比土岩中爆炸的爆破地震效应大的多,有专家认为,水下爆炸的爆破地震效应可能要比地下爆炸的地震效应大 $6\sim10$ 倍[5]。原因是土岩不是均匀介质体,爆炸能量耗散较大,而水为均匀不可压缩的介质体,爆炸能量耗散较小。因此爆炸能量在均匀介质中传播时要比在非均匀介质中传播时损耗小,而引起的爆破地震效应大。

5.2.2　爆破地震波分类及简介

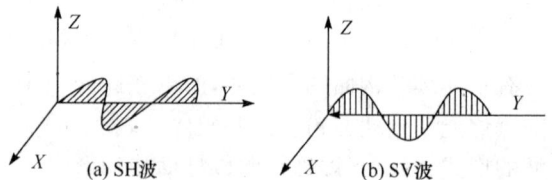

　　爆破地震波可分为体波和面波,体波可分为纵波(P 波)和横波(S 波),面波可分为 Love 波、Rayleigh 波、H 波、C 波、主波,如图 5.2 所示。

　　1. 体波

　　体波是在介质内部传播的波,可引起介质体积和形状的变化。按照波的传播方向与介质质点振动方向的关系将体波分为纵波(P 波)和横波(S 波),纵波的传播方向与质点振动方向一致,横波的传播方向与质点振动方向垂直。纵波可传递拉应力或压应力,在其作用下介质被膨胀或压缩,因此纵波也可称为稀疏波、压缩波,纵波可在固、液、气介质中传播。横波可传递剪应力,使介质被剪切,形状发生变化,因此横波又叫做剪切波、旋转波,横波不能在不能承受剪应力的液体和气体中传播。在介质分界面上,横波(S 波)可分为 SV 波和 SH 波两个分量,如图 5.3 所示(XY 面平行于分界面),SV 波传播平面垂直于分界面,SH 波传播平面平行于分界面。纵波(P 波)通常周期短,振幅小;而横波(S 波)周期长,振幅大。

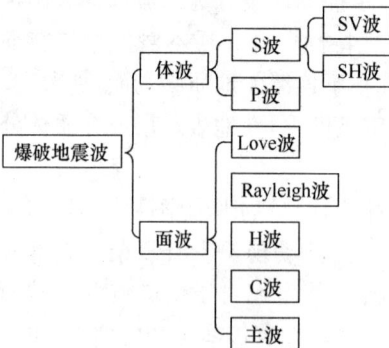

图 5.2　爆破地震波分类　　　　　　　　图 5.3　SH 和 SV 波示意图

2. 面波

面波通常认为是体波经地层界面的多次反射形成的次生波,是在地表或结构体表面以及结构层面传播的波[6]。这种波具有如下特征:首先是随着距自由边界的法向距离增大而迅速减弱;其次是随着距波源距离增大,而增加其相对于别的波的优势[4]。面波包括以下几种形式。

(1) 瑞利表面波(Reyleigh 波)。瑞利波传播时,使介质的质点在波的传播方向与介质表面法向组成的平面内做逆时针的椭圆运动,而在与该面垂直的方向上没有运动分量。椭圆的半轴随着距自由面距离(深度)的增大而迅速减小,它随深度是按指数规律衰减的。

(2) 乐夫表面波(Love 波)。乐夫表面波传播时,介质的质点只是在与垂直于波的传播方向的水平方向上做横向剪切运动,只有在层状半空间中介质表层的波速低于介质底层的波速时,才会出现乐夫表面波。乐夫表面波在层状介质中的传播速度介于最上层横波速度和最下层横波速度之间。

(3) 流体动力波(H 波)。流体动力波传播时介质表面质点呈现如瑞利表面波那样的椭圆运动。流体动力波不能传递剪应力,因此该波是沿着液体、气体等不能传递剪应力的介质表面传播。

(4) 合成波(C 波)。合成波传播时,介质表面质点呈现为一个复合的空间运动。

(5) 主波。主波传播时介质质点沿着平行于表面的直线运动。

5.2.3 爆破地震波的波速

波速是爆破地震波的一个重要方面,波速是波在介质中的传播速度,波的传播是波的能量衰减过程。波在介质中的传播速度仅由介质性质决定,与波的频率、质点的振幅无关;波的频率仅由波源决定,与介质无关,波传播时,介质中各质点的振动频率等于波源的频率。波长等于波速乘以频率的倒数,当波从一种介质传播到另一种介质时,波速发生变化而频率不变,所以波长也发生变化,因此介质分界面是波速和波长发生变化的界面,地质体中含有许多地质结构面,因此地质体中会出现波速不一样的现象。与波速相对应的是介质质点的振动速度,质点振动速度是指在波能和外界因素的影响下质点相对于平衡位置做简谐运动的速度,质点的振动过程是质点能量衰减的过程。表 5.1 列举了一些常见介质的纵波和横波的传播速度[7]。

表 5.1　常见介质的纵波和横波的波速及波阻抗

序号	介质名称	密度 /(g/cm³)	P波波速 /(m/s)	S波波速 /(m/s)	波阻抗 /[×10⁶kg/(m²·s)]
1	花岗岩	2.67	3960～6096	2133～3353	10.573～16.276
2	砂岩	2.45	2438～4267	914～3048	5.973～10.454
3	石灰岩	2.65	3048～6096	2743～3200	8.077～16.154
4	大理岩	2.65～2.75	4390～5890	3505	11.634～16.198
5	石英岩	2.85	6050	3765	17.242
6	页岩	2.35	1829～3962	1067～2286	4.298～9.311
7	混凝土	2.70～3.00	3566	2164	9.628～10.698
8	冲积层	1.54	503～1981	—	0.775～3.050
9	黏土	1.40	1128～2499	579	1.579～3.499
10	土壤	1.10～2.00	152～762	91～549	0.167～1.542
11	辉长岩	2.98	6553	3444	19.528
12	玄武岩	3.00	5608	3048	16.842
13	纯橄榄岩	3.28	7986	4084	26.194
14	铁石矿	4.14	4100～5350	2360～3870	16.974～22.149
15	石膏	2.30	2134～3658	1097	4.908～8.413
16	板岩	2.80	3658～4450	2865	10.242～12.460
17	片岩	2.80	4542	2896	12.718
18	闪长岩	2.66	5930～6287	3680	15.774～16.723
19	砂	1.93	1402	457	2.706
20	水	1.00	1463	—	1.463
21	铝	2.70	6553	2987	17.693
22	钢	7.70	6960	3048	46.939
23	铁	7.85	5791	3200	45.459
24	橡胶	1.15	1036	27	1.191

从表 5.1 中可知:①大部分介质的 P 波波速大于 S 波波速,约为 S 波波速的 2 倍;②不同介质的波速有较大差异,说明波速由介质性质决定;③S 波不能在不能承受剪应力的介质中传播。

5.2.4　爆炸动力荷载计算模型

1. 最大爆炸压力

最大爆炸压力 p_e 与炸药的成分、密度、爆速和装药结构有关,在耦合装药结构的情况下,p_e 有多种表达式,各种表达式的计算结果较为接近。据有关研究,p_e 可采用式(5-1)表达,即

$$p_e = 210(0.36 + \rho)V^2 \tag{5-1}$$

式中,p_e 的单位为 MPa;ρ 的单位为 g/cm³;V 的单位为 km/s。

在不耦合装药的情况下,p_e 要比耦合装药情况下小,它们的关系为

$$p_{eN} = p_{eC}\left(\frac{R_e}{R_b}\right)^{n\nu} \tag{5-2}$$

式中,p_{eN} 为不耦合装药情况下的 p_e 值;p_{eC} 为耦合装药情况下的 p_e 值;R_e 为药包半径;R_b 为炮孔半径;n 为药包形状系数,对于柱状装药,$n=2$,对于集中和球状装药,$n=3$;ν 为绝热指数,突变前取 3,突变后取 1.4。

2. 作用在炮孔壁上的最大压力

炸药爆炸后产生的爆轰波作用在炮孔内壁上的最大压力 p_{max} 与岩体特性有关,p_{max} 的解析式为

$$p_{max} = \frac{2\rho c_p}{\rho c_p + V\rho_0} p_e \tag{5-3}$$

式中,c_p 为纵波在岩体中传播的速度;ρ 为岩体密度;V 为炸药爆速;ρ_0 为炸药密度;p_e 为炸药爆炸的最大压力。

3. 爆炸动压力作用的时间历程

药包爆炸后,爆炸压力瞬间升高到最大值,为了计算简单,认为这个瞬间时间为 0,爆炸压力升高到最大值后就按指数规律进行衰减。爆炸荷载的表达式为[8,9]:

$$p = 0, \qquad t < 0 \tag{5-4}$$
$$p = p_e e^{-at}, \qquad t \leqslant 0 \tag{5-5}$$

式中,a 为时间衰减系数;p_e 为最大爆炸压力。

作用在炮孔内壁上的动压力 $p(t)$ 按指数规律变化,先升压再降压,如图 5.4 所示,$p(t)$ 的解析式为

$$p(t) = p_m f(t) \tag{5-6}$$
$$f(t) = f_0(e^{-\alpha t} - e^{-\beta t}) \tag{5-7}$$

式中,p_m 为炸药爆炸后产生的爆轰波作用在炮孔内壁上的最大压力;$f(t)$ 为无因

次函数,最大值为 1,说明 p_m 为最大动压力;t 为时间;α、β 为表征动压力衰减特性的衰减常数;由 $f(t)$ 最大值为 1 可知,f_0 为$(e^{-\alpha t}-e^{-\beta t})$最大值的倒数。

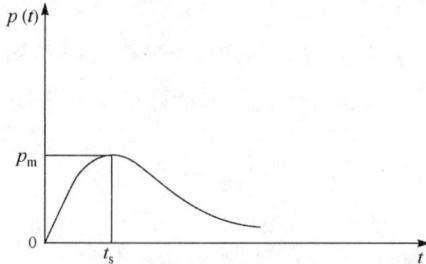

图 5.4　炮孔内壁上动压力的作用过程

　　对于球形药包和柱状药包,计算爆炸动压力的升压时间和 $f(t)$ 具体解析式的方法是一样的,只是在参数的选取上有区别,所以本节就以柱状药包为例来进行计算。

　　对于柱状药包,有

$$\alpha=\frac{nw}{\sqrt{2}} \tag{5-8}$$

$$\beta=\sqrt{2}mw \tag{5-9}$$

$$w=\frac{2\sqrt{2}c_p}{3r_0} \tag{5-10}$$

式中,n、m 为决定药包爆炸脉冲波形的变量;r_0 为炮孔半径。

　　将式(5-10)代入式(5-8)、式(5-9)中,再将式(5-8)、式(5-9)代入式(5-7)中得到

$$f(t)=f_0\left(e^{\frac{2nc_p}{3r_0}t}-e^{\frac{4mc_p}{3r_0}t}\right) \tag{5-11}$$

　　对式(5-11)求导可得到动压力的升压时间:

$$t_s=\frac{3r_0}{c_p(4m-2n)}\ln\frac{2m}{n} \tag{5-12}$$

　　因为 f_0 为$(e^{-\alpha t}-e^{-\beta t})$最大值的倒数,所以

$$f_0=\frac{1}{(e^{-\alpha t_s}-e^{-\beta t_s})}=\frac{1}{e^{-\frac{n}{2m-n}\ln\frac{2m}{n}}-e^{-\frac{2m}{2m-n}\ln\frac{2m}{n}}} \tag{5-13}$$

　　将式(5-13)代入式(5-11)中得到

$$f(t)=\frac{1}{e^{-\frac{n}{2m-n}\ln\frac{2m}{n}}-e^{-\frac{2m}{2m-n}\ln\frac{2m}{n}}}\left(e^{\frac{2nc_p}{3r_0}t}-e^{\frac{4mc_p}{3r_0}t}\right) \tag{5-14}$$

在多数情况下为了计算方便,常把作用在炮孔内壁上的动压力简化为三角形荷载或突加平台形荷载,如图 5.5 所示。虽然这样误差会大一些,但对于计算来说是非常简便的,在实际爆破工程中可根据工程的精度要求来决定是否采用简化荷载。

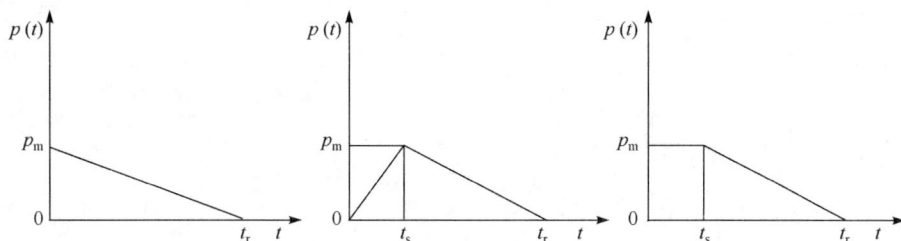

图 5.5　简化荷载作用模型

5.2.5　爆破地震波波动方程

炸药爆炸后,在距离爆心大于 $400 \sim 500R_0$ 的区域里传播的是弹性地震波,从理论上推导地震波波动方程需要做以下基本假设。

(1) 传播介质为各向同性弹性体。

(2) 波在介质中传播时无阻尼作用。

1. 纵波波动方程推导

由弹性力学可知空间问题的平衡微分方程,即所谓的纳维叶方程:

$$\begin{cases} \dfrac{\partial \sigma_x}{\partial x} + \dfrac{\partial \tau_{yx}}{\partial y} + \dfrac{\partial \tau_{zx}}{\partial z} = \rho \dfrac{\partial^2 u}{\partial t^2} \\[2mm] \dfrac{\partial \sigma_y}{\partial y} + \dfrac{\partial \tau_{zy}}{\partial z} + \dfrac{\partial \tau_{xy}}{\partial x} = \rho \dfrac{\partial^2 v}{\partial t^2} \\[2mm] \dfrac{\partial \sigma_z}{\partial z} + \dfrac{\partial \tau_{xz}}{\partial x} + \dfrac{\partial \tau_{yz}}{\partial y} = \rho \dfrac{\partial^2 w}{\partial t^2} \end{cases} \tag{5-15}$$

再结合物理方程和几何方程,得到波动方程[10]:

$$\begin{cases} \rho \dfrac{\partial^2 u}{\partial t^2} = \dfrac{(\lambda + G)\partial \Delta}{\partial x} + G \nabla^2 u \\[2mm] \rho \dfrac{\partial^2 v}{\partial t^2} = \dfrac{(\lambda + G)\partial \Delta}{\partial y} + G \nabla^2 v \\[2mm] \rho \dfrac{\partial^2 w}{\partial t^2} = \dfrac{(\lambda + G)\partial \Delta}{\partial z} + G \nabla^2 w \end{cases} \tag{5-16}$$

式中,∇^2 为拉普拉斯算子。

$$\nabla^2 = \frac{\partial^2}{\partial x^2} + \frac{\partial^2}{\partial y^2} + \frac{\partial^2}{\partial z^2} \tag{5-17}$$

将方程组(5-16)的第一式、第二式、第三式分别对 x、y、z 微分,然后相加,便得到纵波的二般波动方程:

$$\frac{\partial^2 \Delta}{\partial t^2} = c_p^2 \ \nabla^2 \Delta \tag{5-18}$$

式中,c_p 为纵波波速,其大小为 $c_p = \sqrt{(\lambda + 2G)/\rho}$。

2. 横波波动方程推导

横波波动方程的推导与纵波差不多,只需将方程组(5-16)做以下处理,便可得到横波波动方程。

将方程组(5-16)的第二式对 z 微分,第三式对 y 微分,然后相减化简得到

$$\frac{1}{2} \frac{\partial^2}{\partial t^2} \left(\frac{\partial w}{\partial y} - \frac{\partial v}{\partial z} \right) = \frac{1}{2} \frac{G}{\rho} \left(\frac{\partial^2}{\partial x^2} + \frac{\partial^2}{\partial y^2} + \frac{\partial^2}{\partial z^2} \right) \left(\frac{\partial w}{\partial y} - \frac{\partial v}{\partial z} \right) \tag{5-19}$$

令 $\bar{\omega}_x = \frac{1}{2} \left(\frac{\partial w}{\partial y} - \frac{\partial v}{\partial z} \right)$,$c_s^2 = \frac{G}{\rho}$。则式(5-19)变为

$$\frac{\partial^2 \bar{\omega}_x}{\partial t^2} = c_s^2 \ \nabla^2 \bar{\omega}_x \tag{5-20}$$

式中,$\bar{\omega}_x$ 为绕 x 轴的角位移;c_s 为 x 轴方向的转动的传播速度。

类似上述处理,将第一式对 z 微分,第三式对 x 微分,然后相减化简;第一式对 y 微分,第二式对 x 微分,然后相减化简。这样就可以得到 y、z 方向上横波的波动方程:

$$\frac{\partial^2 \bar{\omega}_y}{\partial t^2} = c_s^2 \ \nabla^2 \bar{\omega}_y \tag{5-21}$$

$$\frac{\partial^2 \bar{\omega}_z}{\partial t^2} = c_s^2 \ \nabla^2 \bar{\omega}_z \tag{5-22}$$

式中,$\bar{\omega}_y$ 是绕 y 轴的角位移;$\bar{\omega}_z$ 是绕 z 轴的角位移。

5.2.6　柱面波波动方程

圆柱形药包或条形药包爆炸后产生的爆破地震波为柱面弹性波,柱面波既包含纵波又包含横波。

根据文献[10],可将柱面坐标中的位移计算结果写出:

$$\begin{cases} u_r = \dfrac{r_0^2 d p_{\mathrm{m}}}{4\mu c_{\mathrm{p}} r}\left(1 - 2\,\dfrac{c_{\mathrm{s}}^2}{c_{\mathrm{p}}^2}\cos^2\varphi\right)\dfrac{\partial F(t - r/c_{\mathrm{p}})}{\partial t} \\[2mm] u_\theta = 0 \\[2mm] u_\varphi = \dfrac{r_0^2 d p_{\mathrm{m}}\sin 2\varphi}{4\mu c_{\mathrm{s}} r}\dfrac{\partial F(t - r/c_{\mathrm{s}})}{\partial t} \end{cases} \tag{5-23}$$

式中，$p(t) = p_{\mathrm{m}}F(t)$ 是柱状空腔内壁（顶、底除外）上的爆炸气体压力；p_{m} 为爆炸气体作用在内壁上的最大压力；d 为柱状空腔的高度；μ 为岩石的泊松比；r_0 为柱状空腔底部的半径；r,φ,θ 为柱面坐标。

其中函数 $F(t)$ 可根据文献[10]确定，由 $r = r_0$ 处即柱状空腔的内壁处的边界条件，在爆炸前假设岩石位移为零，得出 $F(t)$ 的解析式：

$$F(t) = \frac{r_0^2 c_{\mathrm{p}}\alpha}{\beta r_0 - c_{\mathrm{p}}}\left(1 - \frac{r_0}{\beta r_0 - c_{\mathrm{p}}}\right)\mathrm{e}^{-\beta t} \tag{5-24}$$

式中，α 和 β 是实验常数，与药包种类有关，通常通过实验测定。

介质质点的径向振动速度 v_r 为

$$v_r = \frac{\partial u_r}{\partial t} = \frac{r_0^2 d p_{\mathrm{m}}}{4\mu c_{\mathrm{p}} r}\left(1 - 2\,\frac{c_{\mathrm{s}}^2}{c_{\mathrm{p}}^2}\cos^2\varphi\right)\frac{\partial^2 F(t - r/c_{\mathrm{p}})}{\partial t^2} \tag{5-25}$$

介质质点的径向应力为

$$\sigma_r = \rho c_{\mathrm{p}} v_r \tag{5-26}$$

5.2.7　波的叠加

当两个或多个扰动同时传到某一点时，这点的总状态参量等于这两个扰动或多个扰动在这点的参量代数和，这称为波的叠加性。图 5.6[11] 给出了一个矩形分布的顺波 $\sigma = \rho c v$ 和一个三角形分布的逆波 $\sigma' = -\rho c v'$ 相遇时发生叠加的状况。两波相遇时，质点振动速度、振幅和应力发生叠加，但波的频率和波速没有发生叠加，每个波仍然我行我素，继续按照原来的传播方向传播，因此在经历一段时间之后，两波就相互分开继续自己的传播。

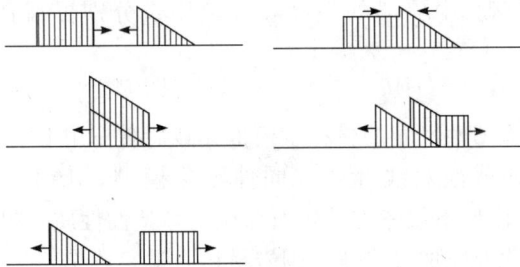

图 5.6　应力波的叠加

5.3　工程实例

5.3.1　双连拱隧道爆破振动响应

1. 工程概况

某双连拱隧道为一座双向 4 车道的高速公路连拱短隧道,全长 249m,最大埋深约 84m,其中Ⅲ级围岩占 12.04%,为 30m;Ⅳ级围岩占 59.84%,为 149m;Ⅴ级围岩占 28.02%,为 70m。隧道主洞轮廓设计为三心圆曲边墙结构,内轮廓半径为 5.6m,隧道设计基准线至拱顶高为 7.0m。出露基岩为志留系龙马溪组($S_1 l$)页岩,单斜构造。

隧道先进行中导洞开挖,待中导洞开挖贯通之后,由中导洞中间向两端施作中隔墙。待中隔墙施作完毕并达到设计强度之后,再开挖主洞。开挖主洞时,Ⅴ级围岩采用三台阶法开挖,Ⅳ级和Ⅲ级围岩均采用上下台阶法开挖,开挖后及时支护,形成封闭自稳的环状结构体。开挖时,左右洞上台阶掌子面错开 30~50m,同一主洞的上下台阶间隔 20 m。

隧道采用光面爆破开挖,钻爆开挖过程中,为了保护中隔墙,不能把已经开挖的中导洞悬空面视为临空面,开挖主洞上台阶时,采用复式斜眼掏槽。为减小爆破振动对中隔墙以及隧道衬砌的影响,开挖循环进尺不超过 2m。装药方式采用不耦合装药,设计单耗药量为 0.8kg/m³。上台阶开挖断面为 54.4m²,开挖方量为 54.4×2=108.8m²,总药量为 0.8×108.8=87kg;下台阶开挖断面为 32.2m²,开挖方量为 32.2×2=64.4m²,总药量为 0.8×64.4=51.5kg。

2. 材料模型及参数选取

岩石对动荷载与静荷载的反应差别是很大的,岩石抵抗动荷载的强度是抵抗静荷载的强度的 5~10 倍。在冲击荷载下,软岩的抗压强度和动弹性模量约是静荷载作用下的 10 倍[12]。因此,根据相关文献[13,14],该模型的围岩弹性模量可取原来的 5 倍,衬砌、中隔墙的强度和弹性模量分别提高到原来的 1.5 倍和 1.25 倍。

1) 围岩的材料模型及参数

本节采用具有弹塑性性质的材料来模拟爆破荷载作用下围岩的本构关系。在 LS-DYNA 中选取弹塑性双线性各向同性硬化模型(MAT_PLASTIC_KINE-MATIC)来模拟,此模型不仅考虑了岩石介质的弹塑性性质,并且能够对材料的强化效应和应变率变化效应加以描述。围岩材料力学参数见表 5.2。

表 5.2　围岩及混凝土材料参数

材料	密度 /(kg/m³)	动弹性模量 /GPa	泊松比	抗拉强度 /MPa	动剪切模量 /GPa
Ⅳ级围岩	2350	16.0	0.340	1.73	5.97
C25 混凝土	2600	35.0	0.200	2.67	14.58
C20 混凝土	2600	31.8	0.200	2.31	13.25

2) 空气的材料模型及参数

计算模型中空气采用理想气体状态方程(EOS_LINEAR_ROLYNOMIAL)，初始密度取 $1.293 \times 10^{-3} \, \mathrm{kg/m^3}$，在 LS-DYNA 中选取 MAT_NULL 材料模型。为保证空气初始压力为一个标准大气压($1.01 \times 10^5 \, \mathrm{Pa}$)，空气的初始能量密度设置为 0.2533MPa。

3) 炸药的材料模型及参数

实际工程中采用 2 号岩石乳化炸药，炸药单元的材料模型采用高性能炸药材料(MAT_HIGH_EXPLOSIVE_BURN)，并采用 JWL 状态方程来模拟炸药爆炸过程中压力和比容的关系：

$$P = A\left(1 - \frac{\omega}{R_1 V}\right)e^{-R_1 V} + B\left(1 - \frac{\omega}{R_2 V}\right)e^{-R_2 V} + \frac{\omega E}{V} \tag{5-27}$$

式中，P 为爆轰产物的压力，GPa；V 为相对体积；E 为初始内能，GPa；A、B 为炸药材料的相关参数，GPa；R_1、R_2、ω 为炸药材料的特征参数。炸药的材料参数及 JWL 状态方程参数见表 5.3。

表 5.3　炸药参数

材料	密度 /(kg/m³)	爆速 /(m/s)	CJ压力 /GPa	初始内能 E /GPa	A /GPa	B /GPa	R_1	R_2	ω	V
炸药	1050	5000	9.9	4.192	214.4	0.182	4.2	9.9	0.15	1

4) 中隔墙和衬砌的材料模型及参数

根据隧道相关设计资料，隧道中隔墙及二衬采用混凝土浇筑，强度等级为 C25，初期支护采用钢拱架网喷混凝土，强度等级为 C20。计算模型中将中隔墙及衬砌视为弹性材料，在 LS-DYNA 中选取 MAT_PLASTIC_KINEMATIC 材料模型。中隔墙及衬砌材料力学参数见表 5.2。

5) 堵塞段的长度及材料参数

根据相关文献[15-18]的相关研究，模型中堵塞段长度取 0.4m。为简化材料模型，计算模型中堵塞段的材料参数与围岩相同。

6）计算方法及单元类型的选择

由于 LS-DYNA 在求解爆破问题时效果是理想的，而在求解静态问题时没有 ANSYS 的隐式求解方法有效。因此，本节结合上述两种方法的优点，采用隐式-显式顺序求解的方法。即先采用 ANSYS 隐式方法求解静荷载，把隐式求解的变形写入 drelax 文件中，在动力分析中读入这些变形，对几何模型进行应力初始化。

ANSYS/LS-DYNA 的隐式-显式顺序求解可分为以下步骤。

（1）采用 ANSYS 进行隐式求解，并得到预加荷载。

（2）更改结果文件名，进行显式求解。

（3）把隐式单元转化显式单元。

（4）更新单元的相关参数。

（5）释放多余的约束。

（6）向 drelax 文件写入节点位移。

（7）通过读写 drelax 文件，进行模型初始化。

（8）施加附加载荷。

（9）进行显式求解。

7）单元类型的选取

ANSYS/LS-DYNA 中共提供了 9 种类型的显式分析单元，其中 7 种可用隐式-显式顺序求解，可用于隐式-显式顺序求解的单元类型见表 5.4。

表 5.4　可用于隐式-显式顺序求解的单元类型表

隐式单元	显示单元
Implicit LINK8	Explicit LINK160
Implicit BEAM4	Explicit BEAM161
Implicit SHELL181	Explicit SHELL163
Implicit SOLID185	Explicit SOLID164
Implicit COMBIN14	Explicit COMBI165
Implicit MASS21	Explicit MASS166
Implicit LINK10	Explicit LINK167

模型中围岩、炸药、空气、中隔墙隐式求解时采用 SOLID185 单元，衬砌采用 SHELL181 单元，并在显式求解时分别将其转化为 SOLID164 单元和 SHELL163 单元。围岩采用中心单点积分常应变单元，并定义关键字" * SECTION_SOLID"；炸药、空气采用单点 Euler/ALE 多物质单元（ALE11），并定义关键字" * SEC-TION_SOLID_ALE"。炸药和空气共节点，并通过关键字" * ALE_MULTI-MA-TERIAL_GROUP"，将炸药和空气定义为一个多物质组，保证炸药和空气之间可以相互流动。炸药和空气与围岩之间采用流固耦合算法计算，并通过关键字

"＊CONSTRAINED_LAGRANGE_IN_SOLID"定义炸药空气与围岩之间的流固耦合。

8）截面及节点编号

为了便于分析,现对模型的截面和节点进行编号,如图 5.7 所示。

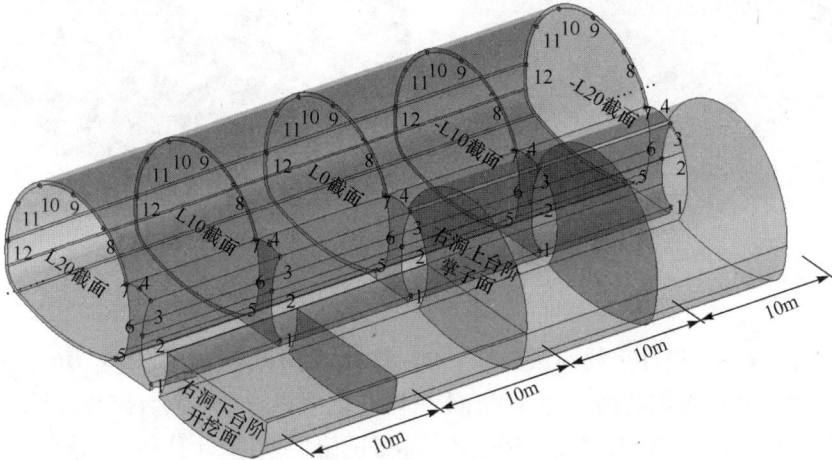

图 5.7　有限元模型分析截面示意图

如图 5.7 所示,以隧道掘进方向为负,以隧道洞口方向为正。其中,右洞上台阶掌子面处截面编号为 L0,由于上台阶和下台阶间隔 20m,下台阶在隧道洞口方向,所以下台阶开挖面处截面编号为 L20,其他任意截面编号(如 L10、-L10 等)所代表的意义都以此类推,参见图 5.7。此外,为了便于对各个截面上的不同位置进行分析,将各个截面上不同位置的节点都按图 5.7 所示统一编号,本节所有数值模拟节点均采用该图所示的编号方式进行叙述。

3. 现场爆破施工数值模拟

1）模型尺寸及边界

连拱隧道爆破过程中,后行洞爆破对先行洞的影响远大于先行洞爆破对后行洞的影响[19]。且由于隧道深埋段主要以Ⅳ级围岩为主,因此只研究Ⅳ级围岩条件下的后行洞爆破对中隔墙及先行洞的影响,据此建立有限元模型。为更加直观地显示有限元模型内部的细节,现将有限元模型的局部进行放大显示,如图 5.8 所示。本计算模型长和宽均为 80m,高 70m,隧道单洞宽 12.2m,高9.7m,中隔墙高 6.04m,宽度最窄处为 1.26m。模型底部表面施加三向约束,侧面和上表面均为自由面,为减小边界效应的影响,计算模型中上下左右前后六个表面均设置为无反射边界。该模型模拟上下台阶法开挖,与实际爆破施工工况一致,上下台阶相距 20m,模型范围内先行洞(左洞)已经开挖完毕,中导洞及中隔墙已经施作完成。

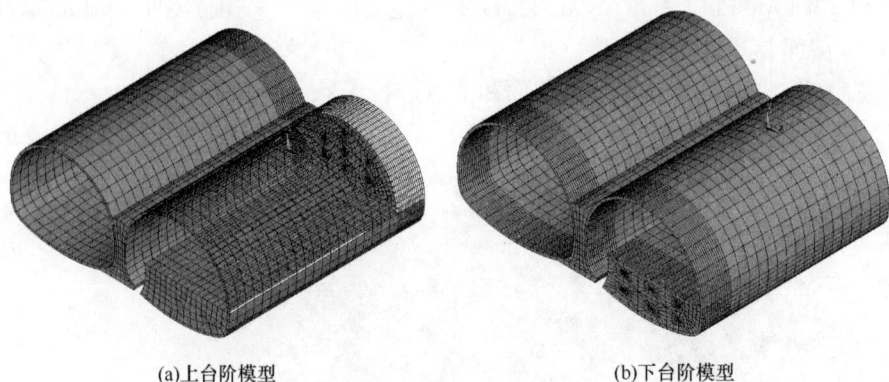

(a)上台阶模型　　　　　　　　　　(b)下台阶模型

图 5.8　有限元模型

　　实际工程中,设计单耗药量为 0.8kg/m³,上台阶开挖面积为 54.4m²,循环进尺 2m,故上台阶爆破装药量为 87kg;下台阶开挖面积为 32.2m²,循环进尺 2m,故下台阶爆破装药量为 51.5kg。为模拟实际爆破施工,本章计算药量采用实际开挖药量,即上台阶开挖装药 87kg,下台阶开挖装药 51.5kg。为简化计算,将总药量等效为若干药包平均分配到图 5.8 所示的炮孔中,起爆位置设在炸药中心。装药方式采用不耦合装药,径向不耦合系数为 1.5,轴向不耦合系数为 1.25。由于隧道埋深较大,在采用 LS-DYNA 分析隧道问题时,不可忽略初始地应力的影响,本计算模型所在隧道区段埋深 80m,模型上边界垂直施加按岩石自重应力换算成的面荷载,模型侧面的侧压力由上边界荷载和侧压力系数 0.5 相乘得到。计算中采用国际单位制(s-kg-m)。

　　2) 分析控制点的确定

　　为了分析不同截面上各个节点的振速规律,选取模型中的若干截面进行分析,分析结果如图 5.9 和图 5.10 所示。其中,L0、L10、-L10 等截面以及节点 1～12 的位置见图 5.7。

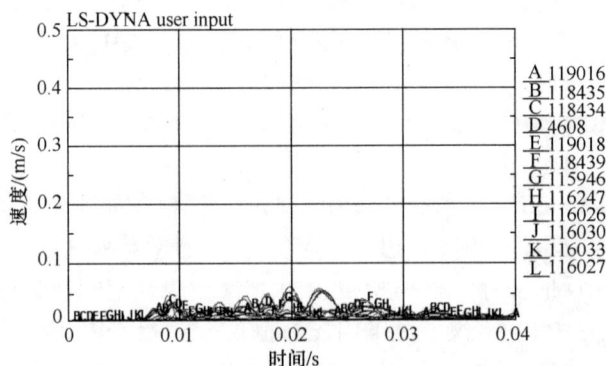

(a) L20截面

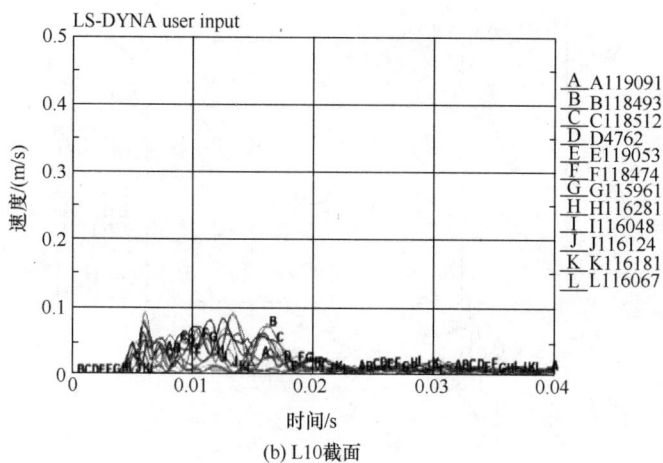

(b) L10截面

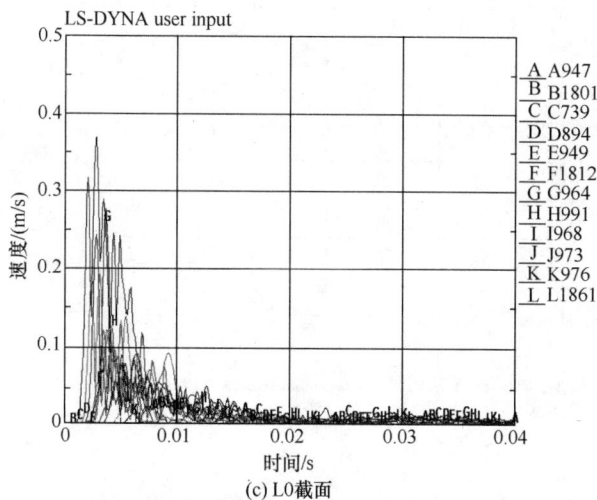

(c) L0截面

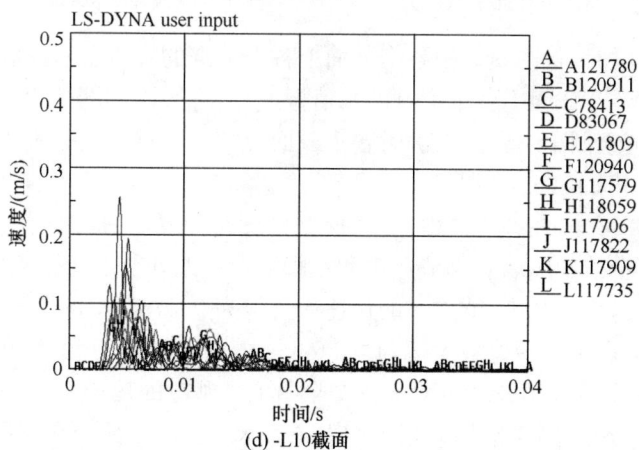

(d) -L10截面

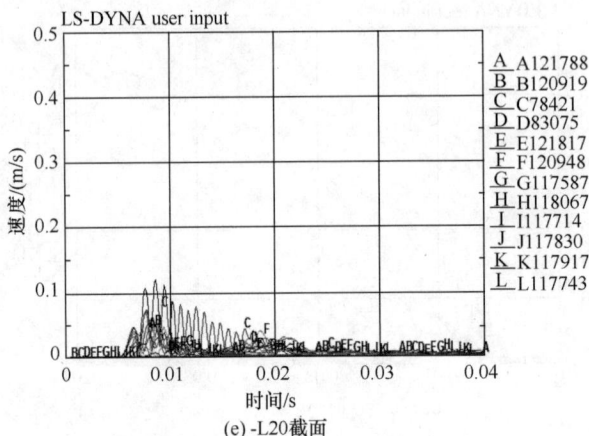

(e) -L20截面

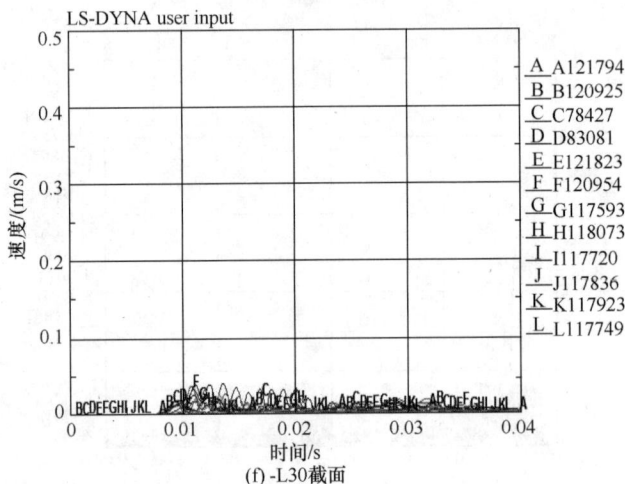

(f) -L30截面

图 5.9　开挖上台阶时各截面上各节点的速度时间历程曲线

上台阶爆破时,将图 5.9 中各个截面上各个节点的峰值振速提取出来,绘制成上台阶爆破时各个截面上各个节点的峰值振速变化曲线,如图 5.10(a)所示,采用同样的方法,可绘制出下台阶爆破时各个截面上各个节点峰值振速变化曲线,这里不再赘述,如图 5.10(b)所示。

由图 5.10 可知,在各个截面上,开挖上台阶时中隔墙右肩节点 3 和左肩节点 7,以及开挖下台阶中隔墙右脚节点 1 和左脚节点 5 四处节点的振速比同一截面上其他节点的振速大。其中,节点 3 的振速最大值为 0.37m/s,节点 7 的振速最大值为 0.24m/s,节点 1 的振速最大值为 0.26m/s,节点 5 的振速最大值为 0.21m/s,上述节点的振速最大值均大于《爆破安全规程》规定的爆破振动安全允许标准(0.1m/s)。这是由于,中隔墙右肩、左肩、右脚、左脚节点都处在混凝土与围岩的

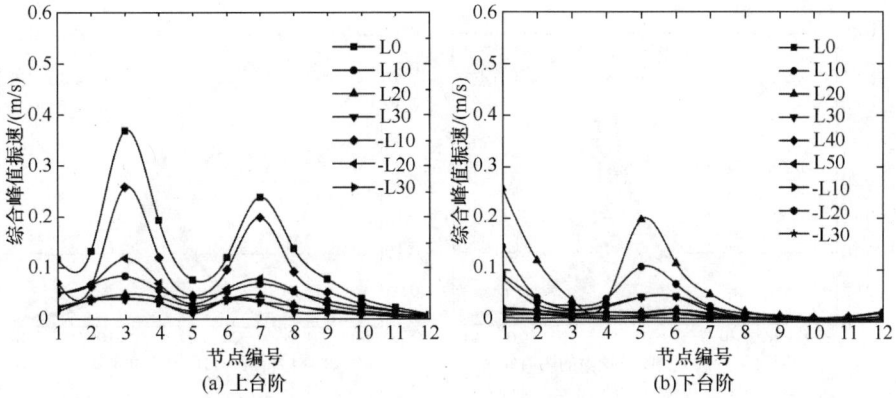

图 5.10 各截面上各节点的峰值振速

交接处,参见图 5.7。混凝土与围岩的阻抗不一致,形成一个交界面,振动波在该位置交叉、叠加、折射、反射,对振速有放大作用[19]。

开挖上台阶时中隔墙右肩节点 3 和左肩节点 7,以及开挖下台阶时中隔墙右脚节点 1 和左脚节点 5 比同一截面上其他节点的振速大,故本章拟将中隔墙右肩节点 3 和右脚节点 1 作为中隔墙的控制点,将左肩节点 7 和左脚节点 5 作为先行洞二衬的控制点。通过对右肩节点 3 和右脚节点 1 以及左肩节点 7 和左脚节点 5 的研究,探索爆破振动对中隔墙及先行洞二次衬砌的影响,节点位置见图 5.7。

3) 爆破振动对中隔墙和先行洞二衬的影响

现通过对中隔墙右肩节点 3 和右脚节点 1 以及左肩节点 7 和左脚节点 5 的分析,探究爆破振动对中隔墙及先行洞二次衬砌的影响范围,其中上台阶爆破时以右肩节点 3 和左肩节点 7 为研究对象,下台阶爆破时以右脚节点 1 和左脚节点 5 为研究对象。现提取各个截面上的中隔墙右肩节点 3 和右脚节点 1 以及左肩节点 7 和左脚节点 5 的峰值振速,绘制成上述节点沿隧道纵向的峰值振速曲线,如图 5.11 和图 5.12 所示,节点位置见图 5.7。

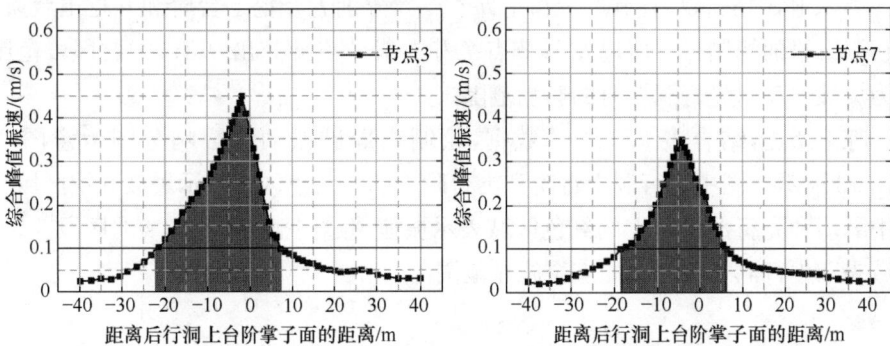

图 5.11 中隔墙右肩节点 3 和左肩节点 7 沿隧道纵向的峰值振速

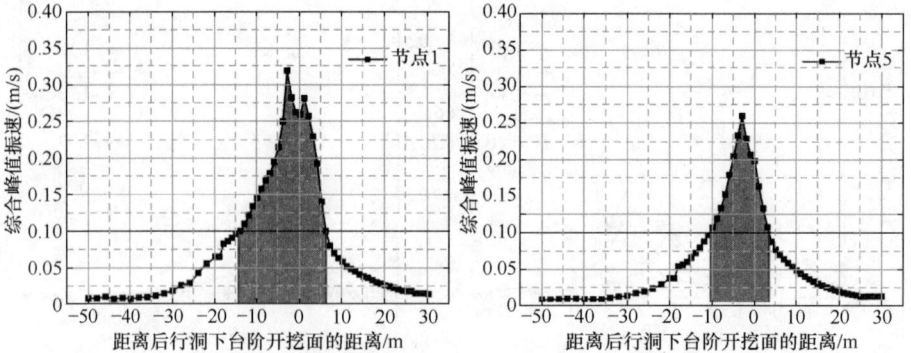

图 5.12　中隔墙右脚节点 1 和左脚节点 5 沿隧道纵向的峰值振速

图 5.11 和图 5.12 中的阴影区域为爆破振动控制点的峰值振速沿隧道纵向超出门槛值的区段范围,掌子面前方为负,后方为正。

由图 5.11 可知,开挖上台阶时,中隔墙右肩节点 3 超出门槛值(0.1m/s)的范围是距离上台阶掌子面 -22.0～7.0m,最大振速为 0.450m/s;左肩节点 7 超出门槛值(0.1m/s)的范围是距离上台阶掌子面 -18.0～6.0m,最大振速为 0.349m/s,节点位置见图 5.7。

由图 5.12 可知,开挖下台阶时,中隔墙右脚节点 1 超出门槛值(0.1m/s)的范围是距离下台阶开挖面 -14.5～6.0m,最大振速为 0.319m/s;左脚节点 5 超出门槛值(0.1m/s)的范围是距离下台阶开挖面 -10.5～3.0m,最大振速为 0.260 m/s,节点位置见图 5.7。

中隔墙右肩节点 3 和右脚节点 1 分别为开挖上台阶和开挖下台阶时中隔墙的控制点。所以右肩节点 3 和右脚节点 1 超出 0.1m/s 的区段范围,即为爆破振动对中隔墙的影响范围。

类似地,中隔墙左肩节点 7 和左脚节点 5 分别为开挖上台阶和开挖下台阶时先行洞二衬的控制点。所以左肩节点 7 和左脚节点 5 超出 0.1m/s 的区段范围,即为爆破振动对先行洞二衬的影响范围。

综上所述,结合表 5.5 中的数据,绘制出爆破振动的影响范围示意图,如图 5.13 所示。图中后行洞上台阶和下台阶上的浅灰色区域表示爆破开挖区域,图中中隔墙和先行洞二衬上的红色区域表示振速超过门槛值 0.1m/s 的区段。绿色区域表示先行洞二次衬砌的安全施作范围。

表 5.5　控制点峰值振动速度超过 0.1m/s 的区段范围

工况	节点	范围(距离开挖面)/m	长度/m	最大振速/(m/s)
开挖上台阶	右肩节点 3	−22.0～7.0	29	0.450
	左肩节点 7	−18.0～6.0	24	0.349
开挖下台阶	右脚节点 1	−14.5～6.0	20.5	0.319
	左脚节点 5	−10.5～3.0	13.5	0.260

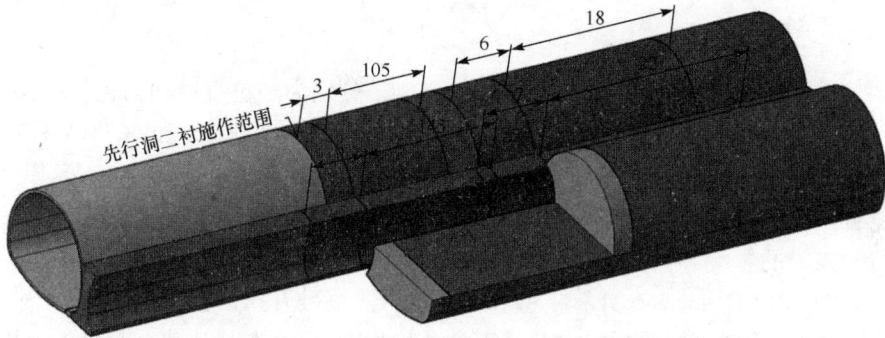

图 5.13　爆破振动的影响范围示意图

爆破振动对中隔墙的影响:开挖上台阶时,上台阶开挖面前 22.0m 至后 7.0m 区段范围内,以及开挖下台阶时,下台阶开挖面前 14.5m 至后 6.0m 区段范围内,应对中隔墙采取相应的减振隔振措施,参见图 5.13 中中隔墙上的红色区段。

爆破振动对先行洞二衬的影响:开挖上台阶时,上台阶开挖面前 18.0m 至后 6.0m 区段范围内,以及开挖下台阶时,下台阶开挖面前 10.5m 至后 3.0m 区段范围内,先行洞二衬控制点振速超过了 0.1m/s。所以为确保安全,实际先行洞二衬施作时应至少落后后行洞下台阶开挖面 3.0m,参见图 5.13 中先行洞二衬上的红色区段和绿色区段。

4. 不耦合装药对爆破振动的影响

装药结构是指炸药在炮孔中的集中程度、药包与炮孔及药包与药包的相对位置、炸药与炮孔壁的耦合程度以及耦合方式。其中,不耦合装药是指炸药和孔壁之间留有一定空隙并以空气、水等介质填充。按照炸药与炮孔壁的耦合程度以及耦合方式,不耦合装药结构又可分为径向不耦合装药和轴向不耦合装药。研究表明,不耦合装药爆炸时,爆轰波通过介质传播到孔壁岩石中,炸药和孔壁的空气间隙犹如垫层一样,可将爆轰初始阶段的爆轰能量部分储存起来,削弱了作用于炮孔的初始压力峰值,延长了爆破作用时间,提高了爆破能的利用[20]。

1) 模型的建立

理论研究和实践均表明,不耦合系数、不耦合材料都会对爆破效果产生很大的影响[21,22]。径向不耦合的耦合程度采用径向不耦合装药系数 K_d 表示,轴向垫层不耦合装药结构的耦合程度采用轴向不耦合装药系数 K_L 来表示,并定义为

$$K_d = \frac{d_b}{d_c} \tag{5-28}$$

$$K_L = \frac{L_b}{L_c} \tag{5-29}$$

式中,d_b、L_b 分别为炮孔直径和炮孔长度;d_c、L_c 分别为药包直径和药包长度。

本章建立了耦合装药,$K_d=1.10$、1.25、1.50、1.75、2.00、2.50、3.00 7 种径向不耦合装药,$K_L=1.25$、1.50、1.75、2.00、2.50、3.00 6 种轴向不耦合装药,以及 6 种复合不耦合装药,共 20 个模型来分析在不同装药结构下,爆破振动对中隔墙及先行洞二衬的影响,据此优化不耦合系数。

如图 5.14 所示,本章计算模型和前面上台阶爆破开挖模型相似,模型尺寸、边界条件、施加荷载、单元材料类型、计算方法均相同,只是在其基础上改变了炮孔布设、装药量以及装药结构。实际工程中采用光面爆破,此爆破方式中掏槽孔产生的振动最大[23,24],故计算药量采用掏槽爆破时掏槽孔的装药量 24kg。为便于研究,本章计算模型只建立一个炮孔,将 24kg 炸药集中装填在一个炮孔里,起爆位置设置在炸药中心。分析控制点仍取各个截面上的中隔墙右肩节点 3 和左肩节点 7,节点位置见图 5.7。

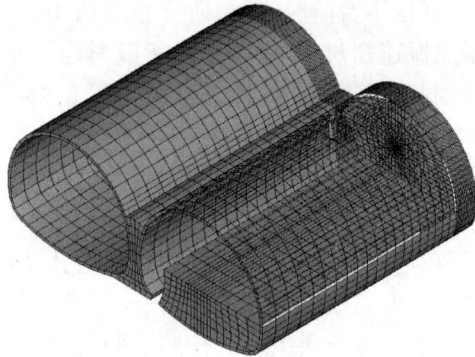

图 5.14　有限元模型

2) 最佳径向不耦合系数的确定

取 L10 截面上的中隔墙右肩节点 3 和左肩节点 7 作为研究对象,分析其在不

同径向不耦合系数下的爆破振动速度变化规律,见表 5.6,L10 截面及节点位置见图 5.7。

表 5.6　峰值振速与径向不耦合系数 K_d 的关系

K_d 值	1.00	1.10	1.25	1.50	1.75	2.00	2.50	3.00
右肩节点 3 峰值振速/(m/s)	0.040	0.034	0.034	0.033	0.032	0.031	0.030	0.030
左肩节点 7 峰值振速/(m/s)	0.035	0.030	0.030	0.029	0.029	0.028	0.027	0.027

图 5.15 为 L10 截面上的中隔墙右肩节点 3 和左肩节点 7 在不同径向不耦合装药结构下的振速曲线,图 5.16 为 L10 截面上的右肩节点 3 和左肩节点 7 在不同径向不耦合装药结构下的峰值振速以及降低幅度。从图中可以看出,当 $K_d = 1.50$ 时,截面 L10 上的右肩节点 3 和左肩节点 7 的综合峰值振速与耦合装药($K_d =$ 1.00)相比分别降低了 19.09% 和 15.48%;当 $K_d = 2.00$ 时,右肩节点 3 和左肩节点 7 的综合峰值振速与耦合装药相比分别降低了 23.61% 和 19.79%;当 $K_d >$ 2.00 时,右肩节点 3 和左肩节点 7 的综合峰值振速下降速率相对减少,且趋于稳定,$K_d = 3.00$ 时,右肩节点 3 和左肩节点 7 的综合峰值振速与耦合装药相比分别降低了 25.91% 和 21.76%。因此,以质点峰值振速作为爆破振动的安全允许判别标准时,结合实际施工情况,可选取 K_d 的取值范围为 $1.50 \leqslant K_d \leqslant 2.00$。

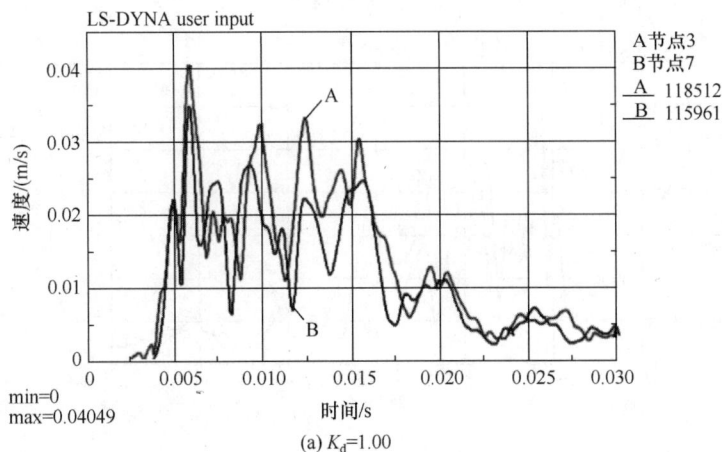

(a) $K_d = 1.00$

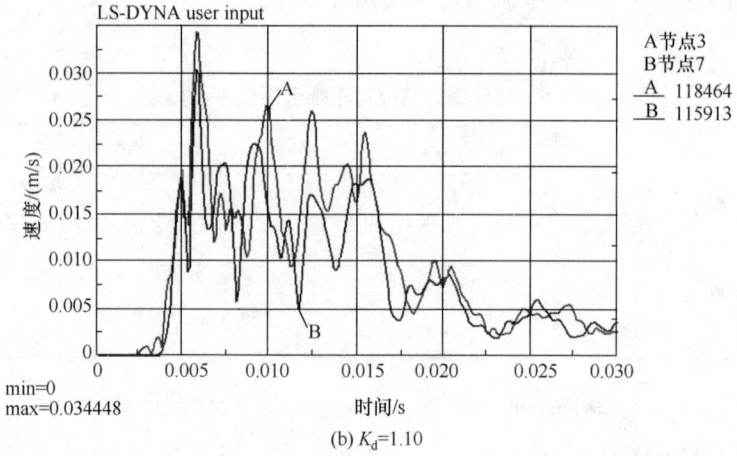

(b) K_d=1.10

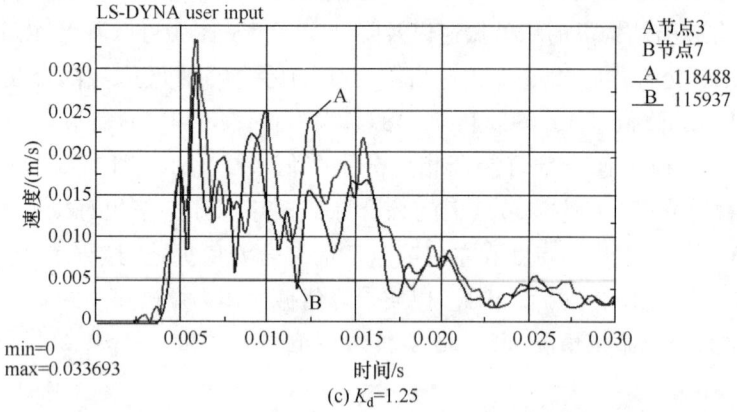

(c) K_d=1.25

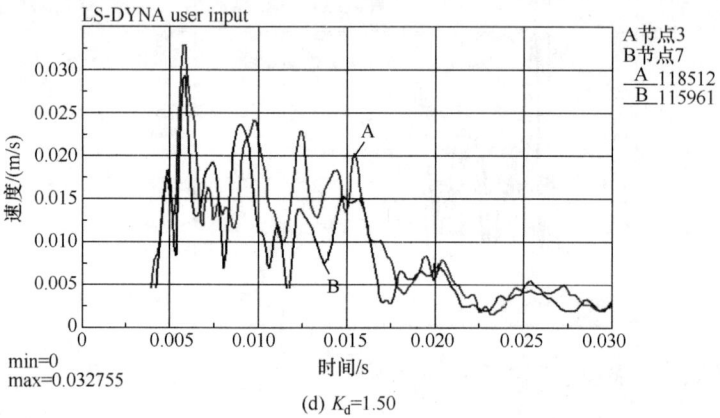

(d) K_d=1.50

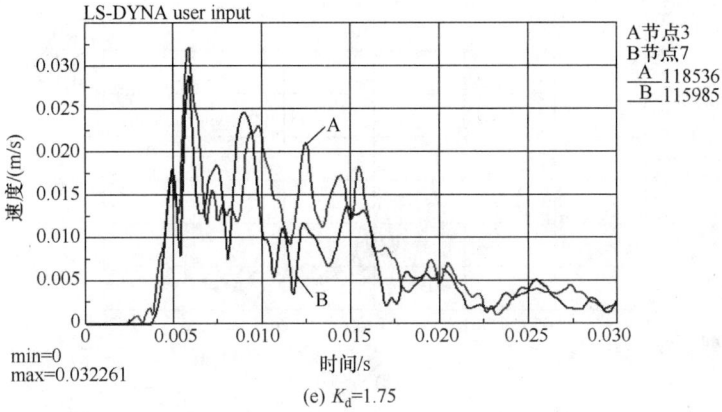

(e) K_d=1.75

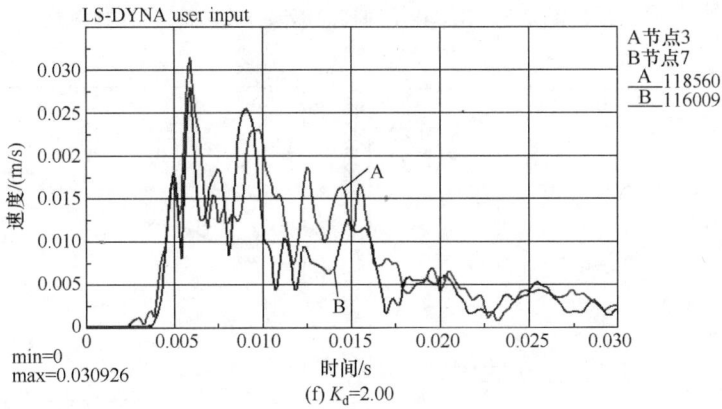

(f) K_d=2.00

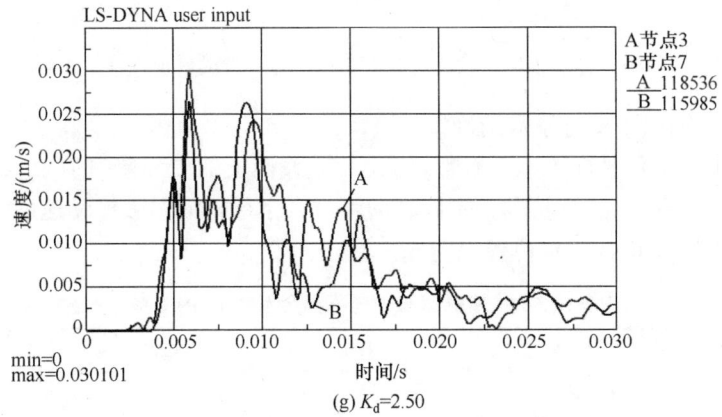

(g) K_d=2.50

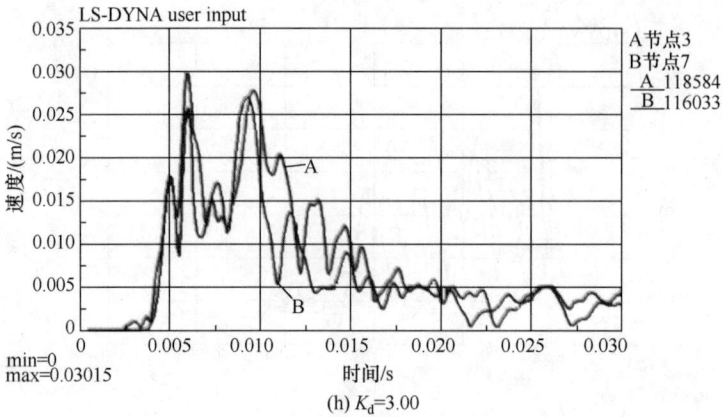

图 5.15　L10 截面节点 3、7 在不同径向不耦合装药结构下的振速曲线

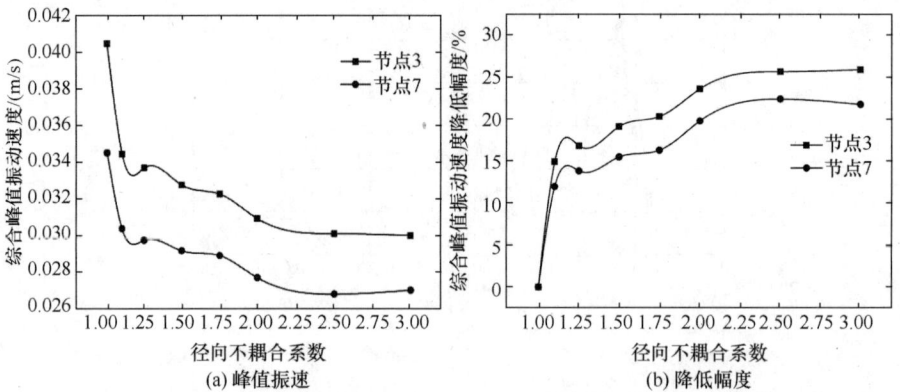

图 5.16　径向不耦合系数对 L10 截面节点 3、7 的峰值振速的影响

3）最佳轴向不耦合系数的确定

为了确定最佳轴向不耦合系数,仍取 L10 截面上的中隔墙右肩节点 3 和左肩节点 7 作为研究对象,分析其在不同轴向不耦合系数下的爆破振动速度变化规律,见表 5.7,L10 截面及节点位置见图 5.7。

表 5.7　峰值振速与轴向不耦合系数 K_L 的关系

K_L 值	1.00	1.25	1.50	1.75	2.00	2.50	3.00
右肩节点 3 峰值振速/(m/s)	0.0405	0.0340	0.0328	0.0326	0.0326	0.0326	0.0326
左肩节点 7 峰值振速/(m/s)	0.0353	0.0302	0.0292	0.0292	0.0292	0.0292	0.0292

　　图 5.17 为 L10 截面上的中隔墙右肩节点 3 和左肩节点 7 在不同轴向不耦合装药结构下的振速曲线,图 5.18 为 L10 截面上的右肩节点 3 和左肩节点 7 在不同轴向不耦合装药结构下的峰值振速以及降低幅度。从图中可以看出,当 $K_L = 1.5$ 时,截面 L10 上的中隔墙右肩节点 3 和左肩节点 7 的综合峰值振速与耦合装药 $(K_L = 1.0)$ 相比分别降低了 19.01％和 17.28％;当 $K_L = 1.75$ 时,截面 L10 上的中隔墙右肩节点 3 和左肩节点 7 的综合峰值振速与耦合装药相比分别降低了 19.51％和 17.28％;当 $K_L > 1.75$ 时,中隔墙右肩节点 3 和左肩节点 7 的综合峰值振速趋于稳定。因此,以质点峰值振动速度作为考量标准时,结合工程实际,可选取轴向不耦合系数 K_L 的取值范围为 $1.50 \leqslant K_L \leqslant 1.75$。

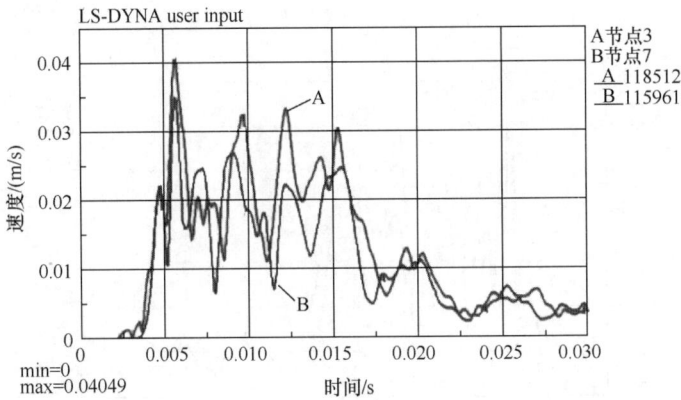

(a) $K_L = 1.00$

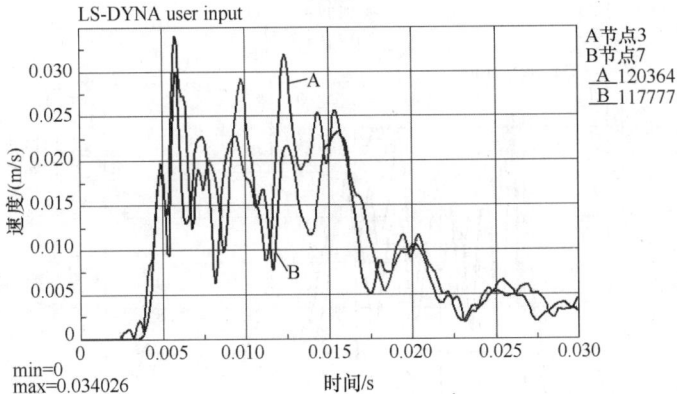

(b) $K_L = 1.25$

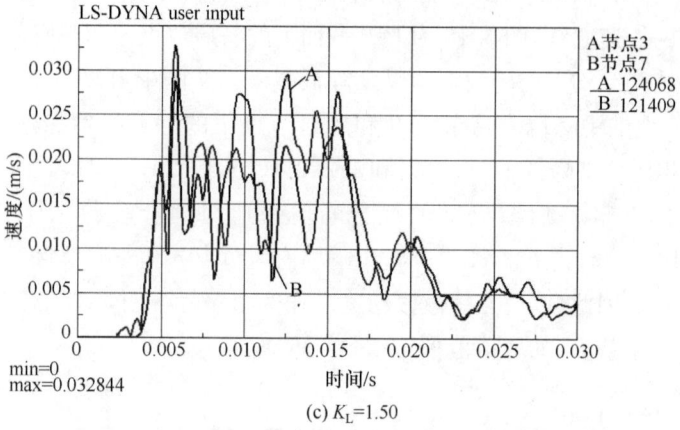

(c) $K_L=1.50$

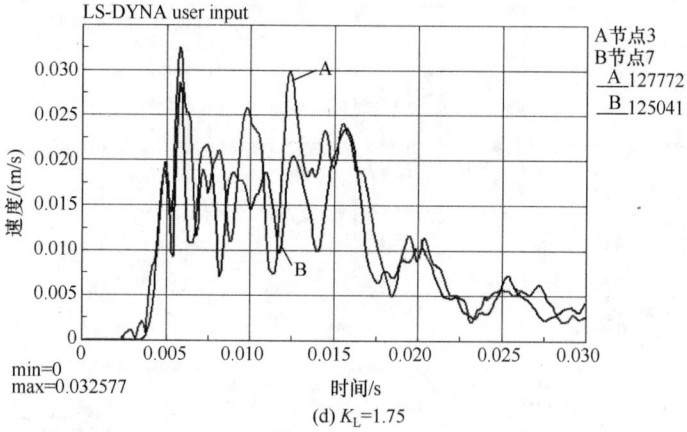

(d) $K_L=1.75$

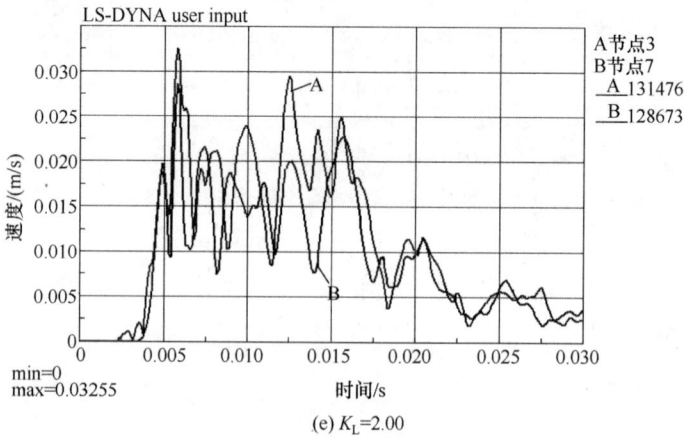

(e) $K_L=2.00$

LS-DYNA user input

min=0
max=0.032582
(f) K_L=2.50

LS-DYNA user input

min=0
max=0.032618
(g) K_L=3.00

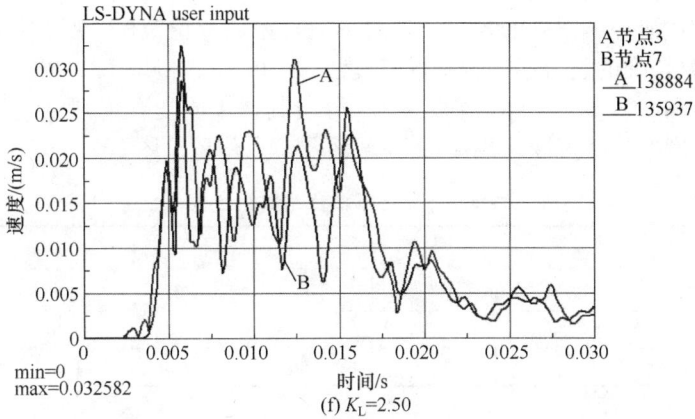

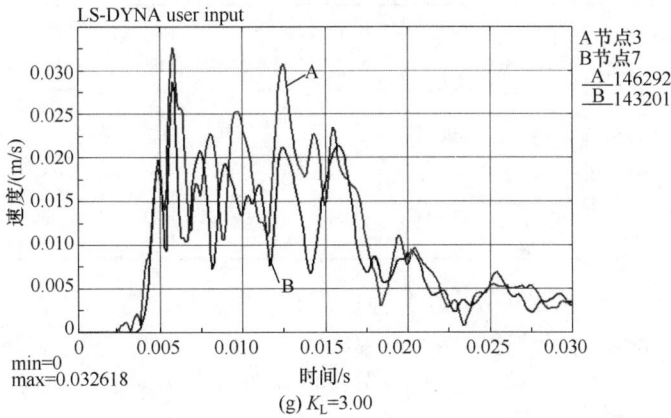

图 5.17　L10 截面节点 3、7 在不同轴向不耦合装药结构下的振速曲线

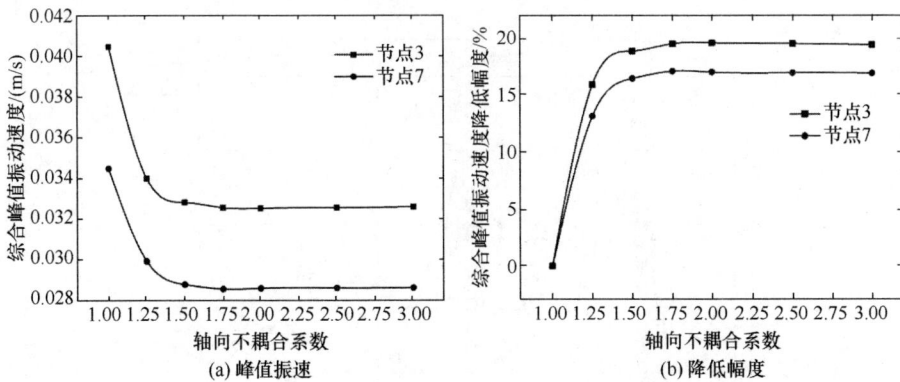

(a) 峰值振速

(b) 降低幅度

图 5.18　轴向不耦合系数对 L10 截面节点 3、7 的峰值振速的影响

4）最佳复合不耦合系数的确定

根据上述研究所得到的径向及轴向不耦合系数取值范围,现将其组合为 6 种工况,以研究合理的复合不耦合系数,见表 5.8 和表 5.9。取 L10 截面上的中隔墙右肩节点 3 和左肩节点 7 作为研究对象,分析其在不同复合不耦合装药结构下的爆破振动速度及加速度变化规律,L10 截面及节点位置见图 5.7。

表 5.8　复合不耦合系数组合表

组合	工况					
	1	2	3	4	5	6
K_d值	1.50	1.50	1.75	1.75	2.00	2.00
K_L值	1.50	1.75	1.50	1.75	1.50	1.75

表 5.9　峰值振速与复合不耦合系数的关系

复合不耦合系数组合工况	$K_d=1.00$ $K_L=1.00$	$K_d=1.50$ $K_L=1.50$	$K_d=1.50$ $K_L=1.75$	$K_d=1.75$ $K_L=1.50$	$K_d=1.75$ $K_L=1.75$	$K_d=2.00$ $K_L=1.50$	$K_d=2.00$ $K_L=1.75$
右肩节点 3 峰值振速/(m/s)	0.040	0.031	0.029	0.027	0.027	0.026	0.026
左肩节点 7 峰值振速/(m/s)	0.035	0.027	0.026	0.024	0.024	0.024	0.023

由图 5.19 和图 5.20 可知,在各种复合不耦合装药结构下,中隔墙右肩节点 3 和左肩节点 7 的峰值振动速度相对于单纯的径向或者轴向不耦合装药结构均有所下降,且在工况 3、4、5、6 四种情况下,节点振速下降较为明显,趋于稳定。说明采用合理的复合不耦合装药可有效降低对中隔墙及先行洞二衬的影响,更大程度上保证施工安全。考虑工程实际,可采用工况 3、4、5、6 四种复合不耦合系数的取值范围,即 $1.75 \leqslant K_d \leqslant 2.0$,$1.50 \leqslant K_L \leqslant 1.75$。

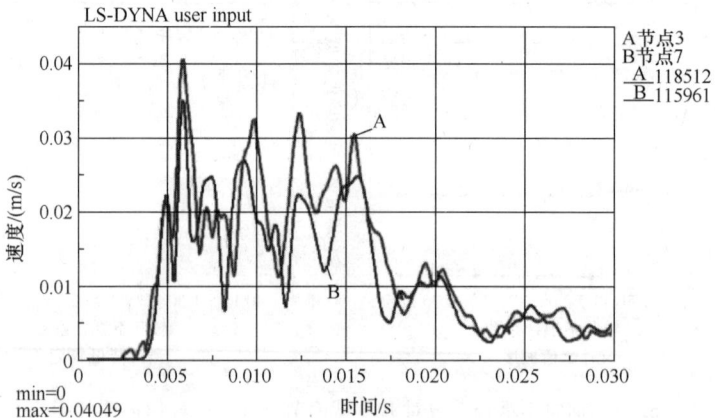

(a) $K_d=1.00, K_L=1.00$

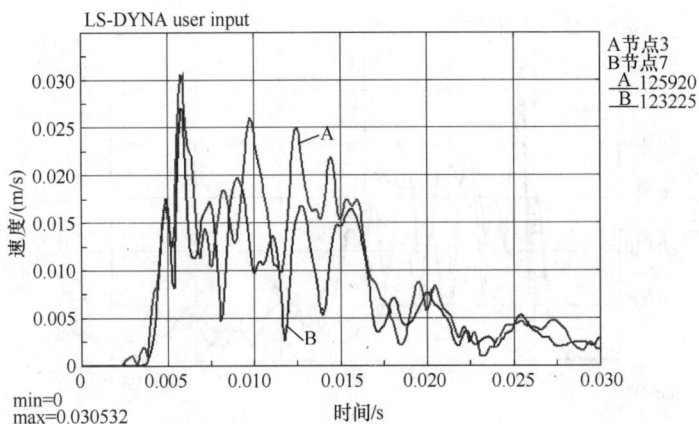

(b) $K_d=1.50, K_L=1.50$

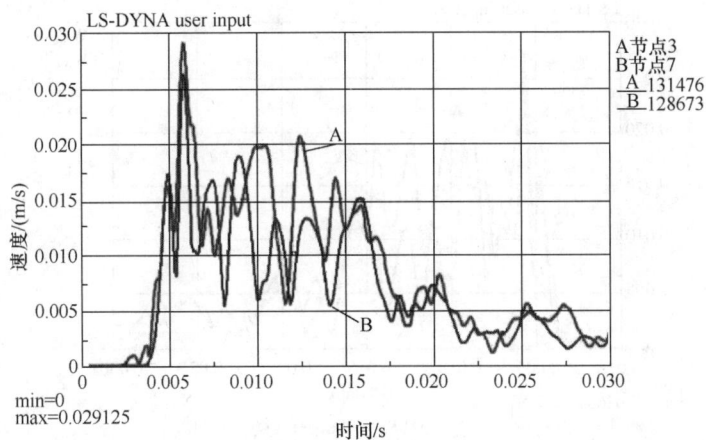

(c) $K_d=1.50, K_L=1.75$

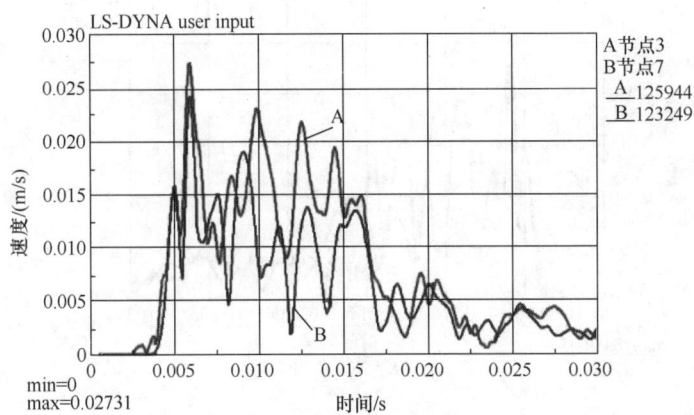

(d) $K_d=1.75, K_L=1.50$

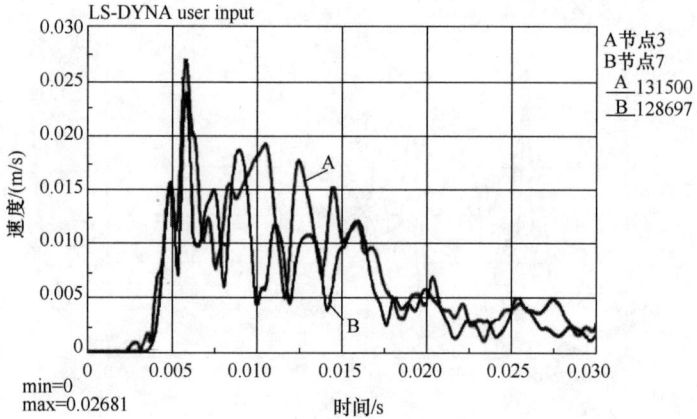

(e) K_d=1.75,K_L=1.75

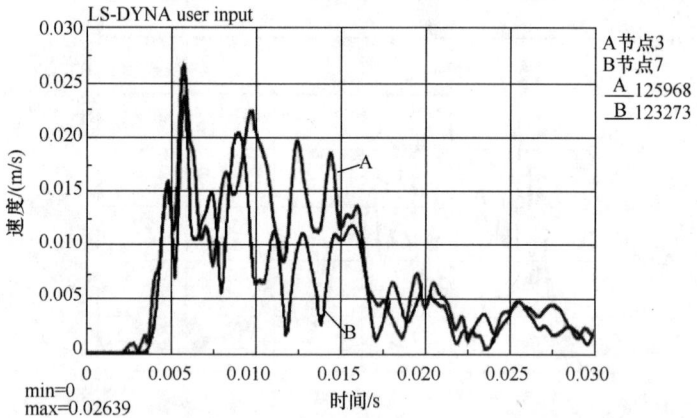

(f) K_d=2.00,K_L=1.50

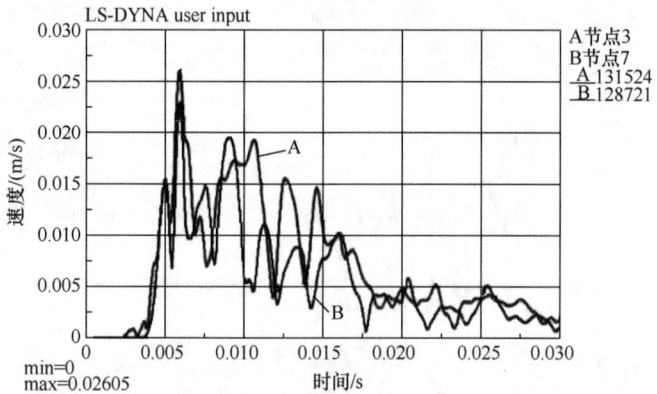

(g) K_d=2.00,K_L=1.75

图 5.19　复合不耦合系数对 L10 截面节点 3、7 的峰值振速的影响

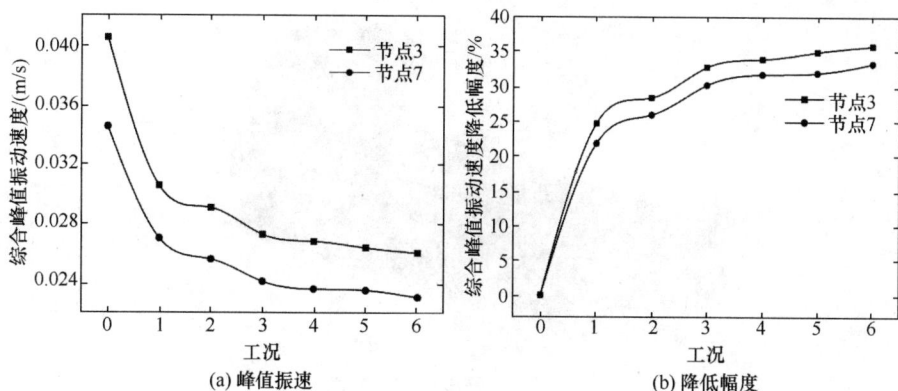

图 5.20　复合不耦合系数对 L10 截面节点 3、7 的峰值振速的影响

5. 开挖方案对爆破振动的影响

有关研究表明,不同的爆破开挖方案可产生不同的爆破振动响应,其中,分步开挖减少了开挖面积,降低了一次爆破药量,同时增加了爆破临空面的数量,可显著降低爆破振动强度。实际工程中可通过分步开挖人为制造临空面的措施来降低爆破振动强度。因此,我们可以考虑将分步开挖的措施应用到小净距以及连拱隧道的爆破开挖中。

在小净距以及连拱隧道的分步开挖中,爆破工艺特别是开挖顺序的优化,在降低一次爆破药量的同时还可以合理地利用新增加的临空面,进而减小爆破介质的夹制作用,能够有效降低爆破振动强度,控制爆破振动对既有结构物的影响和危害[25]。

1) 模型的建立

为进一步降低爆破振动强度,将后行洞上下台阶掌子面分别再划分为两个爆破开挖区域,即区域Ⅰ、区域Ⅱ、区域Ⅲ、区域Ⅳ。隧道上下台阶开挖面相距 20m,循环进尺 2m。区域Ⅰ与区域Ⅱ平面面积均为 27.2m²,区域Ⅲ与区域Ⅳ的平面面积均为 16.1m²,如图 5.21 所示。

为了合理利用分步开挖中新增加的临空面,爆破开挖上台阶时区域Ⅰ与区域Ⅱ之间以及爆破开挖下台阶时区域Ⅲ与区域Ⅳ之间都存在开挖先后顺序的问题。为探究该问题,现建立有限元模型来模拟 4 种工况,每个工况包含两个有限元模型,各个工况及模型见表 5.10。表中"模型二:Ⅰ无、Ⅱ有,挖Ⅱ"表示模型二中的区域Ⅰ已经被挖去,现爆破开挖区域Ⅱ,其他的以此类推。

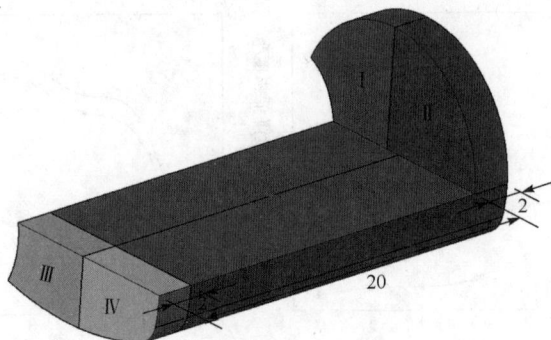

图 5.21　分步开挖示意图

表 5.10　工况及模型

工况		开挖顺序	模型
开挖上台阶	工况 A	先挖 I 再挖 II	模型一：I 有、II 有，挖 I
			模型二：I 无、II 有，挖 II
	工况 B	先挖 II 再挖 I	模型三：I 有、II 有，挖 II
			模型四：I 有、II 无，挖 I
开挖下台阶	工况 C	先挖 III 再挖 IV	模型五：III 有、IV 有，挖 III
			模型六：III 无、IV 有，挖 IV
	工况 D	先挖 IV 再挖 III	模型七：III 有、IV 有，挖 IV
			模型八：III 有、IV 无，挖 III

　　本节计算模型的模型尺寸、边界条件、施加荷载、单元材料类型和计算方法均与前两节计算模型相同,只是在其基础上改变了爆破开挖区域的大小、炮孔的布设、总药量的大小以及不耦合系数的取值。为较为直观地表达表 5.9 中所述模型,现选取模型四和模型五,将其局部放大显示,如图 5.22 和图 5.23 所示。其他模型与模型四和模型五类似,在此不再赘述。

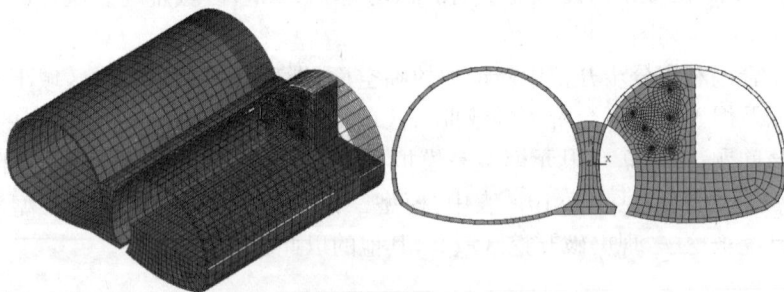

图 5.22　有限元模型四

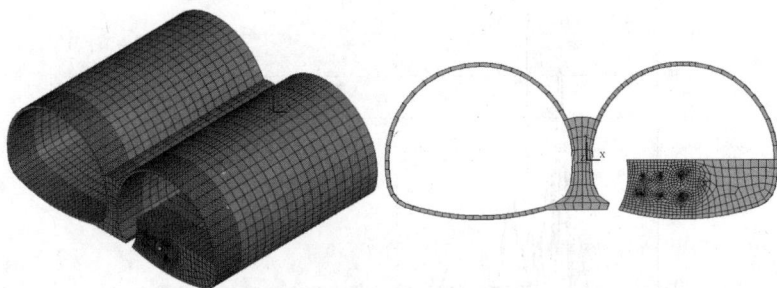

图 5.23　有限元模型五

实际开挖中采用加强松动爆破,设计单位耗药量为 $0.8kg/m^3$,故区域Ⅰ和区域Ⅱ的装药量均为 $0.8 \times 27.2 \times 2 = 43.5kg$,区域Ⅲ和区域Ⅳ的装药量均为 $0.8 \times 16.1 \times 2 = 25.8kg$。开挖上台阶时,将 43.5kg 炸药等效为 6 个药包分别作用于区域Ⅰ和区域Ⅱ上,每个药包装药量为 7.25kg,见图 5.22;开挖下台阶时,将 25.8kg 炸药也等效为 6 个药包分别作用于区域Ⅲ和区域Ⅳ上,每个药包装药量为 4.3kg,见图 5.23。采用复合不耦合装药结构,不耦合系数为 $K_d = 2.0$、$K_L = 1.75$,起爆位置设在炸药中心。

经过分析,在分步开挖上台阶时,仍可将中隔墙右肩节点 3 作为中隔墙的控制点,将中隔墙左肩节点 7 作为先行洞二衬的控制点;在分步开挖下台阶时,仍可将中隔墙右脚节点 1 作为中隔墙的控制点,将左脚节点 5 作为先行洞二衬的控制点。节点位置见图 5.7。

2) 优选上台阶分步开挖方案

现取 L10 截面上的中隔墙右肩节点 3、左肩节点 7 作为研究对象,探讨上台阶分步开挖方案,其分析结果如图 5.24 和图 5.25 所示,节点位置见图 5.7。

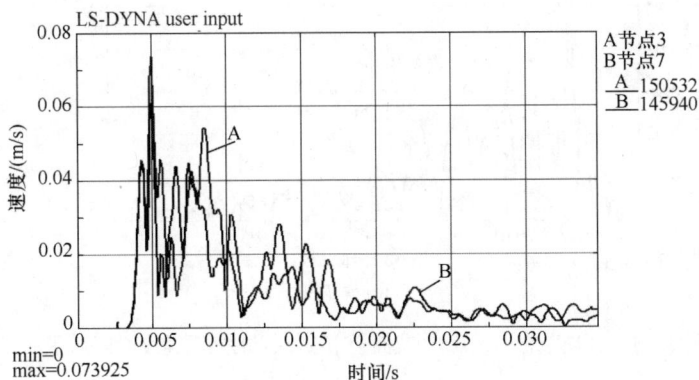

(a) 模型一

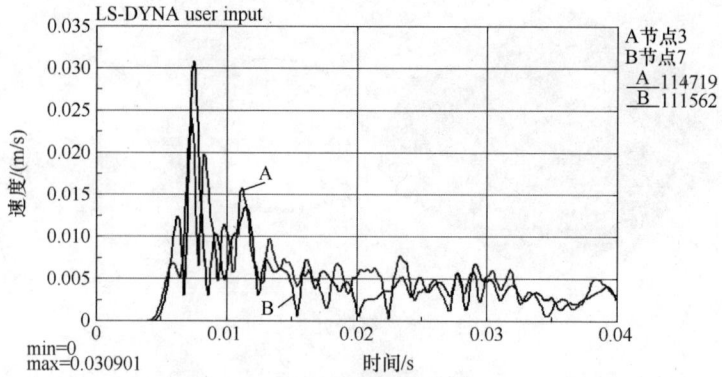

(b) 模型二

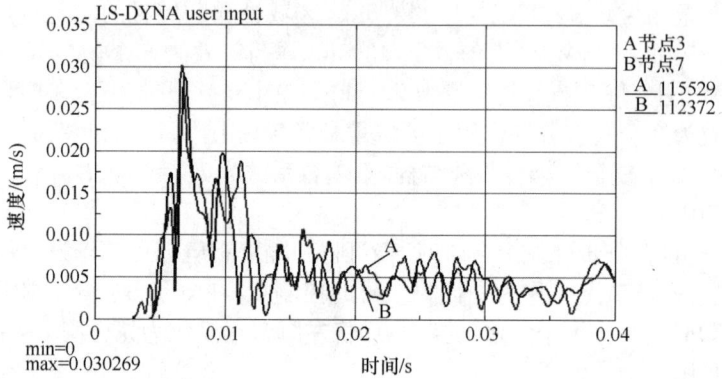

(c) 模型三

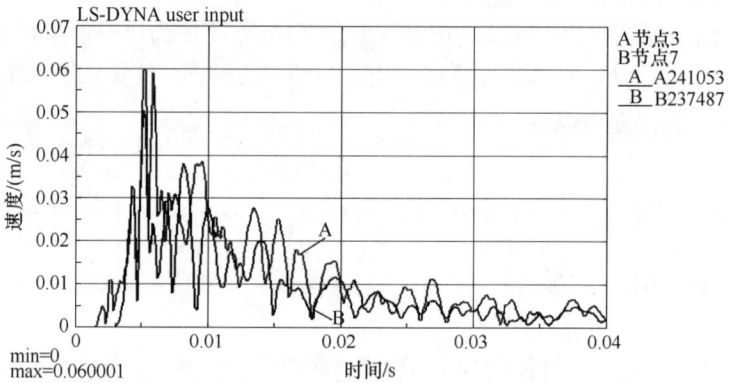

(d) 模型四

图 5.24　开挖上台阶时 L10 截面上节点 3、7 的振动速度时间历程曲线

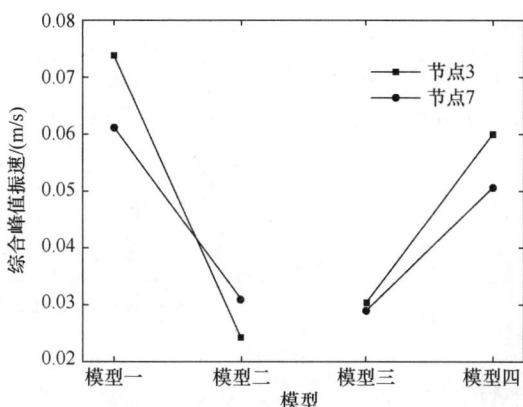

图 5.25　开挖上台阶时 L10 截面上节点 3、7 的峰值振动速度

由图 5.24 和图 5.25 可知,开挖上台阶时,对于 L10 截面上的中隔墙右肩节点
3 和左肩节点 7,工况 A 产生的最大振速为 0.074m/s 和 0.061m/s;工况 B 产生的
最大振速为 0.060m/s 和 0.051m/s。说明工况 A 产生的爆破振动比工况 B 大,因
此,爆破开挖上台阶时应采用工况 B,即先开挖上台阶右侧区域 Ⅱ 再开挖左侧区域
Ⅰ,见表 5.11。

表 5.11　开挖上台阶时 L10 截面节点 3、7 的峰值振速

控制点	工况 A		工况 B	
	模型一	模型二	模型三	模型四
右肩节点 3 峰值振速 /(m/s)	0.074	0.024	0.030	0.060
左肩节点 7 峰值振速/(m/s)	0.061	0.031	0.029	0.051

综上所述,爆破开挖上台阶时应采用工况 B,即先开挖上台阶右侧区域 Ⅱ 再开
挖左侧区域 Ⅰ,区域 Ⅱ 和区域 Ⅰ 之间可错开一定距离,循环掘进。如图 5.26 所示。

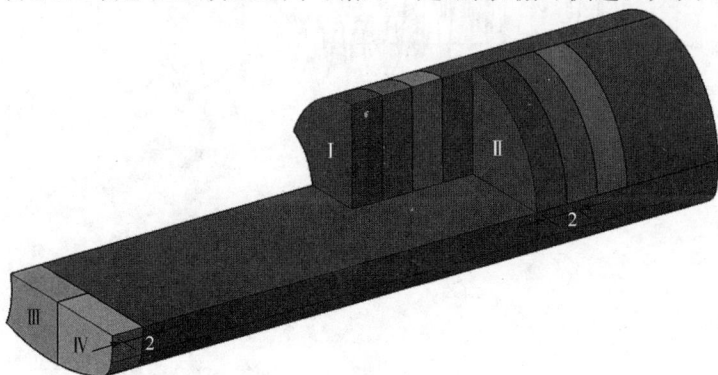

图 5.26　上台阶开挖方案示意图

3) 优选下台阶分步开挖方案

取 L10 截面上的中隔墙右脚节点 1、左脚节点 5 作为研究对象,探讨下台阶分步开挖方案,其分析结果如图 5.27 和图 5.28 所示,节点位置见图 5.7。

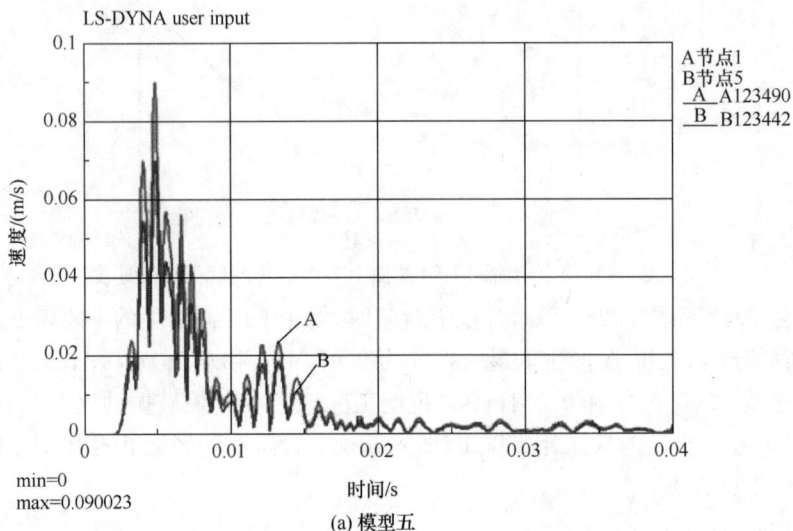

(a) 模型五

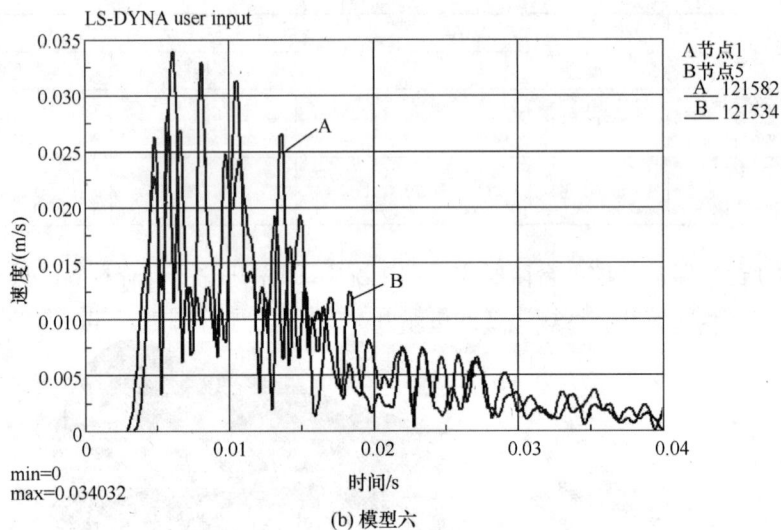

(b) 模型六

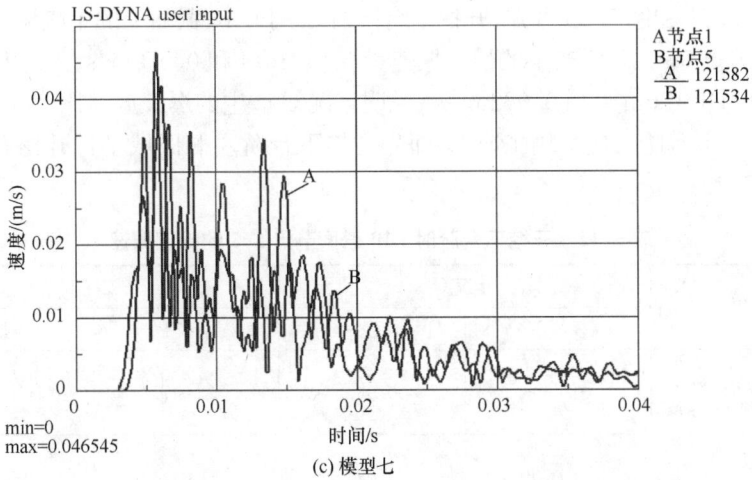

min=0
max=0.046545

(c) 模型七

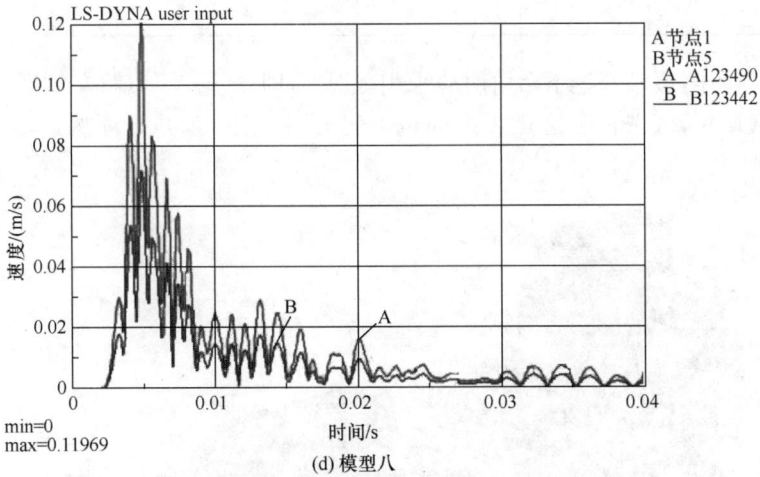

min=0
max=0.11969

(d) 模型八

图 5.27　开挖下台阶时 L10 截面节点 1、5 的振动速度时间历程曲线

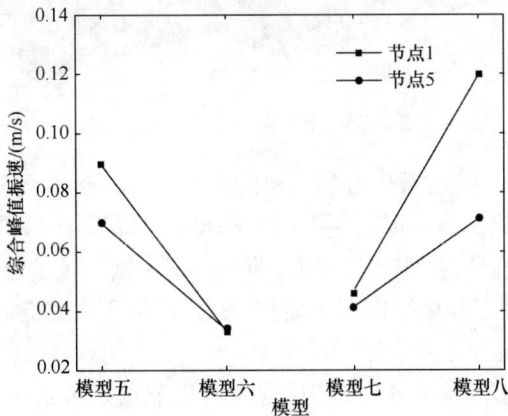

图 5.28　开挖下台阶时 L10 截面节点 1、5 的峰值振动速度

　　由图 5.27 和图 5.28 可知,开挖下台阶时,对于 L10 截面上的中隔墙右脚节点 1 和左脚节点 5,工况 C 产生的最大振速为 0.090m/s 和 0.070m/s;工况 D 产生的最大振速为 0.120m/s 和 0.072m/s。说明工况 C 产生的爆破振动比工况 D 小,所以爆破开挖下台阶时应采用工况 C,即先开挖下台阶左侧区域Ⅲ再开挖右侧区域Ⅳ,见表 5.12。

表 5.12　开挖下台阶时 L10 截面节点 1、5 的峰值振速

控制点	工况 C		工况 D	
	模型五	模型六	模型七	模型八
右脚节点 1 峰值振速 /(m/s)	0.090	0.033	0.047	0.120
左脚节点 5 峰值振速 /(m/s)	0.070	0.034	0.042	0.072

　　综上所述,爆破开挖下台阶时应采用工况 C,即先开挖下台阶左侧区域Ⅲ再开挖右侧区域Ⅳ,区域Ⅲ和区域Ⅳ之间也可错开一定距离,并循环掘进,如图 5.29 所示。

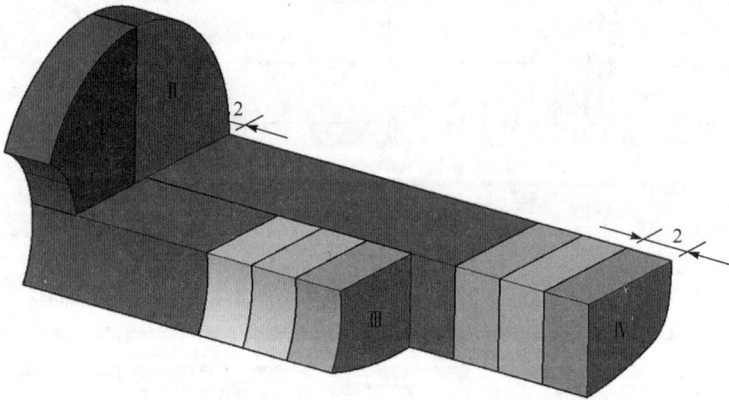

图 5.29　下台阶开挖方案示意图

4) 爆破振动对中隔墙及先行洞二衬的影响

　　爆破开挖后行洞上台阶时,采用工况 B,即先挖右侧区域Ⅱ再挖左侧区域Ⅰ;爆破开挖后行洞下台阶时,采用工况 C,即先开挖左侧区域Ⅲ再挖右侧区域Ⅳ。其中,工况 B 包含模型三和模型四两个模型,工况 C 包含模型五和模型六两个模型,见表 5.9。

　　采用工况 B 开挖上台阶时,由于中隔墙右肩节点 3、左肩节点 7 的最大振动速度出现在模型四中,参见图 5.25,故模型四为开挖上台阶时的不利模型;采用工况

C 开挖下台阶时,中隔墙右脚节点 1、左脚节点 5 的最大振动速度出现在模型五中,参见图 5.28,即模型五为开挖下台阶时的不利模型。因此,将模型四和模型五作为分析对象,探讨分步开挖时产生的爆破振动对中隔墙及先行洞二衬的影响,结果如图 5.30 和图 5.31 所示。

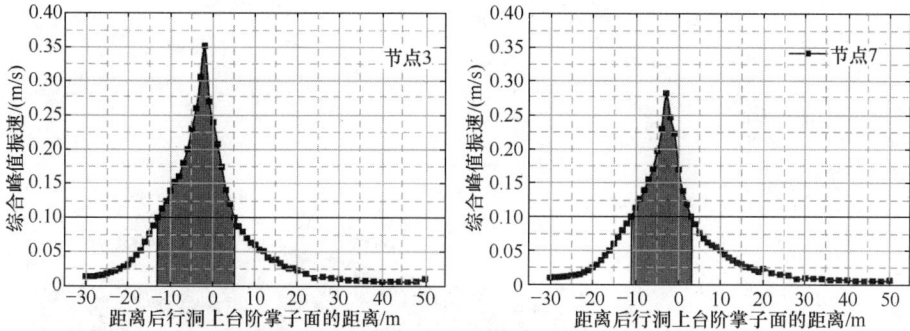

图 5.30　模型四中隔墙右肩节点 3 和左肩节点 7 沿隧道纵向的峰值振速

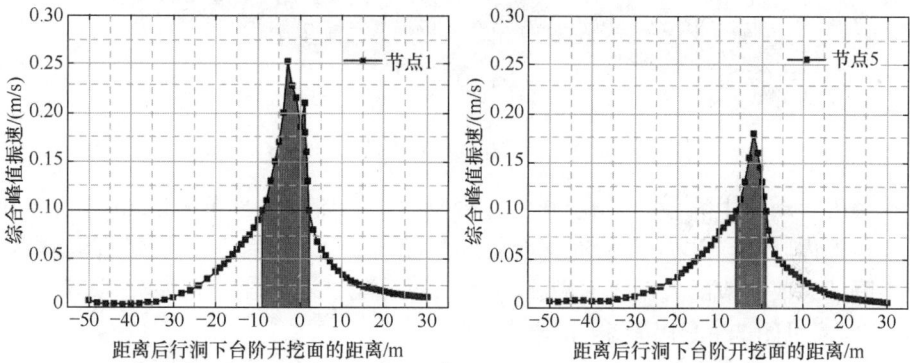

图 5.31　模型五中隔墙右脚节点 1 和左脚节点 5 沿隧道纵向的峰值振速

由图 5.30 可知,开挖上台阶时,中隔墙右肩节点 3 超出 0.1m/s 的范围是距离上台阶掌子面 $-13.0\sim5.0$ m,最大振速为 0.351m/s;左肩节点 7 超出门槛值的范围是距离上台阶掌子面 $-11.0\sim3.0$ m,最大振速为 0.282m/s,节点位置见图 5.7。

由图 5.31 可知,开挖下台阶时,中隔墙右脚节点 1 超出 0.1m/s 的范围是距离下台阶开挖面 $-9.0\sim2.0$ m,最大振速为 0.252m/s;左脚节点 5 超出门槛值的范围是距离下台阶开挖面 $-6.0\sim1.0$ m,最大振速为 0.180m/s,节点位置见图 5.7。

同第 2 章分析方法,这里不再赘述,结合表 5.13 中的数据,绘制出爆破振动的影响范围示意图,如图 5.32 所示。图中后行洞上台阶和下台阶上的浅灰色区域表示爆破开挖区域,中隔墙和先行洞二衬上的红色区域表示振速超过门槛值 0.1m/s 的区段。绿色区域表示先行洞二次衬砌的安全施作范围。

表 5.13　控制点峰值振动速度超过 0.1m/s 的区段范围

工况	节点	范围(距离开挖面)/m	长度 /m	最大振速 /(m/s)
开挖上台阶	右肩节点 3	−13.0～5.0	18	0.351
	左肩节点 7	−11.0～3.0	14	0.282
开挖下台阶	右脚节点 1	−9.0～2.0	11	0.252
	左脚节点 5	−6.0～1.0	7	0.180

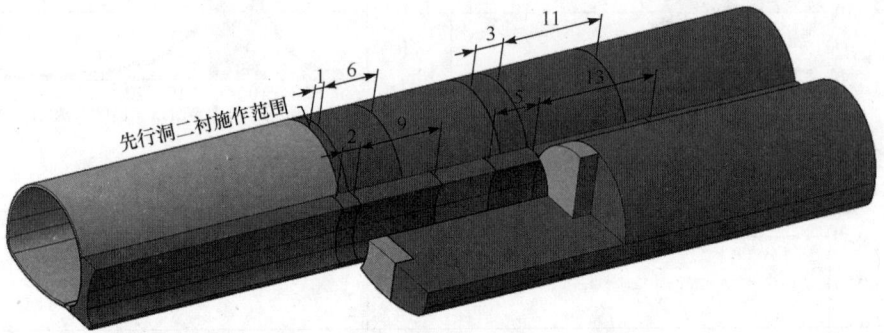

图 5.32　爆破振动的影响范围示意图

　　爆破振动对中隔墙的影响:开挖上台阶时上台阶开挖面前 13.0m 至后 5.0m 区段范围内,以及开挖下台阶时下台阶开挖面前 9.0m 至后 2.0m 区段范围内,应对中隔墙采取相应的减振隔振措施,上述区域和第 2 章相比分别缩减了 37.9% 和 46.3%,参见图 5.32 中隔墙上的红色区段。

　　爆破振动对先行洞二次衬砌的影响:开挖上台阶时上台阶开挖面前 11.0m 至后 3.0m 区段范围内,以及开挖下台阶时下台阶开挖面前 6.0m 至后 1.0m 区段范围内,先行洞二衬的振速超过了 0.1m/s,上述区域和第 2 章相比分别缩减了 41.7% 和 48.1%。所以为确保安全,实际先行洞二衬施作时,应至少落后后行洞下台阶开挖面 1.0m,参见图 5.32 中先行洞二衬上的红色区段和绿色区段。

　　6. 微差间隔时间对爆破振动的影响

　　微差爆破也叫微差控制爆破,是指在爆破施工中采用一种特制的毫秒延期雷管,以毫秒级时差顺序起爆各组药包的爆破技术。微差爆破能有效地控制爆破冲击波、振动、噪声和飞石,操作简单、安全、迅速,破碎程度好,可提高爆破效率和技术经济效益[26]。

　　微差爆破降低了一次起爆药量,并且先爆药包在岩石中产生一定的破坏,形成了一定宽度的自由面与裂隙,为后爆药包创造了较为有利的爆破条件。在微差爆破中,微差间隔时间是影响爆破振动的强度和持续时间、岩石破碎效果的重要因素。因此,确定合理的微差间隔时间就成为了研究的关键问题。

　　1) 模型的建立

　　图 5.33 和图 5.34 为研究微差间隔时间的有限元模型的局部放大图,该模型分别以模型四和模型五为基础建立。模型的拓扑结构、尺寸大小、装药结构、边界条件、施加荷载、单元材料类型和计算方法均与前节计算模型相同。只是将作用于区域Ⅰ和区域Ⅲ的 6 个药包再分成两组。

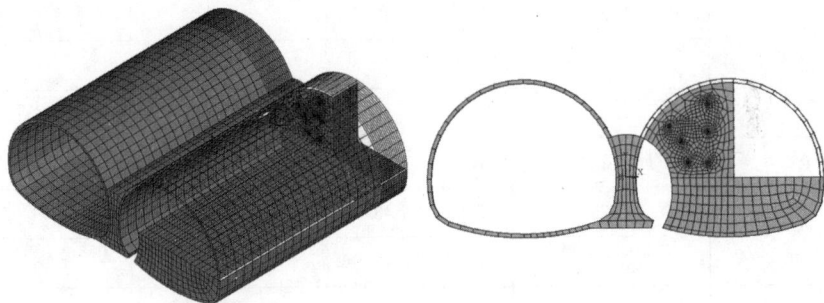

图 5.33　上台阶微差爆破有限元模型

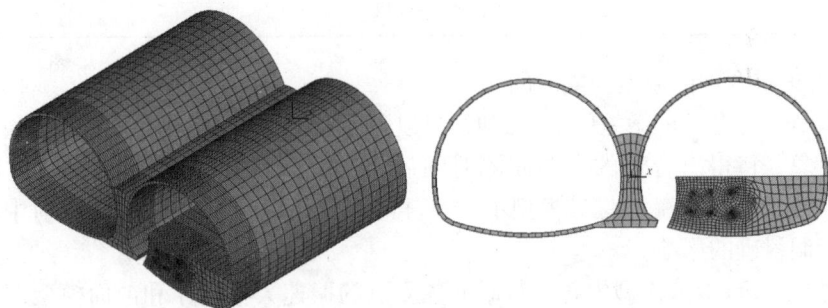

图 5.34　下台阶微差爆破有限元模型

　　其中,将图 5.33 中 6 个药包的右侧三个药包分为一组,左侧三个药包分为一组,起爆时,可以利用右侧临空面,先起爆右侧三个药包,间隔一定微差时间后,再起爆左侧三个药包;将图 5.34 中 6 个药包的上部三个药包分为一组,下部三个药包分为一组,起爆时,利用上部临空面,先起爆上部三个药包,间隔一定微差时间后,再起爆下部三个药包。

以上台阶微差爆破模型为研究对象,本节微差间隔时间采用 Δt(ms)表示,以 Δt 为划分标准共划分 10 种工况,分别为 $\Delta t=0\text{ms}$、10ms、12ms、15ms、17ms、20ms、30ms、40ms、50ms、60ms。10 种工况的炮孔布置、装药量均相同,起爆位置均设置在炸药中心处,起爆顺序均采用右侧三个药包先起爆,在间隔 Δt 之后再起爆左侧三个药包,工况划分见表 5.14。

表 5.14　工况划分表

工况	单个药包装药量 /kg	总药量 /kg	微差间隔时间 Δt /ms	药包 /个
1	7.25	7.25×6＝43.5	0	6
2	7.25	7.25×6＝43.5	10	6
3	7.25	7.25×6＝43.5	12	6
4	7.25	7.25×6＝43.5	15	6
5	7.25	7.25×6＝43.5	17	6
6	7.25	7.25×6＝43.5	20	6
7	7.25	7.25×6＝43.5	30	6
8	7.25	7.25×6＝43.5	40	6
9	7.25	7.25×6＝43.5	50	6
10	7.25	7.25×6＝43.5	60	6

2）确定合理的微差间隔时间

本节探讨合理的微差间隔时间时,只以图 5.33 所示的上台阶微差爆破模型为研究对象。待得出合理的微差间隔时间后,再将此合理的微差间隔时间应用到图 5.34所示下台阶微差爆破模型中,然后再分别探讨上下台阶爆破振动对中隔墙和先行洞衬砌的影响。

经过分析,本节模型中各个截面上各测点的振速大小规律和前面模型四是一致的,故仍将中隔墙右肩节点 3 和左肩节点 7 作为分析控制点。现取 L10 截面上的中隔墙右肩节点 3 和左肩节点 7 作为研究对象,分析其在不同微差间隔时间下的爆破振动速度及加速度变化规律,L10 截面及节点位置见图 5.7。图 5.35 分别为不同微差间隔时间 Δt 下,L10 截面上中隔墙右肩节点 3、左肩节点 7 的振动速度时程曲线,图 5.36 为不同微差间隔时间 Δt 下,L10 截面上中隔墙右肩节点 3、左肩节点 7 的峰值振动速度。

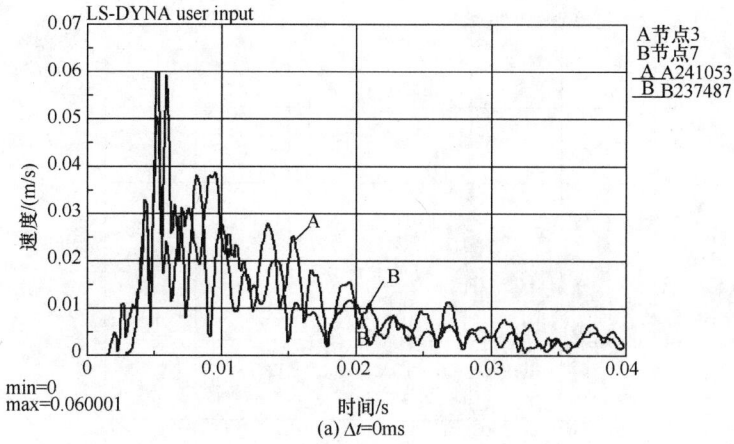

(a) Δt=0ms

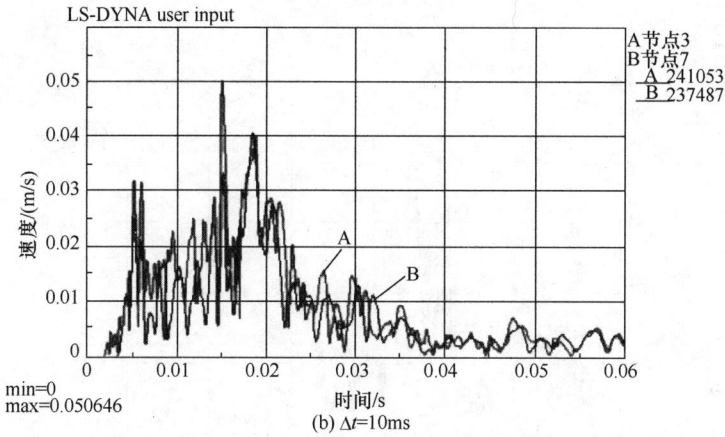

(b) Δt=10ms

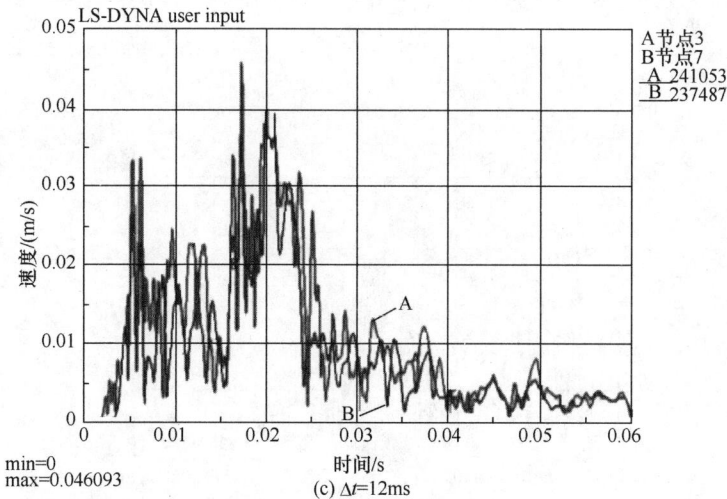

(c) Δt=12ms

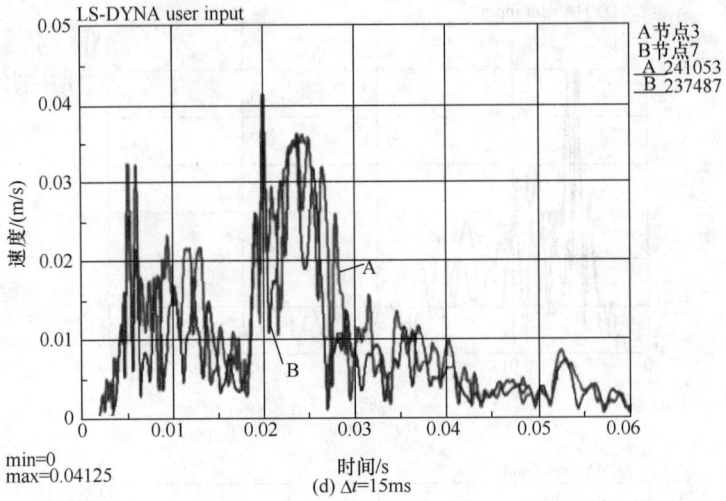

min=0
max=0.04125

(d) Δt=15ms

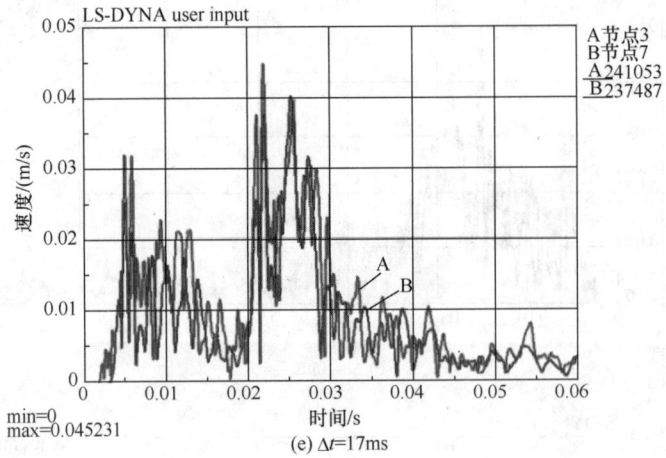

min=0
max=0.045231

(e) Δt=17ms

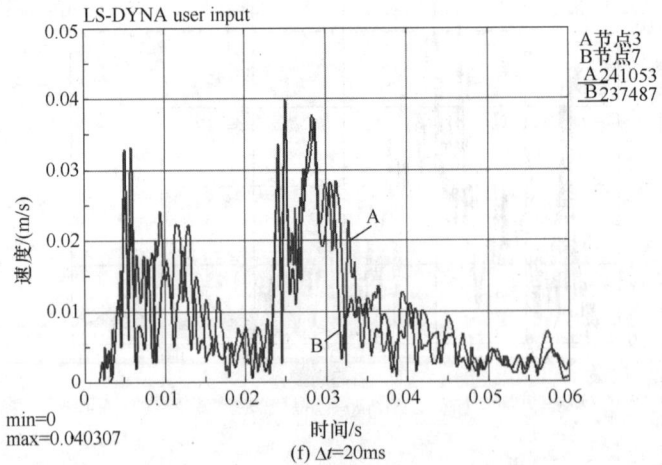

min=0
max=0.040307

(f) Δt=20ms

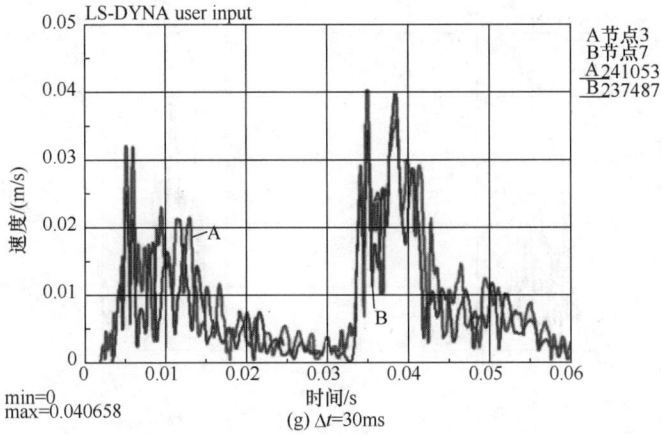

(g) Δt=30ms

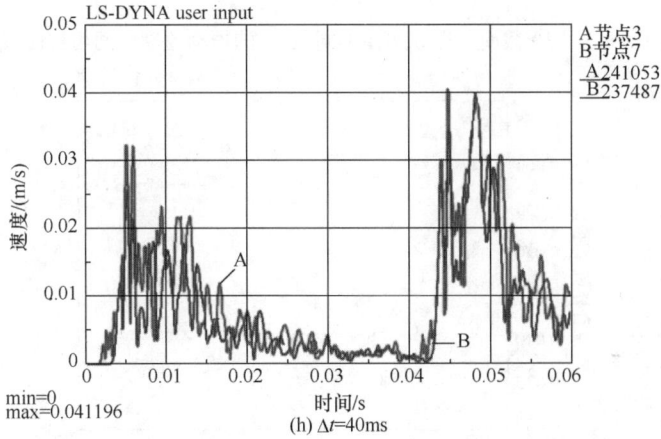

(h) Δt=40ms

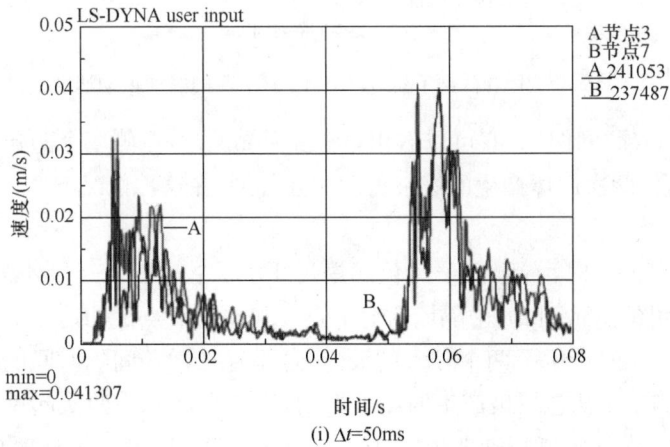

(i) Δt=50ms

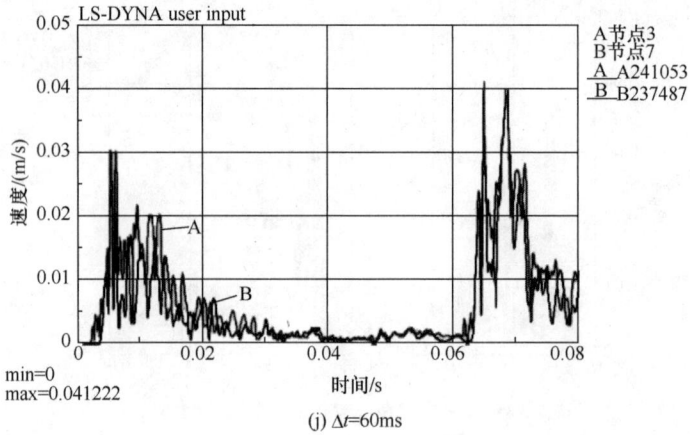

(j) $\Delta t = 60\text{ms}$

图 5.35　L10 截面节点 3、7 在不同 Δt 时的振动速度时间历程曲线

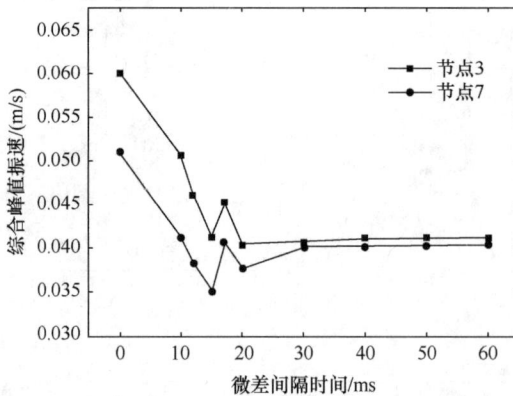

图 5.36　L10 截面节点 3、7 在不同 Δt 时的峰值振动速度

由图 5.35(a) 和图 5.36 可以看出，当 $\Delta t = 0\text{ms}$ 时，左侧三个药包和右侧三个药包同时起爆，两次起爆产生的爆破振动相互叠加，在这种情况下产生的爆破振动最大。

当 $\Delta t = 10\text{ms}$ 时，右侧三个药包起爆后 10ms 左侧三个药包才开始起爆，由图 5.35(b) 和图 5.36 可知，中隔墙右肩节点 3 和左肩节点 7 的速度时程曲线分别在 5ms 和 15ms 时产生了两个较大的波峰，这是存在微差间隔时间的原因。第一个波峰为右侧三个药包爆破产生的爆破振动，第二个波峰为两次起爆产生的爆破振动的叠加。节点峰值振速为 0.051m/s（表 5.15），与 $\Delta t = 0\text{ms}$ 时的峰值振速（0.060m/s）相比降低了 15.0%；说明前后两次起爆之间产生了相消的干涉，且在一定程度上错开了两次爆破主振区的叠加,减振效果明显。

当 $\Delta t=12\mathrm{ms}$、$15\mathrm{ms}$、$17\mathrm{ms}$、$20\mathrm{ms}$ 时,由图 5.35(c)～(e)和图 5.36 可知,节点 3 和节点 7 的振动速度时程曲线上两个波峰逐渐错开,且 $\Delta t=20\mathrm{ms}$ 时峰值振速降低至 0.040m/s(表 5.15),与 $\Delta t=0\mathrm{ms}$ 时相比分别降低了 33.3% 和 48.2%。但是,$\Delta t=17\mathrm{ms}$ 时的峰值振速为 0.045m/s,比 $\Delta t=15\mathrm{ms}$ 时的峰值振速有所提高。这说明前后两次爆破振动产生相消干涉需要较高的微差间隔精度,但是由于现场围岩的多变性,爆破振动波传播的复杂性,以及微差爆破器材的精度偏差等原因,采用较小的微差间隔时间通过爆破振动相消干涉降低爆破振动是比较困难的,存在风险性。

表 5.15　不同 Δt 下控制点的振动速度

工况	微差间隔时间 Δt /ms	振动速度 /(m/s)	
		右肩节点 3	左肩节点 7
1	0	0.060	0.051
2	10	0.051	0.041
3	12	0.046	0.038
4	15	0.041	0.035
5	17	0.045	0.041
6	20	0.040	0.038
7	30	0.041	0.040
8	40	0.041	0.040
9	50	0.041	0.040
10	60	0.041	0.040

当 $\Delta t=20\mathrm{ms}$、$30\mathrm{ms}$、$40\mathrm{ms}$、$50\mathrm{ms}$、$60\mathrm{ms}$ 时峰值振动速度基本稳定在 0.040m/s 左右。从速度时程曲线来看,当 $\Delta t=20\mathrm{ms}$、$30\mathrm{ms}$ 时,节点 3 和节点 7 的振动速度时程曲线上两个波峰并没有完全错开,微差时间间隔较短,现场爆破时存在一定的风险性。当 $\Delta t=40\mathrm{ms}$、$50\mathrm{ms}$、$60\mathrm{ms}$ 时,节点 3 和节点 7 的振动速度时程曲线上两个波峰基本上已经完全错开,第二次起爆避开了第一次起爆的主振区,振动速度大小得到了控制。考虑现场施工,可取 $\Delta t=40\mathrm{ms}$、$50\mathrm{ms}$、$60\mathrm{ms}$。

3) 爆破振动对中隔墙及先行洞二衬的影响

上台阶爆破控制点沿隧道纵向的振速变化规律:由上述结论可知,微差间隔时间可取 $\Delta t = 40\text{ms}$、50ms、60ms。现取 $\Delta t = 40\text{ms}$,把中隔墙右肩节点 3 和左肩节点 7 作为研究对象,探讨其在微差时间间隔 $\Delta t = 40\text{ms}$ 时,沿隧道纵向的振速变化规律,结果如图 5.37 所示,节点位置见图 5.7。

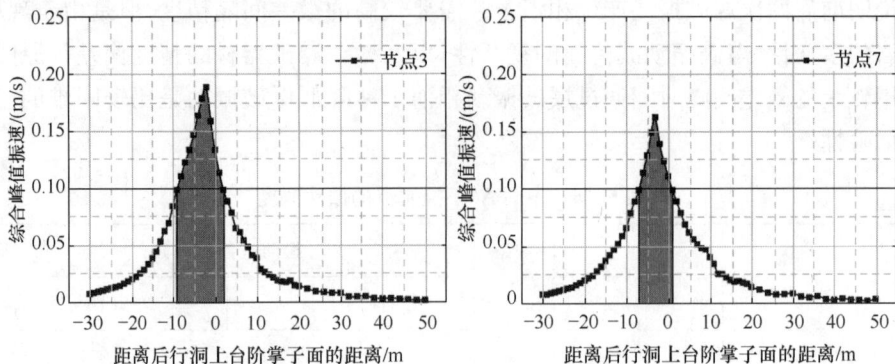

图 5.37　上台阶微差爆破时中隔墙节点 3 和节点 7 沿隧道纵向的峰值振速

由图 5.37 可知,节点 3 超出门槛值 0.1m/s 的范围是距离上台阶掌子面 $-9.0 \sim 2.0\text{m}$,最大振速为 0.190m/s;节点 7 超出门槛值 0.1m/s 的范围是距离上台阶掌子面 $-7.0 \sim 1.0\text{m}$,最大振速为 0.163m/s,节点位置见图 5.7。

下台阶爆破控制点沿隧道纵向的振速变化规律:取 $\Delta t = 40\text{ms}$,将此微差间隔时间应用到图 5.34 所示的下台阶微差模型中,起爆时,利用上部临空面,先起爆上部三个药包,间隔 40ms 后,再起爆下部三个药包。经过分析,该模型中各个截面上各测点的振速大小规律和上述模型五是一致的,故仍然将各个截面上的中隔墙右脚节点 1 和左脚节点 5 作为分析控制点,L10 截面及节点位置见图 5.7。

现取各个截面上的中隔墙右脚节点 1 和左脚节点 5 作为研究对象,探讨其在微差时间间隔 Δt 取 40ms 时,沿隧道纵向的振速变化规律,结果如图 5.38 所示。

由图 5.38 可知,节点 1 超出门槛值 0.1m/s 的范围是距离下台阶开挖面 $-6.0 \sim 1.0\text{m}$,最大振速为 0.153m/s;节点 5 超出门槛值 0.1m/s 的范围是距离下台阶开挖面 $-2.0 \sim 0\text{m}$,最大振速为 0.115m/s,节点位置见图 5.7。

结合表 5.16 中的数据,绘制出爆破振动的影响范围示意图,如图 5.39 所示。

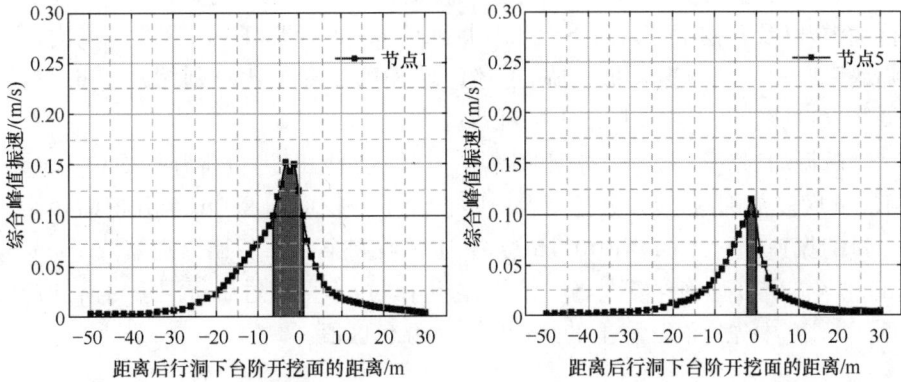

图 5.38　下台阶微差爆破时中隔墙节点 1 和节点 5 沿隧道纵向的峰值振速

图中后行洞上台阶和下台阶上的浅灰色区域表示爆破开挖区域,中隔墙和先行洞二衬上的红色区域表示振速超过门槛值 0.1m/s 的区段,绿色区域表示先行洞二次衬砌的安全施作范围。

表 5.16　控制点峰值振动速度超过 0.1m/s 的区段范围

工况	节点	范围(距离开挖面)/m	长度 /m	最大振速/(m/s)
开挖上台阶 $\Delta t = 40$ms	右肩节点 3	$-9.0 \sim 2.0$	11	0.190
	左肩节点 7	$-7.0 \sim 1.0$	8	0.163
开挖下台阶 $\Delta t = 40$ms	右脚节点 1	$-6.0 \sim 1.0$	7	0.153
	左脚节点 5	$-2.0 \sim 0$	2	0.115

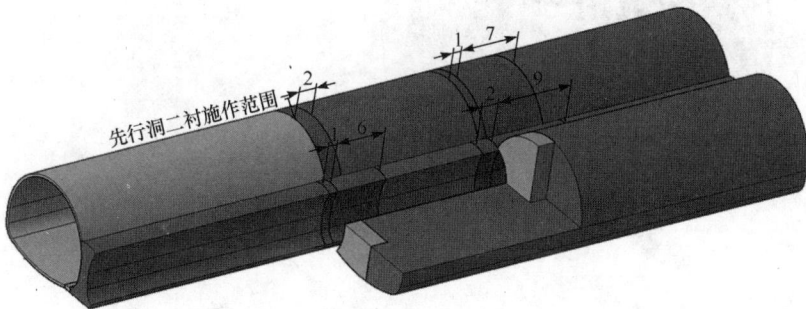

图 5.39　爆破振动的影响范围示意图

爆破振动对中隔墙的影响:开挖上台阶时上台阶开挖面前9.0m至后2.0m区段范围内,以及开挖下台阶时下台阶开挖面前6.0m至后1.0m区段范围内,应对中隔墙采取相应的减振隔振措施,上述区域和第2章相比分别缩减了62.1%和65.9%,参见图5.39中中隔墙上的红色区段。

爆破振动对先行洞二次衬砌的影响:开挖上台阶时上台阶开挖面前7.0m至后1.0m区段范围内,以及开挖下台阶时下台阶开挖面前2.0m至开挖面处,先行洞二衬的振速超过了门槛值0.1m/s,上述区域和第2章相比分别缩减了66.7%和85.2%。所以为确保安全,先行洞二衬施作时,不得超过后行洞下台阶开挖面,参见图5.39中先行洞二衬上的红色区段和绿色区段。

7. 爆破振动控制效果总结

在采用优化的不耦合装药结构以及分步开挖的基础上,又对微差间隔时间进行了讨论,优选出了合理的微差间隔时间。在此基础上,探讨了微差爆破对中隔墙以及先行洞二次衬砌的影响,取得了较好的效果,影响范围以及最大振速与第2章和第4章相比又有较大的缩减。

1) 爆破振动影响范围的控制效果

现以爆破振动对中隔墙和先行洞二衬影响范围作为考量标准,将各项爆破振动控制措施的减振效果做一个总结,如图5.40所示。

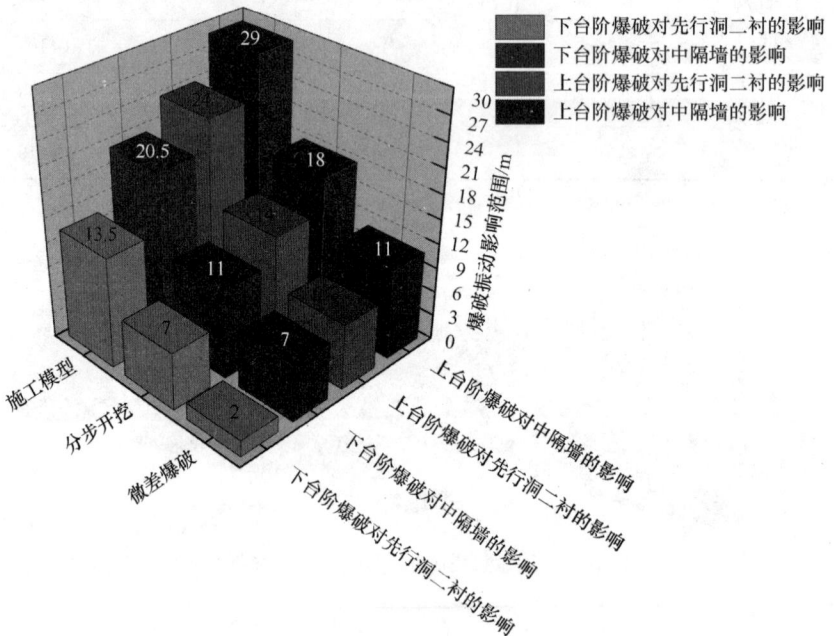

图5.40　爆破振动影响范围

　　由图 5.40 可知,在采用优化的不耦合装药结构的基础上,通过分步开挖、微差爆破等措施,使上下台阶爆破开挖时对中隔墙和先行洞二衬的影响范围大大缩减。

　　其中,上台阶爆破对中隔墙的影响范围由 29.0m 逐步降至 11.0m,降低了 62.1%;上台阶爆破对先行洞二衬的影响范围由 24.0m 逐步降至 8.0m,降低了 66.7%;下台阶爆破对中隔墙的影响范围由 20.5m 逐步降至 7m,降低了 65.9%;下台阶爆破对先行洞二衬的影响范围由 13.5m 逐步降低至 2.0m,降低了 85.2%。由此可知,虽然中隔墙和先行洞二衬上仍有部分区域的振速大于 0.1m/s,但是各项爆破振动控制措施还是取得了良好的效果。

　　2) 最大振速的控制效果

　　中隔墙右肩节点 3 和右脚节点 5 分别是开挖上下台阶时,中隔墙爆破振动的控制点,所以中隔墙右肩节点 3 和右脚节点 5 的最大振速即为中隔墙的最大振速。同样地,中隔墙左肩节点 7 和左脚节点 5 的最大振速即为先行洞二衬的最大振速,节点位置见图 5.7。因此,可以通过对上述 4 个控制点最大振速的研究,来评价各项爆破振动控制措施的减振效果,如图 5.41 所示。

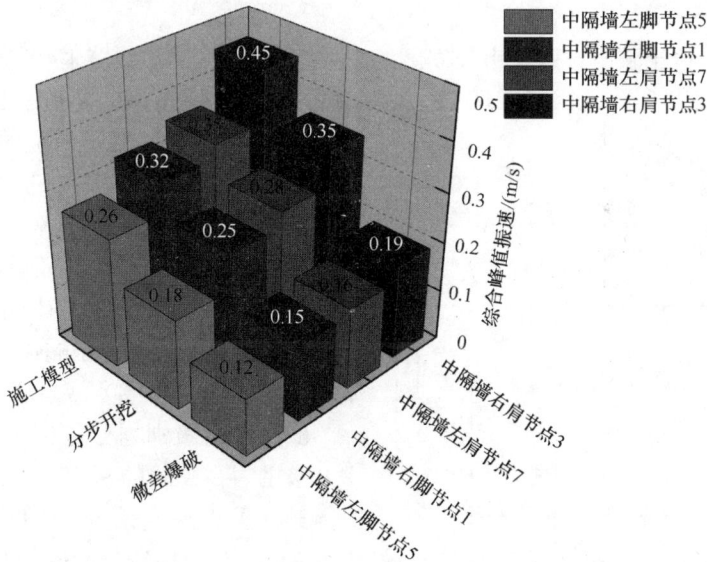

图 5.41　爆破振动最大振速

　　由图 5.41 可知,在采用优化的不耦合装药的基础上,通过分步开挖、微差爆破等措施,使中隔墙和先行洞二衬的最大振速有了很大程度上的降低。

其中,上台阶爆破开挖时,中隔墙的最大振速由 0.45m/s 逐步降低至 0.19m/s,降低了 57.8%;先行洞二衬的最大振速由 0.35m/s 逐步降低至 0.16m/s,降低了 54.3%。下台阶爆破开挖时,中隔墙的最大振速由 0.32m/s 逐步降低至 0.15m/s,降低了 53.1%;先行洞二衬的最大振速由 0.26m/s 逐步降低至 0.12m/s,降低了 53.8%。

由此可知,各项爆破振动控制措施大幅度降低了中隔墙和先行洞二衬的最大振速,在很大程度上降低了爆破振动强度。虽然中隔墙和先行洞二衬上仍有部分区域的振速大于 0.1m/s,但是这些区域的振速均降低到了 0.2m/s 以下。其中,0.2m/s 是《爆破安全规程》规定的上限值,所以可以认为当振速小于 0.2m/s 时,中隔墙和先行洞二衬已经处在相对安全的状态。关于采取何种措施来继续降低爆破振动,将振动速度控制在 0.1m/s 以内,使隧道处在更加安全的状态,还有待进一步研究。

5.3.2　下穿隧道爆破振动响应

1. 工程概况

某隧道位于陕西省西安市长安区,为穿越秦岭地区的单线隧道,断面设计为马蹄形,如图 5.42 所示。隧道全长 11271m,最大埋深为 625m。隧道所通过地区的地质条件非常复杂,山高坡陡,基岩外露。平均海拔在 900~1400m,且地表起伏大,节理裂隙发育。从地层岩性特征讲,隧道通过区地层以变质岩类为主,断层带内分布有断层碎裂岩及断层泥砾。隧道通过区岩体坚硬,地下水主要为贫水或着弱富水。

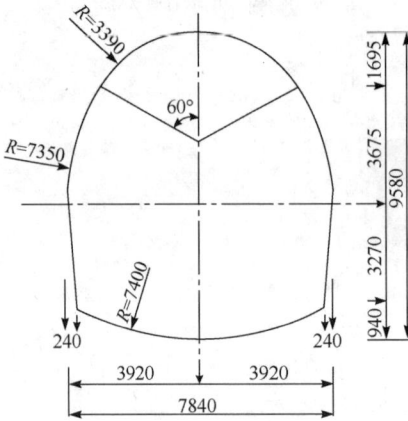

隧道围岩级别划分包含 Ⅱ～Ⅵ 级,其中 Ⅱ 级围岩占总长的 9.35%,Ⅲ 级围岩占 51.43%;Ⅳ 级围岩长占 27.39%;Ⅴ 级围岩占 11.42%;Ⅵ 级围岩占 0.41%。

图 5.42　隧道断面

该隧道下穿一条既有隧道,下穿处埋深在 200m 左右,同时新建隧道离既有隧道岩层净距离较短(8m),两隧道的相对位置关系如图 5.43 所示,因此,在施工过程中需要采取合理的爆破方案来减小爆破振动所产生的影响,以保证正常、安全、高效施工。

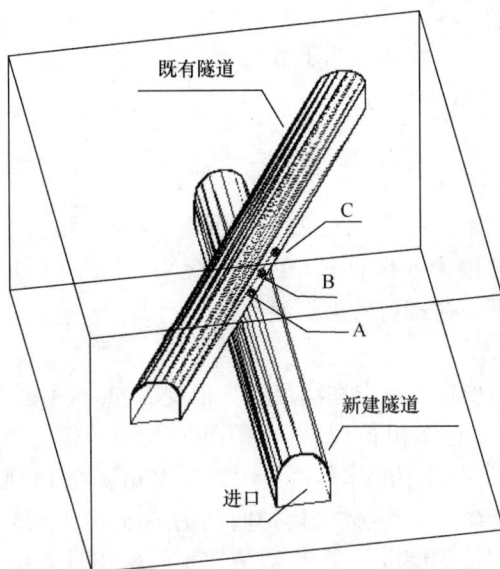

图 5.43　翠华山隧道与既有小峪隧道位置关系图

2. 材料模型及参数选取

爆破荷载作用下岩石的破坏是一个非常复杂的过程,目前还未形成一套相对完整的理论,为了减少模拟过程的不确定性,将材料的本构关系特征加以简化,把围岩视为连续、均匀和各项同性的介质。

1) 围岩的材料模型及参数

岩体具有不均匀不连续、各向异性等特点,且岩体种类繁多,爆破条件又复杂多变。在进行数值模拟时,很难对岩体结构和材料特征进行描述。本节考虑岩石的弹塑性性质,选择弹塑性双线性各向同性硬化模型 * MAT_PLASTIC_KINEMATIC 进行动力分析,此模型不仅考虑了岩石介质的弹塑性性质,并且可以反映材料的强化效应和应变率变化效应。围岩材料力学参数见表 5.17。

表 5.17　围岩及混凝土材料参数表

材料类型	重度 $\gamma/(kg/m^3)$	弹性模量 E/GPa	泊松比 μ
围岩	2400	19	0.29
衬砌	2600	20	0.2

2) 空气的材料模型及参数

空气的材料模型及参数同 5.3.1 节。

3) 炸药的材料模型及参数

炸药的材料模型及参数同 5.3.1 节。

4) 衬砌的材料模型及参数

根据隧道相关设计资料,隧道二衬采用混凝土浇筑,强度等级为 C25。计算模型中将中隔墙及衬砌视为弹性材料,在 LS-DYNA 中选取 MAT_PLASTIC_KINEMATIC 材料模型。衬砌材料力学参数见表 5.17。

5) 时间参数的确定

时间总长和时间步长的设定在满足计算精度的同时,不能过多地增加计算量。研究发现爆炸冲击波的作用持时在 $1 \times 10^{-6} \sim 0.1s$,爆生气体的作用持时在 $1 \times 10^{-3} \sim 0.1s$。本课题选用的炸药爆速约为 5000m/s,考虑到爆炸地震波在岩石介质中的传播较为复杂,试确定数值模拟时间为 80ms,由于既有线与新建隧道间的净间距较小,且最小间距为 8m,所以数值模拟时输出计算结果的时间步长设定为 0.05ms。

6) 计算方法及单元类型的选择

数值模拟时,仍采用隐式-显式顺序求解的方法,所建立的有限元模型由岩石、已开挖段喷射混凝土(初衬)、炸药和空气四部分组成。在隐式求解时,岩石、炸药和空气采用 SOLID185 单元,初衬采用 SHELL181 单元,并在显式求解时,将其分别转化为 SOLID164 单元和 SHELL163 单元。

3. 有限元模型的建立

下穿段新建某隧道的断面形式为马蹄形。结合现场测量时测点的布置,有限元模型沿隧道轴向(Z 轴)取 70m(实际桩号为 DK64+722~DK64+792 段)。整体模型尺寸取为 60m×40m×70m,如图 5.44 和图 5.45 所示。该段内围岩等级为 Ⅲ 级,埋深约为 200m。依据已有的地应力测量结果,施加在模型上的具体应力值为:垂直应力 σ_v 为 5.30MPa,与隧道垂直方向水平应力 $\sigma_{横}$ 为 8.51MPa,沿洞周方向水平应力 $\sigma_{纵}$ 为 5.94MPa。模型选择的单元类型、材料模型、计算时间等均与 5.3.1 节相同。模型底面施加三向约束,其余各面为自由面,模型考虑地应力的影响,不考虑地下水的影响。为了减小边界处地震波的反射影响,对模型的六个面均施加无反射边界。数值模型所涉及的单位均采用国际单位。

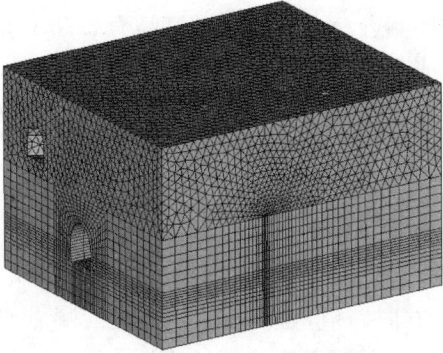

图 5.44　有限元模型立体图

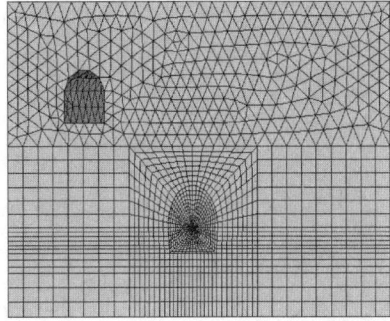

图 5.45　有限元模型正面图

4. 有限元分析方案确立

数值模拟时结合现场监测情况,选取七个开挖面进行数值模拟,开挖面离两隧道中线交叉点的距离分别为 19m、16m、10m、5m、3m、−2m(已过中心点 2m)、−6m(已过中心点 6m)。为了保证变量的单一性,数值模拟时药量和开挖方式均相同且整体模型尺寸不变。具体工况划分见表 5.18。

表 5.18　考虑不同间距时的工况划分表

工况	Y/m	φ/(°)	L/m	炸药量/kg	开挖方式
1	8	29.39	19	56	全断面
2	8	29.39	16	56	全断面
3	8	29.39	10	56	全断面
4	8	29.39	5	56	全断面
5	8	29.39	3	56	全断面
6	8	29.39	−2	56	全断面
7	8	29.39	−6	56	全断面

注:Y 为两隧道中心线垂直距离;φ 为两隧道中心线的夹角;L 为新建隧道到两隧道中线交叉点的距离。其中负号表示开挖面已过中线交叉点。

5. 模拟结果的分析

现场的三个测点都布置在隧道的右侧边墙(爆破面在两隧道中心线交点前为迎爆面,之后为被爆面)。数值分析时,有限元模型中选择了与实际测点相同的布置方案,如图 5.46 所示。其中,点 63910 为西安测点,63905 为中间测点,63900 为安康测点。

1) 工况 1($L=19$m)

图 5.47 给出了 $L=19$m 时,测点 X 方向的速度时程曲线。由图 5.47 可知,测

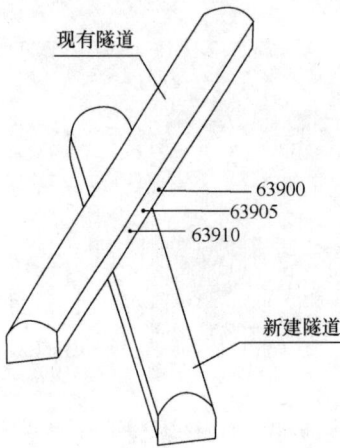

图 5.46　爆破振动测点布置图

点 A(西安方向)X 方向峰值速度约为 2.3cm/s,测点 B(中间测点)X 方向峰值速度约为 1.7cm/s,测点 C(安康方向)X 方向峰值速度约为 2.1cm/s。其中西安测点 X 方向速度值最大,约为 2.3cm/s。

图 5.48 给出了 $L=19$m 时,测点 Y 方向的速度时程曲线。由图 5.48 可知,测点 A(西安方向)Y 方向峰值速度约为 11.0cm/s,测点 B(中间测点)Y 方向峰值速度约为 6.0cm/s,测点 C(安康方向)Y 方向峰值速度约为 3.0cm/s。其中西安测点 Y 方向速度值最大,约为 11.0cm/s。

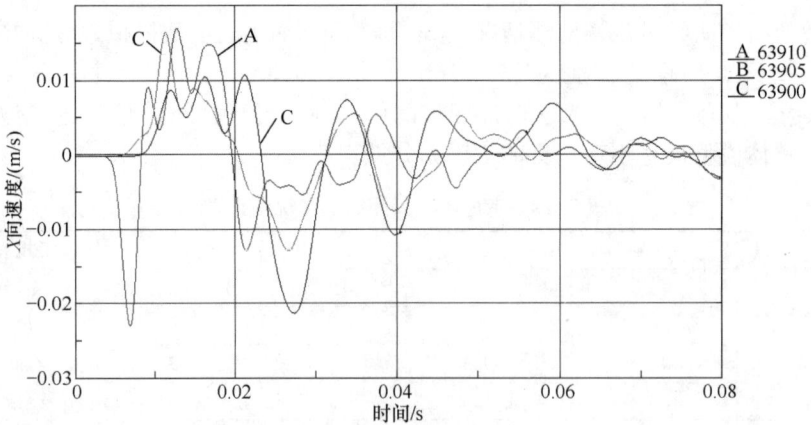

图 5.47　测点 X 方向速度时程曲线图

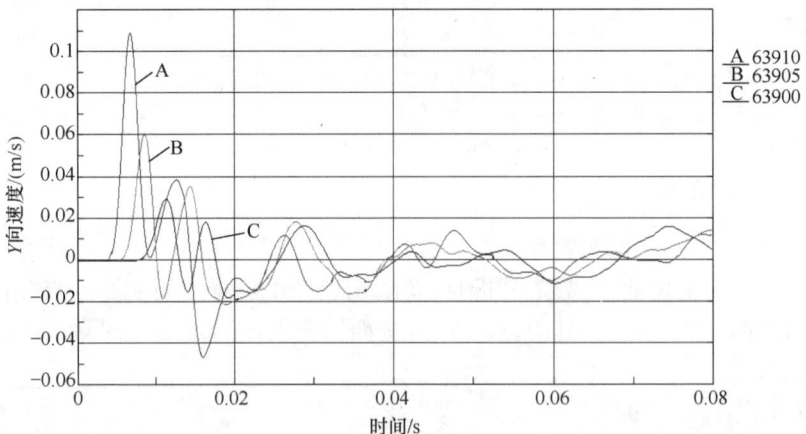

图 5.48　测点 Y 方向速度时程曲线图

对比分析图 5.47 和图 5.48 可知，三测点的速度时程曲线走势大致相同，X 向和 Y 向峰值振速均出现在测点 A（西安方向）。

图 5.49 为开挖掌子面到两隧道中心线交叉点 19m 时，既有线衬砌的峰值等效应力云图。从图 5.49 中可以看出，离药包越近，等效应力值越大，且迎爆面的等效应力值大于背爆面。峰值等效应力出现在既有隧道直墙段和起拱处，为拉应力，其值约为 1.096MPa，小于衬砌混凝土的抗拉强度值，既有隧道衬砌结构不会破坏。

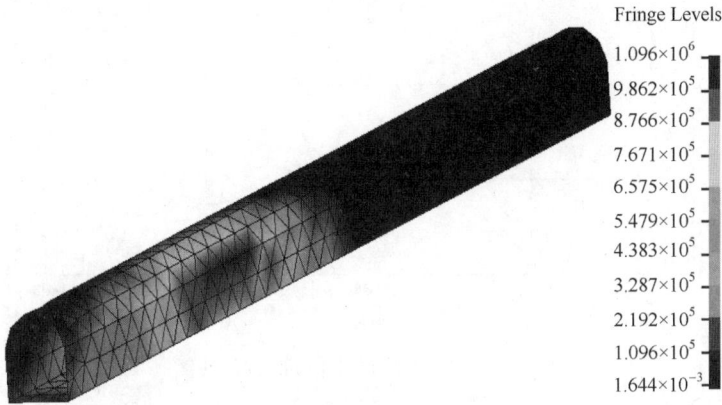

Fringe Levels

1.096×10^6
9.862×10^5
8.766×10^5
7.671×10^5
6.575×10^5
5.479×10^5
4.383×10^5
3.287×10^5
2.192×10^5
1.096×10^5
1.644×10^{-3}

图 5.49　既有线衬砌峰值等效应力云图

2) 工况 2($L=16$m)

图 5.50 给出了 $L=16$m 时，测点 X 方向的速度时程曲线。由图 5.50 可知，测点 A（西安方向）X 方向峰值速度约为 2.7cm/s，测点 B（中间测点）X 方向峰值速度约为 1.82cm/s，测点 C（安康方向）X 方向峰值速度约为 2.31cm/s。其中西安测点 X 方向速度值最大，约为 2.7cm/s。

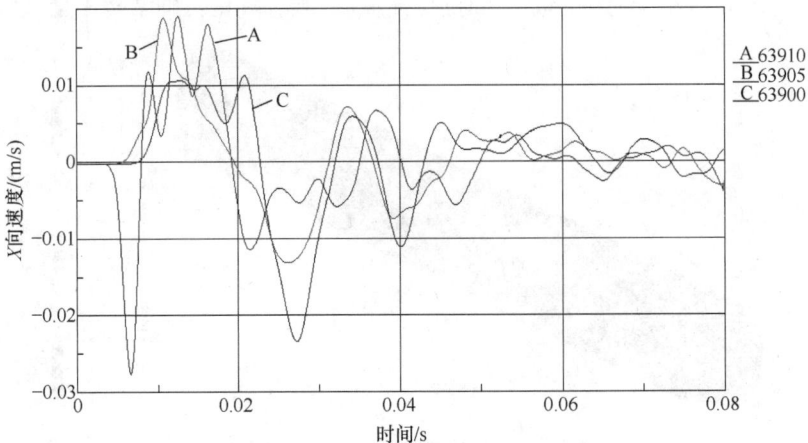

图 5.50　测点 X 方向速度时程曲线图

图 5.51 给出了 $L=16\text{m}$ 时,测点 Y 方向的速度时程曲线。由图 5.51 可知,测点 A(西安方向)Y 方向峰值速度约为 12.0cm/s,测点 B(中间测点)Y 方向峰值速度约为 7.0cm/s,测点 C(安康方向)Y 方向峰值速度约为 3.5cm/s。其中西安测点 Y 方向速度值最大,约为 12.0cm/s。

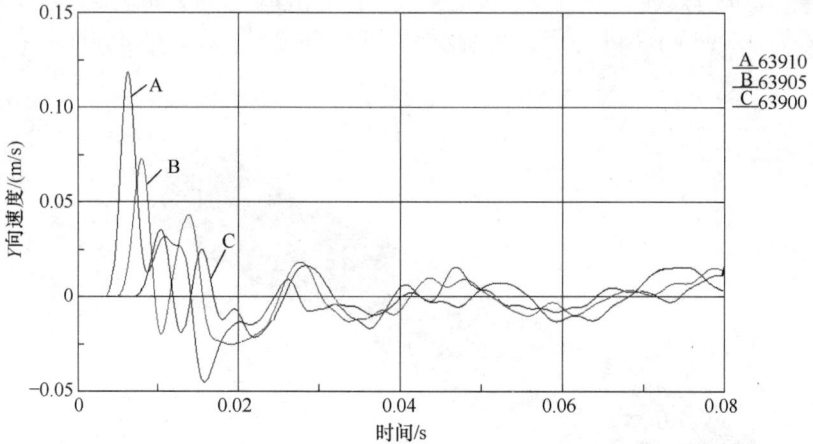

图 5.51　测点 Y 方向速度时程曲线图

对比分析图 5.50 和图 5.51 可知,三测点的速度时程曲线走势大致相同,X 向和 Y 向峰值振速均出现在测点 A(西安方向),西安测点 X 向峰值振速约为 2.65cm/s,Y 向峰值振速约为 12.0cm/s,明显大于 X 向振速。

图 5.52 为开挖面距两隧道中心线交叉点 16m 时,既有隧道衬砌的峰值等效应力云图。从图 5.52 可以看出,离药包越近,等效应力值越大,且迎爆面的等效应力值大于背爆面。峰值等效应力出现在既有隧道直墙段和起拱处,为拉应力,其值约为 1.359MPa,小于衬砌混凝土的抗拉强度值,既有隧道衬砌结构不会破坏。

图 5.52　既有隧道衬砌峰值等效应力云图

对比工况 1 和工况 2，当开挖进尺不同时，测点在两个方向上的速度均呈现出一定的变化规律。且从图中可以看出，计算得到的 X 方向的速度值较小，曲线振幅较大且变化不太规律。但计算得到的 Y 方向的速度曲线较好，能够反映既有隧道衬砌随时间而变化的振动响应情况。为了分析简便，以下不再逐一对七种工况进行单个说明，而是只对各个工况下 Y 方向的速度变化时程曲线进行分析。图 5.53 为不同工况作用下 Y 方向的速度时程变化曲线图。表 5.19 和表 5.20 分别给出了测点 X 和 Y 向的速度数值模拟结果及其峰值位置。

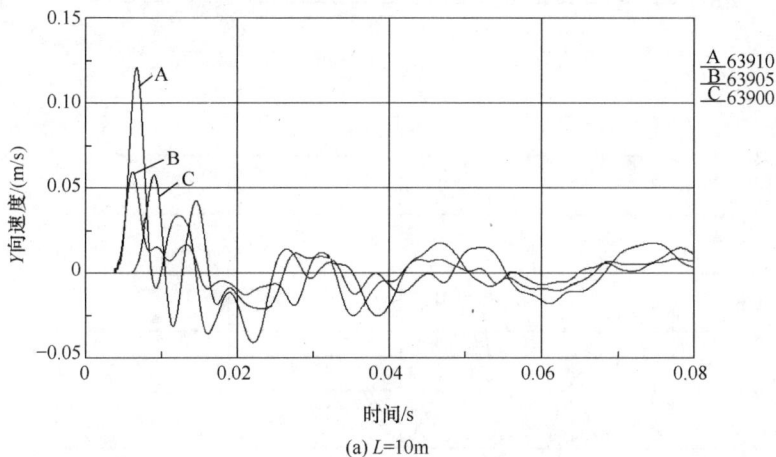

(a) L=10m

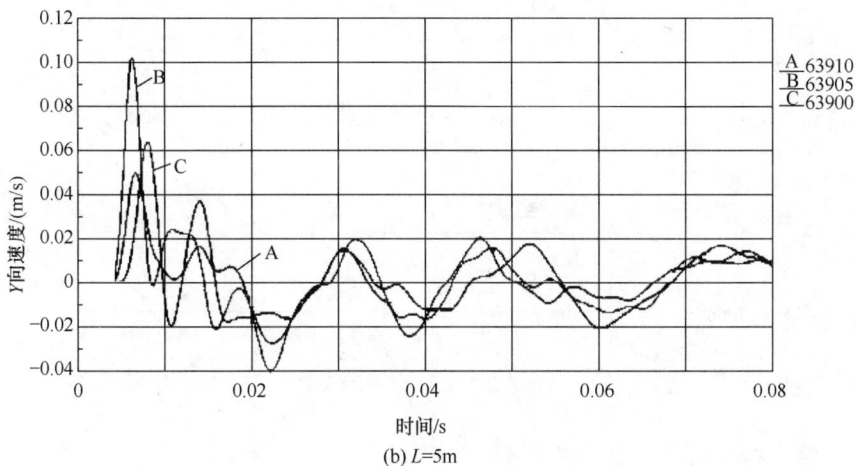

(b) L=5m

(c) L=3m

(d) L=−2m

(e) L=−6m

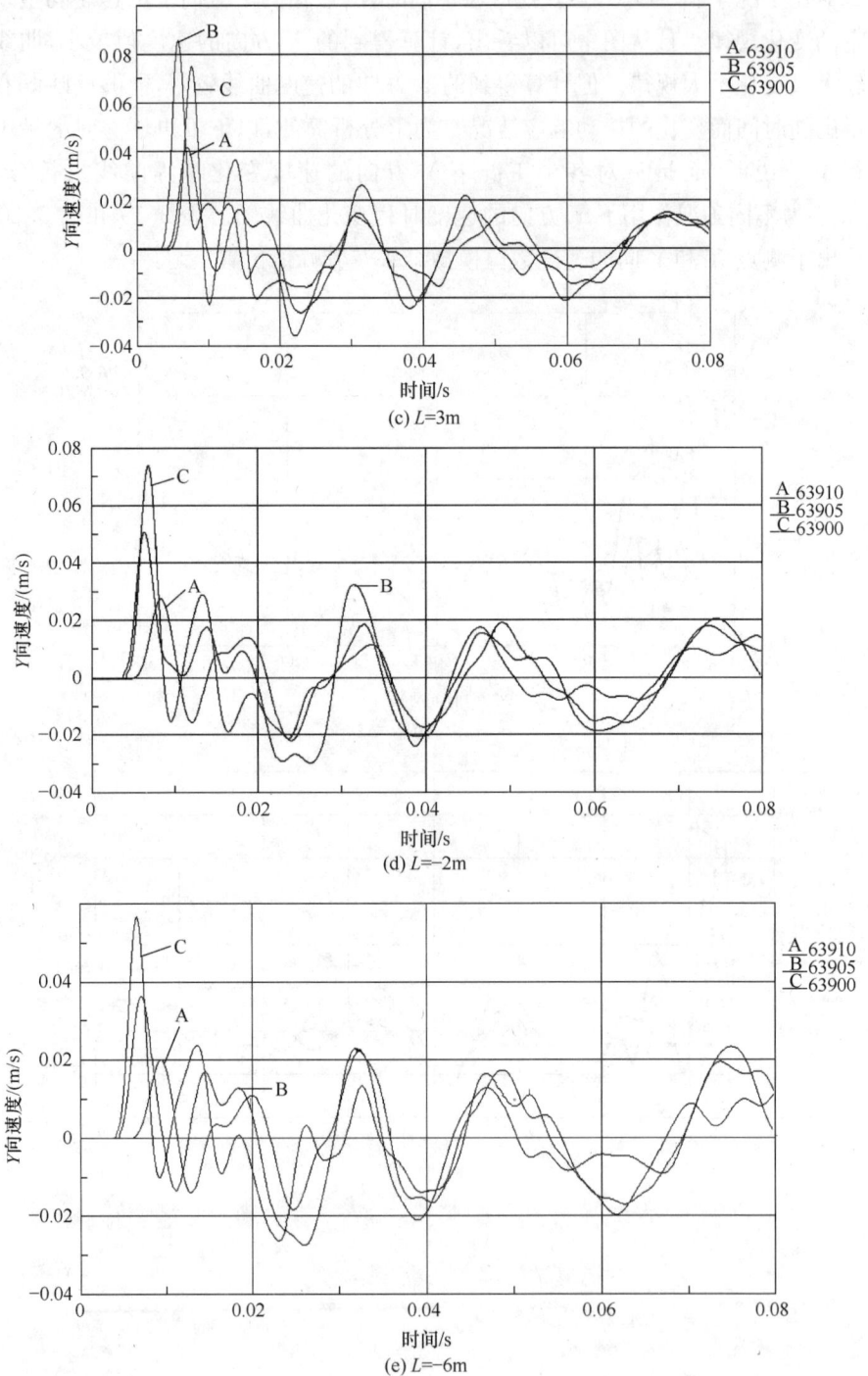

图 5.53　测点沿 Y 方向速度时程曲线图

表 5.19　测点 *X* 方向速度峰值及其位置表

工况	测点 *X* 向峰值速度值 /(cm/s)			峰值位置	峰值 /(cm/s)
	西安测点	中间测点	安康测点		
1	2.3	1.7	2.1	西安测点	2.3
2	2.7	1.82	2.31	西安测点	2.7
3	2.7	2.02	2.0	西安测点	2.7
4	1.49	3.1	2.5	中间测点	3.1
5	1.49	2.8	2.7	中间测点	2.8
6	1.72	2.18	2.89	安康测点	2.89
7	1.5	1.85	3.06	安康测点	3.06

表 5.20　测点 *Y* 方向速度峰值及其位置表

工况	测点 *Y* 向峰值速度值 /(cm/s)			峰值位置	峰值/(cm/s)
	西安测点	中间测点	安康测点		
1	10.5	6.0	3.0	西安测点	10.5
2	12.0	7.0	3.5	西安测点	12.0
3	12.1	5.9	5.8	西安测点	12.1
4	4.9	10.2	6.4	中间测点	10.2
5	4.1	8.5	7.7	中间测点	8.5
6	2.75	5.0	7.5	安康测点	7.5
7	2.37	3.8	5.8	安康测点	5.8

从图 5.53 可以看出,在不同的工况作用下,测点沿 *Y* 方向的速度时程曲线具有相同的变化趋势,在 0~40ms 时间范围内,各个测点沿 *Y* 向速度值比较大且变化非常块,40ms 以后测点的速度值逐渐减小并趋于稳定。在图 5.53 中,随着掌子面的向前推进,各个测点沿 *Y* 方向振动速度的最大值逐渐由测点 A 向测点 B 和测点 C 移动。其峰值位置的变化与掌子面到测点的距离有关,距离越近,测得的速度值越大。

上述表中列出了不同工况作用下各个测点的速度和加速度的最大值。对比表 5.20 和表 5.21 可得,测点沿 *Y* 方向的速度值明显的大于沿 *X* 方向上测点的速度值,且测点沿 *X* 向的峰值速度均小于本节设定的峰值振速门槛值 10cm/s。而工况 2 和工况 3 中,测点沿 *Y* 向的峰值振速分别为 12.0cm/s 和 12.1cm/s,超过了规定限制,如果按照此爆破方案进行现场施工,将会影响既有隧道衬砌结构的稳定性,实际施工需要减少药量或者增加临空面、调整微差爆破时间等方法对爆破方案进行优化。

5.3.3　小净距隧道爆破振动响应

1. 工程概况

某改建铁路隧道与某既有隧道为小净距隧道,该隧道穿越了秦岭北麓低中山区,整个隧道的长度约为 577m,隧道最大处的埋深为 210m,新建隧道在里程 DK80+391 处接入大瓢沟隧道的出口端。在里程 DK80+391～DK80+570 段,在既有隧道出口处预留喇叭口,并用直线作为预留段,179m 作为预留长度,目前,该预留段未出现破坏。

里程 DK80+354～DK80+391 段两隧道的净间距是 4.8～10m,里程 DK80+326～DK80+354 段两隧道净间距是 10～19m。在本工程中,新建隧道与既有线隧道的平面关系图如图 5.54 所示。隧道所在区的岩体坚硬,岩体也比较完整性,主要是Ⅱ、Ⅲ级围岩,地下水主要是贫水、弱富水。新建小瓢沟二号隧道设计断面的形状及其尺寸如图 5.55 所示。

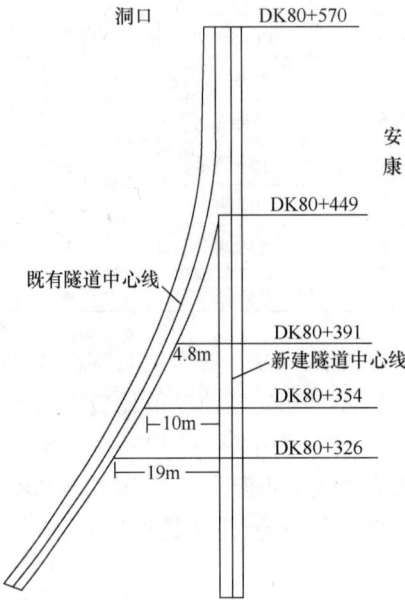

图 5.54　新建隧道与既有隧道平面关系图　　　图 5.55　新建隧道断面尺寸图

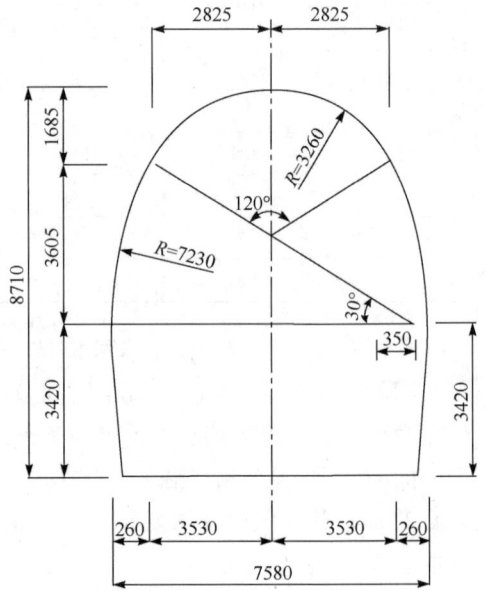

2. 模型的建立

本节基于 ANSYS/LS-DYNA 有限元程序,采用了空间三维来模拟新建隧道在不同药量、爆心距爆破条件下对既有隧道的影响。三维隧道爆破动力分析时,姚勇等[26]通过选取模型不同的边界进行了数值模拟,研究的结果发现,当两隧道之间的净间距不是很大时,当计算模型的边界取得足够大时,即大于开挖隧道直径的 3 倍以上时,模型边界的反射效应可以忽略不计。本节有限元模型的尺寸取为 65m×42m×35m,整体有限元模型如图 5.56 所示。模型六个边界均施加无反射边界,模型底部施加三向约束。有限元模型中,围岩采用 SOLID181 实体单元,衬砌采用 SHELL163 壳单元。模型坐标 X 与新建隧道边墙垂直,Z 对应新建隧道轴向,Y 垂直于 X 轴与 Z 轴形成的平面。

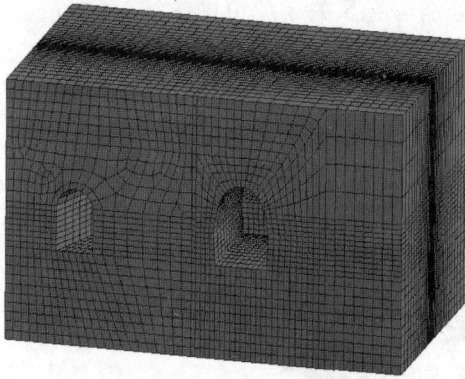

图 5.56　有限元模型

数值模拟时,有限元模型由三部分组成,即岩石、炸药和空气,在 k 文件的材料定义部分,岩石定义为 ∗MAT_PLASTIC_KINEMATIC 的材料类型;炸药定义为 ∗MAT_HIGH_EXPLOSIVE_BURN 的材料类型,∗EOS_JWL 在该部分是炸药的状态方程,并用 ∗INITIAL_DETONATION 指明了最初爆破发生的中心坐标;空气定义为 ∗MAT_NULL 的材料类型。其中,岩石选用的是 Lagrange 方法划分网格建立模型;空气及炸药运用的是 Euler 方法划分网格建立模型,其生成的单元选取 ALE 算法进行计算,其中,二者在进行模拟计算时采用了流固耦合。材料参数见表 5.21。

表 5.21　材料参数

材料类型	重度 $\gamma/(\text{kg/m}^3)$	弹性模量 E/GPa	泊松比 μ
Ⅱ围岩	2600	25	0.23
Ⅲ围岩	2300	19	0.21
炸药	1050	$6.72×10^{-3}$	0.32
空气	$1.2×10^{-3}$	1	0.2
衬砌	2200	23	0.2

3. 模拟结果分析

1) 既有线振速测点的布置

为了确定新建隧道爆破施工时,既有隧道监测点的合理布置,本节以里程

DK80＋354爆破断面为例，进行了计算机数值模拟。里程DK80＋354处两隧道净间距约为10m，爆破开挖面位置如图5.57所示。

图5.58给出了既有隧道关键节点的位置。已有的研究表明，新建隧道爆破施工时，既有线迎爆侧的爆破振动响应远大于背爆侧，而隧道迎爆侧直墙段振动强度又大于其他位置，因而，图5.58中迎爆侧布置了较多测点。其中，关键节点3距地面1.2m，关键节点4距地面1.8m，关键节点5距地面2.4m，关键节点6距地面4.8m，关键节点8、9分别与6、5关于隧道中心线对称布置。图5.59给出了新建隧道爆破开挖时既有线里程DK80＋354处洞周相应关键节点的振速时程曲线。将图5.58中既有隧道关键测点的振速峰值绘于图5.59中，得到DK80＋354里程处既有隧道洞周振速峰值的变化趋势图，如图5.60所示。

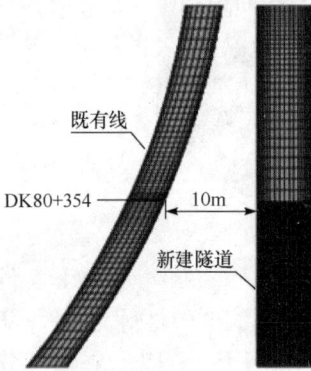

图5.57　爆破开挖面位置

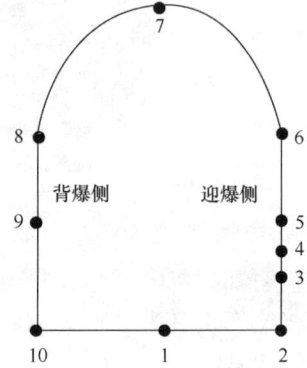

图5.58　既有隧道关键节点位置

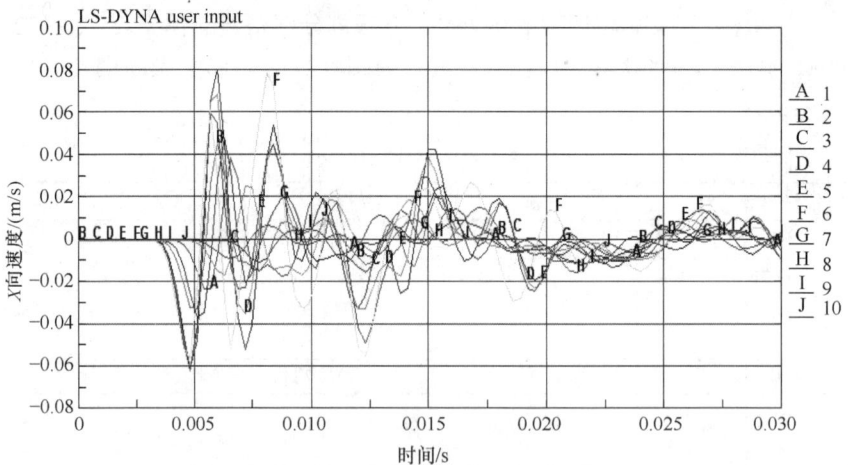

图5.59　振速时程曲线

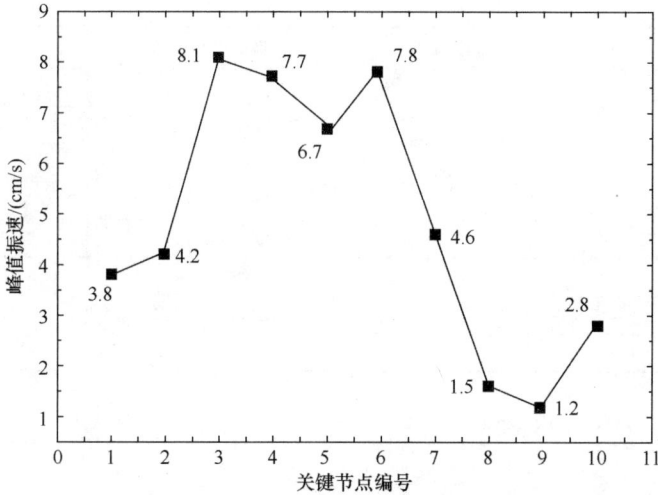

图 5.60　爆破荷载作用下既有隧道振动速度曲线图

　　由图 5.59 和图 5.60 可知,既有隧道迎爆侧的质点振速远大于背爆侧质点振速,与已有的研究结论相符。在既有隧道迎爆侧,关键节点 3 的峰值振速最大,约为 8.1cm/s;相对关键节点 3 而言,节点 4 的峰值振速略小,约为 7.7cm/s;其中关键节点 6 的振速约为 7.8cm/s;迎爆侧关键节点 5 的峰值振速约为 6.7cm/s;拱顶节点 7 的振速约为 4.6cm/s;迎爆侧拱脚节点 2 的峰值振速约为 4.2cm/s;拱底节点 1 的振速约为 3.8cm/s;背爆侧拱墙节点 9 的峰值振速约为 1.2cm/s;背爆侧拱脚节点 10 的振速约为 2.8cm/s。从以上的分析中可知,既有隧道迎爆侧关键节点 3 的振速最大,关键节点 6 的振速次之,关键节点 4 比节点 3 和节点 6 略小。在既有隧道的背爆侧,节点 10 的振速最大,节点 8 和节点 9 振速相近。拱顶节点 7 比拱底节点 1 略大,且二者的值都大于背爆侧节点的振速。后续数值模拟中,只对既有线迎爆侧关键节点 3(距地面 1.2m)的垂直于直墙的振速进行分析。

　　2) 振速分析

　　表 5.22 为 12 种不同净间距工况下新建隧道施工时既有线隧道的爆破振动响应,12 种工况的速度时程曲线如图 5.61 所示。

表 5.22　不同工况的划分情况

工况	净间距 L/m	测点里程桩号	药量/kg
1	11.9	DK80+346.0	72
2	11.0	DK80+349.8	72
3	10.0	DK80+354.0	72
4	9.5	DK80+356.4	72

续表

工况	净间距 L/m	测点里程桩号	药量/kg
5	9.0	DK80+358.5	72
6	9.0	DK80+358.5	48
7	8.5	DK80+360.9	48
8	8.0	DK80+363.6	48
9	8.0	DK80+363.6	30
10	7.5	DK80+366.3	30
11	7.0	DK80+368.9	30
12	6.5	DK80+372.5	30

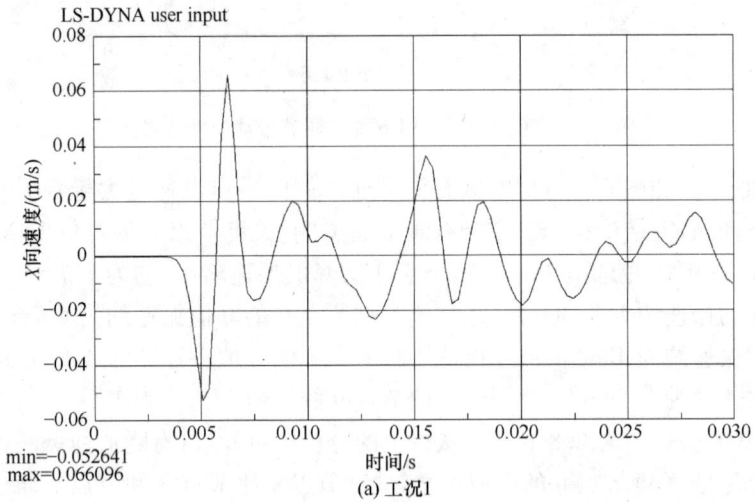

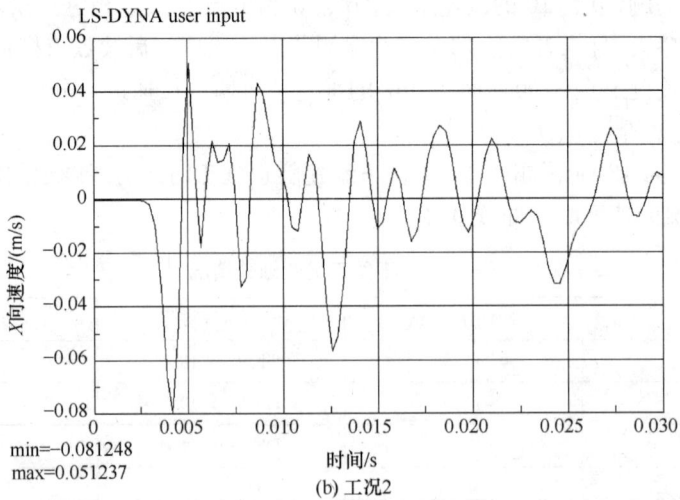

LS-DYNA user input

min=-0.052641
max=0.066096

(a) 工况1

LS-DYNA user input

min=-0.081248
max=0.051237

(b) 工况2

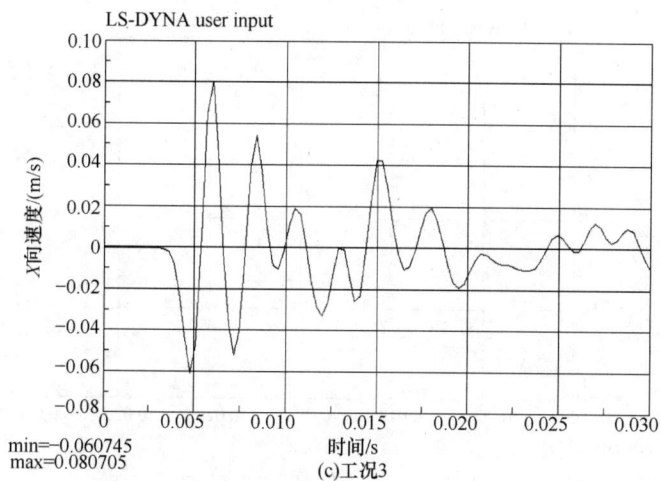

min=−0.060745
max=0.080705

(c)工况3

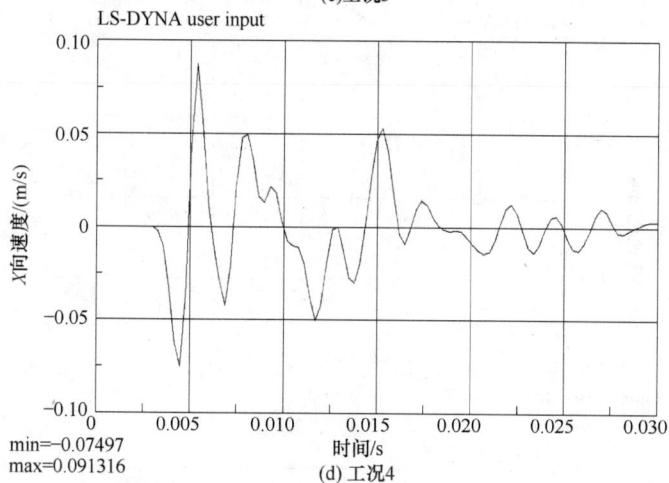

min=−0.07497
max=0.091316

(d) 工况4

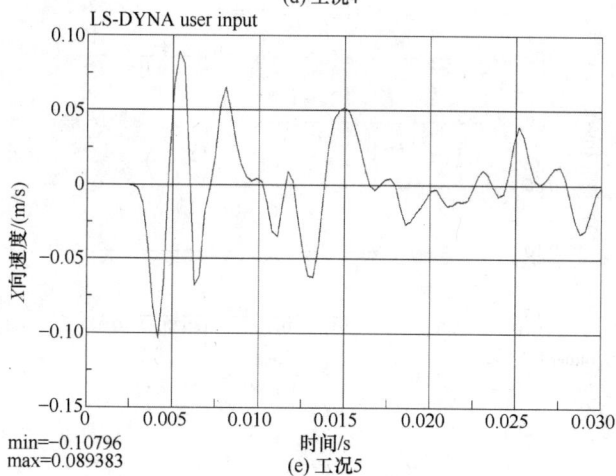

min=−0.10796
max=0.089383

(e) 工况5

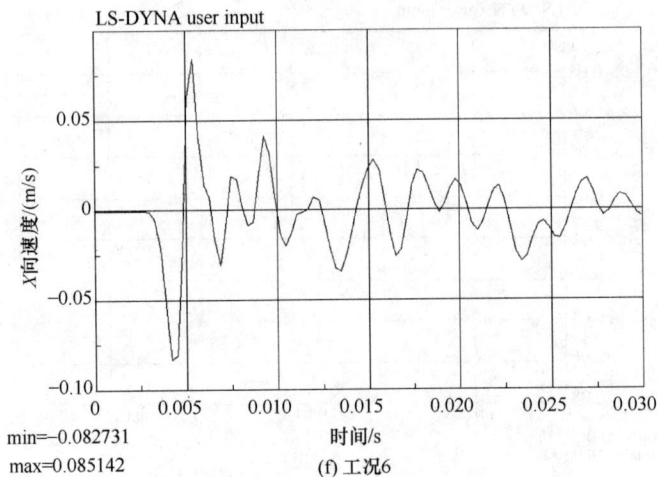

min=−0.082731
max=0.085142

(f) 工况6

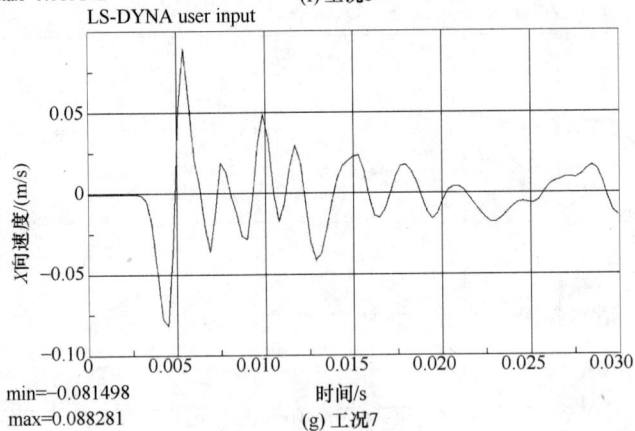

min=−0.081498
max=0.088281

(g) 工况7

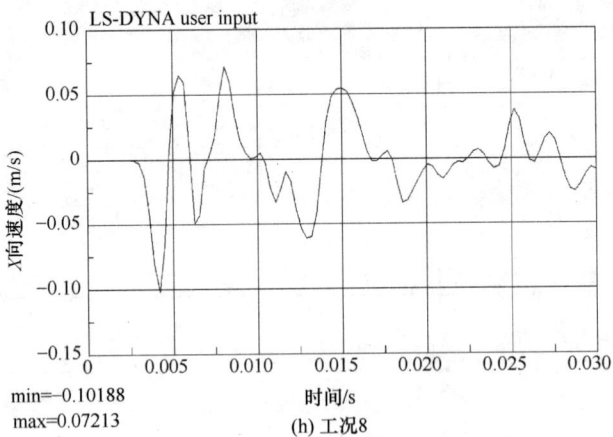

min=−0.10188
max=0.07213

(h) 工况8

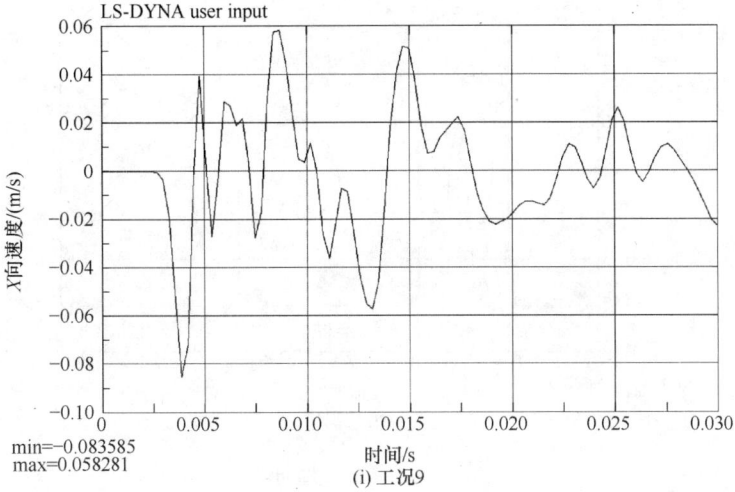

min=−0.083585
max=0.058281

(i) 工况9

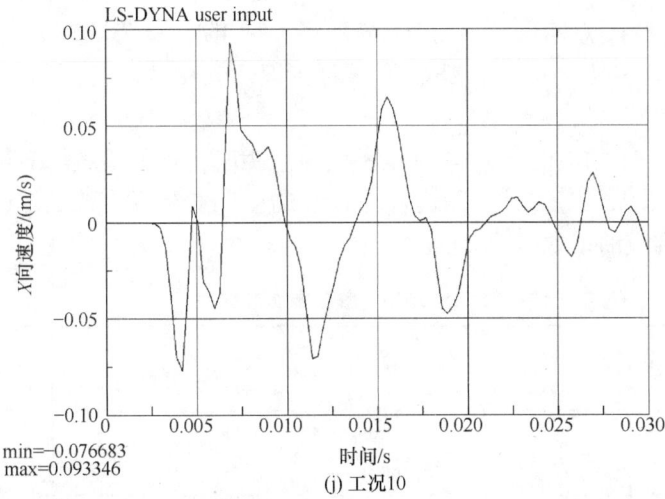

min=−0.076683
max=0.093346

(j) 工况10

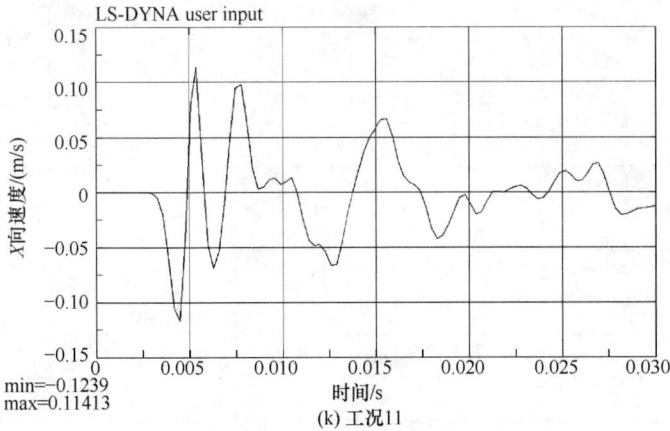

min=−0.1239
max=0.11413

(k) 工况11

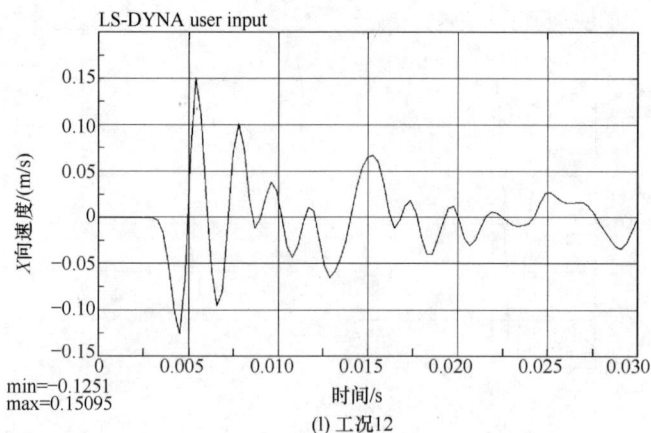

图 5.61　速度时程曲线

　　在表 5.22 中,总药量为 72kg 时,选取了 5 种工况;总药量为 48kg 时,选取了 3 种工况;总药量为 30kg 时,选取了 4 种工况。表中 12 种工况的净间距逐渐变小。

　　通过图 5.61 的数值分析,以确定不同净间距时合理的爆破炸药量,数据列于表 5.23,进而指导西康二线小瓢沟隧道的爆破施工,控制既有线的爆破振动响应,保证既有线隧道的正常运营安全。

表 5.23　爆破振动数据

工况	净间距 L/m	测点里程桩号	药量/kg	振速峰值 /(cm/s)
1	11.9	DK80+346.0	72	6.61
2	11.0	DK80+349.8	72	8.12
3	10.0	DK80+354.0	72	8.07
4	9.5	DK80+356.4	72	9.13
5	9.0	DK80+358.5	72	10.79
6	9.0	DK80+358.5	48	8.51
7	8.5	DK80+360.9	48	8.82
8	8.0	DK80+363.6	48	10.18
9	8.0	DK80+363.6	30	8.35
10	7.5	DK80+366.3	30	9.33
11	7.0	DK80+368.9	30	12.39
12	6.5	DK80+372.5	30	15.09

　　由表 5.23 可知,工况 1 的两隧道净间距是 11.9m,测点里程桩号是 DK80+346.0,其振速峰值为 6.61cm/s;工况 2 的两隧道净间距为 11.0m,测点里程桩号为 DK80+349.8,其振速峰值为 8.12cm/s;工况 3 的两隧道净间距为 10.0m,测点里程桩号是 DK80+354.0,其振速峰值为 8.07cm/s;工况 4 的两隧道净间距是 9.5m,测点里程桩号为 DK80+356.4,其振速峰值为 9.13cm/s;工况 5 的两隧道净间距为 9.0m,测点里程桩号是 DK80+358.5,其振速峰值为 10.79cm/s。

　　爆破药量为 72kg 时,当两隧道净间距由 11.9m 减小至 9.0m 时,关键节点 3 的振速峰值由 6.61cm/s 逐渐增大至 10.79cm/s,已超过西康二线小瓢沟隧道振速门槛值 10.0cm/s。故两隧道净间距为 9.0m(隧道里程桩号约为 DK80+358.5 处)时,应减小爆破药量。当爆破药量减至 48kg 时,关键节点 3 的峰值振速降至 8.51cm/s。

　　工况 6 的两隧道净间距为 9.0m,测点里程桩号是 DK80+358.5,其振速峰值为 8.51cm/s;工况 7 的两隧道净间距是 8.5m,测点里程桩号为 DK80+360.9,其振速峰值为 8.82cm/s;工况 8 的两隧道净间距是 8.0m,测点里程桩号是 DK80+363.6,其振速峰值为 10.18cm/s。

　　爆破药量为 48kg 时,当两隧道净间距由 9.0m 减小至 8.0m 时,关键节点 3 的振速峰值由 8.51cm/s 逐渐增大至 10.2cm/s,该值大于西康二线小瓢沟隧道振速门槛值 10.0cm/s。故两隧道净间距为 8.0m(隧道里程桩号约为 DK80+363.6 处)时,应减小爆破药量。当爆破药量减至 30kg 时,关键节点 3 的峰值振速降至 8.24cm/s。

　　工况 9 的两隧道净间距是 8.0m,测点里程桩号是 DK80+363.6,其振速峰值为 8.35cm/s;工况 10 的两隧道净间距为 7.5m,测点里程桩号为 DK80+366.3,其振速峰值为 9.33cm/s;工况 11 的两隧道净间距是 7.0m,测点里程桩号是 DK80+368.9,其振速峰值为 12.39cm/s;工况 12 的两隧道净间距为 6.5m,测点里程桩号为 DK80+372.5,其振速峰值为 9.89cm/s。

　　爆破药量为 30kg 时,当两隧道净间距由 8.0m 减小至 7.0m 时,关键节点 3 的振速峰值由 8.20cm/s 逐渐增大至 12.39cm/s,该值大于西康二线小瓢沟隧道振速门槛值 10.0cm/s。故两隧道净间距为 7.0m(隧道里程桩号约为 DK80+368.9 处)时,应减小爆破药量。当爆破药量减至 24kg 时,关键节点 3 的峰值振速降至 9.89cm/s。

　　在所有的速度时程曲线中,5ms 内都出现一段直线,这是因为爆源距测点有一定的距离,爆破后,需要一定的时间传递,当爆破产生的能量到达测点时,随着时间的变化,振速达到峰值,然后随时间延长,振速逐渐变小,最后趋于稳定,这是由于随着的时间的延长,爆炸的能量逐渐扩散变弱引起的。

　　综上可知,既有隧道关键节点 3 的峰值振速与两隧道净间距及爆破药量关系密切。新建隧道爆破施工时,随两隧道净间距的不断减小,应及时调整爆破药量。建议两隧道净间距为 9.0m、8.0m 及 7.0m 时(即隧道里程桩号分别为 DK80+

358.5、DK80+363.6、DK80+368.9 处）进行爆破药量的调整,调整后的爆破药量分别为 48kg、30kg 和 24kg。

3）应力分析

（1）不同时刻既有隧道衬砌等效应力变化图。

图 5.62 是不同时刻 DK80+346 对既有隧道衬砌等效应力变化图,图中总共给出了 18 个时刻既有隧道衬砌等效应力图。

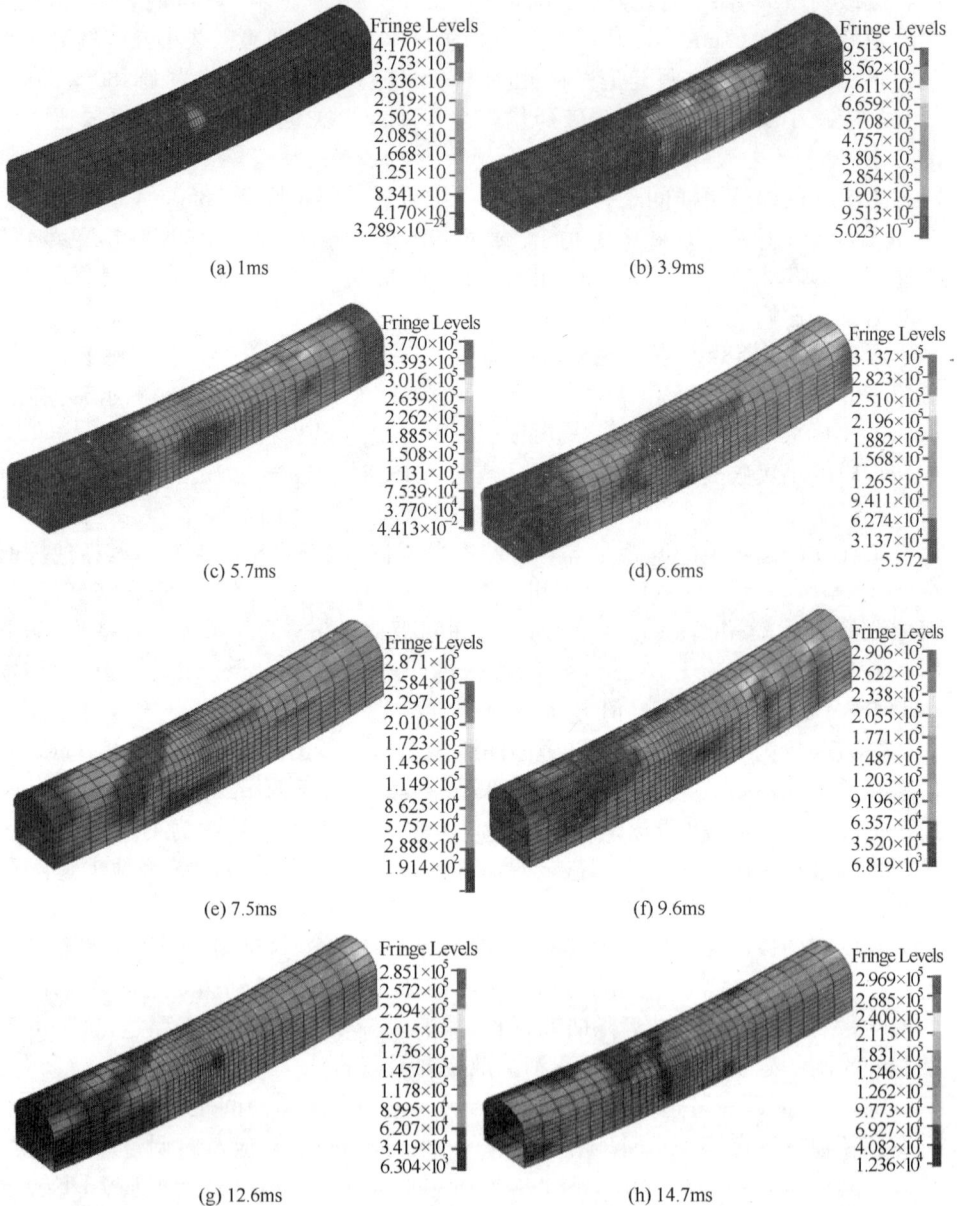

(a) 1ms

(b) 3.9ms

(c) 5.7ms

(d) 6.6ms

(e) 7.5ms

(f) 9.6ms

(g) 12.6ms

(h) 14.7ms

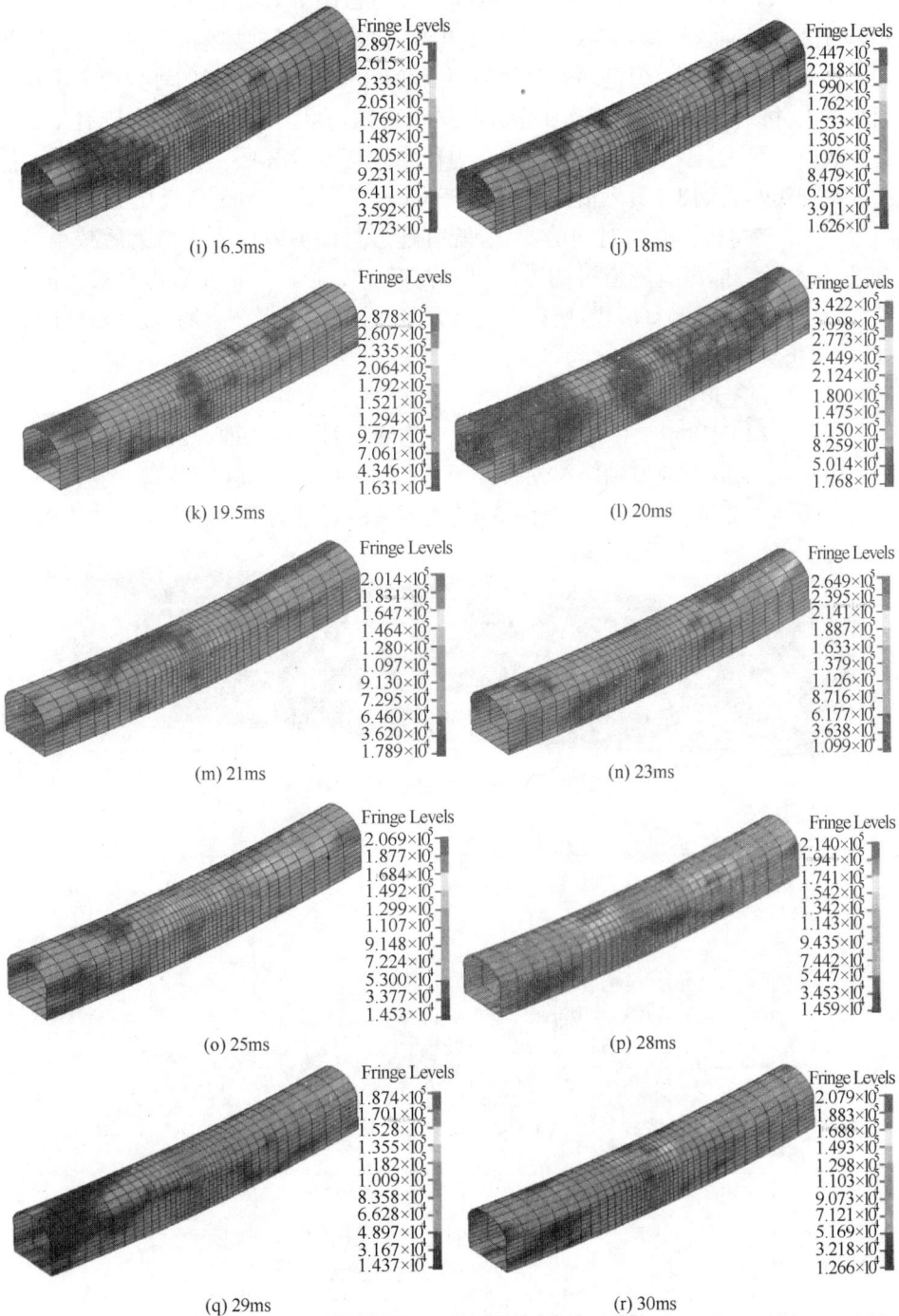

(i) 16.5ms

(j) 18ms

(k) 19.5ms

(l) 20ms

(m) 21ms

(n) 23ms

(o) 25ms

(p) 28ms

(q) 29ms

(r) 30ms

图 5.62　不同时刻既有隧道衬砌等效应力变化图

从图 5.62 可知,26 个不同时刻的既有隧道衬砌等效应力图每一时刻都有区别,爆炸刚开始时,衬砌的等效应力首先出现在既有隧道迎爆侧的拱肩处,且等效应力出现的面积较小,但是随着时间的不断变化,既有隧道衬砌的等效应力出现的面积变大并逐渐向隧道的周边扩散。从图中可知,在爆炸 8.4ms 左右既有隧道衬砌等效应力最大,因为爆炸波从新建隧道传到既有隧道需要一定的时间,且最大值出现在迎爆侧直墙上,最大值约为 0.4238MPa,在爆炸 5.7ms 既有隧道衬砌等效应力为 0.377MPa。随着时间的变化,既有隧道衬砌等效应力先增大后减小。综合以上分析可知,既有隧道衬砌等效应力在爆炸发生 8.4ms 左右出现最大值,且最大值出现在迎爆侧直墙段,所以在进行现场监测时,迎爆侧直墙段应该加强监测观察,防止直墙段破坏。

(2) 既有隧道衬砌应力曲线图。

选择里程 DK80+346 爆破对既有大瓢沟隧道衬砌应力曲线进行分析。

图 5.63 为既有隧道轴向单元布置图,因为振速在既有隧道拱墙上最大,本节选取拱墙的单元进行应力分析。图 5.64 为既有隧道轴向单元应力时程曲线图,由

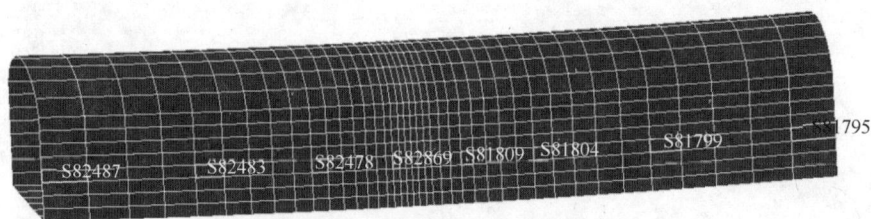

图 5.63　既有隧道轴向单元布置图

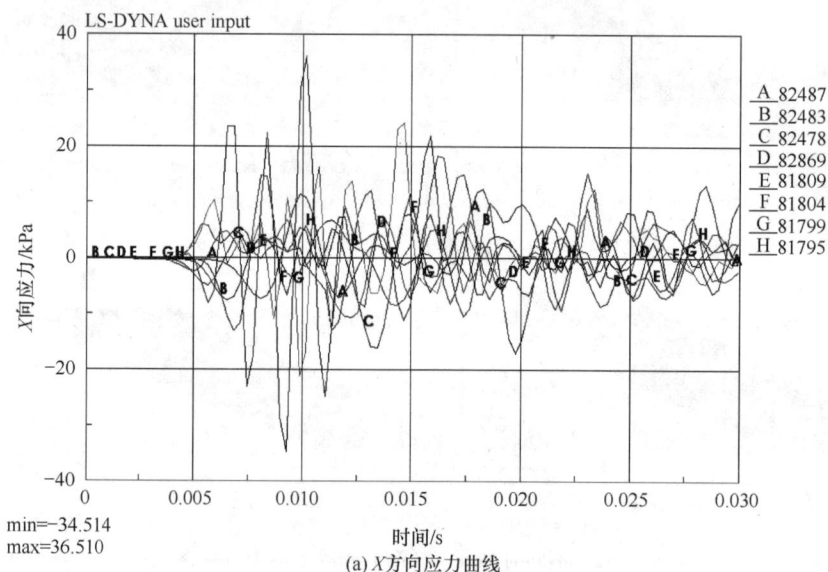

(a) X 方向应力曲线

(b) Y方向应力曲线

(c) XY方向应力曲线

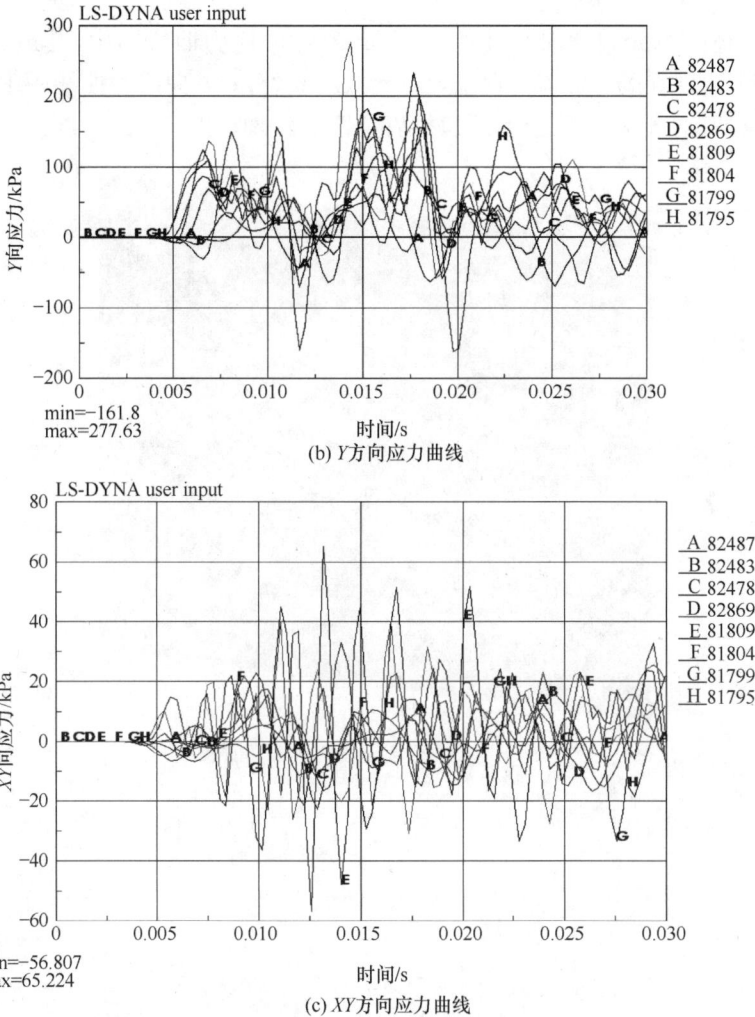

图 5.64 既有隧道轴向单元应力时程曲线图

图可知,X 方向应力曲线图中,其最大值约为 36kPa,出现在单元 81799 处,单元 81804 的 X 方向应力次之,单元 81809X 方向应力也较大;Y 方向应力曲线图中,最大应力值约为 277kPa,出现在单元 81804 处,单元 81809 和单元 81799 的 Y 方向应力也较大;XY 方向应力曲线图中,应力最大值约为 65kPa,出现在单元 81809 处,单元 81804 和单元 81799 的 XY 方向应力次之。从上面分析可知,Y 方向应力比 X 方向和 XY 方向的应力大,这些方向上的最大应力值都出现在爆破断面后 10m 附近,说明爆破振动对既有隧道产生的影响在爆破断面后 10m 比较大,所以在爆破断面后 10m 应该加强监测。

图 5.65 既有隧道径向单元布置图,图 5.66 为既有隧道径向单元应力时程曲线图。由径向单元应力时程曲线图可知,X 方向应力曲线图中,其最大值约为 -298kPa,出现在既有隧道拱顶位置单元 82146 处;Y 方向应力曲线图中,最大应力值约为 313 kPa,出现在既有隧道拱肩位置单元 81732 处;在 Z 方向应力曲线图

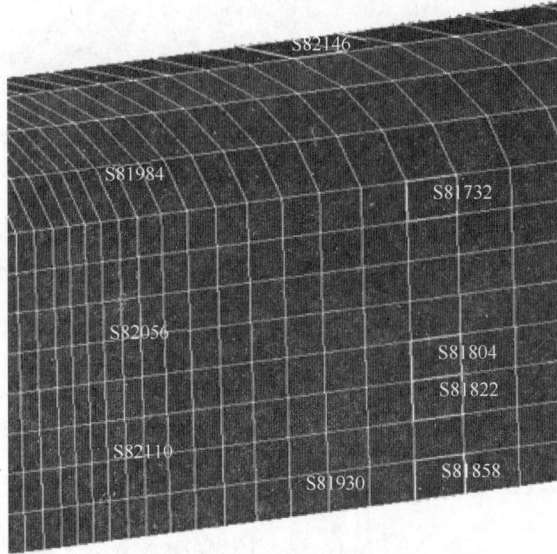

图 5.65 既有隧道径向单元布置图

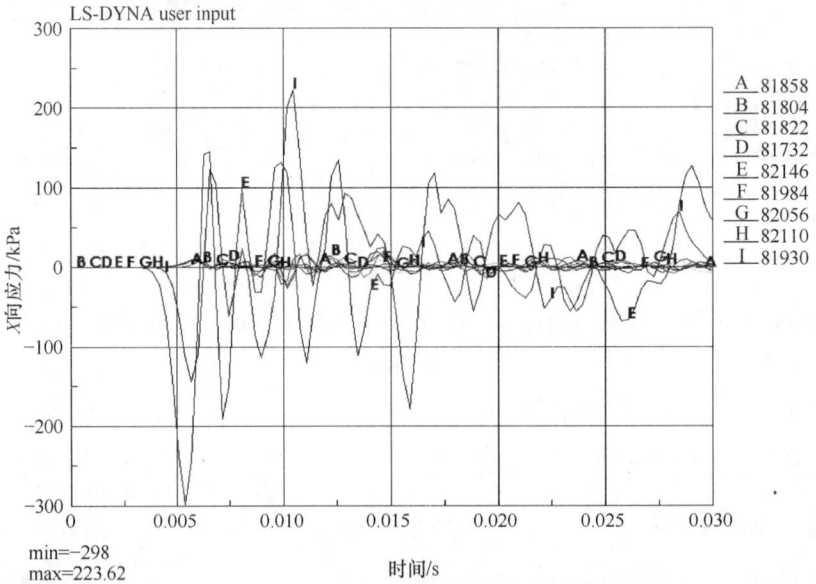

(a) X方向应力曲线

LS-DYNA user input

A 81858
B 81804
C 81822
D 81732
E 82146
F 81984
G 82056
H 82110
I 81930

min=−138.93
max=313.19

(b) Y 方向应力曲线

LS-DYNA user input

A 81858
B 81804
C 81822
D 81732
E 82146
F 81984
G 82056
H 82110
I 81930

min=−130.55
max=299.99

(c) Z 方向应力曲线

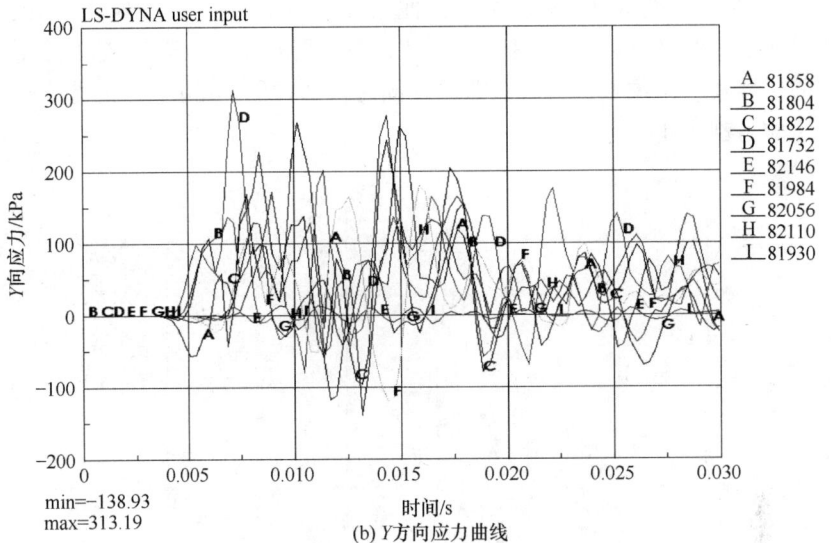

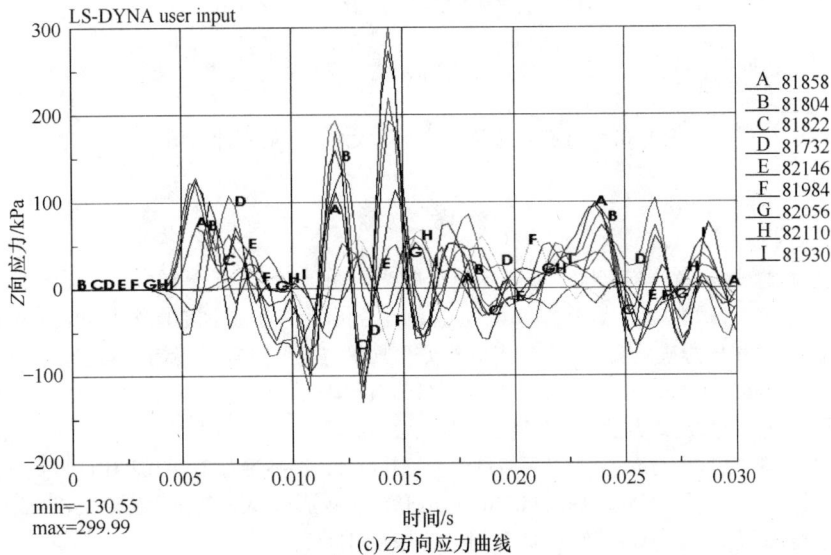

图 5.66　既有隧道径向单元应力时程曲线图

中,最大应力值约为 299kPa,出现在既有隧道边墙位置单元 81804 处。由以上的分析可得,这三个方向的最大应力值相差不大。这些方向上的最大应力值大都出现在爆破断面的拱顶、拱肩和边墙处,说明爆破振动对既有隧道的拱肩、边墙及拱顶的的影响最大,在进行现场监测时,这些地方要多观察和加强监测。

图 5.67 为既有隧道径向单元最大主应力时程曲线图,单元位置分布图见图 5.65。由图 5.67 分析可知,既有大瓢沟隧道迎爆侧边墙位置单元 81804 处出

现最大主应力,其值约为 369kPa,大于其他位置的单元最大主应力,其次是迎爆侧的边墙单元 81822 及拱肩单元 81732。所以,在进行施工现场爆破监测时,应该对迎爆侧的边墙及拱肩位置进行重点监测。同时可知,既有隧道主要是受拉破坏,因为最大主应力都为正。

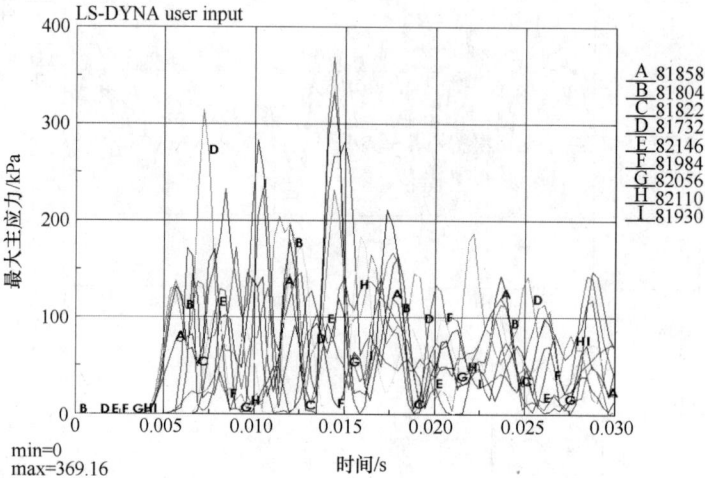

图 5.67　既有隧道径向单元最大主应力时程曲线图

参 考 文 献

[1] 薛孔宽,赵式本,黄桂英. 空腔爆破——降低爆破震动的有效途径. 爆破,1987,4(4):23-28.

[2] 刘清泉,减玉田,李玉民. 露天大爆破振动监测与分析. 山东矿业学院学报,1989,(3):34-38.

[3] 迈耶尔 W. 影响爆破地震和空气冲击波拷贝和频率的各种因素. 徐天瑞,译. Transaction of Mining and Metallurgy Section A,1984,93(10):173-180.

[4] 李翼祺,马素贞. 爆炸力学. 北京:科学出版社,1992.

[5] 冯叔瑜,朱节忠,朱乃耀. 土岩工程大量爆破及其设计. 北京:冶金工业出版社,1968.

[6] 阳生权. 爆破地震累积效应理论和应用初步研究. 长沙:中南大学博士学位论文,2003.

[7] 张雪亮,黄树棠. 爆破地震效应. 北京:地震出版社,1980.

[8] 段卓平,恽寿榕. 密闭爆炸容器实验研究及数值模拟. 中国安全科学学报,1994,4(3):1-8.

[9] 顾文彬,孔劲松,吴腾芳. 环状分布装药容器中爆炸荷载研究. 爆破器材,1999,28(5):19-22.

[10] 亨利奇 J. 爆炸动力学及其应用. 熊建国,等,译. 北京:科学出版社,1987.

[11] 陶颂霖. 凿岩爆破. 北京:冶金工业出版社,1992.

[12] 戴俊. 岩石动力力学特性与爆破理论. 北京:冶金工业出版社,2002.

[13] 时亚昕,王明年,李强. 爆破振动对双连拱隧道中墙的影响分析. 岩土力学,2007,28(6):1275-1279.

[14] 郝亚飞,李海波,刘恺德,等. 单自由面爆破振动特征的炮孔堵塞长度效应. 岩土力学,2011,32(10):3105-3110.

[15] 赵新涛,程贵海,冯国建. 炮孔堵塞长度的计算与实验研究. 力学季刊,2010,31(2): 165-171.

[16] 罗勇,沈兆武. 钻孔爆破中炮孔堵塞效果及堵塞长度的研究. 力学与实践,2006,28(2): 48-52.

[17] 罗伟,朱传云,祝启虎. 隧洞光面爆破中炮孔堵塞长度数值分析. 岩土力学,2008,29(9): 2487-2491.

[18] 任辉龙,段群苗,蔡永昌. 浅埋连拱隧道爆破的数值模拟. 爆破,2012,29(4):70-75.

[19] 王宝国,王涛. 深孔松动控制水压爆破在防冲卸压中的应用. 中州煤炭,2013,(10): 100-108.

[20] 王伟,李小春,石露,等. 深层岩体松动爆破中不耦合装药效应的探讨. 岩土力学,2008, 29(10):2837-2842.

[21] 颜事龙,徐颖. 水耦合装药爆破破岩机理的数值模拟研究. 地下空间与工程学报,2005, 1(6):921-924.

[22] 蔚立元,李术才,徐帮树. 青岛小净距海底隧道爆破振动响应研究. 土木工程学报,2010, 43(8):100-108.

[23] 张继春,曹孝君,郑爽英,等. 浅埋隧道掘进爆破的地表震动效应试验研究. 岩石力学与工程学报,2005,24(22):4158-4163.

[24] 王新宇,邵珠山,乔汝佳. 小净距下穿铁路隧道爆破震动的响应研究. 应用力学学报,2013, 30(4):527-532.

[25] 张志军,袁宏勋. 微差爆破技术及施工安全防护措施. 中国建材科技,2008,17(4):84-86.

[26] 姚勇,何川. 并设小净距隧道爆破振动响应分析及控爆措施研究. 岩土力学,2009,30(9): 2815-2822.

彩　　图

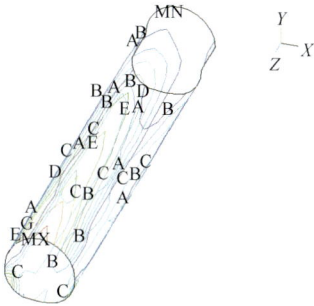

A=60227 C=0.340×10⁶ E=0.620×10⁶ G=0.900×10⁶ I=0.118×10⁷
B=0.200×10⁶ D=0.480×10⁶ F=0.760×10⁶ H=0.104×10⁷

图 2.97　右洞初期支护第一主应力

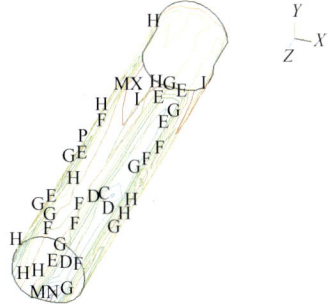

A=−0.142×10⁷ C=−0.109×10⁷ E=−0.748×10⁶ G=−0.410×10⁶ I=−0.72921
B=−0.125×10⁷ D=−0.917×10⁶ F=−0.579×10⁶ H=−0.242×10⁶

图 2.98　右洞初期支护第三主应力

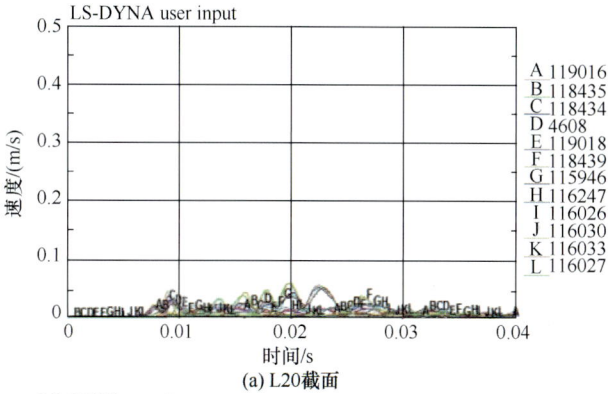

(a) L20截面

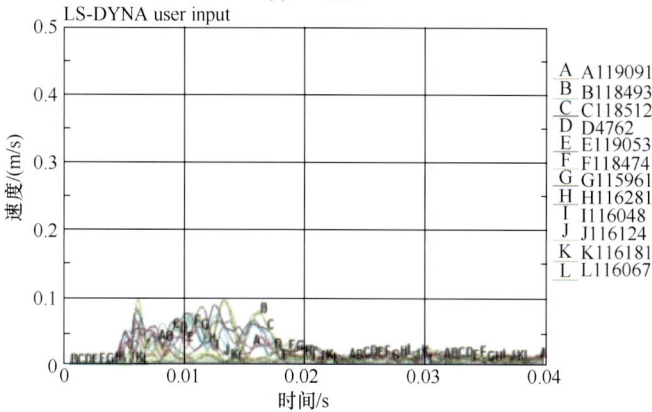

(b) L10截面

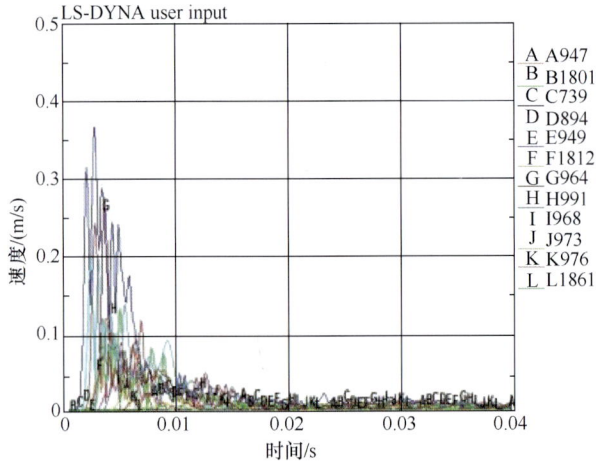

(c) L0截面

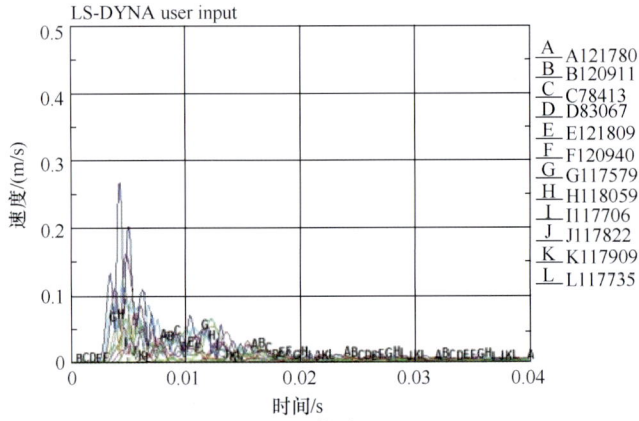

(d) -L10截面

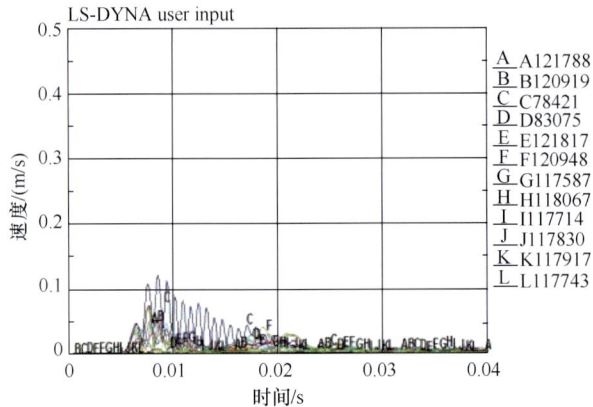

(e) -L20截面

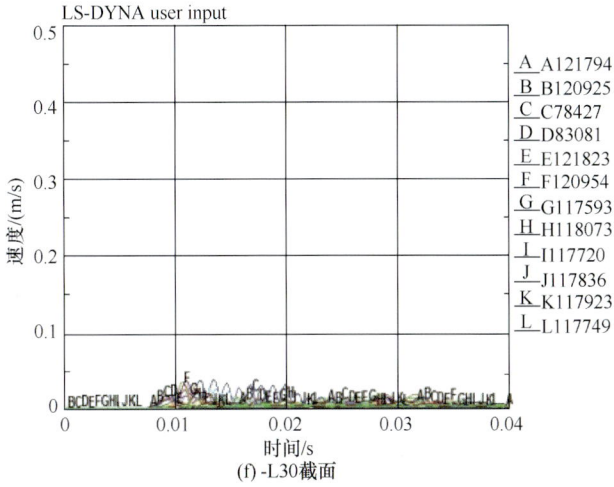

图 5.9　开挖上台阶时各截面上各节点的速度时间历程曲线

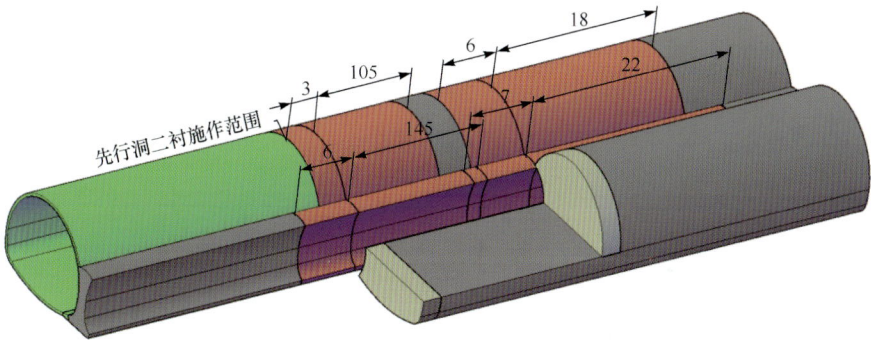

图 5.13　爆破振动的影响范围示意图

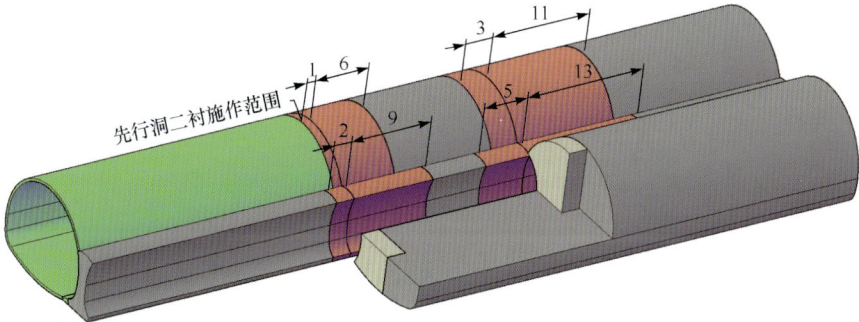

图 5.32　爆破振动的影响范围示意图

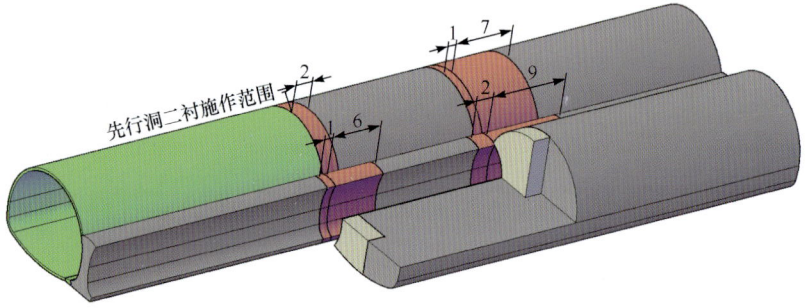

图 5.39　爆破振动的影响范围示意图

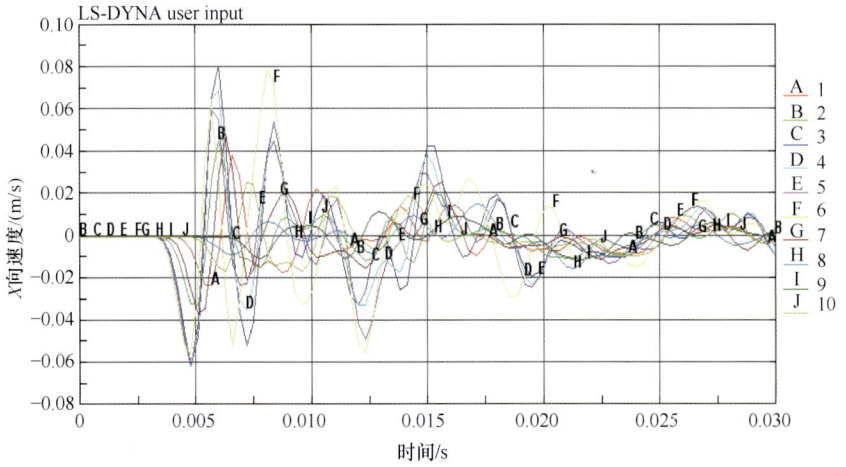

图 5.59　振速时程曲线

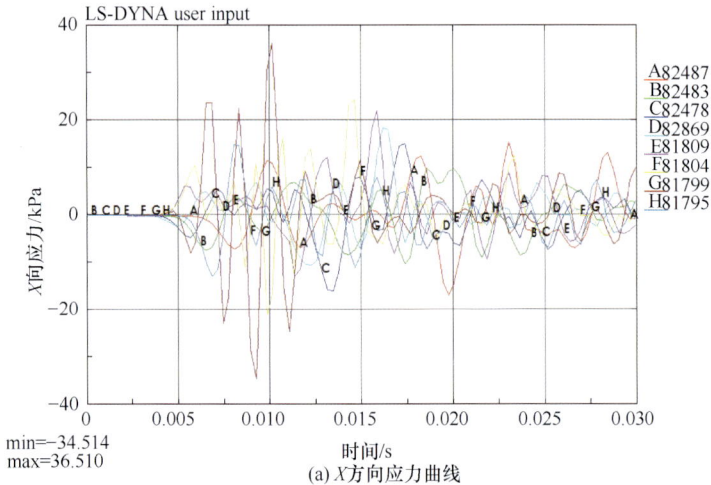

(a) X方向应力曲线

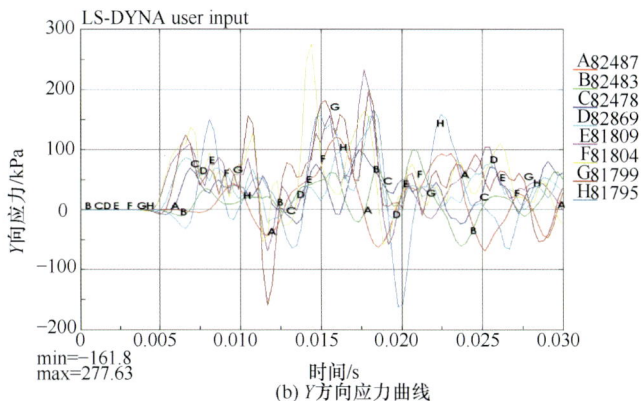

min=−161.8
max=277.63

(b) Y方向应力曲线

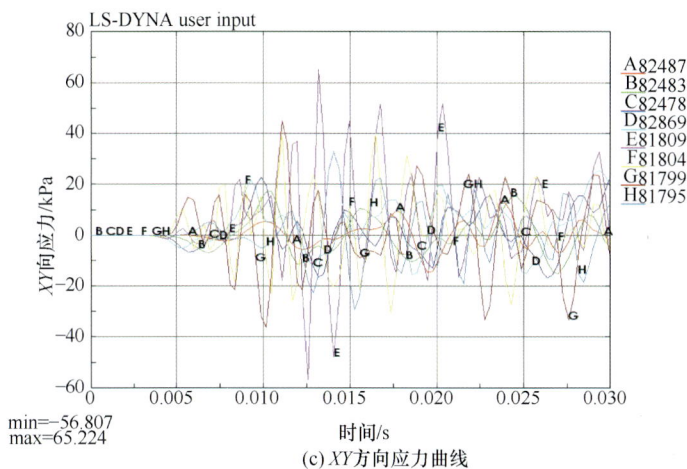

min=−56.807
max=65.224

(c) XY方向应力曲线

图 5.64 既有隧道轴向单元应力时程曲线图

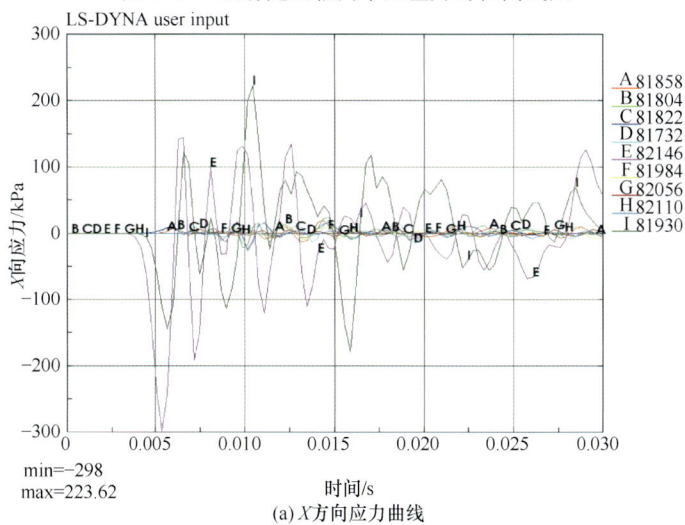

min=−298
max=223.62

(a) X方向应力曲线

A81858
B81804
C81822
D81732
E82146
F81984
G82056
H82110
I81930

Y 向应力/kPa

时间/s

min=−138.93
max=313.19

(b) Y 方向应力曲线

LS-DYNA user input

A81858
B81804
C81822
D81732
E82146
F81984
G82056
H82110
I81930

Z 向应力/kPa

时间/s

min=−130.55
max=299.99

(c) Z 方向应力曲线

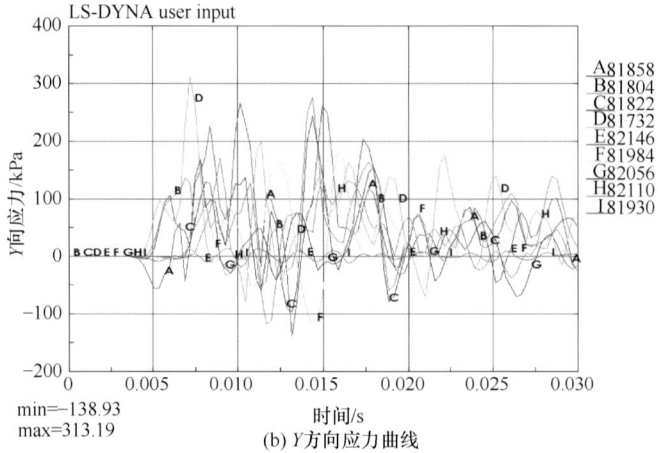

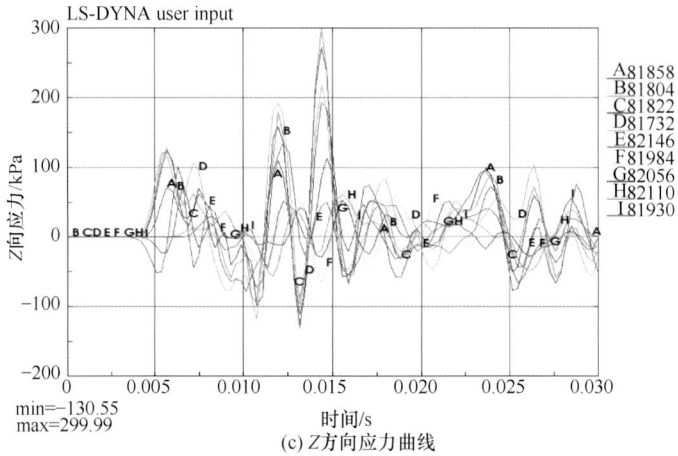

图 5.66　既有隧道径向单元应力时程曲线图

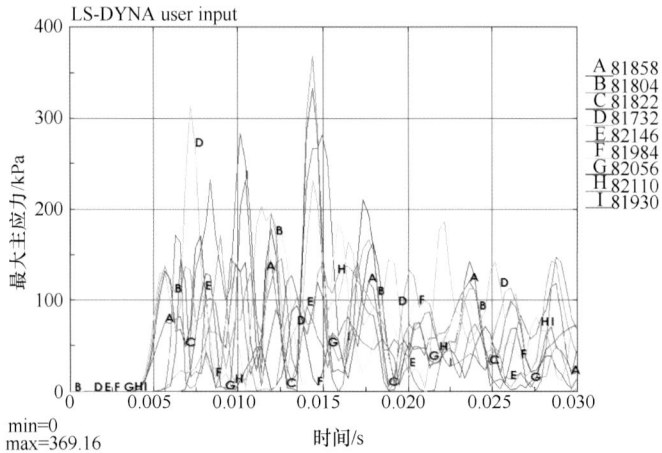

LS-DYNA user input

A 81858
B 81804
C 81822
D 81732
E 82146
F 81984
G 82056
H 82110
I 81930

最大主应力/kPa

时间/s

min=0
max=369.16

图 5.67　既有隧道径向单元最大主应力时程曲线图